COURS D'ARITHMÉTIQUE

THÉORIQUE ET PRATIQUE

ENSEIGNEMENT PRIMAIRE SUPÉRIEUR

Cours de Physique et de Chimie conforme aux programmes des écoles primaires supérieures, par P. Métral, agrégé de l'Université, professeur à l'école primaire supérieure Colbert, Paris.

1re *année*. — Physique et chimie. 1 v. in-16 avec fig. 2 fr. 50
2e *année*. — Physique et chimie. 1 v. in-16 avec fig. 3 fr. 50
3e *année*. — Physique et chimie. 1 v. in-16 avec fig. 2 fr. 50

Ce cours est vendu également ainsi divisé :
Cours de Physique (1re, 2e et 3e années). 1 vol. in-16 avec fig. 4 fr.
Cours de Chimie (1re, 2e et 3e années). 1 vol. in-16 avec fig. 3 fr. 50

Cours normal de géographie, par M. Marcel Dubois, professeur à la Faculté des lettres de Paris. 3 vol. cartonnés toile marron, avec cartes et croquis dans le texte.

1re *année*. — Notions générales de géographie physique. — Océanie, Afrique, Amérique. Nouvelle édition.
2e *année*. — Europe, Asie. Nouvelle édition.
3e *année*. — France et Colonies. Nouvelle édition.

Chaque volume, cart. toile marron.................. 2 fr.

Cartes d'étude pour servir à l'enseignement de la Géographie, par MM. Marcel Dubois, professeur à la Faculté de Paris, et Sieurin, professeur à l'école primaire supérieure de Melun.

1re *année*. — Géographie générale. — Océanie, Afrique et Amérique. 40 cartes et 210 cartons, reliés en un vol. in-4°. Nouv. édit.................. 2 fr. 25
2e *année*. — Europe et Asie, 46 cartes et 480 cartons, reliés en un vol. in-4°. Nouv. édit., revue et corrigée.. 2 fr. 25
3e *année*. — France et Colonies. 40 cartes et 200 cartons, reliés en un vol. in-4°. Nouv. édit. revue et corrigée. 1 fr. 80

Cours d'histoire pour l'enseignement primaire supérieur, par E. Sieurin et Ch. Chabert, professeurs à l'école primaire supérieure de Melun.

I. 1re *année*. — La France de 1453 à 1789. 1 vol... 1 fr. 75
II. 2e *année*. — La France de 1789 à nos jours. 1 vol. 1 fr. 75
III. 3e *année*. — Le monde contemporain. 1 vol... 1 fr. 75

Cartes d'étude pour servir à l'enseignement de l'histoire (1270-1901), par MM. Corréard, professeur au lycée Charlemagne, et Sieurin, professeur à l'école primaire supérieure de Melun. Un atlas in-4°. 110 cartes et cartons, cartonné.... 2 fr. 50

Cours d'Instruction civique, par M. Albert Métin, professeur aux Écoles primaires supérieures de la ville de Paris. 1 vol. in-16 cartonné toile.................. 1 fr. 50

Cours de Droit usuel et d'Économie politique, par M. Albert Métin, professeur aux écoles primaires supérieures de Paris. 1 vol. in-16, cartonné toile.................. 2 fr.

1182-04. — Corbeil. Imprimerie Éd. Crété.

COURS
D'ARITHMÉTIQUE

THÉORIQUE ET PRATIQUE

A L'USAGE

DES ÉLÈVES DES ÉCOLES PRIMAIRES SUPÉRIEURES,
DES ÉCOLES NORMALES PRIMAIRES,

ET DES

CANDIDATS AUX ÉCOLES NATIONALES D'ARTS ET MÉTIERS

PAR

HENRI NEVEU

Professeur de Mathématiques à l'École Lavoisier
Agrégé de l'Université

PARIS
MASSON ET Cie, ÉDITEURS
120, BOULEVARD SAINT-GERMAIN

1905

Tous droits réservés.

PRÉFACE

Ce livre est le développement du cours d'arithmétique que je professe à l'École Lavoisier dans différentes sections, parmi lesquelles la division préparatoire aux Écoles d'arts et métiers. C'est dire que je me suis inspiré, en le rédigeant, des programmes officiels, apportant, dans cette rédaction, l'expérience acquise par mes années d'enseignement dans les écoles supérieures.

M'adressant à des élèves qui tous possèdent le certificat d'études primaires, je n'ai pas cru devoir insister sur certains exercices trop simples ; néanmoins, je n'ai pas perdu de vue le but essentiel de l'enseignement primaire supérieur, qui diffère de l'enseignement secondaire par le caractère pratique qu'il doit avoir.

Tout en observant cette règle, j'ai cependant donné à la partie théorique tout le développement nécessaire pour faire comprendre les théories si importantes de l'arithmétique et pour permettre aux bons élèves des écoles primaires supérieures de pouvoir continuer avec fruit des études qu'ils peuvent être appelés à compléter dans l'enseignement secondaire.

On trouvera dans le système métrique les signes abréviatifs et les nouvelles définitions sanctionnés par la loi du 11 juillet 1903 et le décret du 28 juillet suivant. Rien, cependant, n'a été changé dans l'exposé du système métrique, car ces définitions nouvelles n'ont aucune importance au point de vue des applications.

De nombreux exercices résolus et d'autres, proposés en devoirs, aideront les élèves à comprendre les théories exposées et les prépareront d'une manière efficace à subir les épreuves des examens.

Henri Neveu.

EXTRAIT DU PLAN D'ÉTUDES GÉNÉRALES DES ÉCOLES PRIMAIRES SUPÉRIEURES

Première année.

Arithmétique et Système métrique.

Opérations et problèmes sur les nombres entiers, les nombres décimaux et les fractions ordinaires.

Emploi des caractères de divisibilité par 2, 3, 4, 5 et 9.

Preuve par 9 de la multiplication et de la division.

Racine carrée. — Pratique de l'extraction d'une racine carrée, à moins d'une unité entière et à moins d'une unité décimale. — Applications.

Système légal des poids et mesures. — Ses avantages.

Division de la circonférence. — Mesure du temps. — Problèmes.

Règles de trois. — Résolution des règles de trois par la méthode de réduction à l'unité. — Règle pratique.

Problèmes nombreux et variés sur les règles de trois. — Intérêt simple. — Escompte commercial. — Calcul rapide pour les taux usuels. — Échéance commune. — Rentes sur l'État. — Caisses d'épargne. — Partages proportionnels. — Règle de société. — Questions de mélanges et d'alliages.

Deuxième année.

Arithmétique et Système métrique.

Numération des nombres entiers.

Les quatre opérations sur les nombres entiers. — Théorèmes relatifs à ces opérations.

Caractères de divisibilité par 2 et 5, 4 et 25, 3 et 9. — Preuve par 9 de la multiplication et de la division. Théorie et pratique.

Définition des nombres premiers et des nombres premiers entre eux.

Décomposition d'un nombre en ses facteurs premiers.

Composition du plus grand commun diviseur et du plus petit commun multiple de plusieurs nombres.

Fractions ordinaires. — Simplification des fractions. — Réduction de plusieurs fractions à un dénominateur commun. — Opérations sur les fractions.

Fractions décimales. — Opérations sur les fractions décimales. — Conversion des fractions ordinaires en fractions décimales.

Revision du système métrique. — Nombreuses applications.

Rapports et proportions.

Des grandeurs directement ou inversement proportionnelles. — Règles de trois. — Résolution des règles de trois par la méthode de réduction à l'unité. — Règle pratique. — Formule générale. — Applications.

Troisième année.

Arithmétique.

Revision et développement du programme de deuxième année.

Nombres premiers.

Décomposition d'un nombre en ses facteurs premiers.

Composition du plus grand commun diviseur et du plus petit commun multiple de plusieurs nombres.

Fractions irréductibles. — Théorème sur les fractions irréductibles.

Simplification des fractions.

Réduction des fractions au plus petit dénominateur commun.

Conversion des fractions ordinaires en fractions décimales. — Approximation à un nombre décimal donné.

Théorie de la racine carrée. — Pratique de l'extraction d'une racine cubique à moins d'une unité entière et à moins d'une unité décimale.

EXTRAIT DU PROGRAMME DES CONNAISSANCES EXIGÉES POUR L'ADMISSION AUX ÉCOLES NATIONALES D'ARTS ET MÉTIERS.

Arithmétique théorique et pratique.

Numération décimale. — Les quatre opérations sur les nombres entiers; propositions sur les produits de plusieurs nombres entiers; puissances; calcul des exposants entiers; division par un produit de plusieurs facteurs; cas où les divisions successives ne se font pas exactement.

Divisibilité. — Théorèmes fondamentaux; caractères de divisibilité par 2, 3, 5, 9 et 11; théorie du plus grand commun diviseur; tout nombre qui divise un produit de deux facteurs, et qui est premier avec l'un d'eux, divise l'autre; recherche du plus petit commun multiple de deux nombres à l'aide de leur plus grand commun diviseur.

Nombres premiers. — Décomposition d'un nombre en facteurs premiers : la décomposition est unique; si deux nombres sont premiers entre eux, leurs puissances sont premières entre elles; tout nombre divisible séparément par plusieurs autres premiers entre eux deux à deux est divisible par leur produit; application de la décomposition en facteurs premiers à la recherche des diviseurs d'un nombre, du plus grand commun diviseur et du plus petit commun multiple de plusieurs nombres.

Fractions ordinaires. — Propriétés fondamentales; simplification d'une fraction; quand une fraction a ses termes premiers entre eux, les termes de toute fraction équivalente sont des équimultiples de ceux de la première; réduction de plusieurs fractions au même dénominateur; opérations sur les fractions.

Nombres décimaux. — Opérations sur les nombres décimaux; évaluation d'un produit ou d'un quotient à une unité près d'un ordre décimal déterminé; réduction des fractions ordinaires en fractions décimales; théorie élémentaire des fractions périodiques; conditions nécessaires et suffisantes pour qu'une fraction irréductible puisse être exactement convertie en décimales ou donner lieu à une fraction périodique simple ou mixte.

Système métrique.

Rapport de deux nombres. — Égalité de deux rapports ou proportion; théorèmes fondamentaux relatifs aux proportions.

Rapport de deux grandeurs. — Grandeurs proportionnelles; problèmes sur les grandeurs directement et inversement proportionnelles; règles de trois, d'intérêt, d'escompte, de partages proportionnels, de société, de mélange et d'alliage.

Carré et racine carrée des nombres entiers et décimaux. — Extraction de la racine carrée d'un nombre entier ou fractionnaire : 1° à moins d'une unité; 2° à moins de $\frac{1}{n}$; définition de la racine $n^{ième}$ d'un nombre qui n'est pas une puissance $n^{ième}$ exacte.

Cube et racine cubique des nombres entiers et des nombres décimaux; extraction de la racine cubique d'un nombre entier ou fractionnaire : 1° à moins d'une unité; 2° à moins de $\frac{1}{n}$.

COURS D'ARITHMÉTIQUE
THÉORIQUE ET PRATIQUE

LIVRE PREMIER
LES NOMBRES ENTIERS

PRÉLIMINAIRES

1. — *Idée du nombre entier*. — La considération d'un groupe d'objets distincts et semblables, tels que des arbres, des livres, des plumes, etc., conduit naturellement à la conception du *nombre entier*.

On désigne par le mot *unité* l'un de ces objets considéré isolément, et la réunion de plusieurs unités, ou l'unité elle-même, s'appelle un *nombre entier*.

Ainsi : *un **nombre entier** est une collection d'unités*.

Les élèves contenus dans une classe forment un nombre entier dont chaque élève est une unité. Si l'on groupe les élèves par banc, les bancs formeront aussi un nombre entier, et chaque banc devient alors une unité.

2. — *Formation des nombres entiers*. — Prenons, par exemple, une plume, on obtient ainsi le nombre *un*; si à cette plume on ajoute une autre plume, on forme un nouveau nombre que l'on appelle *deux* ; si on ajoute encore une plume, on forme le nombre *trois*, et ainsi de suite.

Donc, un nombre quelconque étant formé, si l'on y ajoute le nombre *un*, on obtient le nombre suivant ; et comme ceci peut se répéter autant de fois que l'on veut, il en résulte que : *la suite des nombres entiers est illimitée.*

Chercher combien il y a d'objets distincts, ou d'*unités*, renfermés dans une collection, c'est *compter* ces objets.

Ainsi, on compte le nombre des maisons d'une ville, le nombre des élèves d'une classe, etc.

5. — **Mesure d'une grandeur**. — On n'a pas toujours à considérer des collections d'objets distincts.

D'une manière générale, *on appelle* **grandeur** *ou* **quantité** *tout ce qui peut être augmenté ou diminué.*

Les longueurs, les surfaces, les volumes, les poids, les temps, les vitesses, etc., sont des grandeurs.

De même, un tas de pommes, un groupe d'élèves sont aussi des grandeurs. Mais on peut remarquer que dans un tas de pommes les unités sont distinctes, tandis que dans une longueur, par exemple, elles ne le sont pas.

En se plaçant au point de vue plus général des grandeurs, *l'unité ne peut plus être considérée comme un objet distinct.*

L'unité est alors une grandeur à laquelle on compare toutes les grandeurs de même espèce.

Mesurer *une grandeur, c'est chercher combien de fois elle contient une grandeur de même espèce prise comme unité.*

Supposons que l'on veuille mesurer une longueur AB, et soit CD la longueur prise pour unité.

Je porte CD sur AB en plaçant le point C en A ; CD

vient occuper la position AE; à la suite de AE, je porte de nouveau CD en EF, puis en FB, en *comptant* chaque fois *un*, *deux*, *trois* ; si CD est contenue trois fois dans AB, nous dirons que AB a pour mesure le *nombre trois*.

On donne d'une manière générale le nom de *nombres entiers* aux nombres qui mesurent les grandeurs renfermant une collection d'unités, distinctes ou non.

L'unité a pour mesure le nombre *un*.

Nous verrons plus tard qu'il existe d'autres nombres que les nombres entiers.

En mathématiques on ne considère que les grandeurs qui sont *mesurables*. Un sentiment, une sensation sont aussi des grandeurs; mais elles ne dépendent pas du domaine des mathématiques.

On appelle grandeur *continue* une grandeur pouvant être augmentée ou diminuée d'aussi peu que l'on veut; *exemple* : une longueur.

On appelle grandeur *discontinue* une grandeur qui ne peut pas être augmentée ou diminuée d'aussi peu que l'on veut; *exemple* : un groupe d'hommes.

Lorsqu'on énonce *deux hommes*, *trois mètres*, on énonce des *grandeurs mesurées*. Les nombres *deux*, *trois* sont toujours *abstraits*.

On dit encore que le nombre est *concret* lorsque le nombre abstrait est suivi du nom de l'unité; mais on peut remarquer que, dans ce cas, ce sont bien des *grandeurs mesurées* qu'on énonce.

4. — *Égalité et inégalité des nombres entiers.* — *Deux nombres entiers sont dits égaux lorsqu'ils mesurent deux grandeurs contenant autant d'unités l'une que l'autre.*

Concevons, par exemple, un sac de billes et un panier de pommes; vidons l'un et l'autre en procédant ainsi : chaque fois que l'on sort une bille du sac, on sort une pomme du panier. Supposons que le sac et le panier soient vides en même temps ; il est évident que le sac renferme autant de billes que le panier renferme de pommes, et les deux nombres qui mesurent ces deux grandeurs sont égaux.

On peut raisonner de même, en général, sur deux collections d'unités A et B dont on ferait correspondre les unités une à une.

On peut ainsi concevoir des *nombres inégaux*, l'un étant plus grand que l'autre, parce qu'il mesure une grandeur contenant plus d'unités qu'une autre grandeur.

5. — L'*arithmétique* est la science des nombres ; c'est aussi la science des calculs, c'est-à-dire des transformations que l'on peut faire subir aux nombres. Nous nous occuperons tout d'abord des nombres entiers.

CHAPITRE PREMIER

NUMÉRATION

6. — On doit pouvoir *nommer* et *écrire* la suite des nombres entiers.

On appelle **numération** *l'ensemble des procédés employés pour nommer et écrire les nombres le plus simplement possible.*

De là deux numérations : la numération *parlée* et la numération *écrite*.

NUMÉRATION PARLÉE

7. — Les premiers nombres entiers ont été désignés par des noms différents qui sont :
un, deux, trois, quatre, cinq, six, sept, huit, neuf.

NUMÉRATION.

Le nombre suivant, qui joue un rôle important, a été appelé *dix*, et la réunion de dix unités simples ou unités du *premier ordre* s'appelle une *dizaine* et a formé une unité du *deuxième ordre*.

On conçoit qu'on ne pouvait donner un nom différent à chacun des nombres qui sont illimités.

Après le nombre *dix*, on nomme les nombres suivants en énonçant d'abord le nombre des dizaines, et en le faisant suivre des unités dont le nombre sera moindre que dix. On est ainsi amené à énoncer les nombres suivants :

dix-un, dix-deux, dix-trois, dix-quatre, dix-cinq, dix-six, dix-sept, dix-huit, dix-neuf.

deux-dix, deux-dix-un, etc., jusqu'à *neuf-dix-neuf*; de sorte que les dix premiers nombres suffisent pour compter jusqu'à *dix dizaines*.

L'usage a remplacé les mots

dix-un	par	*onze*
dix-deux	—	*douze*
dix-trois	—	*treize*
dix-quatre	—	*quatorze*
dix-cinq	—	*quinze*
dix-six	—	*seize*

De même que les nombres exacts de dizaines sont désignés comme il suit :

deux-dix	est remplacé par	*vingt*
trois-dix	—	*trente*
quatre-dix	—	*quarante*
cinq-dix	—	*cinquante*
six-dix	—	*soixante*.

On dit ensuite *soixante-dix* (anciennement *septante*), *quatre-vingts* (anciennement *octante*) et *quatre-vingt-dix* (anciennement *nonante*). On compte ainsi jusqu'à *quatre-vingt-dix-neuf*.

Le nombre formé par la réunion de dix *dizaines* s'appelle *cent* et forme une *centaine* ou unité du *troisième ordre*.

Pour nommer les nombres compris entre une centaine et deux centaines, puis entre deux centaines et trois centaines, c'est-à-dire entre deux centaines consécutives, on a énoncé les centaines en plaçant à la suite les noms des *quatre-vingt-dix-neuf* premiers nombres. On est ainsi parvenu à compter, sans mot nouveau, jusqu'à *neuf cent quatre-vingt-dix-neuf*.

La réunion de dix centaines a été appelée *mille* ou unité du *quatrième ordre*, et l'on a compté par *mille* comme on a compté par unités simples ; on dit donc : deux mille, trois mille, etc... *neuf mille neuf cent quatre-vingt-dix-neuf*, puis *dix mille* qui est l'unité du *cinquième ordre*, *vingt mille*, etc. ... jusqu'à *cent mille* qui forme une unité du *sixième ordre*.

En continuant ainsi, et en plaçant à la suite des mille le nombre des centaines, des dizaines et des unités simples, on arrive à compter jusqu'à *neuf cent quatre-vingt-dix-neuf mille neuf cent quatre-vingt-dix-neuf*.

La réunion de *mille* fois *mille* unités simples ou unités du premier ordre a formé une unité du *septième ordre* que l'on a appelée *million*. On compte ensuite par millions comme on compte par mille et par unités simples.

La réunion de *mille millions* s'appelle un *billion* ou *milliard* ; la réunion de *mille billions* s'appelle un *trillion* ; la réunion de *mille trillions* s'appelle un *quatrillion*, etc.

8. — Ce qui précède montre la convention fondamentale qui permet de passer d'un *ordre* au suivant : **dix** *unités*

d'un ordre quelconque forment une unité de l'ordre immédiatement supérieur.

C'est pourquoi le nombre *dix*, qui joue un rôle si important, est appelé la *base du système de numération*, et cette numération est, pour cette raison, appelée *numération décimale*.

9. — On peut concevoir les nombres décomposés en diverses parties formées respectivement d'unités du *premier*, du *quatrième*, du *septième*, du *dixième*... ordre ; ce qui revient à grouper les ordres de *trois* en *trois* à partir des *unités simples*.

Les unités ainsi obtenues, savoir : *unités simples*, *mille*, *millions*, *billions*, etc., sont appelées **classes** d'unités, ou *unités principales;* chacune d'elles contient mille fois la précédente, et dans chaque classe on retrouve les unités, les dizaines et les centaines.

10. — La numération parlée se trouve résumée dans le tableau suivant :

Classes d'unités.	Différents ordres d'unités.	
Première classe, classe des **unités simples** :	1ᵉʳ ordre.	*Unités simples.*
	2ᵉ ordre.	*Dizaines.*
	3ᵉ ordre.	*Centaines.*
Deuxième classe, classe des **mille** :	4ᵉ ordre.	*Unités de mille.*
	5ᵉ ordre.	*Dizaines de mille.*
	6ᵉ ordre.	*Centaines de mille.*
Troisième classe, classe des **millions** :	7ᵉ ordre.	*Unités de millions.*
	8ᵉ ordre.	*Dizaines de millions.*
	9ᵉ ordre.	*Centaines de millions.*

et ainsi de suite.

NUMÉRATION ÉCRITE

11. — La numération écrite a pour but de *représenter* les nombres le plus simplement possible.

LES NOMBRES ENTIERS.

A chacun des neuf premiers nombres on fait correspondre un signe ou caractère, appelé **chiffre**, qui sert pour le représenter par écrit.

Ces caractères ou chiffres, d'origine arabe, sont :

Chiffres : 1 2 3 4 5 6 7 8 9 0
Nombres : *un deux trois quatre cinq six sept huit neuf zéro*

Aux neuf chiffres servant à représenter les neuf premiers nombres, on a ajouté un dixième chiffre, *zéro*, dont nous verrons l'usage plus loin.

12. — *Convention fondamentale*. — On parvient à écrire tous les nombres avec ces dix chiffres à l'aide de la convention suivante : *tout chiffre placé à la gauche d'un autre représente des unités dix fois plus fortes que celles représentées par cet autre chiffre.*

Par suite, tout chiffre placé à la droite d'un autre représente des unités dix fois plus petites que cet autre.

Règle pour écrire un nombre que l'on énonce. — Supposons que l'on veuille écrire le nombre *cinq cent quarante-deux*, inférieur à *mille*.

Ce nombre renferme *cinq* centaines, *quatre* dizaines et *deux* unités ; on écrira donc :

$$542$$

car, d'après la convention fondamentale, le chiffre 4 placé à gauche de 2 représente des dizaines, et le chiffre 5 placé à gauche de 4 représente des unités dix fois plus fortes que les dizaines, soit des centaines.

Supposons, maintenant, qu'il s'agisse d'écrire un nombre supérieur à mille : *on le partage, par la pensée, en tranches de trois chiffres, c'est-à-dire en classes, et l'on écrit chaque classe en allant de gauche à droite, soit, en commençant par la plus haute classe.*

NUMÉRATION.

Soit à écrire le nombre *vingt-cinq millions huit cent trente-deux mille trois cent soixante-quinze.*

Ce nombre, divisé en classes, se compose de

25 millions,
832 mille,
375 unités.

J'écris les classes l'une à la suite de l'autre en commençant par la plus haute, et j'obtiens le nombre :

25 832 375.

13. — Usage du chiffre 0. — On emploie le chiffre *zéro* pour marquer la place des différents ordres d'unités qui manquent.

Ainsi, soit le nombre *quatre cent cinq unités*. Ce nombre ne contient pas de dizaines; on écrira donc :

405

en écrivant un *zéro* à la place des dizaines.

De même, si l'on veut écrire le nombre *trois cent mille quatre cent deux unités*, on écrira :

300 402.

14. — Il résulte de ce qui précède que le rang d'un chiffre, à partir de la droite, indique *l'ordre* des unités que représente ce chiffre.

15. — *Règle pour lire un nombre écrit en chiffres.*

1° *Si le nombre a trois chiffres au plus, on énonce chacun d'eux en commençant par la gauche, en le faisant suivre du nom des unités qu'il représente.*

Ainsi, le nombre

653

se lit : *six cent cinquante-trois.*

2° *Si le nombre a plus de trois chiffres, on le partage*

en tranches de trois chiffres, à partir de la droite, la dernière tranche à gauche pouvant n'avoir qu'un ou deux chiffres ; puis, commençant par la gauche, on énonce chaque tranche à la suite l'une de l'autre, en la faisant suivre du nom de la classe d'unités qui lui correspond.

Ainsi, le nombre
$$3\ 475\ 602$$
s'énonce comme il suit :

3 millions, 475 mille, 602 unités.

Dans chaque cas, on a un nombre de trois chiffres au plus à énoncer.

16. — Valeur absolue et valeur relative d'un chiffre. — La valeur **absolue** d'un chiffre est le nombre qu'il exprime sans tenir compte du rang qu'il occupe.

La valeur **relative** d'un chiffre est le nombre qu'il exprime en tenant compte du rang qu'il occupe.

Ainsi, dans le nombre 3 752, le chiffre 7 a pour valeur absolue 7 ; sa valeur relative est 700 puisqu'il occupe le rang des centaines.

On voit ainsi que le chiffre 0 n'a aucune valeur.

REMARQUE. — Bien que tous les chiffres, y compris 0, aient une signification précise, on réserve plus spécialement le nom de chiffres *significatifs* aux chiffres autres que *zéro*.

CHIFFRES ROMAINS

17. — Pour représenter les nombres, les Romains employaient les lettres suivantes :

I, V, X, L, C, D, M.
correspondant à 1, 5, 10, 50, 100, 500, 1000.

Cette numération est encore employée pour indiquer

NUMÉRATION.

les dates, pour marquer les heures sur les cadrans, pour numéroter les chapitres d'un livre.

Elle repose sur les trois conventions suivantes :

1° *Tout chiffre placé à la droite d'un autre et plus petit que lui s'ajoute à cet autre ; il se retranche s'il est à gauche.*

Ainsi, on écrit :

I, II, III, IV, V, VI, VII, VIII, IX.
1, 2, 3, 4, 5, 6, 7, 8, 9.

On écrit de même :

X, XX, XXX, XL, L, LX, LXX, LXXX, XC.
10, 20, 30, 40, 50, 60, 70, 80, 90.

2° *Tout chiffre placé entre deux autres plus forts se retranche du chiffre placé à droite.*

Ainsi, les nombres

XIV, LIX

se lisent :   14,   59.

3° *Un nombre surmonté d'un trait horizontal indique des mille ; surmonté de deux traits, il indique des millions*, etc.

Ainsi, les nombres

$\overline{\text{IV}}$, $\overline{\overline{\text{XXX}}}$

se lisent :   4 mille, 30 millions.

Pour indiquer les mille, on écrit encore :

M, MM, MMM, MMMM, $\overline{\text{V}}$.
1000, 2000, 3000, 4000, 5000.

En appliquant ces conventions, on écrira :

MDCCCCV
1905

LES NOMBRES ENTIERS.

18. — **Définitions et notation.** — On appelle **théorème** *l'énoncé d'une vérité qui, pour être admise comme vraie, a besoin d'être démontrée.*

On appelle *hypothèse* d'un théorème *ce que l'on donne*.

La *conclusion* ou conséquence est *ce que l'on doit démontrer*.

On appelle théorème *réciproque* d'un autre théorème un deuxième théorème qui admet pour hypothèse la conclusion du premier et pour conclusion l'hypothèse du premier.

Un *problème* est une question à résoudre.

Nous représenterons, en général, un nombre quelconque par une lettre $a, b, c\ldots$ de manière à ne pas particulariser les raisonnements sur des nombres choisis spécialement.

Ces lettres pourront être accentuées, telles que :

$$a' \qquad a'' \qquad a'''$$

on lit : a *prime*, a *seconde*, a *tierce*,

ou encore :

$$a_1 \qquad a_2$$
a *indice* 1, a *indice* 2.

Nous pourrons même employer les lettres grecques :

$$\alpha \qquad \beta \qquad \gamma \qquad \delta\ldots$$
alpha, bêta, gamma, delta.

On indique l'égalité de deux nombres en les écrivant l'un à la suite de l'autre séparés par le signe $=$ que l'on énonce *égale*.

Ainsi, si a et b désignent des nombres égaux, on écrit :

$$a = b.$$

On lit : *a égale b*.

On a ainsi une *égalité*.

La quantité placée à gauche du signe $=$ s'appelle le premier membre de l'égalité, et la quantité placée à droite du signe s'appelle le second membre.

On exprime l'*inégalité* de deux nombres à l'aide du signe $>$ que l'on énonce *plus grand que*, et du signe $<$ que l'on énonce *plus petit que*.

Ainsi, on écrit :
$$5 > 3$$
on lit : 5 plus grand que 3.

On écrit de même :
$$4 < 7$$
on lit : 4 plus petit que 7.

Si un nombre a peut être *supérieur* ou *égal* à un nombre b, on écrit :
$$a \geqq b$$
on lit : a supérieur ou égal à b.

On écrit de même :
$$a \leqq b$$
on lit : a inférieur ou égal à b.

D'une manière générale, on appelle *expression* un ensemble de nombres et de signes indiquant une suite de calculs à effectuer.

CHAPITRE II

OPÉRATIONS SUR LES NOMBRES ENTIERS

ADDITION

19. — *Idée de l'addition*. — Une personne va au marché ; elle achète différents objets qui lui coûtent successivement 2 francs, 3 francs et 7 francs. Si elle veut connaître la somme totale qu'elle a dépensée, elle doit *ajouter* ou *additionner* les nombres 2, 3 et 7, et l'opération qu'elle fait s'appelle une *addition*.

Définition. — *L'addition des nombres entiers est une opération qui a pour but, étant donnés plusieurs nombres entiers, de trouver un autre nombre entier qui renferme autant d'unités qu'il y en a dans les nombres donnés réunis.*

Il est évident qu'on n'additionnera que des nombres mesurant des grandeurs de même espèce.

Le résultat se nomme *somme* ou *total*.

Le nombre entier obtenu en additionnant plusieurs nombres entiers mesure la grandeur qui est la somme des grandeurs de même espèce ayant respectivement pour mesures les nombres entiers donnés, ces grandeurs étant mesurées avec la même unité.

On indique l'addition par le signe + que l'on énonce *plus*. On écrit donc :

$$2 + 3$$

et on lit : *2 plus 3*. Cette somme valant 5, on a l'égalité

$$2 + 3 = 5$$

20. — *Premier cas.* — *Addition de deux nombres d'un seul chiffre.*

Soit à additionner 5 et 4. Il suffit d'ajouter à 5 successivement toutes les unités contenues dans 4.

On dira donc : 5 plus 1, 6 ; 6 plus 1, 7 ; 7 plus 1, 8 ; 8 plus 1, 9.

Il faut savoir par cœur la somme de deux nombres d'un seul chiffre. Cette somme est donnée par la table suivante :

TABLE D'ADDITION

0	1	2	3	4	5	6	7	8	9
1	2	3	4	5	6	7	8	9	10
2	3	4	5	6	7	8	9	10	11
3	4	5	6	7	8	9	10	11	12
4	5	6	7	8	9	10	11	12	13
5	6	7	8	9	10	11	12	13	14
6	7	8	9	10	11	12	13	14	15
7	8	9	10	11	12	13	14	15	16
8	9	10	11	12	13	14	15	16	17
9	10	11	12	13	14	15	16	17	18

Pour former cette table, on écrit sur une première ligne horizontale les dix chiffres, en commençant à *zéro*. On obtient les nombres de la deuxième ligne en ajoutant *un* aux nombres correspondants de la première ligne, et ainsi de suite ; c'est-à-dire qu'une ligne quelconque se déduit de la précédente en ajoutant *un* aux nombres de cette ligne.

Il résulte de cette loi de formation que la deuxième ligne horizontale contient les nombres de la première ligne augmentés de 1 ; la troisième ligne contient les nombres de la première ligne augmentés de 2 ; la quatrième ligne contient les nombres de la première ligne augmentés de 3, et ainsi de suite. C'est-à-dire qu'une ligne quelconque contient les nombres de la première ligne augmentés du nombre placé à gauche de la ligne considérée. Ainsi, la cinquième ligne, commençant à 4, contient les nombres de la première ligne augmentés de 4.

Si donc on veut obtenir la somme 5 + 4, on cherche le nombre 5 dans la première *ligne* horizontale et le nombre 4 dans la première *colonne* verticale à gauche; le nombre 9 qui se trouve au point de rencontre de la verticale menée par 5 et de l'horizontale menée par 4 représente la somme des deux nombres 5 et 4.

21. — *Deuxième cas.* — **Addition d'un nombre quelconque et d'un nombre d'un seul chiffre.**

Règle. — *On ajoute le nombre d'un seul chiffre au chiffre des unités simples de l'autre nombre.*

Si la somme des deux chiffres surpasse 10, on ajoute la dizaine aux dizaines du nombre quelconque.

Ainsi, soit à calculer

$$235 + 7.$$

On dit : 5 et 7 font 12; on pose 2, et l'on ajoute la dizaine contenue dans 12 aux 23 dizaines du nombre 235.

On trouve ainsi 242.

22. — *Cas général.* — *Addition des nombres de plusieurs chiffres.*

Soit à faire la somme :

$$357 + 486 + 594.$$

D'après la définition, on doit trouver un nombre qui renferme toutes les différentes unités contenues dans

OPERATIONS SUR LES NOMBRES ENTIERS.

ces nombres. En séparant ces différentes unités, le nombre cherché renfermera :

$$7 + 6 + 4 = 17 \text{ unités simples.}$$
$$\text{puis } 5 + 8 + 9 = 22 \text{ dizaines.}$$
$$\text{puis } 3 + 4 + 5 = 12 \text{ centaines.}$$

Ce résultat peut s'obtenir en écrivant les nombres les uns sous les autres, de manière que les unités soient placées sous les unités, les dizaines sous les dizaines, etc ; puis en additionnant ensemble les unités, puis les dizaines, puis les centaines, on a l'opération ci-contre.

```
        357
        486
        594
        ───
         17
         22
         12
Total. 1437
```

Mais dans les 17 unités, il y a 1 dizaine que, dans la pratique, on n'écrit pas ; *on la retient* pour l'ajouter à la colonne des dizaines ; il en est de même des centaines provenant de l'addition des dizaines et qu'on ajoute à la colonne des centaines.

Pratiquement, on dispose l'opération comme il suit :

```
    357
    486
    594
   ────
   1437
```

et l'on dit : 7 et 6 font 13, 13 et 4 font 17 ; je pose 7 et je *retiens* 1 ; 1 de *retenue* et 5 font 6, 6 et 8 font 14, 14 et 9 font 23 ; je pose 3 et je *retiens* 2 ; 2 et 3 font 5, 5 et 4 font 9, 9 et 5 font 14 ; je pose 4 et j'*avance* 1. La somme est 1437.

De ce qui précède, résulte la règle pratique suivante :

Règle. — *Pour additionner des nombres de plusieurs chiffres, on les écrit les uns au-dessous des autres, en plaçant dans une même colonne les unités de même ordre,* *puis on souligne le tout par un trait horizontal. On fait alors la somme des unités simples, et l'on écrit le total sous la colonne correspondante; si cette somme renferme des dizaines, on écrit seulement les unités et l'on retient les dizaines que l'on ajoute à la colonne des dizaines. On procède avec les dizaines comme avec les unités, et l'on opère de même sur chaque colonne jusqu'à la dernière à gauche dont on écrit entièrement la somme partielle.*

Remarque I. — On peut abréger en disant simplement et plus rapidement : 7 et 6, 13, et 4, 17 ; je pose 7 et je retiens 1 ; 1 et 5, 6, et 8, 14, etc.

Remarque II. — A cause des *retenues*, on commence l'opération par la droite.

Il est évident que si le total obtenu pour chaque colonne ne surpasse pas 9, il est indifférent de commencer l'addition par la gauche, puisqu'il n'y aura aucune retenue.

Remarque III. — Lorsqu'il s'agit de faire une longue addition, il est bon de la partager en plusieurs additions partielles.

On additionne ensuite les sommes partielles obtenues.

Cela revient à dire que dans la somme de plusieurs nombres, on peut toujours remplacer deux ou plusieurs nombres par leur somme effectuée. En effet, le total obtenu sera toujours un nombre renfermant toutes les différentes unités contenues dans les nombres donnés.

Théorème.

23. — *La somme de plusieurs nombres est indépendante de l'ordre dans lequel on les ajoute.*

Ce théorème est évident, car, quel que soit l'ordre suivi, on aura toujours formé un nombre renfermant les différentes unités contenues dans les nombres donnés.

On peut d'ailleurs donner à la démonstration une forme concrète. Supposons, par exemple, que l'on verse dans un sac le contenu de trois sacs de billes, on aura ainsi additionné les nombres de billes contenues dans les trois sacs. Or, il est évident que le résultat sera le même quel que soit l'ordre suivi.

24. — *Preuve de l'addition.* — *D'une manière générale, on appelle* **preuve** *d'une opération une seconde opération faite en vue de s'assurer de l'exactitude de la première.*

Le théorème du n° 23 donne un moyen de faire la preuve d'une addition. Le résultat d'une addition ne dépendant pas de l'ordre dans lequel on place les nombres à additionner, pour faire la preuve d'une addition, on additionnera les nombres en sens inverse. Par exemple, si l'on a fait la somme de haut en bas, on la recommencera de bas en haut, et le total trouvé devra être le même dans les deux cas.

CHAPITRE III

SOUSTRACTION

25. — *Idée de la soustraction.* — Une ménagère va au marché. Elle possède 25 francs en partant et en dépense 18 ; il est évident que le nombre qui lui reste, ajouté à ce qu'elle a dépensé, doit redonner 25.

Comme 18 augmenté de 7 donne 25, il lui reste donc 7 francs.

Chercher le nombre qui ajouté à 18 donne 25, c'est retrancher ou soustraire 18 de 25, et l'opération s'appelle une *soustraction*.

C'est ainsi que procède le caissier qui rend la monnaie. On a dépensé, par exemple, 16 francs et l'on donne en paiement une pièce de 20 francs ; le caissier rend la monnaie en ajoutant à 16 francs autant de fois 1 franc qu'il le faut pour former 20 francs. A mesure qu'il rend une pièce de 1 franc, il dit : 17, 18, 19, 20. Il a ainsi rendu 4 francs et l'opération qu'il a faite pour trouver le nombre 4, qui ajouté à 16 donne 20, est une soustraction.

On peut donc donner la définition suivante :

Retrancher un nombre d'un autre plus grand, c'est chercher un troisième nombre qui, ajouté au plus petit, reproduit le plus grand.

Le résultat s'appelle la *différence* des deux nombres. C'est encore l'*excès* du plus grand nombre sur le plus petit, ou encore le *reste* de la soustraction.

Il résulte de la définition que le plus grand des deux nombres est la somme du plus petit et de la différence. On peut donc dire encore :

La soustraction est une opération qui a pour but, étant donnés la somme de deux nombres et l'un de ces nombres, de trouver l'autre.

On peut remarquer que la différence est le nombre qui mesure la grandeur qui est la différence entre les deux grandeurs de même espèce ayant respectivement pour mesures les deux nombres donnés, ces grandeurs étant mesurées avec la même unité.

La soustraction de deux nombres s'indique par le signe —, que l'on énonce *moins* et que l'on place entre les deux nombres.

Ainsi, si l'on a :

$$5 + 7 = 12,$$

le nombre 5, qui ajouté à 7 donne 12, est la différence entre 12 et 7, et l'on peut écrire :

$$5 = 12 - 7.$$

SOUSTRACTION.

On a de même :
$$7 = 12 - 5.$$

La soustraction est l'opération inverse de l'addition.

On peut diviser la théorie de la soustraction en trois cas.

26. — *Premier cas.* — *Le plus petit des deux nombres n'a qu'un seul chiffre, et la différence est inférieure à 10.*

Soit à retrancher 4 de 13. Il est évident que l'on obtiendra le résultat en retranchant de 13 successivement toutes les unités contenues dans 4. C'est cette opération que l'on fait en débutant lorsque l'on compte sur les doigts. On a ainsi successivement :

$$13 - 1 = 12$$
$$12 - 1 = 11$$
$$11 - 1 = 10$$
$$10 - 1 = 9$$

On abrégera l'opération si l'on sait par cœur la table d'addition. Sachant que 4 et 9 font 13, on dira de suite : 4 ôté de 13, reste 9.

27. — *Deuxième cas.* — *Les deux nombres ont plusieurs chiffres ; mais les chiffres du plus petit nombre sont tous inférieurs aux chiffres exprimant des unités de même ordre dans le plus grand.*

Soit à faire la différence $875 - 352$.

Le nombre 352 se composant de 2 unités, de 5 dizaines et de 3 centaines, il suffit évidemment de retrancher chacune de ces parties des unités de même rang du nombre 875. On aura ainsi :

5 unités — 2 unités = 3 unités,
7 dizaines — 5 dizaines = 2 dizaines,
8 centaines — 3 centaines = 5 centaines,

et la différence est 523.

On dispose l'opération ainsi :

$$\begin{array}{r} 875 \\ 352 \\ \hline \end{array}$$
Reste... 523

et l'on a à retrancher chaque fois un nombre d'un chiffre d'un nombre d'un seul chiffre (1ᵉʳ cas).

28. — *Cas général.* — **Les deux nombres sont quelconques.**

Soit à faire la différence :

$$6453 - 2768.$$

Ce cas est une conséquence du théorème suivant :

Théorème.

La différence de deux nombres ne change pas si on ajoute ou retranche un même nombre à chacun d'eux.

En effet, le plus petit des deux nombres ne changeant pas, si au plus grand des deux on ajoute, par exemple, 5 unités, il surpassera le plus petit de 5 unités de plus ; donc, en ajoutant 5 au plus grand, la différence augmente de 5 ; mais, si après cette opération on ajoute 5 au plus petit des deux nombres, la différence diminue de 5 unités ; elle redevient donc ce qu'elle était. Ce qui montre que, finalement, elle n'a pas changé.

Il en sera de même si on diminue les deux nombres d'un même nombre.

— Ceci posé, reprenons la différence

$$6453 - 2768.$$

On ne peut pas retrancher 8 unités de 3 unités ; alors on augmente d'une dizaine le chiffre 3 ce qui fait 13, et l'on dit : 8 ôté de 13, reste 5. Pour que la différence ne

SOUSTRACTION.

change pas, on augmente d'une dizaine le chiffre 6 des dizaines du nombre inférieur en disant 6 et 1, 7. Puis on procède de même pour les autres chiffres. On dispose l'opération ainsi :

$$\begin{array}{r} 6\,153 \\ 2\,768 \\ \hline \text{Reste}\ldots\ 3\,685 \end{array}$$

et l'on dit : 8 ôté de 13, reste 5 ; 6 et 1, 7, 7 ôté de 15, reste 8 ; 7 et 1, 8, 8 ôté de 14, reste 6 ; 2 et 1, 3, 3 ôté de 6, reste 3. La différence est 3 685.

Le théorème précédent montre que la différence n'a pas changé par ces différentes opérations.

29. — *Preuve de la soustraction.* — *On fera la preuve de la soustraction en additionnant le reste avec le plus petit des deux nombres ; on devra retrouver le plus grand.*

Cela résulte immédiatement de la définition même de la soustraction.

On fera encore la preuve de la soustraction *en retranchant la différence du plus grand des deux nombres ; on devra retrouver le plus petit.*

THÉORÈMES SUR LA SOUSTRACTION

Théorème I.

30. — *Pour retrancher d'un nombre la somme de plusieurs nombres, il suffit de retrancher successivement toutes les parties de la somme.*

Soit à retrancher du nombre 17 la somme $5 + 3 + 2$. On indique l'opération en plaçant la somme entre parenthèses ; on écrit donc :

$$17 - (5 + 3 + 2).$$

Neveu. — Cours d'Arithmétique

Les parenthèses indiquent que les nombres qui y sont renfermés forment un tout inséparable, et que c'est la somme *supposée effectuée* que l'on retranche de 17.

Pour effectuer cette soustraction, on doit retrancher de 17 toutes les unités contenues dans la somme $5+3+2$; il est évident que si l'on retranche d'abord 5 unités, puis du résultat 3 unités et enfin du nouveau résultat 2 unités, on aura bien retranché toutes les unités contenues dans la somme $5+3+2$.

Le calcul détaillé donne :

$$17 - 5 = 12$$
$$12 - 3 = 9$$
$$9 - 2 = 7$$

Ce résultat se traduit par l'égalité suivante :

$$17 - (5 + 3 + 2) = 17 - 5 - 3 - 2.$$

Théorème II.

51. — *Pour ajouter à un nombre la différence de deux nombres, on ajoute à ce nombre le plus grand des deux autres nombres, et du total obtenu on retranche le plus petit.*

Ainsi,

$$15 + (7 - 2) = 15 + 7 - 2.$$

En effet, la parenthèse indique que l'on doit ajouter à 15 un nombre d'unités égal à 7 *diminué* de 2 ; or, si on ajoute 7, on ajoute 2 unités de trop ; donc, en retranchant 2 de la somme $15+7$, on a bien la somme demandée.

SOUSTRACTION.

Théorème III.

32. — *Pour retrancher d'un nombre la différence de deux autres nombres, on ajoute le plus petit des deux nombres, et on retranche de cette somme le plus grand des deux nombres.*

Ainsi, on a :
$$9 - (11 - 7) = 9 + 7 - 11.$$

En effet, la différence à calculer ne change pas si on ajoute 7 aux deux nombres (th. du n° 28); on a donc :
$$9 - (11 - 7) = 9 + 7 - (11 - 7 + 7)$$
$$9 - (11 - 7) = 9 + 7 - 11.$$

Remarque. — Il importe de bien remarquer que les deux expressions
$$8 - (5 - 3)$$
et
$$8 - 5 + 3$$
sont équivalentes.

COMPLÉMENTS ARITHMÉTIQUES

33. — On appelle *complément arithmétique* d'un nombre ce qu'il faut lui ajouter pour obtenir une unité de l'ordre immédiatement supérieur à celui du chiffre de ses plus hautes unités.

Ainsi, le complément arithmétique de 3875 est le nombre qu'il faut lui ajouter pour obtenir 10 000.

On obtiendra donc le complément arithmétique d'un nombre en retranchant ce nombre de l'unité suivie d'autant de zéros qu'il y a de chiffres dans le nombre.

Ainsi, calculons le complément arithmétique de 3875.

On peut considérer 10000 comme formé de $9990 + 10$, et la soustraction de 3875 se fera *en retranchant de 9 tous les chiffres à l'exception du dernier à droite que l'on retranche de 10*.

On trouve donc 6125 pour complément de 3875.

Si le nombre a des zéros à droite, ces zéros se retrouvent dans le complément.

Ainsi, le complément de 38700 est 61300.

54. — *Usage des compléments arithmétiques*. — Par l'emploi des compléments arithmétiques, on ramène une soustraction à une addition.

En effet, on sait que la différence de deux nombres ne change pas si on ajoute un même nombre à chacun d'eux. Ajoutons aux deux nombres le complément du plus petit; le plus petit augmenté de son complément forme alors une unité de l'ordre immédiatement supérieur à celui de ses plus hautes unités, et la soustraction revient à retrancher cette unité de la somme du plus grand et du complément du plus petit.

Ainsi, soit à effectuer la soustraction :

$$4875 - 3257 ;$$

le complément de 3257 est 6743; ajoutons 6743 aux deux nombres, la différence ne change pas, et l'on a :

$$4875 + 6743 - 10000.$$

Donc, on aura le résultat en *ajoutant* à 4875 le complément de 3257, et en diminuant d'une unité le résultat fourni par la colonne des dizaines de mille. On trouve ainsi 1618.

CALCUL MENTAL

55. — Il est bon de pouvoir effectuer certains calculs de tête, sans être obligé d'écrire les opérations.

SOUSTRACTION.

Ainsi, lorsqu'il s'agit d'additionner un nombre de deux chiffres avec un nombre d'un seul chiffre suivi d'un zéro, l'opération *mentale* se réduit à l'addition des deux chiffres des dizaines ; à la droite du total trouvé on écrit le chiffre des unités du premier nombre. Ainsi, on fera mentalement l'addition :

$$53 + 40 = 93.$$

Il sera toujours possible de ramener à ce cas l'addition de deux nombres de deux chiffres. Soit à faire la somme :

$$75 + 23.$$

On calculera de tête $75 + 20$ soit 95, et, au résultat, on ajoutera 3. Le total est 98.

On peut encore procéder comme il suit : on complète le nombre terminé par le chiffre le plus fort, de manière à avoir un nombre exact de dizaines ; ainsi on complète 75 en ajoutant 5 de manière à obtenir 80, et en même temps, mentalement, on retranche 5 à l'autre nombre 23 qui devient 18 : de sorte que l'addition est ramenée à faire la somme des deux nombres 80 et 18, ce qui donne 98.

On aura de même :

$$92 + 36 = 88 + 40 = 128.$$

— Soit à faire de tête l'addition :

$$347 + 528 + 653.$$

On décompose mentalement chacun des nombres en ses différentes unités, et l'on additionne à part les centaines, puis les dizaines, puis les unités ; on trouve ainsi :

$$1400, 110 \text{ et } 18.$$

Puis on dit : 1400 et 110 font 1510, et 18, 1528.

38 LES NOMBRES ENTIERS.

— Si l'on a à faire une soustraction telle que :

$$95 - 37,$$

il sera plus rapide de compléter le plus petit des deux nombres de manière à obtenir un nombre exact de dizaines. Ainsi, en ajoutant 3 à 37, on obtient 40; puis en même temps, on ajoute 3 au nombre 95, la différence des deux nombres ne change pas, et l'on peut alors calculer mentalement, et sans difficulté, la différence :

$$98 - 40 = 58.$$

CHAPITRE IV

MULTIPLICATION

56. — *Idée de la multiplication*. — Une personne achète 3 mètres d'étoffe à 15 francs le mètre ; pour s'acquitter, elle doit payer 3 fois 15 francs. Le nombre 45 qui exprime le nombre de francs versés est le *produit* de 15 par 3, et l'opération que l'on fait pour l'obtenir est une *multiplication*.

On indique la multiplication de deux nombres en les écrivant l'un à la suite de l'autre séparés par le signe $\times$, que l'on énonce *multiplié par* ; ou encore par un *point* placé entre les deux nombres.

Ainsi, on écrit :

$$15 \times 3 \text{ ou } 15 \cdot 3$$

et on lit : 15 multiplié par 3.

Si, d'une manière générale, on représente les deux nombres par des lettres a et b, on écrit les deux lettres à la suite l'une de l'autre, sans aucun signe. Ainsi l'expression ab représente le produit du nombre a par le nombre b.

MULTIPLICATION.   39

Le nombre 15 s'appelle le *multiplicande* et le nombre 3 est le *multiplicateur*.

Les deux nombres sont encore appelés les *facteurs du produit*.

Il est évident que, d'après ce qui précède, la *multiplication* de 15 par 3 revient à l'*addition* de trois nombres égaux à 15 ; on peut donc donner la définition suivante :

57. — Définition. — *La multiplication des nombres entiers est une opération qui a pour but, étant donnés deux nombres, l'un appelé* **multiplicande** *et l'autre* **multiplicateur**, *d'en chercher un troisième appelé* **produit** *qui soit formé d'autant de fois le multiplicande qu'il y a d'unités dans le multiplicateur.*

Remarque. — Dans l'exemple précédent, il s'agissait de répéter 3 fois le nombre 15 francs, ou plus exactement de répéter 3 fois la *grandeur* 15 francs ; le résultat était la grandeur de même espèce 45 francs. C'est pourquoi on dit souvent que le multiplicande est un nombre concret, et le multiplicateur un nombre abstrait, le produit étant un nombre concret de même espèce que le multiplicande.

Il est plus exact de remarquer que, dans le produit de deux nombres entiers, les deux nombres sont toujours abstraits, et l'on applique la remarque précédente lorsqu'il s'agit de multiplier une grandeur par un nombre entier. C'est ce qui arrive toujours dans la résolution d'un problème.

Théorème.

58. — *Pour multiplier la somme de plusieurs nombres par un nombre, on multiplie* **chaque** *partie de la somme par le nombre et on additionne les résultats.*

Soit, en effet, à multiplier la somme $5 + 3 + 2$ par 4.

On indique l'opération en plaçant la somme entre parenthèses ; on écrit ainsi :

$$(5+3+2) \times 4 \quad \text{ou encore} \quad (5+3+2)\,4$$

car on peut, sans ambiguïté, supprimer le signe de la multiplication.

Par définition, multiplier la somme $5+3+2$ par 4, c'est additionner 4 nombres égaux à $5+3+2$; on aura donc le tableau suivant :

$$\begin{array}{c} 5+3+2 \\ 5+3+2 \\ 5+3+2 \\ 5+3+2 \end{array}$$

Additionnons ces nombres par colonnes verticales ; chacun d'eux étant additionné 4 fois est, par définition, multiplié par 4 ; de sorte que le résultat de l'opération est :

$$5 \times 4 + 3 \times 4 + 2 \times 4$$

On a donc l'égalité :

$$(5+3+2)\,4 = 5 \times 4 + 3 \times 4 + 2 \times 4.$$

59. — *Conséquence.* — *Pour multiplier un nombre entier par 10, 100, 1 000, ..., on écrit un zéro, deux zéros, trois zéros... à sa droite.*

En effet, soit le nombre 425. Si on écrit un zéro à sa droite, on obtient le nombre 4250, dans lequel chacun des chiffres représente des unités d'un ordre 10 fois plus fort que dans 425 ; chacune des parties du nombre 425 étant multipliée par 10, le nombre est donc lui-même multiplié par 10.

40. — La multiplication des nombres entiers peut se diviser en quatre cas.

MULTIPLICATION.

Premier cas. — *Les deux facteurs n'ont qu'un seul chiffre.*

Soit à faire le produit 7×4.

Par définition, multiplier 7 par 4, c'est additionner 4 nombres égaux à 7. On aura donc le résultat sans difficulté, en effectuant cette addition. On conçoit qu'une telle opération, faite ainsi, serait en général trop longue. Le but de la multiplication est précisément d'abréger cette opération.

```
  7
  7
  7
  7
 ──
 28
```

Dans le cas présent, on devra savoir par cœur les produits des 9 premiers nombres l'un par l'autre.

41. — Ces produits sont contenus dans la table de multiplication suivante, appelée *table de Pythagore* (1).

TABLE DE MULTIPLICATION

1	2	3	4	5	6	7	8	9
2	4	6	8	10	12	14	16	18
3	6	9	12	15	18	21	24	27
4	8	12	16	20	24	28	32	36
5	10	15	20	25	30	35	40	45
6	12	18	24	30	36	42	48	54
7	14	21	28	35	42	49	56	63
8	16	24	32	40	48	56	64	72
9	18	27	36	45	54	63	72	81

(1) Pythagore, philosophe grec (569-470 avant J.-C.), né à Samos.

Pour la construire, on écrit les neuf premiers nombres sur une ligne horizontale ; puis on *additionne* chaque nombre à lui-même ; on écrit les résultats au-dessous des nombres correspondants : il est évident que la deuxième ligne horizontale contient alors les *produits par 2* des nombres de la première ligne.

A chacun des nombres de la deuxième ligne, on ajoute le nombre correspondant de la première ligne : on a ainsi la troisième ligne ; et, par définition, on voit que cette troisième ligne renferme les *produits par 3* des nombres de la première ligne.

A chacun des nombres de la troisième ligne, on ajoute le nombre correspondant de la première ligne, et l'on continue ainsi en ajoutant chaque fois aux nombres que l'on vient d'obtenir les nombres correspondants de la première ligne.

On se sert de cette table comme de la table d'addition (n° 20). Ainsi, si l'on veut le produit de 4 par 5, on cherche le multiplicande 4 dans la première *ligne* horizontale et le multiplicateur 5 dans la première *colonne* verticale de gauche ; l'endroit où se croisent la verticale menée par 4 et l'horizontale menée par 5 donne le produit 20 cherché.

42. — *Deuxième cas. — Multiplication d'un nombre de plusieurs chiffres par un nombre d'un seul chiffre.*

Soit à multiplier 476 par 3.

Le nombre 476 étant composé de la somme

$$4 \text{ centaines} + 7 \text{ dizaines} + 6 \text{ unités,}$$

on obtiendra le produit cherché en multipliant chaque partie par 3 (th. 1, n° 38).

On est donc ramené à multiplier un nombre d'un

MULTIPLICATION.

seul chiffre par un nombre d'un seul chiffre (1ᵉʳ cas). On trouve ainsi un produit composé de 18 unités, de 21 dizaines et de 12 centaines ; ce qui donne 1428 pour le produit cherché.

Détail de l'opération.

```
   476
     3
  ----
    18  unités
    21  dizaines
    12  centaines
  ----
  1428
```

Dans la pratique, on commence l'opération par la droite, et au lieu d'écrire 18, on écrit seulement le chiffre 8 et l'on *retient* la dizaine pour l'ajouter aux dizaines provenant du produit des dizaines du multiplicande par le chiffre du multiplicateur. On dispose l'opération comme il suit :

```
   476
     3
  ----
  1428
```

et l'on dit : 3 fois 6, 18 : je pose 8 et je retiens 1 ; 3 fois 7, 21 et 1, 22 : je pose 2 et je retiens 2 ; 3 fois 4, 12 et 2, 14 : je pose 4 et j'avance 1.

De là, la règle suivante :

RÈGLE. — *Pour multiplier un nombre de plusieurs chiffres par un nombre d'un seul chiffre, on multiplie successivement chacun des chiffres du multiplicande par le multiplicateur, en commençant par la droite. On écrit d'abord le chiffre des unités du premier produit partiel, et l'on retient les dizaines qu'on ajoute au produit partiel suivant. On procède de même avec chaque chiffre du multiplicande.*

REMARQUE. — On commence aussi l'opération par la droite à cause des *retenues*.

45. — *Troisième cas.* — **Multiplication d'un nombre de plusieurs chiffres par un nombre d'un seul chiffre suivi de zéros.**

Soit à multiplier 476 par 300.

Par définition, multiplier 476 par 300, c'est additionner 300 nombres égaux à 476. Si l'on suppose le nombre 476 écrit 300 fois, on peut grouper ces nombres 3 par 3 ; ce qui donne 100 groupes, et chaque groupe formera le produit 476×3 ou 1428, opération que l'on sait faire (2ᵉ cas). Le résultat demandé sera la somme de 100 nombres égaux à 1428, ou le produit de 1428 par 100. On sait effectuer ce produit (n° 39), et l'on trouve 142 800, en écrivant deux zéros à la droite de 1428.

$$\left.\begin{array}{l}476\\476\\476\end{array}\right\} 476 \times 3 = 1428$$
$$\left.\begin{array}{l}476\\476\\476\end{array}\right\} 476 \times 3 = 1428$$
$$\cdots$$

On a donc la règle suivante :

RÈGLE. — *Pour multiplier un nombre de plusieurs chiffres par un nombre d'un seul chiffre suivi de zéros, on fait le produit du multiplicande par le chiffre significatif du multiplicateur (2ᵉ cas), et l'on écrit à la droite du produit autant de zéros qu'il y en a dans le multiplicateur.*

44. — **Cas général.** — **Multiplication de deux nombres quelconques.**

Soit à effectuer le produit 4376×237.

Par définition, multiplier 4376 par 237 c'est répéter 237 fois le nombre 4376 : il est évident qu'on obtiendra ce résultat en répétant 4376 d'abord 7 fois (2ᵉ cas), puis 30 fois et enfin 200 fois (3ᵉ cas). En additionnant les produits partiels, on aura bien répété 237 fois le nombre 4376.

On dispose l'opération comme il suit :

$$\begin{array}{r}
4376\\
237\\
\hline
4376 \times 7 = 30632\\
4376 \times 30 = 131280\\
4376 \times 200 = 875200\\
\hline
\text{Produit.}\quad 1037112
\end{array}$$

MULTIPLICATION.

On écrit le multiplicateur sous le multiplicande de manière que les unités de même ordre se correspondent ; on souligne le tout par un trait horizontal, puis on effectue la multiplication de 4376 d'abord par 7, puis par 30 et enfin par 200 comme l'indique l'opération ci-dessus. On est ramené dans chaque cas à des multiplications que l'on sait faire. La somme des produits partiels obtenus donne le produit total.

Dans la pratique, on n'écrit pas les zéros à droite des produits partiels ; il suffit d'écrire le premier chiffre de droite de chaque produit partiel au même rang que le chiffre du multiplicateur qui lui donne naissance.

Ainsi, dans l'exemple considéré, lorsqu'on multiplie 4376 par le chiffre 3 des dizaines du multiplicateur, on écrit le premier chiffre 8 du produit partiel au rang des dizaines. Pour le produit par 2, chiffre des centaines du multiplicateur, on écrit le premier chiffre 2 du produit partiel au rang des centaines.

On a la disposition suivante :

$$\begin{array}{r} 4376 \\ 237 \\ \hline 30632 \\ 13128 \\ 8752 \\ \hline 1037112 \end{array}$$

De ce qui précède, résulte la règle suivante :

Règle. — *Pour multiplier un nombre quelconque par un nombre quelconque, on multiplie le multiplicande successivement par chacun des chiffres du multiplicateur ; on écrit les produits partiels les uns sous les autres en faisant exprimer à chacun d'eux des unités de même ordre que le chiffre du multiplicateur* correspondant. *On fait ensuite la somme des produits partiels.*

REMARQUE I. — Lorsque le multiplicateur renferme des zéros, on appliquera la règle précédente sans aucune modification.

Soit à multiplier 587 par 306. En appliquant la règle précédente, on ne tiendra pas compte du zéro placé au multiplicateur, et le premier chiffre à droite du produit partiel donné par le chiffre 3 du multiplicateur sera placé au rang des centaines.

```
  587
  306
 ————
 3522
 1761
 ——————
179622
```

REMARQUE II. — On peut évidemment effectuer les produits partiels dans un ordre quelconque, pourvu que l'on fasse bien exprimer à chacun d'eux des unités de même ordre que le chiffre correspondant du multiplicateur.

REMARQUE III. — Dans les produits de deux nombres de deux chiffres, il faut s'habituer à écrire le produit total sans écrire les produits partiels.

Soit à faire le produit 17×56.

On obtient les unités en faisant le produit des deux chiffres des unités : 6 fois 7, 42. Le chiffre des unités sera 2, et l'on retient 4 dizaines. Cherchons les dizaines du produit : elles proviennent du produit des dizaines de chaque facteur par les unités de l'autre ; on a donc : 6 fois 4, 24 et 5 fois 7, 35, ce qui fait 24 et 35 soit 59 dizaines, plus les 4 de retenue, soit 63. Le chiffre des dizaines sera donc 3, et l'on retient 6 centaines. Les centaines proviennent du produit des dizaines par les dizaines ; on aura donc 5 fois 4, 20 et 6 de retenue, 26. On trouve ainsi 2632 pour le produit.

```
  47
  56
————
2632
```

Avec un peu d'exercice, on arrive à écrire rapidement de tels produits.

On peut, en raisonnant de même, écrire, sans produits partiels, le produit d'un nombre de 3 chiffres par un nombre de 2 chiffres, ou même le produit de deux nombres de 3 chiffres.

45. — *Cas particulier où les deux nombres sont terminés par des zéros*. — *Lorsque les deux facteurs sont terminés par des zéros, on fait la multiplication des deux nombres sans tenir compte des zéros ; puis, à la droite du produit obtenu on écrit autant de zéros qu'il y en a dans les deux facteurs.*

En effet, soit à multiplier 36 000 par 2 300. En raisonnant comme dans le 3ᵉ cas (n° 43), on obtiendra ce produit en multipliant d'abord 36 000 par 23, puis le résultat obtenu par 100. Or, comme le nombre 36 000 est égal à 36 unités de mille, le produit de 36 000 par 23 sera égal à 23 fois 36 unités de mille ; de sorte que ce produit sera égal à un nombre d'unités de mille égal au produit de 36 par 23.

D'après cela, on aura le produit de 36 000 par 23 en écrivant 3 zéros à la droite du produit de 36 par 23 ; puis pour obtenir le produit par 2 300, on devra ajouter à droite du résultat obtenu 2 nouveaux zéros. De sorte que pour avoir le produit de 36 000 par 2 300, il suffit de faire le produit de 36 par 23 et d'écrire à droite du résultat 5 zéros, c'est-à-dire autant de zéros qu'il y en a à droite des deux facteurs. On a ainsi :

```
   36000
    2300
  ──────
     108
      72
  ──────
 82800000
```

NOMBRE DES CHIFFRES D'UN PRODUIT

Théorème.

46. — *Le nombre des chiffres du produit de deux nombres est égal à la somme des nombres de chiffres des deux facteurs, ou à cette somme diminuée de* un.

Considérons, en effet, le produit

$$4728 \times 357$$

Le multiplicateur 357 ayant 3 chiffres est compris entre 100 et 1000 ; le produit est donc compris entre 100 fois 4728 et 1000 fois 4728 ; ce que l'on exprime par la double inégalité suivante :

$$4728 \times 100 < 4728 \times 357 < 4728 \times 1000$$

ou encore :

$$472\,800 < 4728 \times 357 < 4\,728\,000.$$

Le produit étant compris entre deux nombres dont l'un a 6 chiffres et l'autre 7 chiffres, aura donc au moins 6 chiffres et au plus 7. Or, 7 représente le nombre de chiffres des deux facteurs, et 6 représente ce même nombre diminué de 1 ; le théorème est donc démontré.

THÉORÈMES SUR LA MULTIPLICATION

47. — **Produit de facteurs.** — *On appelle produit de facteurs une expression de la forme*

$$2 \times 3 \times 4 \times 5$$

et qui, par définition, représente le nombre obtenu en effectuant le produit de 2 par 3, puis en multipliant le produit obtenu par 4, et enfin le nouveau produit par 5.

MULTIPLICATION.

Il résulte de cette définition que l'on a :

$$2\times 3\times 4\times 5 = 6\times 4\times 5 = 24\times 5 = 120.$$

On a vu précédemment que pour indiquer qu'un calcul est supposé effectué, on place les nombres correspondants entre parenthèses. Ainsi les produits

$$\begin{aligned} &2\times 3\times 4\times 5 &&(1)\\ &(2\times 3)\times 4\times 5 &&(2)\\ &(2\times 3\times 4)\times 5 &&(3) \end{aligned}$$

sont équivalents, puisque les parenthèses indiquent des produits effectués *dans l'ordre occupé par les facteurs dans le produit* (1).

Donc, il importe de bien remarquer que, *par définition*, on peut remplacer les premiers facteurs de gauche par leur produit effectué, pourvu que l'on effectue ces produits dans l'ordre des facteurs.

De sorte que, dans les produits (2) et (3), on peut, *par définition même*, supprimer les parenthèses. Autrement dit, pour calculer les produits (1), (2) et (3), on est amené à effectuer les mêmes calculs.

Nous allons démontrer maintenant qu'un produit de facteurs est indépendant de l'ordre des facteurs.

Théorème I.

48. — *Un produit de facteurs ne change pas si l'on intervertit l'ordre des facteurs d'une manière quelconque.*

Ce théorème général peut se diviser en quatre cas.

1. *Un produit de deux facteurs ne change pas lorsqu'on intervertit l'ordre des deux facteurs.*

Démontrons que :

$$3\times 4 = 4\times 3.$$

En effet, pour effectuer le produit 3×4 on doit additionner 4 nombres égaux à 3. Écrivons donc sur une ligne horizontale autant d'unités qu'il y en a dans 3, et répétons cette ligne 4 fois ; on a le tableau suivant :

$$3 \times 4 = \begin{cases} 1+1+1 \\ 1+1+1 \\ 1+1+1 \\ 1+1+1 \end{cases}$$

Mais si l'on additionne les unités contenues dans ce tableau par colonnes verticales, chaque colonne contient 4 unités, et comme elle est répétée 3 fois, le nombre d'unités trouvé est le produit de 4 par 3. On a donc bien :

$$3 \times 4 = 4 \times 3.$$

11. *Le produit de trois facteurs ne change pas lorsqu'on intervertit l'ordre des deux derniers.*

Démontrons que l'on a :

$$2 \times 3 \times 4 = 2 \times 4 \times 3.$$

En effet, considérons le produit $2 \times 3 \times 4$. Par définition d'un produit de facteurs, on doit, pour calculer ce nombre, multiplier d'abord 2 par 3, ce que l'on obtient en ajoutant 3 nombres égaux à 2 :

$$2 + 2 + 2$$

puis, on doit répéter 4 fois le résultat obtenu ; on a donc :

$$2 \times 3 \times 4 = \begin{cases} 2+2+2 \\ 2+2+2 \\ 2+2+2 \\ 2+2+2 \end{cases}$$

Si l'on calcule ce nombre en additionnant les nombres contenus dans une colonne verticale, on a le pro-

MULTIPLICATION. 51

duit 2×4 pour chaque colonne, et comme il y a 3 colonnes, on a 3 fois le nombre 2×4 ou
$$2\times 4\times 3.$$

On a donc bien :
$$2\times 3\times 4 = 2\times 4\times 3.$$

III. *Le produit d'un nombre quelconque de facteurs ne change pas si l'on intervertit l'ordre des deux derniers.*

Démontrons que l'on a :
$$2\times 3\times 4\times 5\times 6 = 2\times 3\times 4\times 6\times 5.$$

En effet, dans le produit $2\times 3\times 4\times 5\times 6$ on peut considérer le produit des trois premiers facteurs comme effectué, ce que l'on indique en le plaçant entre parenthèses. On est alors ramené au cas de trois facteurs, et l'on a :
$$(2\times 3\times 4)\times 5\times 6 = (2\times 3\times 4)\times 6\times 5.$$

Or, on sait que l'on peut supprimer les parenthèses (n° 47) ; de sorte que l'on a bien :
$$2\times 3\times 4\times 5\times 6 = 2\times 3\times 4\times 6\times 5.$$

IV. *Le produit d'un nombre quelconque de facteurs ne change pas si l'on intervertit l'ordre de deux facteurs consécutifs.*

Soit le produit :
$$2\times 3\times 4\times 5\times 6.$$

Démontrons que l'on peut intervertir l'ordre des deux facteurs 4 et 5 ; et que l'on a :
$$2\times 3\times 4\times 5\times 6 = 2\times 3\times 5\times 4\times 6$$

En effet, considérons la partie du produit terminée par les deux facteurs 4 et 5 que l'on veut intervertir.

On peut intervertir l'ordre des deux derniers facteurs ; on a donc :

$$2\times 3\times 4\times 5 = 2\times 3\times 5\times 4.$$

Si l'on multiplie ces deux nombres égaux par 6, les produits sont encore égaux, et l'on a bien :

$$(2\times 3\times 4\times 5)\times 6 = (2\times 3\times 5\times 4)\times 6$$

ou : $\quad 2\times 3\times 4\times 5\times 6 = 2\times 3\times 5\times 4\times 6.$

— Ceci posé, considérons maintenant le produit

$$2\times 3\times 4\times 5\times 6.$$

Par une série d'interversions successives, on pourra intervertir deux facteurs quelconques. Ainsi, si l'on veut intervertir les facteurs 3 et 5, on aura successivement :

$$2\times 3\times 4\times 5\times 6$$

on intervertit 3 et 4 : $\quad 2\times 4\times 3\times 5\times 6$

puis 3 et 5 : $\quad 2\times 4\times 5\times 3\times 6$

puis 4 et 5 : $\quad 2\times 5\times 4\times 3\times 6$

Donc : *dans un produit de facteurs, on peut intervertir l'ordre de deux facteurs quelconques.*

Il résulte de ce théorème que : *dans un produit de facteurs, on peut effectuer les produits dans tel ordre que l'on veut.*

49. — Preuve de la multiplication. — *Pour faire la preuve de la multiplication, on intervertit l'ordre des deux facteurs.*

Le théorème précédent montre que les deux produits trouvés dans les deux cas doivent être égaux.

Théorème II.

50. — *Dans un produit de facteurs, on peut toujours remplacer deux ou plusieurs facteurs par leur produit effectué.*

Ainsi, le produit
$$2 \times 3 \times 4 \times 5 \times 6 \quad (1)$$
est égal au produit
$$2 \times 72 \times 5$$
dans lequel le produit des trois facteurs $3 \times 4 \times 6$ est effectué.

En effet, dans le produit (1) on peut intervertir l'ordre des facteurs de manière à amener en tête du produit les facteurs 3, 4 et 6 ; on a donc :
$$2 \times 3 \times 4 \times 5 \times 6 = 3 \times 4 \times 6 \times 2 \times 5$$

Dans le deuxième membre, on peut alors, *par définition*, remplacer les trois premiers facteurs par leur produit effectué, et l'on a :
$$2 \times 3 \times 4 \times 5 \times 6 = 72 \times 2 \times 5 = 2 \times 72 \times 5.$$

REMARQUE. — Il importe de bien remarquer que c'est *par définition* que l'on peut remplacer les premiers facteurs de gauche par leur produit effectué, tandis que c'est *après l'avoir démontré* que l'on peut remplacer deux ou plusieurs facteurs quelconques par leur produit effectué.

Théorème III.

51. — *Pour multiplier un produit de facteurs par un nombre, il suffit de multiplier* **un seul** *des facteurs par ce nombre.*

Soit à multiplier le produit $2 \times 3 \times 4$ par 5.

Démontrons que le produit demandé s'obtient en multipliant un seul des facteurs, 3, par exemple, par 5; autrement dit, démontrons que l'on a :
$$(2 \times 3 \times 4) \times 5 = 2 \times 15 \times 4.$$

En effet, on a d'abord :
$$(2 \times 3 \times 4) \times 5 = 2 \times 3 \times 4 \times 5 \qquad (1)$$

car dans le second membre de l'égalité, on peut remplacer les trois premiers facteurs par leur produit effectué; or, c'est précisément ce qu'indique le premier membre de l'égalité.

Cela étant, dans le deuxième membre de l'égalité (1) on peut remplacer les deux facteurs 3 et 5 par leur produit effectué, et l'on a bien :
$$(2 \times 3 \times 4) \times 5 = 2 \times 15 \times 4.$$

REMARQUE. — Il importe de rapprocher ce théorème de celui relatif à la multiplication d'une somme ou d'une différence par un nombre.

Pour multiplier une somme par un nombre, on multiplie **toutes** *les parties de la somme par le nombre.*

Pour multiplier un produit par un nombre, on multiplie **un seul** *des facteurs par le nombre.*

Théorème IV.

52. — *Pour multiplier un nombre par un produit de facteurs, on multiplie le nombre par le premier facteur, puis le produit obtenu par le deuxième facteur, et ainsi de suite. Autrement dit, on forme un produit unique avec le nombre et tous les facteurs.*

Démontrons que l'on a :
$$5 \times (2 \times 3 \times 4) = 5 \times 2 \times 3 \times 4.$$

MULTIPLICATION.

En effet, dans un produit de deux facteurs, on peut intervertir l'ordre des deux facteurs; on a donc :

$$5 \times (2 \times 3 \times 4) = (2 \times 3 \times 4) \times 5.$$

Or, dans le deuxième membre, on peut *par définition* supprimer les parenthèses; de sorte que l'on a :

$$5 \times (2 \times 3 \times 4) = 2 \times 3 \times 4 \times 5 = 5 \times 2 \times 3 \times 4.$$

Théorème V.

55. — *Pour multiplier un produit de facteurs par un produit de facteurs, on forme un produit unique composé de tous les facteurs des deux produits.*

Démontrons que l'on a :

$$(2 \times 3 \times 4) \times (5 \times 6 \times 7) = 2 \times 3 \times 4 \times 5 \times 6 \times 7.$$

En effet, dans un produit de facteurs on peut toujours remplacer plusieurs facteurs par leur produit effectué ; si donc dans le second membre de l'égalité on remplace les facteurs 2, 3 et 4 par leur produit effectué, ainsi que les facteurs 5, 6 et 7, on obtient précisément le premier membre.

Théorème VI.

54. — *Pour multiplier un nombre par une somme, on multiplie le nombre par chacune des parties de la somme, et l'on ajoute les produits obtenus.*

En effet, soit à multiplier 2 par la somme $3 + 5 + 8$.

C'est répéter le nombre 2 d'abord 3 fois, puis 5 fois, puis enfin 8 fois.

Or, répéter 3 fois le nombre 2, c'est faire le produit 2×3 ; de même, répéter 5 fois le nombre 2, c'est faire le produit 2×5, et répéter 8 fois le nombre 2, c'est faire le produit 2×8.

On a donc bien :
$$2 \times (3 + 5 + 8) = 2 \times 3 + 2 \times 5 + 2 \times 8.$$

Théorème VII.

55. — *Pour multiplier la somme de plusieurs nombres par la somme de plusieurs autres nombres, on multiplie chacune des parties de la première somme par chacune des parties de la deuxième, et l'on additionne les résultats obtenus.*

Soit à effectuer le produit
$$(3 + 4) \times (5 + 6).$$

Cette multiplication indique que l'on doit répéter la somme $3 + 4$ d'abord 5 fois, puis 6 fois. On a donc :
$$(3 + 4) \times (5 + 6) = (3 + 4) \times 5 + (3 + 4) \times 6.$$

Or, pour multiplier une somme par un nombre, on multiplie chaque partie de la somme par le nombre ; on a donc finalement :
$$(3 + 4) \times (5 + 6) = 3 \times 5 + 4 \times 5 + 3 \times 6 + 4 \times 6.$$

Remarque. — On peut, sans ambiguïté, supprimer le signe $\times$ entre les deux parenthèses.

De plus, si l'on ne veut pas raisonner sur des nombres particuliers, on peut remplacer les nombres 3, 4, 5, 6 par des lettres a, b, c, d qui désigneront des nombres entiers quelconques, et le théorème précédent donnera l'égalité :
$$(a + b)(c + d) = ac + bc + ad + bd.$$

Théorème VIII.

56. — *Pour multiplier une différence par un nombre, on multiplie chaque partie de la différence par ce nombre, et on fait la différence des produits obtenus.*

MULTIPLICATION.

Soit à multiplier la différence $7-5$ par 3.

On peut remarquer d'abord que l'on peut intervertir l'ordre des facteurs et écrire :
$$(7-5) \times 3 = 3 \times (7-5).$$

Or, multiplier 3 par $7-5$, c'est répéter $7-5$ fois le nombre 3 ; résultat qu'on obtiendra en répétant 7 fois le nombre 3 et en retranchant du résultat 5 fois le nombre 3. On a donc :
$$3 \times (7-5) = 3 \times 7 - 3 \times 5$$

et, par suite, en intervertissant l'ordre des facteurs :
$$(7-5) \times 3 = 7 \times 3 - 5 \times 3.$$

— En raisonnant de même, on aura :
$$(7-5) \times (6-4) = (7-5) \times 6 - (7-5) \times 4$$
$$(7-5) \times (6-4) = 7 \times 6 - 5 \times 6 - (7 \times 4 - 5 \times 4).$$

et, en appliquant le théorème III (n° 32), on a finalement :
$$(7-5) \times (6-4) = 7 \times 6 - 5 \times 6 - 7 \times 4 + 5 \times 4.$$

REMARQUE. — Il faut remarquer la nécessité de bien placer les parenthèses. Ainsi les deux expressions
$$(3+4)5+6$$
et
$$(3+4)(5+6)$$

sont bien différentes. On a, en effet :
$$(3+4)5+6 = 3 \times 5 + 4 \times 5 + 6 = 41$$
et
$$(3+4)(5+6) = 3 \times 5 + 4 \times 5 + 3 \times 6 + 4 \times 6 = 77.$$

— On écrira de même :
$$[(8+7)4 - (4+2)(3+5)](6+5).$$

expression qui indique que la quantité entre crochets doit être d'abord calculée, puis multipliée par la somme effectuée $6+5$. On obtient ainsi :

$$(60-48)\,11 = 12 \times 11 = 132.$$

THÉORÈMES SUR LES PUISSANCES

57. — Définition. — *On appelle puissance* n *d'un nombre le produit de* n *facteurs égaux à ce nombre.*

La puissance d'un nombre s'indique par un autre nombre placé à droite du premier et un peu au-dessus. Ce nombre s'appelle un *exposant*.

Ainsi, la puissance 4 du nombre 3 s'écrit 3^4, et on lit *3 puissance 4*.

On a donc par définition :

$$3^4 = 3 \times 3 \times 3 \times 3.$$

La puissance 2 d'un nombre s'appelle le *carré* du nombre, et la puissance 3 s'appelle le *cube* du nombre.

Théorème 1.

58. — *Pour multiplier une puissance d'un nombre par une autre puissance du même nombre, on élève ce nombre à une puissance égale à la somme des exposants.*

Ainsi, on a :

$$3^4 \times 3^2 = 3^6.$$

En effet, par définition, on a :

$$3^4 = 3 \times 3 \times 3 \times 3$$
$$3^2 = 3 \times 3.$$

Pour multiplier 3^4 par 3^2, on forme un produit unique

MULTIPLICATION.

composé des facteurs des deux produits (n° 53) ; on a donc :
$$3^4 \times 3^2 = 3 \times 3 \times 3 \times 3 \times 3 \times 3 = 3^6.$$

— D'une manière générale, a, n et p désignant des nombres entiers quelconques, on a :
$$a^n \times a^p = a^{n+p}$$

Théorème II.

59. — *Pour élever un produit de facteurs à une puissance donnée, on élève chaque facteur à cette puissance.*

Ainsi, on a :
$$(2 \times 3 \times 5)^3 = 2^3 \times 3^3 \times 5^3.$$

En effet, par définition $(2 \times 3 \times 5)^3$ est égal au produit de 3 facteurs égaux à $2 \times 3 \times 5$; on a donc :
$$(2 \times 3 \times 5)^3 = 2 \times 3 \times 5 \times 2 \times 3 \times 5 \times 2 \times 3 \times 5$$

ou, en intervertissant l'ordre des facteurs :
$$(2 \times 3 \times 5)^3 = 2 \times 2 \times 2 \times 3 \times 3 \times 3 \times 5 \times 5 \times 5$$

ou enfin :
$$(2 \times 3 \times 5)^3 = 2^3 \times 3^3 \times 5^3.$$

Théorème III.

60. — *Pour élever une puissance d'un nombre à une autre puissance, on élève ce nombre à une puissance donnée par le produit des deux exposants.*

Ainsi, on a :
$$(2^4)^3 = 2^{12}.$$

En effet, par définition, on peut écrire :
$$(2^4)^3 = 2^4 \times 2^4 \times 2^4 = 2^{4+4+4} = 2^{12}.$$

Conséquence. — On a :
$$(2^4)^3 = (2^3)^4,$$
car les deux membres de l'égalité représentent 2^{12}.
— D'après le théorème II (59), on aura :
$$(2^2 \times 3^4 \times 5^7)^2 = 2^4 \times 3^8 \times 5^{14}$$
$$(2^2 \times 3^4 \times 5^7)^3 = 2^6 \times 3^{12} \times 5^{21}.$$

Donc : 1° *Pour élever au carré un produit de facteurs affectés d'exposants, on double tous les exposants.*
2° *Pour élever au cube un produit de facteurs affectés d'exposants, on multiplie tous les exposants par 3.*

Théorème IV.

61. — *Le carré de la somme de deux nombres est égal au carré du premier, plus le double produit du premier par le second, plus le carré du second.*

En effet, d'après le théorème VII (55), on peut écrire :
$$(a+b)(a+b) = a^2 + ab + ab + b^2$$
ou enfin :
$$(a+b)^2 = a^2 + 2ab + b^2.$$

Application. — Un nombre composé de dizaines et d'unités peut être mis sous la forme
$$10\,d + u,$$
d désignant le *nombre* des dizaines et u le chiffre des unités. Ainsi le nombre 3578 peut s'écrire
$$357 \times 10 + 8.$$

Il en résulte que le carré d'un nombre composé de dizaines et d'unités s'écrira ainsi :
$$(10\,d + u)^2 = 100\,d^2 + 2 \times 10\,du + u^2.$$

MULTIPLICATION.

Théorème V.

62. — *Le carré de la différence de deux nombres est égal au carré du premier, moins le double produit du premier par le second, plus le carré du second.*

On a en effet :
$$(a-b)(a-b) = (a-b)a - (a-b)b$$
ou
$$(a-b)^2 = a^2 - ab - (ab - b^2)$$
ou encore :
$$(a-b)^2 = a^2 - ab - ab + b^2$$
ou enfin :
$$(a-b)^2 = a^2 - 2ab + b^2.$$

Théorème VI.

63. — *Le produit de la somme de deux nombres par leur différence est égal à la différence de leurs carrés.*

On a en effet :
$$(a+b)(a-b) = (a+b)a - (a+b)b$$
ou
$$(a+b)(a-b) = a^2 + ab - (ab + b^2)$$
ou encore :
$$(a+b)(a-b) = a^2 + ab - ab - b^2$$
ou enfin :
$$(a+b)(a-b) = a^2 - b^2.$$

Théorème VII.

64. — *Le cube de la somme de deux nombres est égal au cube du premier, plus trois fois le carré du premier* *multiplié par le second, plus trois fois le premier multiplié par le carré du second, plus le cube du second.*

En effet, on a d'abord :

$$(a + b)^2 = a^2 + 2ab + b^2.$$

Multiplions les deux membres de l'égalité par $a + b$, on a :

$$(a + b)^3 = (a^2 + 2ab + b^2)(a + b).$$

Dans le second membre, on a une somme à multiplier par une somme ; on a donc (n° 55, th. VII) :

$$(a + b)^3 = a^3 + 2a^2b + ab^2 + a^2b + 2ab^2 + b^3;$$

or $2a^2b + a^2b$ donne 3 fois le nombre a^2b ; de même $ab^2 + 2ab^2$ donne 3 fois le nombre ab^2 ; on a donc bien :

$$(a + b)^3 = a^3 + 3a^2b + 3ab^2 + b^3.$$

Conséquence. — On a vu qu'un nombre composé de dizaines et d'unités peut se mettre sous la forme :

$$10d + u;$$

son cube se composera donc comme il suit :

$$(10d + u)^3 = 1000\, d^3 + 3 \times 100\, d^2u + 3 \times 10\, du^2 + u^3.$$

65. — *Quel changement subit le produit de deux nombres lorsqu'on augmente ou diminue l'un des facteurs, ou tous les deux d'un même nombre ?*

1. — Désignons le produit par ab, et augmentons de n le facteur a. Le produit devient

$$(a + n)b \quad \text{ou} \quad ab + bn$$

donc le produit augmente de bn.

MULTIPLICATION.

De même, si l'on augmente de n le facteur b, le produit devient :

$$a(b+n) \quad \text{ou} \quad ab+an;$$

il augmente donc de an.

Donc : *Si dans le produit de deux nombres on augmente l'un des facteurs, le produit augmente du produit du nombre ajouté par le facteur qui reste invariable.*

On verrait de même que : *Si l'on diminue l'un des facteurs, le produit diminue du produit du nombre retranché par le facteur invariable.*

APPLICATION AU CALCUL MENTAL

Soit à effectuer le produit

$$37 \times 39$$

On calcule de tête le produit

$$37 \times 40 = 1480;$$

or, d'après le principe précédent, ce produit surpasse de 1 fois 37 le produit cherché ; donc pour avoir le produit 37×39, on retranche mentalement 37 de 1480, et l'on trouve 1443.

— On effectuera de même des produits analogues. Ainsi, pour calculer de tête le produit

$$48 \times 31$$

on fera mentalement le produit

$$48 \times 30 = 1440,$$

auquel on ajoutera 1 fois 48, et l'on aura 1488.

11. — Supposons maintenant qu'on augmente les deux facteurs de n.

Le produit devient :
$$(a+n)(b+n) = ab + bn + an + n^2$$
et l'augmentation du produit est
$$bn + an + n^2,$$
expression que l'on peut écrire ainsi :
$$(b + a + n)n$$

Donc : *Lorsqu'on augmente d'un même nombre* n *les deux facteurs d'un produit, l'augmentation du produit est égale au produit du nombre* n *par la somme des deux nombres augmentée de* n.

Application. — Soit à effectuer mentalement le produit
$$49 \times 39$$

En augmentant chaque facteur de 1, on calculera sans difficulté le produit 50×40 ou 2 000 ; pour en déduire le produit demandé, on retranche de 2000 la somme
$$49 + 39 + 1 \quad \text{ou} \quad 89,$$
et l'on obtient 1911.

On effectuera de même des produits analogues.

66. — *Multiplication par* **11**.

Effectuons la multiplication de 457 par 11. On a :

$$\begin{array}{r} 457 \\ 11 \\ \hline 457 \\ 457 \\ \hline 5027 \end{array}$$

La disposition des deux produits partiels permet de formuler la règle suivante :

Pour multiplier un nombre par 11, on écrit d'abord

le chiffre des unités, puis on ajoute ce chiffre avec celui des dizaines; si la somme ne surpasse pas 9 on l'écrit, et on continue ainsi en ajoutant chaque chiffre avec celui de gauche, et l'on termine en écrivant le dernier chiffre de gauche du nombre. Si la somme de deux chiffres surpasse 9, on écrit seulement les unités et on ajoute la dizaine à la somme suivante.

En appliquant cette règle, on écrira immédiatement :

$$45 \times 11 = 495.$$
$$58 \times 11 = 638.$$
$$423 \times 11 = 4653.$$
$$486 \times 11 = 5346.$$

CHAPITRE V

DIVISION

67. — Idée de la division. — Supposons que l'on veuille partager 15 francs également entre 3 personnes. Comme 3 fois 5 font 15, autrement dit, comme le nombre 3 est contenu 5 fois dans 15, chaque personne devra recevoir 5 francs.

L'opération qui consiste à chercher combien de fois 3 est contenu dans 15 s'appelle une *division*.

Le nombre 15 à diviser s'appelle le *dividende*; le nombre 3 est le *diviseur*, et le résultat 5 est le *quotient*.

On indique la division de deux nombres à l'aide du signe : placé entre les deux nombres. Ainsi, on écrit :

$$15 : 3 = 5$$

et on lit : 15 divisé par 3 égale 5.

Dans cet exemple, le diviseur est contenu un nombre exact de fois dans le dividende : on dit alors que la division est exacte; autrement dit, le dividende est *divisible* par le diviseur.

On dit encore que le dividende est un *multiple* du diviseur.

— Supposons maintenant le dividende *non divisible exactement* par le diviseur. Soit à partager 17 francs entre 3 personnes, chaque personne devant avoir un nombre entier de francs.

Comme 3 fois 5 font 15, et 3 fois 6 font 18, on en conclut que 3 est contenu 5 fois dans 17 et non 6 fois; chaque personne recevra donc 5 francs, et il restera 2 francs. Le nombre 5 qui indique encore combien de fois 3 est contenu dans 17 est appelé aussi le quotient de 17 par 3, et l'on dit que la division se fait avec un *reste*.

Le quotient 5 est encore appelé *quotient entier* ou *quotient à une unité près* de 17 divisé par 3.

On peut donc donner la définition suivante:

68. — **Définition.** — *La division des nombres entiers est une opération qui a pour but, étant donnés deux nombres, l'un appelé* **dividende** *et l'autre* **diviseur**, *d'en trouver un troisième appelé* **quotient** *qui soit égal au nombre de fois que le diviseur est contenu dans le dividende.*

On a vu que lorsque la division est exacte, le dividende est le produit du diviseur par le quotient, et la recherche du quotient, dans ce cas particulier, revient à résoudre ce problème : *Connaissant le produit de deux nombres et l'un de ces nombres, trouver l'autre.*

69. — D'une manière générale, si l'on désigne le dividende par A, le diviseur par B, et le quotient par Q, on écrira :

$$B \times Q \leq A < B(Q+1).$$

Cette double inégalité indique que A contient au

DIVISION. 67

moins Q fois B et qu'il ne le contient pas Q + 1 fois ; donc elle indique bien que Q est le *quotient entier*, ou *quotient à une unité près* de A par B.

Mais il faut écrire la double inégalité, sans quoi on ne pourrait pas affirmer que Q est bien *le plus grand* nombre de fois que A contient B.

— On peut encore dire que : *diviser* A *par* B, *c'est chercher le* **plus grand** *nombre entier* Q *dont le produit par* B *soit égal ou inférieur à* A.

70. — **Reste de la division**. — *On appelle* **reste** *de la division de deux nombres entiers l'excès du dividende sur le produit du diviseur par le quotient.*

Ainsi, dans la division de 17 par 3, le quotient est 5 et le reste 2, et l'on a :

$$2 = 17 - 3 \times 5$$

— D'une manière générale, R désignant le reste de la division de A par B et Q le quotient, on a l'égalité :

$$R = A - B \times Q.$$

Il résulte de la définition du quotient que : *le reste est toujours inférieur au diviseur.*

En effet, si R était supérieur ou au moins égal au diviseur B, alors le diviseur serait encore contenu au moins *une* fois dans le reste, et Q ne serait pas égal au nombre de fois que B est contenu dans A ; c'est-à-dire que Q ne serait pas le quotient de A par B.

— Ce qui précède montre que : *le dividende est égal au produit du diviseur par le quotient, ce produit étant augmenté du reste.*

On a donc l'égalité :

$$A = B \times Q + R.$$

— Il importe de remarquer que cette égalité ne définit pas nécessairement le quotient de A par B, si l'on n'énonce pas en même temps la condition que R est inférieur à B.

En effet, on a, par exemple :
$$17 = 3 \times 4 + 5;$$
or, dans cette égalité, 4 n'est pas le quotient de 17 par 3.

Donc, si l'on veut que Q représente le quotient de A par B, on écrira les deux conditions :
$$\begin{cases} A = B \times Q + R \\ \quad R < B. \end{cases}$$

— On peut d'ailleurs montrer que, réciproquement, si ces conditions sont remplies, Q est bien le quotient de A par B.

En effet, tout d'abord l'égalité
$$A = B \times Q + R$$
montre que A contient B au moins Q fois ; de plus, comme R est plus petit que B, on a :
$$A < B \times Q + B$$
ou :
$$A < B(Q + 1).$$

Donc A ne contient pas $Q + 1$ fois B. Il en résulte que Q est bien le quotient de A par B.

71. — *Théorie de la division.* — La subdivision de la théorie en plusieurs cas est basée sur le nombre des chiffres du quotient.

Premier cas. — **Le quotient n'a qu'un chiffre et le diviseur aussi.**

Il en résulte immédiatement que le dividende est inférieur à 100.

Soit à diviser 37 par 8.

On doit, par définition, chercher combien de fois 8 est contenu dans 37. Il est évident que l'on peut procéder par soustractions successives. En retranchant 8 le plus de fois possible de 37, on aurait l'opération ci-contre.

```
 37
  8
 ──   1re fois.
 29
  8
 ──   2e fois.
 21
  8
 ──   3e fois.
 13
  8
 ──   4e fois.
  5
```

Comme 8 peut se retrancher 4 fois de 37, on en conclut que 8 est contenu 4 fois dans 37 ; ce qui montre que 4 est le quotient de 37 par 8, et le reste est 5.

On conçoit qu'une telle opération faite ainsi, en général, serait pratiquement trop longue. Le but de la division est précisément d'abréger ces opérations.

Dans le cas présent, si l'on sait par cœur la table de multiplication, on trouvera facilement le plus grand *multiple* de 8 contenu dans 37. Ainsi, on a :
$$32 < 37 < 40$$
ou
$$8 \times 4 < 37 < 8 \times 5.$$

Donc 37 contient 4 fois 8, et par suite 4 est le quotient de 37 par 8.

72. — Deuxième cas. — Le quotient n'a qu'un chiffre, mais le diviseur est quelconque.

Le dividende contient donc le diviseur moins de 10 fois. Soit à diviser 2 613 par 354.

On voit tout d'abord que le quotient n'a qu'un chiffre, car si l'on multiplie le diviseur par 10, on obtient 3 540, nombre qui surpasse 2 613. Donc le quotient est moindre que 10.

Désignons par q le chiffre du quotient; on a :
$$2\,613 = 354 \times q + r$$
avec
$$r < 354.$$

Le produit des 3 centaines du diviseur par le chiffre q du quotient est un nombre entier de centaines qui sont certainement contenues dans les 26 centaines du dividende; mais dans ces 26 centaines, *il peut* y avoir d'autres centaines provenant du produit des dizaines du diviseur par le quotient, et même du reste; de sorte que ce nombre 26 peut être supérieur au produit de 3 par q, ou lui être égal; ce que l'on peut écrire ainsi :

$$26 \geq 3 \times q.$$

Donc, en divisant 26 par 3, on aura le chiffre q ou un chiffre *trop fort*. Pour essayer ce chiffre, on multiplie le diviseur par ce chiffre, et si le produit peut se retrancher du dividende, le chiffre est bon ; sinon, il est trop fort; alors on le diminue d'une unité et l'on essaie de même le nouveau chiffre.

Ainsi le quotient de 26 par 3 donne 8 ; or $354 \times 8 = 2\,832$, nombre supérieur à 2613, donc 8 est trop fort. On essaie le chiffre 7, et l'on dispose l'opération comme il suit : on écrit d'abord le dividende et le diviseur sur la même ligne ; puis on les sépare par un trait vertical et l'on souligne le diviseur. On écrit au-dessous le quotient. On a ainsi :

Première disposition.		Deuxième disposition.	
2613	354	2613	354
2478	7	135	7
135			

On trouve 135 pour reste.

Dans la pratique, il est inutile d'écrire sous le dividende le produit 2478 du diviseur par le quotient comme dans la première disposition ; on multiplie le diviseur par le quotient, et l'on retranche du dividende à mesure qu'on effectue les produits (2ᵉ disposition). Mais en

DIVISION.   71

multipliant 4 par 7, on obtient 28 qui ne peut pas se retrancher de 3 ; on augmente alors ce chiffre 3 d'autant de dizaines qu'il est nécessaire pour pouvoir faire la soustraction.

Ainsi, dans le cas présent, on augmentera de 3 dizaines en disant : 28 ôté de 33, reste 5. On obtient alors une *retenue* 3 que l'on ajoute au produit suivant ; on procède ainsi pour chaque chiffre.

Ainsi, pratiquement on dit : 26 divisé par 3 donne 7 — 7 fois 4, 28, ôté de 33 reste 5 et je retiens 3 ; 7 fois 5, 35 et 3, 38, ôté de 41 reste 3 et je retiens 4 ; 7 fois 3, 21 et 4, 25, ôté de 26 reste 1.

Le reste est 135.

De ce qui précède, résulte la règle suivante :

Règle. — *Pour diviser un nombre entier par un nombre entier, le quotient n'ayant qu'un chiffre, on sépare par la pensée, sur la gauche du diviseur, le chiffre des plus hautes unités, et on divise les unités correspondantes du dividende par ce chiffre. On obtient ainsi le chiffre du quotient ou un chiffre trop fort.*

Pour essayer ce chiffre, on multiplie le diviseur par ce chiffre, et si le produit peut se retrancher du dividende, le chiffre est bon. Sinon, il est trop fort ; on le diminue alors d'une unité, et l'on essaie de même le nouveau chiffre.

73. — **Cas général.** — **Division de deux nombres quelconques.** — Soit à diviser 658792 par 753.

Cherchons tout d'abord le nombre des chiffres du quotient. Pour cela, multiplions le diviseur 753 par une puissance de 10 telle que le nombre obtenu surpasse le dividende ; on a :

$$75300 < 658792 < 753000$$

ou

$$753 \times 100 < 658792 < 753 \times 1000$$

ce qui montre que le quotient est compris entre 100 et 1000 ; donc il aura 3 chiffres. Or, le nombre 3 est précisément égal au nombre de zéros que l'on a dû écrire à la droite du diviseur pour obtenir un nombre qui surpasse le dividende.

Donc : *Le nombre des chiffres du quotient est égal au plus petit nombre de zéros que l'on doit ajouter à la droite du diviseur pour obtenir un nombre surpassant le dividende.*

Ceci posé, revenons à la division de 658 792 par 753. Nous venons de voir que le quotient aura 3 chiffres ; il sera donc composé de *centaines*, de *dizaines* et d'*unités*.

Si l'on désigne par c le chiffre des centaines, par d le chiffre des dizaines et par u le chiffre des unités, le quotient sera donc de la forme :

$$100 c + 10 d + u,$$

et l'on a l'égalité :

$$658792 = 753 (100 c + 10 d + u) + R$$

avec

$$R < 753.$$

Le produit de 753 par $100 c$ est un nombre entier de *centaines* qui sont certainement contenues dans les 6587 centaines du dividende. Si, dans ces 6587 centaines, il n'y avait que les centaines provenant du produit du diviseur par les centaines du quotient, on pourrait affirmer immédiatement qu'en divisant 6587 par 753 on aura le chiffre c des centaines du quotient ; mais dans ces 6587 centaines, il *peut* y avoir d'autres centaines provenant du produit du diviseur par les autres parties du quotient et du reste. Il n'est donc pas évident que le quotient de 6587 par 753 donnera le chiffre c. Tout ce que l'on peut affirmer de suite, c'est que ce quotient ne

DIVISION.

donnera pas un chiffre *trop faible*. Nous allons démontrer que ce chiffre est exact. Ce qui conduit au théorème suivant :

Théorème.

En divisant les centaines du dividende par le diviseur, on obtient le chiffre des centaines du quotient.

En effet, soit a le quotient de 6587 par 753 ; on a : (n° 69) :

$$753 \times a \leq 6587 < 753\,(a+1).$$

Multiplions ces nombres par 100 ; ils sont encore inégaux dans le même ordre, autrement dit, les inégalités ne changent pas de sens, et l'on a :

$$753 \times a \times 100 \leq 658\,700 < 753\,(a+1)\,100.$$

Les deux nombres 6587 et 753 $(a+1)$, qui sont deux nombres *entiers* inégaux, diffèrent au moins de 1 ; donc, après la multiplication par 100, les deux nombres obtenus diffèrent au moins de 100. Si donc au plus petit des deux 658 700 on ajoute 92, nombre inférieur à 100, le nombre obtenu sera encore plus petit que 753 $(a+1)$ 100. Quant à l'égalité *possible* entre les deux nombres $753 \times a \times 100$ et 658 700, elle sera certainement détruite ; de sorte que l'on aura :

$$753 \times a \times 100 < 658\,792 < 753\,(a+1)\,100,$$

double inégalité qui montre que le quotient de 658 792 par 753 est compris entre a *centaines* et $a+1$ *centaines*; ce quotient renferme donc bien a centaines. En d'autres termes, a, qui est le quotient de 6587 par 753, est le chiffre c des centaines du quotient.

— Donc, pour obtenir le chiffre des centaines du quotient, on est ramené à appliquer le deuxième cas.

Divisons 6587 par 753, on obtient le chiffre 8. Si du

dividende on retranche le produit de 753 par *8 centaines*, on obtient pour reste 56 392 qui représente évidemment l'expression

$$753\,(10\,d + u) + \text{R}.$$

Le même raisonnement montre qu'en divisant les 5 639 dizaines par 753 on obtiendra le chiffre 7 des dizaines du quotient.

```
658792 | 753
 6024  | 874
 56392
  5271
  3682
  3012
   670
```

C'est pourquoi, dans la pratique, après avoir retranché des 6 587 centaines du dividende le produit du diviseur par le chiffre 8 des centaines du quotient, à droite du reste 563, on *n'abaisse* que le chiffre suivant 9 du dividende, au lieu d'écrire 92.

Retranchons de 56 392 le produit de 753 par 7 dizaines, il reste 3 682 qui représente

$$753 \times u + \text{R}.$$

Le nombre 3 682 divisé par 753 donnera le chiffre u soit 4, et si de 3 682 on retranche le produit 3 012 de 753 par 4, on obtient le reste 670 de la division.

— On doit remarquer que pour obtenir les chiffres successifs du quotient, on applique chaque fois le deuxième cas.

— On appelle *dividendes partiels* les nombres que l'on divise successivement par le diviseur pour obtenir les chiffres du quotient. Ces nombres sont obtenus en abaissant à la droite de chaque reste successif le chiffre suivant du dividende. Ainsi, dans la division considérée, les dividendes partiels sont, dans l'ordre où on les a utilisés : 6 587, 5 639, 3 682.

— Dans la pratique, on n'écrit pas les produits du diviseur par les chiffres du quotient. On procède comme pour le deuxième cas en effectuant les produits et les soustractions en même temps.

DIVISION.

On dispose l'opération comme il suit :

```
658792 | 753
  5639 | 874
  3682
   670
```

et l'on dit : en 6587 combien de fois 753, il y est 8 fois. 8 fois 3, 24, ôté de 27 reste 3 et je retiens 2 ; 8 fois 5, 40 et 2, 42, ôté de 48 reste 6 et je retiens 4 ; 8 fois 7, 56 et 4, 60, ôté de 65 reste 5. J'abaisse le chiffre 9, et je continue de même pour les autres chiffres.

On peut donc énoncer la règle suivante :

RÈGLE. — *Pour diviser un nombre quelconque par un nombre quelconque, on écrit le diviseur à droite du dividende en le séparant par un trait vertical, puis on souligne le diviseur et l'on écrit au-dessous du trait les chiffres du quotient à mesure qu'on les obtient.*

On sépare ensuite sur la gauche du dividende un nombre de chiffres tel que le nombre ainsi formé contienne au moins une fois et moins de dix fois le diviseur. En divisant ce premier dividende partiel par le diviseur, on a le chiffre des plus hautes unités du quotient.

On retranche du premier dividende partiel le produit du diviseur par le premier chiffre du quotient, et à droite du reste on abaisse le chiffre suivant du dividende ; on forme ainsi un deuxième dividende partiel. On le divise par le diviseur, et le quotient obtenu est le deuxième chiffre du quotient.

On continue ainsi jusqu'à ce que l'on ait utilisé tous les chiffres du dividende.

74. — REMARQUE I. — S'il arrive qu'un dividende partiel ne contienne pas le diviseur, on écrit alors un *zéro* au quotient, et l'on forme un nouveau dividende partiel en abaissant le chiffre suivant du dividende. On continue ensuite la division conformément à la règle.

Exemple : diviser 440 369 par 728.

On a l'opération suivante :

```
440369 | 728
 03569 | 604
   657
```

REMARQUE II. — La règle de la division donne encore un moyen de trouver le nombre des chiffres du quotient.

Après avoir séparé sur la gauche du dividende un nombre contenant le diviseur au moins une fois et moins de dix fois, on compte le nombre de chiffres restant au dividende : *ce nombre augmenté de* un *donne le nombre des chiffres du quotient.*

5. — Cas particulier où le diviseur n'a qu'un chiffre. — Lorsque le diviseur n'a qu'un chiffre, on doit s'habituer à ne pas écrire les dividendes partiels.

Diviser un nombre par 2, 3, 4, 5... c'est en prendre la *moitié, le tiers, le quart, le cinquième,* etc.

Supposons que l'on veuille diviser 3875 par 4 ; on dira : le quart de 38 est 9, pour 36 ; il reste 2 ; on abaisse, par la pensée, le chiffre 7 à droite de 2, et l'on continue en disant :

```
3875 | 4
   3 | 968
```

le quart de 27 est 6, il reste 3 ; le quart de 35 est 8 et il reste 3. Le quotient est donc 968 et le reste est 3.

76. — Preuve de la division. — *L'égalité*

$$A = B \times Q + R$$

donne un moyen de faire la preuve d'une division : on multiplie le diviseur par le quotient, et l'on ajoute le reste au produit ; on doit retrouver ainsi le dividende.

DIVISION.

77. — *Trouver la limite du nombre que l'on peut ajouter au dividende sans changer le quotient.*

Soit l'égalité
$$A = B \times Q + R$$
avec
$$R < B.$$

Ajoutons le nombre n aux deux membres de cette égalité ; on a :
$$A + n = B \times Q + R + n.$$

Pour que, dans cette égalité, Q soit encore le quotient de $A + n$ par B, il faut que $R + n$ soit inférieur à B ; on doit donc avoir :
$$R + n < B$$
et si l'on retranche R aux deux membres de cette inégalité, on a :
$$n < B - R.$$

Or n est un nombre entier ; puisqu'il doit être inférieur à $B - R$, il vaudra donc *au plus* $B - R - 1$.

Donc : *Pour ne pas changer le quotient, le plus grand nombre que l'on puisse ajouter au dividende s'obtient en retranchant 1 de la différence entre le diviseur et le reste.*

THÉORÈMES SUR LA DIVISION

Théorème 1.

78. — *Quand on multiplie le dividende et le diviseur d'une division par un même nombre, le quotient ne change pas, mais le reste est multiplié par ce nombre.*

Soit, en effet, le dividende A, le diviseur B, le quotient Q et le reste R ; on a l'égalité :
$$A = B \times Q + R$$
avec la condition $R < B$.

Multiplions les deux membres de l'égalité par le nombre n, on a :

$$A n = B n \times Q + R n \qquad (1).$$

Comme on a :

$$R < B,$$

il en résulte évidemment :

$$R n < B n ;$$

donc dans l'égalité (1), Q représente encore le quotient de An par Bn.

Ce qui montre qu'en multipliant A et B par n, le quotient B n'a pas changé, mais le reste R a été multiplié par n.

APPLICATIONS. — **Calculs rapides.** — *Division par 25 et 125.*

Si l'on remarque que l'on a

$$100 = 25 \times 4,$$

on peut en déduire un moyen rapide de diviser un nombre par 25.

Soit, en effet, à diviser 1675 par 25. En multipliant les deux nombres par 4, leur quotient ne change pas, mais le diviseur devient alors 100. Donc : *pour diviser un nombre par 25 on le multiplie par 4, et l'on divise le produit obtenu par 100.*

Ainsi, divisons 1675 par 25. On a :

$$1675 \times 4 = 6700.$$

Donc, le quotient est 67.

— En remarquant que

$$1000 = 125 \times 8,$$

on a de même : *pour diviser un nombre par 125, on le multiplie par 8, et l'on divise le produit obtenu par 1000.*

DIVISION. 79

79. — Remarque. — *Multiplication par 25, 125, 15...*

La multiplication par 25 et 125 peut se ramener à une division très simple.

Il est évident que si, dans une multiplication, on multiplie le multiplicateur par 2, 3, 4..., le produit est multiplié par ce nombre.

En observant que

$$100 = 25 \times 4,$$

on peut en déduire un moyen rapide de multiplier un nombre par 25. On le multiplie par 100; mais alors le produit est 4 fois trop grand, donc il suffit de le diviser par 4. De là, la règle suivante :

Pour multiplier un nombre par 25, on le multiplie par 100 en écrivant 2 zéros à sa droite, et l'on divise par 4 le nombre ainsi obtenu.

De même, comme on a :

$$1000 = 125 \times 8,$$

il en résulte que : *Pour multiplier un nombre par 125, on le multiplie par 1000 en écrivant 3 zéros à sa droite, et l'on divise par 8 le nombre ainsi obtenu.*

Ainsi, on a :

$$67 \times 25 = 6\,700 : 4 = 1\,675.$$
$$43 \times 125 = 43\,000 : 8 = 5\,375.$$

— Pour multiplier un nombre par 15, il suffit de remarquer que 5 est la moitié de 10; donc le produit d'un nombre par 5 sera la moitié de son produit par 10.

Donc : *Pour multiplier un nombre par 15, on le multiplie par 10 en écrivant un zéro à sa droite, et l'on ajoute au produit obtenu la moitié de ce produit.*

Ainsi, soit à effectuer le produit 87×15.

On ajoute mentalement 870 et 435 sa moitié, et l'on obtient 1305.

Il faut s'habituer à faire tous ces calculs de tête.

Théorème II.

80. — *Pour diviser un produit de facteurs par un nombre il suffit de diviser* un seul *des facteurs par ce nombre.*

Soit en effet à diviser par 5 le produit

$$4 \times 15 \times 7.$$

Je dis que le quotient est :

$$4 \times 3 \times 7$$

obtenu en divisant par 5 le facteur 15. Il suffit de démontrer qu'en multipliant ce nombre par 5 on retrouve $4 \times 15 \times 7$. Or, pour multiplier $4 \times 3 \times 7$ par 5, il suffit de multiplier par 5 un seul des facteurs, 3 par exemple (n° 51) ; on a donc :

$$(4 \times 3 \times 7)5 = 4 \times 15 \times 7.$$

Donc $4 \times 3 \times 7$ est bien le quotient de $4 \times 15 \times 7$ par 5.

Théorème III.

81. — *Pour diviser la somme de plusieurs nombres par un nombre, on divise* toutes *les parties de la somme par ce nombre.*

Soit, en effet, à diviser par 5 la somme

$$15 + 20 + 25.$$

Je dis que le quotient est :

$$3 + 4 + 5.$$

DIVISION.

Il suffit de démontrer qu'en multipliant ce dernier nombre par 5 on retrouve 15 + 20 + 25. Or, pour multiplier une somme par un nombre, on multiplie *toutes* les parties de la somme par ce nombre (n° 38) ; on a donc :

$$(3 + 4 + 5)5 = 3 \times 5 + 4 \times 5 + 5 \times 5 = 15 + 20 + 25.$$

Donc 3 + 4 + 5 est bien le quotient de 15 + 20 + 25 par 5.

Remarque. — Les deux théorèmes précédents supposent évidemment que les divisions sont possibles.

Théorème IV.

82. — *Pour diviser un nombre* N *par un produit de facteurs* abc, *on peut diviser d'abord* N *par* a, *puis le quotient obtenu par* b, *et le nouveau quotient par* c ; *le dernier quotient obtenu est le quotient de* N *par le produit* abc.

1° Supposons tout d'abord que les divisions successives se fassent exactement. Posons donc :

$$N = a \times q$$
$$q = b \times q'$$

et

$$q' = c \times q''$$

Multiplions membre à membre ces égalités, on a :

$$N \times q \times q' = abc \times q \times q' \times q''$$

et en divisant les deux membres par $q \times q'$, on a :

$$N = abc \times q'',$$

égalité qui montre que q'' est bien le quotient de N par abc.

2° Les divisions successives se font avec reste. Posons donc :

(1) $N = aq + r$ avec $r < a$
(2) $q = bq' + r'$ — $r' < b$
(3) $q' = cq'' + r''$ — $r'' < c$.

En remplaçant q' par sa valeur dans l'égalité (2), on a :

$$q = b(cq'' + r'') + r' = bcq'' + br'' + r'.$$

Remplaçons cette valeur de q dans l'égalité (1), on a :

$$N = a(bcq'' + br'' + r') + r$$

ou

$$N = abcq'' + abr'' + ar' + r.$$

Pour que, dans cette égalité, q'' soit le quotient de N par abc, il faut que $abr'' + ar' + r$ soit le reste de la division ; il faut donc démontrer que ce nombre est inférieur au diviseur abc ; autrement dit que l'on a :

$$abr'' + ar' + r < abc.$$

Pour cela, cherchons la plus grande valeur que puisse prendre $abr'' + ar' + r$.

r est un nombre entier inférieur à a, donc r vaut *au plus* $a-1$; de même r', inférieur à b, vaut au plus $b-1$, et enfin r'', inférieur à c, vaut au plus $c-1$: donc la somme $abr'' + ar' + r$ est inférieure ou *au plus* égale au nombre que l'on obtient en remplaçant r, r' et r'' par leurs plus grandes valeurs. On a donc :

$$abr'' + ar' + r \leq ab(c-1) + a(b-1) + a - 1$$

ou

$$abr'' + ar' + r \leq abc - ab + ab - a + a - 1$$

ou enfin :

$$abr'' + ar' + r \leq abc - 1.$$

DIVISION.

On a donc, à plus forte raison :

$$abr'' + ar' + r < abc.$$

Donc q'' est bien le quotient de N par abc.

Théorème V.

85. — *Lorsqu'on divise le dividende et le diviseur d'une division par un même nombre, si cette division est possible, le quotient ne change pas, mais le reste est divisé par ce nombre.*

Considérons, en effet, la division suivante :

$$\begin{array}{r|l} 620 & 35 \\ 270 & \overline{17} \\ 25 & \end{array}$$

On a l'égalité :

$$620 = 35 \times 17 + 25.$$

Divisons les deux membres de l'égalité par 5, nombre qui divise exactement le dividende et le diviseur ; comme le second membre se compose d'une somme, on doit diviser par 5 chacune des parties ; mais la première partie 35×17 est un produit, et pour la diviser par 5 il suffit de diviser le facteur 35 par 5 ; on a donc, après la division effectuée :

$$124 = 7 \times 17 + 5;$$

or dans cette égalité, 17 représente encore le quotient de 124 par 7, puisque le reste 5 est bien inférieur au diviseur 7.

On voit donc que le dividende 620 et le diviseur 35 étant divisés par 5, le quotient 17 n'a pas changé, mais le reste 25 a été divisé aussi par 5.

Application. — **Division de deux nombres terminés par des zéros.**

Soit à diviser 758 000 par 3 200.

D'après le théorème précédent, on peut diviser les deux nombres par 100, ce qui revient à supprimer deux zéros sur la droite de chacun d'eux ; le quotient des deux nombres ne changera pas, seul le reste sera divisé par 100.

On a alors à effectuer la division de 7 580 par 32. On trouve 236 pour quotient et 28 pour reste.

Le quotient de 758 000 par 3 200 est donc 236 ; mais le reste est 2 800.

De même, le quotient de 75 800 par 32 000 sera le même que celui de 758 par 320.

D'où la règle suivante :

Pour diviser l'un par l'autre deux nombres terminés par des zéros, on supprime sur la droite de chacun d'eux un nombre de zéros égal à celui qui en a le moins, puis on effectue la division des deux nombres ainsi obtenus.

Pour avoir le reste, on écrit à la droite du reste obtenu dans la division autant de zéros qu'on en avait supprimés.

Théorème VI.

84. — *Pour diviser une puissance d'un nombre par une autre puissance du même nombre, on retranche les deux exposants.*

Ainsi, je dis que l'on a

$$7^5 : 7^2 = 7^3.$$

En effet, si on multiplie 7^3 par 7^2 on retrouve le dividende 7^5. Donc 7^3 est bien le quotient de 7^5 par 7^2.

Remarque. — **Exposant zéro.** — Si l'on divise 7^4, par

exemple, par 7^4, en appliquant le théorème précédent, on obtient :
$$7^4 : 7^4 = 7^0$$

Ce symbole 7^0 n'a aucun sens par lui-même.
Mais si l'on remarque que
$$7 : 7 = 1$$
$$15 : 15 = 1,$$

c'est-à-dire qu'un nombre quelconque divisé par lui-même donne 1 pour quotient, on voit que
$$7^4 : 7^4 = 1,$$

et l'on peut *convenir* que
$$7^0 = 1.$$

D'une manière générale, a désignant un nombre entier quelconque, on peut écrire :
$$a^0 = 1.$$

Donc : *tout nombre affecté de l'exposant zéro est égal à un.*

APPLICATION DE LA DIVISION

Note sur les divers systèmes de numération.

85. — *On appelle* **base** *d'un système de numération le nombre d'unités d'un certain ordre nécessaires pour former une unité de l'ordre immédiatement supérieur.*

Ainsi, dans notre système de numération, appelé système décimal, la base est 10.

Il est évident qu'on aurait pu choisir tout autre nombre, 6, 7, 8, 12... pour base. Le principe fondamental de la numération écrite (n° 12) s'énoncera de même en remplaçant le mot *dix* par la *base* du système de numération.

Ainsi, si, d'une manière générale, on désigne la base d'un système par n, on énonce la convention fondamentale comme il suit : *tout chiffre placé à la gauche d'un autre représente des unités d'un ordre n fois plus fort que celles représentées par cet autre chiffre.*

Ainsi, supposons que le nombre 15 représente un nombre écrit dans le système de base 12 ; alors le chiffre 5 représente des unités simples, et le chiffre 1 représente des unités 12 fois plus fortes, soit des *douzaines*, et ce nombre écrit dans le système décimal vaut $12 + 5$ ou 17.

Il importe de remarquer que : *la base d'un système de numération quelconque est toujours représentée par le nombre 10.*

Considérons en effet le système de base 8 ; les chiffres employés seront :

$$0, 1, 2, 3, 4, 5, 6, 7.$$

Le nombre 8 s'écrira 10 ; puisque, d'après la convention fondamentale, ce nombre 10 est composé de *zéro* unités simples, plus *une* unité du 2e ordre qui vaut une *huitaine*. Donc le nombre 10 dans le système de base 8 vaut $8 + 0$ ou 8, dans le système décimal.

Ce qui précède montre que : *le nombre des chiffres nécessaires pour écrire les nombres dans un système de numération de base donnée est égal au nombre d'unités de la base.*

Ainsi, dans le système de base 12, il y a en plus les deux chiffres nécessaires pour représenter 10 et 11. On peut remplacer 10 par la lettre grecque α et 11 par β, et l'on a les chiffres suivants :

$$0, 1, 2, 3, 4, 5, 6, 7, 8, 9, \alpha, \beta.$$

DIVISION. 87

— Pour éviter toute ambiguïté, nous pourrons indiquer le système de numération dans lequel un nombre est écrit en plaçant à droite de ce nombre et un peu au-dessous un nombre égal à la base. Ce nombre est un *indice*.

Nous écrirons donc :

$$15_{12} = 17_{10}.$$

— Les trois problèmes fondamentaux que l'on a à résoudre sont les suivants :

1° *Un nombre étant écrit dans le système décimal, le transcrire dans un système de base donnée.*

2° *Inversement, un nombre étant écrit dans un système de base donnée, le transcrire dans le système décimal.*

3° *Un nombre étant écrit dans un système de base donnée, le transcrire dans un autre système non décimal.*

86. — **Premier problème.** — *Un nombre étant écrit dans le système décimal, le transcrire dans un système de base donnée.*

Soit le nombre 2542 écrit dans le système décimal. Proposons-nous de le transcrire dans le système de base 8.

Dans le système décimal les unités sont groupées 10 par 10 ; donc, pour le transcrire dans le système de base 8, on doit grouper les unités 8 par 8.

Il est évident qu'en divisant 2542 par 8, le quotient indiquera le nombre de *huitaines* contenues dans 2542. Effectuons la division : on trouve que le nombre renferme 317 huitaines, plus 6 unités du premier ordre. Donc le reste 6 est le chiffre des unités simples du nombre écrit dans le système de base 8.

```
2542 | 8
  14 | 317
   62
    6
```

Cherchons de même dans 317 huitaines combien il y a d'unités du 3ᵉ ordre. Pour cela, divisons 317 par 8 ; on trouve 39 unités du 3ᵉ ordre, et un reste 5 qui représente 5 unités du 2ᵉ ordre ; donc ce reste 5 est le deuxième chiffre.

```
317 | 8
 77 | 39
  5
```

Enfin, divisons les 39 unités du 3ᵉ ordre par 8 ; on trouve 4 unités du 4ᵉ ordre, et un reste 7 qui représente des unités du 3ᵉ ordre ; donc le reste 7 est le troisième chiffre ; et comme il y a 4 unités du 4ᵉ ordre, le dernier chiffre à gauche sera 4. De sorte que le nombre demandé s'écrit ainsi :

```
39 | 8
 7 | 4
```

et l'on a :

$$4756$$

$$2542_{10} = 4756_8.$$

Pratiquement, on dispose l'opération comme il suit :

```
2542 | 8
  11 | 317 | 8
  62    77 | 39 | 8
   6     5   7 | 4
```

et le nombre est 4756.

Ce qui précède conduit à la règle suivante :

Un nombre étant écrit dans le système décimal, pour le transcrire dans un système de base n : 1° *on le divise par* n ; *le reste de la division est le chiffre des unités, ou le premier chiffre à droite* ; 2° *on divise le quotient obtenu par* n ; *le reste est le deuxième chiffre du nombre* ; 3° *on divise le nouveau quotient par* n, *et ainsi de suite, jusqu'à ce qu'on obtienne un dernier quotient inférieur à* n ; *ce dernier quotient est le chiffre des plus hautes unités du nombre.*

87. — Deuxième problème. — *Un nombre étant écrit*

DIVISION. 89

dans un système de base donnée, le transcrire dans le système décimal.

Soit le nombre 4756 écrit dans le système de base 8. D'après la convention fondamentale de la numération écrite, le deuxième chiffre 5 exprime des unités 8 fois plus fortes que les unités simples ; de même le chiffre 7 exprime des unités 8 fois plus fortes que celles exprimées par le chiffre 5, ou 64 fois plus fortes que les unités simples, et ainsi de suite. Donc, si nous décomposons le nombre 4756 en unités de différents ordres, on a :

6 unités simples qui valent 6
5 unités du 2e ordre.. . . . . 8×5
7 unités du 3e ordre.. . . . . $8^2 \times 7$
4 unités du 4e ordre.. . . . . $8^3 \times 4$;

de sorte que l'on a :

$$4756 = 6 + 8 \times 5 + 8^2 \times 7 + 8^3 \times 4$$

ou

$$4756 = 6 + 40 + 448 + 2048 = 2542,$$

et l'on peut écrire :

$$4756_8 = 2542_{10}.$$

— D'une manière générale, si l'on considère le nombre $abcd$, écrit dans le système de base n, a, b, c, et d désignant les chiffres, en transcrivant ce nombre dans le système décimal, on a :

$$abcd = d + cn + bn^2 + an^3.$$

Ce qui précède conduit à la règle suivante :

Un nombre étant écrit dans le système de base n, *pour le transcrire dans le système décimal, on écrit chacun des chiffres dans le système décimal, puis on multiplie le premier chiffre à droite par 1, le deuxième par* n, *le* troisième par n^3 et ainsi de suite, et l'on fait la somme des produits obtenus.

Ainsi, soit le nombre 2α4β écrit dans le système de base 12, α valant 10 et β valant 11. On a le calcul suivant :

$$\begin{array}{rcr} \beta & \text{vaut} & 11 \\ 4 \times 12 & - & 48 \\ 10 \times 12^2 & - & 1440 \\ 2 \times 12^3 & - & 3456 \\ \hline N & = & 4955 \end{array}$$

88. — *Troisième problème.* — Ce problème est une conséquence des deux autres. On peut énoncer immédiatement la règle suivante :

RÈGLE. — *Un nombre étant écrit dans un système de base* n, *pour le transcrire dans un système de base* n' *on le transcrit d'abord dans le système décimal (prob. 2); puis on transcrit le nombre ainsi obtenu dans le système de base* n' *(prob. 1).*

EXERCICES SUR LE LIVRE I

1° EXEMPLES DE PROBLÈMES RÉSOLUS

Problème 1. — *Deux courriers partent d'une même station* A, *se dirigeant vers un même lieu* B. *Le premier qui parcourt* 10 *kilomètres à l'heure est parti à* 8 *heures du matin; le deuxième qui fait* 12 *kilomètres à l'heure est parti une heure après. A quelle distance du point* A *et à quelle heure rencontrera-t-il le premier courrier?*

Solution. — Au moment où le deuxième courrier se met en route, le premier a déjà marché pendant une heure ; il a donc 10 kilomètres d'avance sur le deuxième. Or le deuxième parcourt 12 kilomètres à l'heure pendant que le premier n'en fait que 10 ; il gagne donc en une heure :

$$12 - 10 = 2 \text{ kilomètres.}$$

Pour rattraper le premier, il doit gagner 10 kilomètres; autant de fois 2 seront contenus dans 10, autant d'heures il lui faudra pour le rencontrer. On a :

$$10 : 2 = 5 \text{ heures.}$$

Donc le premier sera rencontré 5 heures après le départ du second. Celui-ci étant parti à 9 heures du matin, il sera donc 2 heures du soir.

La distance du point A au point de rencontre sera égale à 5 fois 12 kilomètres, ou :

$$12 \times 5 = 60 \text{ kilomètres.}$$

Vérification. — Le premier ayant marché 6 heures a parcouru

$$10 \times 6 = 60 \text{ kilomètres;}$$

le deuxième ayant marché 5 heures a parcouru

$$12 \times 5 = 60 \text{ kilomètres.}$$

Donc les deux courriers seront bien au même point.

Problème 2. — *Un nombre est composé de deux chiffres tels que le chiffre des dizaines est double du chiffre des unités. Si on intervertit l'ordre des chiffres, le nombre diminue de 36 : trouver ce nombre.*

On peut remarquer d'abord que lorsqu'on intervertit l'ordre des chiffres d'un nombre composé de deux chiffres, la différence entre les deux nombres est toujours égale à 9 multiplié par la différence des deux chiffres.

En effet, soit d le chiffre des dizaines et u le chiffre des unités ; le nombre est

$$10\,d + u.$$

Si on intervertit l'ordre des chiffres, le nombre devient

$$10\,u + d.$$

Supposons d le plus grand des deux chiffres, alors le nombre a diminué de la différence entre $10\,d + u$ et $10\,u + d$, soit :

$$10\,d + u - (10\,u + d).$$

Effectuons cette soustraction, il vient :

$$10\,d + u - 10\,u - d.$$

Or, ajouter 1 fois u et le retrancher 10 fois cela revient évidemment à le retrancher 9 fois ; donc le résultat précédent peut s'écrire ainsi :

$$9d - 9u$$

ou encore :

$$9(d - u).$$

Le nombre a donc diminué d'un nombre égal à 9 multiplié par la différence des chiffres.

Si u était le plus grand des deux chiffres, le nombre augmenterait de

$$9(u - d).$$

— Revenons au problème proposé. Puisqu'en intervertissant l'ordre des chiffres, le nombre diminue de 36, le nombre 36 est égal à 9 multiplié par la différence $d - u$ entre le chiffre des dizaines et celui des unités. Donc, en divisant 36 par 9, on a la différence des deux chiffres :

$$36 : 9 = 4.$$

Or, d'après l'énoncé le chiffre des dizaines est double du chiffre des unités ; donc la différence entre les deux chiffres est précisément égale au chiffre des unités. Le chiffre des unités est donc égal à 4, et celui des dizaines qui est double vaut 8.

De sorte que le nombre demandé est 84. On vérifie facilement.

Problème 3. — *Un père a 38 ans et son fils 8. Dans combien de temps l'âge du père sera-t-il le quadruple de l'âge du fils ?*

Le père ayant 38 ans et son fils 8, la différence entre les deux âges est

$$38 - 8 = 30 \text{ ans.}$$

Or, on peut remarquer que cette différence sera toujours la même.

Lorsque l'âge du père sera 4 fois celui du fils, la différence entre les deux âges sera égale à 3 fois l'âge du fils. Cette différence étant toujours égale à 30 ans, il en résulte qu'à ce moment le triple de l'âge du fils vaudra 30 ans.

L'âge du fils sera donc égal à :

$$30 : 3 = 10 \text{ ans.}$$

Comme il a 8 ans actuellement, cela aura donc lieu dans 2 ans.

Vérification. — Dans 2 ans l'âge du père sera
$$38 + 2 = 40 \text{ ans};$$
l'âge du fils sera
$$8 + 2 = 10 \text{ ans},$$
et l'on a bien
$$40 = 10 \times 4.$$

Problème 4. — *On a payé une somme de 280 francs avec des pièces de 1 franc, de 2 francs et de 5 francs. Le nombre total des pièces est 85. Combien a-t-on donné de pièces de chaque espèce, sachant que le nombre des pièces de 5 francs est triple du nombre des pièces de 2 francs?*

Supposons que l'on ait donné 85 pièces de 1 franc; la somme versée vaudrait alors 85 francs. On aurait donc donné en moins :
$$280 - 85 = 195 \text{ francs.}$$

Retirons 4 pièces de 1 franc, que nous allons remplacer par 4 autres pièces, dont 1 de 2 francs et 3 de 5 francs. Le nombre total des pièces ne change pas; mais comme on remplace 4 francs par
$$2 + 5 \times 3 \text{ ou } 17 \text{ francs,}$$
la somme augmente de la différence entre 17 et 4, soit de
$$17 - 4 = 13 \text{ francs.}$$

Or, la somme doit augmenter de 195 francs; donc autant de fois 13 francs sont contenus dans 195 francs, autant de fois on devra enlever 4 pièces de 1 franc et les remplacer par 1 pièce de 2 francs et 3 pièces de 5 francs. On a :
$$195 : 13 = 15.$$

On a donc donné 15 pièces de 2 francs; et le nombre des pièces de 5 francs est
$$15 \times 3 = 45.$$

Par suite, le nombre des pièces de 1 franc est :
$$85 - 60 = 25.$$

LES NOMBRES ENTIERS.

Ainsi, on a donné 25 pièces de 1 franc, 15 pièces de 2 francs et 45 pièces de 5 francs.

Vérification. —

25 pièces de 1 franc valent 25 francs.
15 — 2 — 30 —
45 — 5 — 225 —

Total : 85 pièces valant......... 280 francs.

Problème 5. — *Dans une distribution de prix on a distribué la somme de 375 francs en livrets de caisse d'épargne, les uns de 5 francs et les autres de 8 francs à deux groupes A et B d'enfants. Si l'on avait interverti en donnant aux enfants du groupe A les livrets de 8 francs et au groupe B les livrets de 5 francs, il aurait manqué 30 francs. Combien a-t-on distribué de livrets de chaque espèce?*

Puisqu'en intervertissant, la somme augmente et devient

$$375 + 30 = 405 \text{ francs,}$$

cela prouve que l'on a donné plus de livrets de 5 francs que de livrets de 8 francs.

Supposons maintenant qu'on ait donné n livrets de 5 francs et n' livrets de 8 francs, puis l'inverse; la somme dépensée dans le premier cas serait

$$5n + 8n'$$

et dans le deuxième cas

$$5n' + 8n.$$

On aurait donné en tout dans les deux cas $n + n'$ livrets de 5 francs et $n + n'$ livrets de 8 francs, pour la somme totale de

$$375 + 405 = 780 \text{ francs.}$$

Or, les $n + n'$ livrets de 5 francs et les $n + n'$ livrets de 8 francs valent

$$13(n + n').$$

Donc, en divisant 780 par 13, on a le nombre total des livrets distribués. On a ainsi :

$$780 : 13 = 60 \text{ livrets.}$$

Supposons que les 60 livrets soient tous de 5 francs; la somme donnée vaudrait alors

$$5 \times 60 = 300 \text{ francs},$$

somme inférieure de

$$375 - 300 = 75 \text{ francs}$$

à la somme distribuée 375 francs.

En remplaçant un livret de 5 francs par un livret de 8 francs, la somme augmente de 3 francs; donc autant de fois 3 seront contenus dans 75, autant on doit enlever de livrets de 5 francs pour les remplacer par des livrets de 8 francs.

Or,

$$75 : 3 = 25;$$

donc on a distribué 25 livrets de 8 francs et 35 livrets de 5 francs.

— On vérifie facilement.

Problème 6. — *Trois courriers partent en même temps de trois points A, B, C, situés sur une route en ligne droite, et se dirigent dans le même sens de A vers C. Les distances AB et AC valent 800 mètres et 1000 mètres. Le courrier parti de A fait 80 mètres par minute; celui parti de B en fait 50 et celui parti de C en fait 70. Dans combien de temps le courrier parti de A sera-t-il placé entre les deux autres à égale distance de chacun d'eux?*

Imaginons un quatrième courrier placé au milieu M de BC et qui se déplacerait avec une vitesse égale à la demi-somme des vitesses des courriers partant de B et de C.

On a d'abord

$$BC = 1000 - 800 = 200 \text{ mètres};$$

donc

$$BM = 100 \text{ mètres},$$

et par suite :

$$AM = AB + BM = 800 + 100 = 900 \text{ mètres}.$$

La somme des vitesses des courriers partant de B et de C est

$$50 + 70 = 120 \text{ mètres};$$

donc la vitesse du courrier partant de M sera :

$$120 : 2 = 60 \text{ mètres par minute}.$$

On peut remarquer que ce quatrième courrier sera toujours placé au milieu des courriers partant des points B et C. En effet, il gagne 10 mètres par minute sur le courrier partant de B et il en perd 10 sur celui partant de C. Il en résulte qu'il suffit de chercher dans combien de temps le courrier parti de A atteindra le quatrième courrier.

Or, le courrier partant de A gagne par minute

$$80 - 60 = 20 \text{ mètres}$$

sur le courrier parti de M.

Mais pour atteindre ce courrier, il doit gagner 900 mètres ; donc autant de fois 20 sont contenus dans 900, autant de minutes il lui faudra.

$$900 : 20 = 45 \text{ minutes.}$$

Ainsi le courrier partant de A sera placé au milieu des deux courriers partant des points B et C dans 45 minutes.

Vérification. — Dans 45 minutes, le courrier parti de A sera à une distance de A égale à

$$80 \times 45 = 3600 \text{ mètres.}$$

Le courrier parti de B sera à une distance de A égale à

$$800 + 50 \times 45 = 3050 \text{ mètres.}$$

Le courrier parti de C sera à une distance de A égale à

$$1000 + 70 \times 45 = 4150 \text{ mètres.}$$

Or, on a :

$$4150 - 3600 = 3600 - 3050 = 550 \text{ mètres.}$$

Le courrier parti de A sera donc bien entre les deux, à égale distance, cette distance étant 550 mètres.

2° EXERCICES PROPOSÉS

EXERCICES THÉORIQUES (1)

1. — Étant donné un nombre formé par trois chiffres consécutifs, on en retranche le nombre renversé ; démontrer que la différence est 198.

(1) Les problèmes marqués B. E. ont été donnés au brevet élémentaire, ceux marqués B. S. au brevet supérieur.

EXERCICES SUR LE LIVRE I.

2. — Le produit de deux nombres est 240; si l'on ajoute 3 au multiplicateur, le produit devient 276; trouver ces deux nombres. (B. E.)

3. — Trouver deux nombres, connaissant leur somme 118 et leur différence 42.

4. — Démontrer que le produit de deux nombres entiers qui diffèrent de 2 unités, augmenté de 1, donne pour résultat le carré du nombre entier compris entre les deux nombres donnés.

5. — Démontrer que, si au produit de trois nombres entiers consécutifs on ajoute le nombre moyen, le résultat est le cube du moyen.

6. — Dans une division, le dividende est supérieur au double du reste.

7. — Le quotient de deux nombres est 19, le reste de leur division 537. Quels sont ces deux nombres, si leur différence est 12 777 ? (B. E.)

8. — Si l'on multiplie un certain nombre successivement par 5 et par 7, on obtient deux produits qui surpassent un autre nombre de 10 et de 38 ; quels sont ces deux nombres ?

9. — Comment pourrait-on, sans faire de calculs écrits, effectuer le produit de 124 par 275 ?
On remarquera que $275 = 25 \times 11$.

10. — Le dividende et le reste d'une division sont 169 et 8 ; quels sont le diviseur et le quotient ? (B. E.)

11. — En augmentant de 7 le multiplicande et le multiplicateur d'un produit, on augmente ce produit de 364. Trouver les deux facteurs de ce produit sachant que leur différence est 5.

12. — Parmi les nombres inférieurs à 200, quels sont ceux qui peuvent servir de dividende et de diviseur à une division dont le quotient est 4 et le reste 35 ?

13. — Une division ayant été effectuée, on la recommence après avoir diminué le diviseur d'une unité ; dans quels cas les deux opérations donneront-elles le même quotient ?

14. — Un nombre est composé de deux chiffres dont la somme vaut 13; si on intervertit l'ordre des chiffres on obtient un nouveau nombre qui surpasse le premier de 27; trouver ce nombre.

15. — On considère le nombre

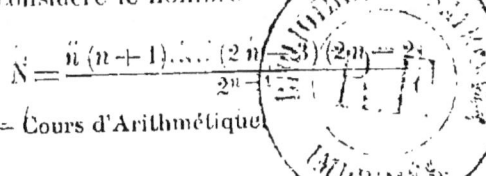

$$N = \frac{n(n+1)\ldots(2n-3)(2n-2)}{2n-1}$$

Nevеu. — Cours d'Arithmétique

et le nombre N' obtenu en remplaçant n par $n+1$ dans l'expression précédente :

$$N' = \frac{(n+1)(n+2)\ldots(2n-1)2n}{2^n}.$$

On demande :
1° De trouver le quotient de N' par N ;
2° De démontrer que N est un nombre entier.

(Éducation mathématique.)

16. — Le nombre 5876 étant écrit dans le système décimal, l'écrire dans le système de base 8.

17. — Le nombre $5\alpha2\beta$ étant écrit dans le système de base 12, l'écrire dans le système décimal. On suppose $\alpha=10$ et $\beta=11$.

18. — Le nombre $4\alpha7\beta$ étant écrit dans le système de base 12, l'écrire dans le système de base 8.

19. — Un nombre s'écrit 37 dans le système décimal, trouver la base du système dans lequel il s'écrirait 45.

20. — Démontrer que tout nombre entier est une somme de puissances de 2 distinctes, ou une somme de puissances de 2 augmentée de 1.

On écrit le nombre dans le système binaire (base 2).

EXERCICES SUR LES QUATRE RÈGLES

21. — Une fontaine débite 65 litres d'eau par seconde ; combien de litres débite-t-elle en 4 h. 25 m. 18 s. ?

22. — Un marchand a acheté 50 mètres d'étoffe à 12 francs le mètre. Il revend 32 mètres de cette étoffe au prix de 15 francs le mètre ; mais il est obligé de vendre le reste à raison de 9 francs le mètre ; quel est le bénéfice total du marchand ?

23. — Un marchand a acheté 60 mètres d'étoffe à 14 francs le mètre. Il en revend d'abord 25 mètres à 18 francs le mètre ; combien doit-il revendre le mètre du reste pour gagner 120 francs en tout, sachant que 5 mètres détériorés n'ont pu être vendus ?

24. — Quel est le nombre des pages d'un dictionnaire dont la pagination a nécessité 3897 caractères d'imprimerie ?

(École normale primaire d'Instituteurs.)

25. — Deux trains partent en même temps de deux villes A et B et se dirigent l'un vers l'autre. Le train parti de A fait 45 kilomètres à l'heure et celui parti de B fait 60 kilomètres à l'heure. On demande au bout de combien de temps les deux trains se rencontreront, et à quelle distance de A, sachant que la distance des deux villes est 420 kilomètres.

26. — On a payé une somme de 161 francs à l'aide de pièces de 5 francs et de 2 francs. Combien a-t-on donné de pièces en tout, sachant qu'on en a donné autant de chaque espèce ?

27. — On a payé une somme de 205 francs à l'aide de pièces de 5 francs et de 2 francs. Combien a-t-on donné de pièces de chaque espèce, le nombre total des pièces étant égal à 65 ?

28. — On partage une somme de 15 600 francs entre trois personnes ; la deuxième reçoit 250 francs de plus que la première et la troisième 100 francs de plus que la deuxième. Quelle est la part de chaque personne ?

29. — Partager 5 840 francs entre trois personnes de manière que la première ait deux fois autant que la deuxième et la deuxième trois fois autant que la troisième.

30. — Un navire a des vivres pour 60 jours. Il rencontre en mer 30 naufragés qu'il recueille ; alors il n'a plus que pour 50 jours de vivres. Combien y avait-il d'hommes à bord du navire avant cette rencontre ?

31. — Un train express part de Paris pour Calais avec 250 voyageurs, les uns de 1re classe et les autres de 2e classe qui ont payé ensemble 7 200 francs. Le billet de 1re classe coûte 36 francs et celui de 2e classe 27 francs. Combien y a-t-il de voyageurs de chaque classe ?

32. — Trois personnes veulent se partager 4 262 francs ; la deuxième doit avoir 300 francs de plus que la première, et celle-ci 500 francs de moins que la troisième. Combien chaque personne aura-t-elle ?

33. — Un père a 35 ans et son fils 5. Dans combien de temps l'âge du père sera-t-il le triple de l'âge du fils ?

34. — Deux trains partent l'un de Paris et l'autre de Dieppe. Ils marchent à la rencontre l'un de l'autre. Celui de Dieppe fait 30 kilomètres à l'heure et part une heure avant celui de Paris qui fait 45 kilomètres à l'heure. La distance de Paris à Dieppe étant de 180 kilomètres, on demande à quelle distance de Paris aura lieu la rencontre, et au bout de combien de temps ?

35. — On paie une somme de 275 francs avec des pièces de 5 francs, de 2 francs et de 1 franc ; le nombre total des pièces est 121. Trouver le nombre de pièces de chaque espèce, sachant que le nombre de pièces de 1 franc est le double du nombre des pièces de 2 francs.

36. — Un domestique gagne 500 francs par an et doit, en outre, recevoir une certaine gratification ; 9 mois après son entrée en place il sort et reçoit *350 francs plus* la gratification entière. Trouver la valeur de la gratification.

37. — On a acheté un certain nombre de mètres de drap à raison de 12 francs le mètre ; 2 mètres se sont trouvés détériorés dans le transport et le reste a été revendu à raison de 15 francs le mètre. On a fait un bénéfice de 114 francs. Trouver le nombre de mètres achetés.

38. — Dans une fabrique on dépense 22800 francs par semaine pour le salaire des ouvriers qui sont divisés en trois catégories ; les ouvriers de la première catégorie reçoivent 30 francs par tête et par semaine, ceux de la deuxième 35 francs et ceux de la troisième 40 francs. On compte 4 ouvriers de la première catégorie pour 12 de la deuxième et 4 de la deuxième pour 5 de la troisième. Quel est le nombre des ouvriers de chaque catégorie ?   (B. S.)

39. — Trois frères ont 32 ans, 20 ans et 6 ans. Dans combien de temps la somme des âges des deux plus jeunes sera-t-elle égale à l'âge de l'aîné ?

40. — Un vigneron achète une maison qu'il veut payer avec sa récolte de l'année. S'il vend son vin 145 francs la pièce, il pourra payer sa maison et il lui restera 840 francs ; mais s'il ne le vend que 120 francs la pièce, il lui manquera 360 francs pour payer sa maison. On demande le nombre de pièces de vin et le prix de la maison.   (B. E.)

41. — Un propriétaire a dépensé 81 000 francs pour acheter des vignes et des terres. L'hectare de vigne lui a coûté 920 francs et l'hectare de terre 500 francs. S'il avait payé 920 francs l'hectare de terre et 500 francs l'hectare de vigne, il aurait dépensé 8 400 francs de plus. Quelle est l'étendue des vignes et celle des terres ?

42. — Deux bicyclistes partent en même temps de deux villes A et B et vont à la rencontre l'un de l'autre. Le bicycliste parti de A fait 6 kilomètres à l'heure de plus que l'autre, mais il subit un arrêt de 15 minutes après chaque heure de marche. L'autre, parti de B, n'a qu'un seul arrêt de 12 minutes. On sait que les bicyclistes se rencontrent au bout de 5 heures au milieu de AB. On demande : 1° quelle est la distance AB ; 2° quelle est la vitesse de chacun des bicyclistes ?   (B. S.)

43. — Trois joueurs conviennent qu'à chaque partie le per-

EXERCICES SUR LE LIVRE I.

dant doublera l'argent des deux autres. Ils perdent chacun une partie et se trouvent alors avoir chacun 104 francs.
Quelle était la mise de chaque joueur ?

44. — Deux ouvriers travaillent ensemble ; le premier, qui gagne 2 francs de moins par jour que le second, travaille 25 jours et le second 37. Celui-ci reçoit alors 122 francs de plus que l'autre. Trouver le gain journalier de chacun.
(B. E.)

45. — Deux camionneurs se présentent à l'octroi d'une ville pour entrer du vin. Le premier en a 21 pièces et le deuxième 16. N'ayant pas suffisamment d'argent pour acquitter les droits d'entrée, le premier donne 5 pièces de vin et ajoute 20 francs, le deuxième donne 4 pièces et on lui rend 20 francs. Trouver le prix de la pièce de vin et le prix d'entrée par pièce.

46. — Un propriétaire achète des bœufs et des moutons et paie 8 750 francs pour 100 têtes de bétail. On demande à combien lui revient chaque bœuf et chaque mouton, sachant qu'il a acheté 3 fois plus de moutons que de bœufs, et qu'il a payé pour un bœuf autant que pour 4 moutons.

47. — Une personne se propose d'acheter du thé et du café. Si elle prenait 12 kilogrammes de thé et 7 kilogrammes de café, elle dépenserait 210 francs ; mais si elle prenait 9 kilogrammes de thé et 12 kilogrammes de café, elle dépenserait 12 francs de moins. Trouver le prix du kilogramme de chaque marchandise.

48. — Trois mobiles parcourent la même route A, B, C, X dans le même sens AX. Le premier A fait 48 kilomètres à l'heure ; le deuxième B fait 32 kilomètres et le troisième C fait 44 kilomètres. De plus, le premier part 1 heure après les deux autres qui partent en même temps. Sachant que la distance AB égale 28 kilomètres et BC égale 58 kilomètres, trouver le chemin parcouru par le mobile A quand il se trouvera à égale distance des deux autres, et la distance qui l'en séparera.
(B. S.)

49. — Sur une route en ligne droite ABC sont trois courriers qui la parcourent dans le même sens, de A vers C. Ils partent en même temps : le premier du point A avec une vitesse de 75 mètres par minute, le deuxième du point B avec une vitesse de 48 mètres, le troisième du point C avec une vitesse de 60 mètres. Les distances AB et AC sont respectivement égales à 1 300 mètres et 1 640 mètres. On demande au bout de com-

bien de temps le premier courrier sera placé entre les deux autres, et à égale distance de ces deux autres.

50. — Deux personnes distantes de 7000 mètres partent en même temps à la rencontre l'une de l'autre. Elles se rencontrent à une distance de 3250 mètres de l'un des points de départ. Si la personne qui marche le moins vite partait 28 minutes avant l'autre, la rencontre aurait lieu à 4225 mètres de la même station que précédemment. Trouver la vitesse par minute de chaque personne.

LIVRE II

PROPRIÉTÉS ÉLÉMENTAIRES DES NOMBRES ENTIERS

CHAPITRE PREMIER

DIVISIBILITÉ

89. — ***Définitions***. — Un nombre entier a est dit *multiple* d'un nombre entier b quand il est égal au produit de b par un nombre entier q.

On dit alors que a est divisible par b, et l'on a :

$$a = b \times q.$$

Inversement, b est dit un *diviseur* ou *sous-multiple* de a lorsque b est contenu un nombre entier de fois dans a.

Ainsi, 12 est divisible par 3, ou encore 12 est un multiple de 3, car l'on a :

$$12 = 3 \times 4.$$

Inversement, 3 et 4 sont des diviseurs de 12.

THÉORÈMES GÉNÉRAUX

Théorème I.

90. — *Tout nombre qui en divise plusieurs divise leur somme.*

Soit en effet le nombre 5 qui divise chacun des nombres 20, 30 et 35, je dis qu'il divise leur somme.
On a :
$$20 = 5 \times 4$$
$$30 = 5 \times 6$$
$$35 = 5 \times 7$$

Or, si on additionne membre à membre, il est évident que 4 fois 5, plus 6 fois 5, plus 7 fois 5 donne un nombre entier de fois 5 égal à $(4 + 6 + 7)$ fois 5 ; on peut donc écrire :
$$20 + 30 + 35 = 5(4 + 6 + 7),$$
égalité qui montre bien que 5 divise la somme $20 + 30 + 35$, et le quotient est $4 + 6 + 7$.

— Raisonnons d'une manière générale. Soit d un nombre qui divise les nombres a, b et c ; on peut écrire :
$$a = d \times q$$
$$b = d \times q'$$
$$c = d \times q''$$

Additionnons membre à membre ces égalités, on a :
$$a + b + c = d(q + q' + q''),$$
égalité qui montre que d divise la somme $a + b + c$, et le quotient est $q + q' + q''$.

91. — CONSÉQUENCE. — *Tout nombre qui en divise un autre divise ses multiples.*

En effet, si d divise a, il divise la somme
$$a + a \quad \text{ou} \quad 2a.$$

De même, il divise la somme
$$2a + a \quad \text{ou} \quad 3a,$$

et ainsi de suite. Donc d divisant a, divise les multiples de a.

Théorème II.

92. — *Tout nombre qui en divise deux autres divise leur différence.*

En effet, soit d qui divise a et b; on peut écrire :

$$a = dq$$
$$b = dq'$$

q et q' étant des nombres entiers. Supposons $a > b$ et formons la différence $a - b$. Il est évident que q fois d diminué de q' fois d donne $(q - q')$ fois d, ou :

$$a - b = d(q - q'),$$

égalité qui montre que la différence $a - b$ est divisible par d; le quotient est $q - q'$.

REMARQUE. — On peut encore dire : *Tout nombre qui divise la somme de deux nombres et l'un de ces nombres divise l'autre.*

Théorème III.

93. — *Tout nombre qui en divise deux autres divise le reste de leur division.*

Soient en effet les nombres A et B, et R le reste de leur division. On a l'égalité :

$$A = Bq + R \quad \text{ou} \quad R = A - Bq.$$

Soit d un nombre qui divise A et B. Divisant B, le nombre d divise Bq multiple de B (n° 91), et divisant A et Bq, d divise leur différence R (n° 92).

CARACTÈRES DE DIVISIBILITÉ

94. — ***But de la divisibilité.*** — La divisibilité a pour but de chercher, *sans faire la division*, dans quel cas un nombre est divisible par un nombre simple tel que 2, 3, 4, 5....

Elle repose sur le théorème fondamental suivant :

Théorème fondamental.

95. — *On ne change pas le reste d'une division si l'on ajoute ou retranche au dividende un multiple du diviseur.*

Soit en effet à diviser 38 par 7. Le quotient est 5 et le reste 3. Or, pour obtenir ce quotient 5 on retranche de 38 le plus grand nombre de fois possible le diviseur 7 ; il est évident que si l'on ajoute ou retranche au dividende 2 fois 7, par exemple, on changera le quotient qui contiendra 2 unités en plus ou en moins ; mais le reste ne sera pas changé.

— On peut raisonner en écrivant les égalités. On a :

$$38 = 7 \times 5 + 3.$$

Retranchons aux deux membres de l'égalité un multiple du diviseur, soit 7×2 ; on a :

$$38 - 7 \times 2 = 7 \times 5 - 7 \times 2 + 3.$$

Or 5 fois 7 diminué de 2 fois 7 donne 3 fois 7 ; on a donc :

$$38 - 7 \times 2 = 7 \times 3 + 3.$$

On voit que le quotient a diminué de 2 unités, mais le reste 3 de la division n'a pas changé.

Donc les nombres 38 et $38 - 7 \times 2$ donnent le même reste si on les divise par 7.

96. — Conséquence. — Du théorème précédent on tire la conséquence suivante :

Si deux nombres a *et* b *ont une différence multiple*

DIVISIBILITÉ.

de d, *ces deux nombres divisés par* d *donnent le même reste.*

On peut d'ailleurs démontrer ce théorème directement. Posons :

$$a = dq + r \quad \text{avec} \quad r < d$$
$$b = dq' + r' \quad - \quad r' < d$$

Si l'on suppose $a > b$, en retranchant membre à membre, on obtient :

$$a - b = d(q - q') + r - r'.$$

Or, par hypothèse $a - b$ est un multiple de d, donc $r - r'$, qui est inférieur à d, doit être nul; ce qui montre bien que l'on a :

$$r = r'.$$

Réciproquement. — *Si deux nombres* a *et* b *divisés par un même nombre* d *donnent le même reste, leur différence est un multiple de* d.

En effet, posons :

$$a = dq + r \quad \text{avec} \quad r < d$$
$$b = dq' + r$$

Si l'on suppose $a > b$, en retranchant membre à membre, on obtient :

$$a - b = d(q - q'),$$

égalité qui montre bien que la différence $a - b$ est un multiple de d.

97. — *Méthode pour trouver la condition de divisibilité d'un nombre* a *par un nombre* d.

On décompose le nombre a en deux parties dont l'une sera toujours un multiple du diviseur d; on aura donc :

$$a = \text{mult.}\, d + b.$$

D'après le théorème fondamental (95), on peut alors retrancher de a le multiple de d sans changer le reste de la division de a par d, et ce reste sera le même que celui de la division de b par d.

Par cette méthode, on substitue donc au nombre a un nombre b dont le reste de la division par d s'obtient plus facilement.

RESTES DE LA DIVISION D'UN NOMBRE PAR 2 ET PAR 5.
CONDITIONS DE DIVISIBILITÉ PAR 2 ET PAR 5.

Théorème.

98. — *Le reste de la division d'un nombre par 2 ou par 5 est égal au reste que l'on obtient en divisant par 2 ou par 5 son dernier chiffre à droite.*

Considérons, par exemple, le nombre 687. Ce nombre peut toujours être décomposé en *dizaines* et en unités, et l'on a :

$$687 = 680 + 7.$$

Or, 680 est un multiple de 10, et par suite un multiple de 2 et de 5, puisque l'on a :

$$10 = 2 \times 5.$$

On a donc :

$$687 = \text{mult. } 2 + 7.$$

On peut retrancher de 687 le multiple de 2 sans changer le reste de la division par 2 ; donc le reste de la division de 687 par 2 est le même que le reste de la division du chiffre 7 par 2.

— Le même raisonnement s'applique au diviseur 5 ; il suffit d'écrire

$$687 = \text{mult. } 5 + 7.$$

DIVISIBILITÉ.

— On dit qu'un nombre est *pair* ou *impair* suivant qu'il est ou non divisible par 2.

Le théorème précédent donne la condition de divisibilité d'un nombre par 2 ou par 5.

Un nombre est divisible par 2 lorsqu'il est terminé par un chiffre pair ou par zéro.

En effet, dans ce cas, le reste de la division du nombre par 2 sera nul, et la division se fera exactement.

De même : *Un nombre est divisible par 5 lorsqu'il est terminé par un 5 ou par un zéro.*

REMARQUE. — Tout nombre *pair* pourra toujours être représenté par $2n$, et tout nombre *impair* par $2n+1$, n désignant un nombre entier quelconque.

RESTES DE LA DIVISION D'UN NOMBRE PAR 4 ET PAR 25.
CONDITIONS DE DIVISIBILITÉ PAR 4 ET PAR 25.

Théorème.

99. — *Le reste de la division d'un nombre par 4 ou par 25 est égal au reste que l'on obtient en divisant par 4 ou par 25 le* **nombre** *formé par les deux derniers chiffres à droite.*

Considérons, par exemple, le nombre 35 482. On peut toujours le décomposer en *centaines* et en *unités*, et l'on a :

$$35\,482 = 35\,400 + 82.$$

Or, 35 400 est un multiple de 100, et par suite un multiple de 4 et de 25, puisque l'on a :

$$100 = 4 \times 25.$$

On a donc :

$$35\,482 = \text{mult. } 4 + 82.$$

D'après le théorème fondamental (95), on peut retrancher de 35 482 le multiple de 4 sans changer le reste de la division par 4 ; donc le reste de la division de 35482 par 4 est le même que le reste de la division du nombre 82 par 4.

— Le même raisonnement s'applique au diviseur 25.

— Conséquence. — Si les deux derniers chiffres à droite forment un nombre divisible par 4 ou par 25, le reste de la division du nombre par 4 ou par 25 est nul, et le nombre est divisible par 4 ou par 25. Donc :

Un nombre est divisible par 4 ou par 25 lorsque le **nombre** *formé par les deux derniers chiffres à droite est divisible par 4 ou par 25.*

Restes de la division d'un nombre par 8 et par 125. Conditions de divisibilité par 8 et par 125.

Théorème.

100. — *Le reste de la division d'un nombre par 8 ou par 125 est égal au reste que l'on obtient en divisant par 8 ou par 125 le* **nombre** *formé par les trois derniers chiffres à droite.*

Considérons, par exemple, le nombre 52483. Ce nombre peut toujours être décomposé en unités de *mille* et en unités, et l'on a :

$$52\,483 = 52\,000 + 483.$$

Or, 52000 est un multiple de 1000, et par suite un multiple de 8 et de 125, puisque l'on a :

$$1000 = 8 \times 125.$$

On a donc :

$$52\,483 = \text{mult. } 8 + 483.$$

D'après le théorème fondamental (95), on peut retrancher de 52483 le multiple de 8 sans changer le reste de

DIVISIBILITÉ.   111

la division par 8; donc le reste de la division de 52483 par 8 est le même que le reste de la division du nombre 483 par 8.

— Le même raisonnement s'applique au diviseur 125.

Conséquence. — Si les trois derniers chiffres à droite forment un nombre divisible par 8 ou par 125, le reste de la division du nombre par 8 ou par 125 est nul, et le nombre est divisible par 8 ou par 125. Donc :

Un nombre est divisible par 8 ou par 125 lorsque le **nombre** *formé par les trois derniers chiffres à droite est divisible par 8 ou par 125.*

Remarque. — On peut remarquer que ce théorème ne donne pas la condition de divisibilité d'un nombre composé de trois chiffres au plus.

RESTES DE LA DIVISION D'UN NOMBRE PAR 3 ET PAR 9.
CONDITIONS DE DIVISIBILITÉ PAR 3 ET PAR 9.

Théorème.

101. — *Le reste de la division d'un nombre par 3 ou par 9 est égal au reste que l'on obtient en divisant par 3 ou par 9 la somme des valeurs absolues de ses chiffres.*

Ce théorème résulte des propriétés suivantes :

```
10000....| 9
   10    |‾‾‾‾‾‾‾
   10    | 1111...
   10
    1
```

1° *L'unité suivie d'un nombre quelconque de zéros est un multiple de 9 plus 1.*

En effet, si l'on effectue la division par 9 d'un nombre formé de l'unité suivie d'un nombre quelconque de zéros, on trouve toujours pour reste 1. On a donc bien :

$$10 = \text{mult. } 9 + 1$$
$$100 = \text{mult. } 9 + 1$$

2° *Tout chiffre significatif suivi d'un nombre quelconque de zéros est un multiple de 9 augmenté de ce chiffre.*

En effet, soit le nombre 80 000. On a :
$$80\,000 = 10\,000 \times 8.$$

Or
$$10\,000 = \text{mult. } 9 + 1.$$

Donc :
$$80\,000 = (\text{mult. } 9 + 1)\,8 = \text{mult. } 9 \times 8 + 1 \times 8$$

ou enfin :
$$80\,000 = \text{mult. } 9 + 8.$$

— Démontrons maintenant la propriété générale suivante :

3° *Tout nombre est un multiple de 9 augmenté de la somme de ses chiffres.*

Considérons, par exemple, le nombre 8 643. On a :
$$8\,643 = 8\,000 + 600 + 40 + 3.$$

Or, d'après ce qui précède, on peut écrire :
$$8\,000 = \text{mult. } 9 + 8,$$
$$600 = \text{mult. } 9 + 6,$$
$$40 = \text{mult. } 9 + 4,$$
$$3 = \qquad\quad 3.$$

En additionnant membre à membre ces égalités, la somme des multiples de 9 est évidemment un multiple de 9 ; on a donc :
$$8\,643 = \text{mult. } 9 + 8 + 6 + 4 + 3.$$

— Si maintenant on cherche le reste de la division par 9 du nombre 8 643, on peut, d'après le théorème fondamental (95), retrancher de 8 643 le multiple de 9 sans changer le reste ; donc, le reste de la division de 8 643

DIVISIBILITÉ.

par 9 est le même que le reste de la division par 9 de la somme des chiffres $8 + 6 + 4 + 3$.

— Le même raisonnement s'applique au diviseur 3.

CONSÉQUENCE. — Si la somme des valeurs absolues des chiffres est divisible par 9 ou par 3, le reste de la division du nombre par 9 ou par 3 est nul, et le nombre est divisible par 9 ou par 3. Donc :

Un nombre est divisible par 9 ou par 3 lorsque la somme des valeurs absolues de ses chiffres est divisible par 9 ou par 3.

REMARQUE I. — Dans la pratique, lorsque l'on fait la somme des chiffres d'un nombre pour chercher le reste de sa division par 9, on retranche 9 toutes les fois que cela est possible.

On peut d'ailleurs remarquer que pour un nombre tel que 23, par exemple, dont la somme des chiffres est inférieure à 9, on a le reste immédiatement en faisant la somme des chiffres : 2 et 3, 5.

Donc, soit à chercher le reste de la division de 7684 par 9.

Pratiquement, on dira : 7 et 6, 13 ; 1 et 3, 4 ; 4 et 8, 12 ; 1 et 2, 3 ; 3 et 4, 7. Le reste est 7.

REMARQUE II. — On peut remarquer que : *tout nombre divisible par 9 est divisible par 3.*

Mais, *tout nombre divisible par 3 n'est pas nécessairement divisible par 9.*

RESTE DE LA DIVISION D'UN NOMBRE PAR 11.
CONDITION DE DIVISIBILITÉ PAR 11.

Théorème.

102. — *Le reste de la division d'un nombre par 11 est égal au reste que l'on obtient en divisant par 11 la diffé-*

rence entre la somme des chiffres de rangs impairs, à partir de la droite, et la somme des chiffres de rangs pairs.

Ce théorème résulte des trois propriétés suivantes :

1° *L'unité suivie d'un nombre pair de zéros est un multiple de 11 plus 1, et l'unité suivie d'un nombre impair de zéros est un multiple de 11 moins 1.*

Il suffit de remarquer que si l'on divise par 11 l'unité suivie de zéros, on trouve alternativement 10 et 1 pour restes. Ainsi, on a :

$$10 = 11 - 1 = \text{mult. } 11 - 1$$
$$100 = 11 \times 9 + 1 = \text{mult. } 11 + 1$$
$$1000 = 11 \times 90 + 10 = 11 \times 90 + 11 - 1 = \text{mult. } 11 - 1$$

et ainsi de suite.

2° *Tout chiffre significatif suivi d'un nombre pair de zéros est un multiple de 11 plus ce chiffre, et tout chiffre significatif suivi d'un nombre impair de zéros est un multiple de 11 moins ce chiffre.*

Considérons, en effet, les nombres 400 et 4000. On a :

$$400 = 100 \times 4.$$

Or,
$$100 = \text{mult. } 11 + 1.$$

Donc :
$$400 = (\text{mult. } 11 + 1)\, 4 = \text{mult. } 11 \times 4 + 1 \times 4$$

ou enfin :
$$400 = \text{mult. } 11 + 4.$$

— On a de même :
$$4000 = 1000 \times 4.$$

Or
$$1000 = \text{mult. } 11 - 1.$$

Donc :
$$4000 = (\text{mult. } 11 - 1)\, 4 = \text{mult. } 11 - 4.$$

DIVISIBILITÉ.

3° *Tout nombre est un multiple de 11 augmenté de la somme de ses chiffres de rangs impairs, à partir de la droite, et diminué de la somme des chiffres de rangs pairs.*

— Considérons, par exemple, le nombre 2857. On a :

$$2857 = 2000 + 800 + 50 + 7.$$

Or, d'après ce qui précède, on peut écrire :

$$\begin{aligned} 2000 &= \text{mult. } 11 - 2, \\ 800 &= \text{mult. } 11 + 8, \\ 50 &= \text{mult. } 11 - 5, \\ 7 &= \phantom{\text{mult. } 11 +} 7. \end{aligned}$$

En additionnant membre à membre ces égalités, la somme des multiples de 11 est évidemment un multiple de 11 ; on a donc :

$$2857 = \text{mult. } 11 + 8 + 7 - 2 - 5,$$

égalité que l'on peut écrire ainsi :

$$2857 = \text{mult. } 11 + (8 + 7) - (2 + 5),$$

et l'on voit ainsi que 2857 est un multiple de 11 augmenté de la somme $8 + 7$ des chiffres de rangs impairs à partir de la droite, et diminué de la somme $2 + 5$ des chiffres de rangs pairs.

— Ces trois propriétés étant démontrées, cherchons maintenant le reste de la division par 11 du nombre 2857.

D'après le théorème fondamental (95), on peut retrancher de 2857 le multiple de 11, sans changer le reste de la division par 11 ; donc, le reste de la division par 11 du nombre 2857 est le même que le reste obtenu en divisant par 11 la différence

$$(8 + 7) - (2 + 5),$$

c'est-à-dire la différence entre la somme des chiffres de rangs impairs, à partir de la droite, et la somme des chiffres de rangs pairs.

Le théorème est donc démontré.

— Conséquence. — Si la différence entre les deux sommes est nulle ou un multiple de 11, alors le reste de la division du nombre par 11 est nul, et le nombre est divisible par 11. Donc :

Un nombre est divisible par 11 lorsque la différence entre la somme de ses chiffres de rangs impairs, à partir de la droite, et la somme des chiffres de rangs pairs est nulle ou un multiple de 11.

Remarque. — Si la somme des chiffres de rangs impairs est inférieure à la somme des chiffres de rangs pairs, on peut alors (95) ajouter autant de fois 11 que l'on veut sans changer le reste de la division. Donc, on ajoutera à la somme des chiffres de rangs impairs un multiple de 11 suffisant pour que la soustraction devienne possible.

On peut de même retrancher un multiple de 11 de la somme des chiffres de rangs pairs.

Exemple. — Cherchons le reste de la division par 11 du nombre 7193.

La somme des chiffres de rangs impairs est $3+1$ ou 4; la somme des chiffres de rangs pairs est $9+7$ ou 16; on ne peut donc pas faire la soustraction $4-16$; augmentons 4 de 22 et la soustraction devient $26-16$, ce qui donne 10.

Donc 10 est le reste de la division de 7193 par 11.

PREUVES PAR 9 OU PAR 11 DES QUATRE OPÉRATIONS

103. — *Preuve par 9 de l'addition.* — Considérons l'addition des nombres 475, 267 et 584. En appliquant à

DIVISIBILITÉ. 117

chacun des nombres le théorème relatif au reste de la division par 9, on a :

Preuve.

$$475 = \text{mult. } 9 + 7$$
$$267 = \text{mult. } 9 + 6$$
$$584 = \text{mult. } 9 + 8$$

d'où : $1326 = \text{mult. } 9 + 7 + 6 + 8$

| 3 | 3 |

Donc le reste de la division de 1326 par 9 est égal au reste de la division par 9 de la somme des restes $7 + 6 + 8$ de chacun des nombres. De là, la règle suivante :

Pour faire la preuve par 9 d'une addition on cherche le reste de la division par 9 de la somme, et si l'opération est exacte, ce reste doit être égal au reste que l'on obtient en divisant par 9 la somme des restes des nombres divisés par 9.

Pratiquement, on écrit les deux restes de chaque côté du trait vertical du signe ⊥, et l'on peut remarquer qu'on aura le reste de la division par 9 de la somme des restes des nombres, en additionnant tous les chiffres des nombres, et en retranchant 9 toutes les fois que cela est possible.

— On fera de même la preuve par 11, en calculant les restes de la division par 11 au lieu de 9.

104. — REMARQUE. — On doit remarquer que la preuve par 9 ou par 11 n'est pas une *certitude*, mais une *probabilité*. En effet, si dans l'addition on s'est trompé d'un multiple de 9, la preuve par 9 ne pourra révéler l'erreur, puisque l'on retranche tous les multiples de 9.

Il en serait de même pour la preuve par 11, si l'on s'est trompé d'un multiple de 11.

- Donc, de ce que la preuve par 9 ou par 11 réussit, on ne peut pas conclure que l'opération est exacte. Mais

118 PROPRIÉTÉS ÉLÉMENTAIRES DES NOMBRES ENTIERS.

si l'une de ces preuves ne réussit pas, on peut affirmer que l'opération est fausse.

Cette remarque s'applique à toutes les opérations que l'on vérifie à l'aide de la preuve par 9 ou par 11.

Preuve par 9 ou par 11 de la soustraction. — On vérifiera une soustraction comme une addition, en se rappelant que le plus grand des deux nombres est la somme du plus petit et de la différence.

Preuve par 9 ou par 11 de la multiplication. — La preuve par 9 de la multiplication est une conséquence du théorème suivant :

Théorème.

105. — *Si l'on divise par 9 le produit de deux nombres, on obtient le même reste que si l'on divise par 9 le produit des deux restes obtenus en divisant chacun des deux nombres par 9.*

Considérons, en effet, deux nombres quelconques a et b ; on sait trouver les restes des divisions de ces nombres par 9 (101). Désignons par r le reste de la division de a par 9 et soit n le quotient ; soit de même r' le reste de la division de b par 9 et n' le quotient ; on a :

$$a = 9n + r$$
$$b = 9n' + r'.$$

Effectuons le produit, en remarquant que, dans le second membre, on a le produit d'une somme par une somme (55) ; on obtient :

$$ab = 9n \times 9n' + r \times 9n' + 9n \times r' + rr'.$$

Les trois premières parties du second membre sont des multiples de 9 ; donc leur somme est aussi un multiple de 9, et l'on peut écrire :

$$ab = \text{mult. } 9 + rr'.$$

DIVISIBILITÉ.

D'après le théorème fondamental (95), on peut alors retrancher de ab le multiple de 9 sans changer le reste de la division de ab par 9 ; donc le reste de la division du produit ab par 9 sera le même que celui de la division par 9 du produit rr'.

— Ce théorème permet d'énoncer la règle suivante :

RÈGLE. — *Pour faire la preuve par 9 d'une multiplication on fait le produit des restes de la division par 9 des deux facteurs, et l'on divise par 9 ce produit des restes : si l'opération est exacte, le reste du produit des restes doit être égal au reste du produit.*

APPLICATION NUMÉRIQUE. — Appliquons cette règle à la multiplication de 573 par 68.

Opération.
```
   573
    68
  ----
  4584
  3438
  -----
 38964
```

Preuve.

$$\begin{matrix} & 6 & \\ 3 & \times & 3 \\ & 5 & \end{matrix}$$

On se sert d'un signe analogue à celui de la multiplication, mais plus grand. On cherche alors le reste de la division par 9 du multiplicande, puis celui du multiplicateur ; on dit : 5 et 7, 12 ; 1 et 2, 3 ; 3 et 3, 6 ; on écrit ce reste 6 en haut du signe $\times$; pour le multiplicateur on a : 6 et 8, 14 ; 1 et 4, 5 ; on écrit ce reste 5 en bas du signe. On multiplie 6 par 5, ce qui donne 30, et l'on écrit à gauche le reste 3 de la division de 30 par 9. Enfin, on cherche le reste de la division par 9 du produit en disant : 3 et 8, 11 ; 1 et 1, 2 ; 2 et 6, 8 ; 8 et 4, 12 ; 1 et 2, 3. On écrit ce reste à droite, et si l'opération est exacte, les deux chiffres de gauche et de droite doivent être égaux.

— Il importe de rappeler (104) que si la preuve par 9

réussit, l'opération n'est pas nécessairement exacte.

— REMARQUE. — On fera de même la preuve par 11. D'ailleurs, on peut généraliser le théorème précédent (105) en remplaçant le nombre 9 par un nombre d. L'énoncé du théorème ne changera pas, et l'on aura ainsi le moyen de faire la preuve par d.

106. — ***Preuve par 9 de la division***. — Supposons que l'on veuille vérifier la division de 26954 par 174.

```
26954 | 174
  955 | 154
  854
  158
```

Preuve.

$$3 \times \begin{matrix} \\ 8 \quad 8 \\ 1 \end{matrix}$$

On a l'égalité

$$26954 = 174 \times 154 + 158.$$

Or

$$174 = \text{mult. } 9 + 3$$
$$154 = \text{mult. } 9 + 1$$

donc

$$174 \times 154 = \text{mult. } 9 + 3 \times 1 ;$$

d'autre part

$$158 = \text{mult. } 9 + 5 ;$$

on a donc :

$$174 \times 154 + 158 = \text{mult. } 9 + 3 \times 1 + 5.$$

Donc le reste de la division de 26954 par 9 devra être égal au reste de la division par 9 de $3 \times 1 + 5$. De là, résulte la règle suivante :

Pour faire la preuve par 9 d'une division, on fait le produit des restes par 9 du diviseur et du quotient et on y ajoute le reste par 9 du reste de la division; puis on cherche le reste par 9 de la somme obtenue : si l'opération est exacte, ce dernier reste doit être égal au reste par 9 du dividende.

On dispose la preuve comme pour la multiplication. On écrit en haut du signe le reste 3 de la division par 9 du diviseur et en bas le reste 1 du quotient ; on fait le produit de ces deux restes, 3 fois 1, 3, et on l'ajoute avec les chiffres du reste de la division, en disant : 3 et 1, 4 et 5, 9 ; 0 ; 8 est le chiffre qu'on écrit à gauche du signe. On cherche ensuite le reste par 9 du dividende, et on écrit ce reste 8 à droite du signe. Si l'opération est exacte, les deux chiffres de gauche et de droite doivent être égaux.

REMARQUE. — Si les preuves par 9 et par 11 réussissent à la fois dans une opération, on peut affirmer que l'erreur commise, s'il y en a une, est un multiple de 9 et de 11.

— On peut remarquer que les diviseurs 2, 4, 5, 8 donnent des restes obtenus plus simplement qu'avec les diviseurs 9 et 11. Mais on n'emploie pas ces diviseurs pour faire la preuve d'une opération, car la vérification ne porterait pas sur tous les chiffres comme avec 9 et 11.

CHAPITRE II

PLUS GRAND COMMUN DIVISEUR

DÉFINITIONS

107. — Un nombre est dit *premier absolu*, ou plus simplement *premier*, lorsqu'il n'admet pour diviseurs que lui-même et l'unité.

EXEMPLE. — Les nombres, 2, 3, 5, 7... sont des nombres premiers.

Un nombre premier est toujours *impair*, excepté le nombre 2.

PROPRIÉTÉS ÉLÉMENTAIRES DES NOMBRES ENTIERS.

— Deux nombres sont dits *premiers entre eux* lorsqu'ils n'admettent pour diviseur commun que 1.

EXEMPLE. — 9 et 5 sont premiers entre eux.

— Des nombres sont dits *premiers entre eux deux à deux* quand deux de ces nombres pris de toutes les manières possibles sont premiers entre eux.

EXEMPLE. — 2, 3, 5 sont premiers entre eux deux à deux.

— Des nombres sont dits *premiers dans leur ensemble*, ou simplement *premiers entre eux*, lorsqu'ils n'admettent pour diviseur commun que 1.

EXEMPLE. — Les nombres 12, 13, 14, 15, sont premiers dans leur ensemble.

On peut remarquer que des nombres premiers entre eux deux à deux sont toujours premiers dans leur ensemble, tandis que des nombres premiers dans leur ensemble ne sont pas nécessairement premiers entre eux deux à deux.

Théorème.

108. — *Deux nombres consécutifs sont premiers entre eux.*

En effet, deux nombres consécutifs sont deux nombres qui se suivent ; on peut donc les représenter par n et $n+1$. Or, tout nombre d qui divise n et $n+1$ doit diviser leur différence 1 (92) ; donc d ne peut être égal qu'à 1. Les deux nombres n et $n+1$ n'admettant pour diviseur commun que 1 sont donc premiers entre eux.

Théorème.

109. — *Si un nombre premier ne divise pas un autre nombre, il est premier avec lui.*

Soit 13 qui ne divise pas 25, je dis que 13 est premier

avec 25. En effet, 13 étant premier n'admet pour diviseurs que 13 et 1 ; or, par hypothèse, 13 ne divise pas 25, donc 25 et 13 ne peuvent admettre comme diviseur commun que 1. Ils sont donc premiers entre eux.

110. — *Définitions*. — Lorsqu'un nombre en divise plusieurs autres, il est dit un *diviseur commun* à ces nombres.

On appelle *plus grand commun diviseur* de deux ou de plusieurs nombres le plus grand nombre qui les divise exactement.

Nous le désignerons, en abrégé, par P.G.C.D.

THÉORIE DU PLUS GRAND COMMUN DIVISEUR DE DEUX NOMBRES

111. — Raisonnons d'abord sur un exemple numérique, et nous généraliserons ensuite.

Soit à trouver le plus grand commun diviseur des deux nombres 2573 et 581.

Le plus grand commun diviseur de ces deux nombres devant diviser le plus petit 581 ne peut pas être plus grand que 581 ; or 581 se divise lui-même, si donc 581 divise 2573, c'est lui qui sera le plus grand commun diviseur. On est donc conduit à faire la division de 2573 par 581.

$$\begin{array}{r|l} 2573 & 581 \\ \hline 249 & 4 \end{array}$$

Effectuons cette division : on trouve pour reste 249 ; donc 581 n'est pas le plus grand commun diviseur des deux nombres.

Démontrons maintenant le théorème suivant :

Théorème.

Le plus grand commun diviseur de deux nombres est le même que celui du plus petit de ces nombres et du reste de leur division.

Pour cela, démontrons que les deux nombres 2573 et 581 ont les mêmes diviseurs communs que les deux nombres 581 et 249 ; ils auront, par cela même, le même plus grand commun diviseur.

On a d'abord l'égalité donnée par la division :

$$2573 = 581 \times 4 + 249.$$

Ceci posé, tout nombre qui divise 2573 et 581 divise 2573 et 581×4 qui est un multiple de 581 ; donc il divise leur différence 249. Donc, tout nombre qui divise 2573 et 581 divise 581 et 249.

Réciproquement, tout nombre qui divise 581 et 249 divise 581×4 et 249 ; donc il divise leur somme 2573. Donc, tout nombre qui divise 581 et 249 divise 581 et 2573.

Il résulte de ce raisonnement que, si dans un tableau (1) on suppose avoir inscrit tous les diviseurs communs aux deux nombres 2573 et 581, et dans un tableau (2) tous les diviseurs communs aux deux nombres 581 et 249, tout nombre du tableau (1) sera dans le tableau (2), et réciproquement tout nombre du tableau (2) sera dans le tableau (1).

(1)
Diviseurs communs à 2573 *et à* 581

(2)
Diviseurs communs à 581 *et à* 249

Les deux tableaux sont donc identiques, et le plus grand nombre contenu dans les deux tableaux est le même. Autrement dit, les deux nombres 2573 et 581 ont le même plus grand commun diviseur que les deux nombres 581 et 249.

— On est donc amené à recommencer sur 581 et 249 le même raisonnement que sur les deux nombres 2573 et 581.

Ainsi, on divisera 581 par 249, et si la division se fait

exactement, 249 sera le plus grand commun diviseur. Effectuant cette division, on trouve pour reste 83.

581	249
83	2

Le théorème précédent montre que le plus grand commun diviseur des deux nombres 581 et 249 sera le même que celui des deux nombres 249 et 83. On est donc amené à faire la division de 249 par 83, division qui se fait exactement. Donc 83 est le plus grand

249	83
00	3

commun diviseur des deux nombres 249 et 83, et par cela même 83 est le plus grand commun diviseur des deux nombres 581 et 249 et par conséquent des deux nombres 2 573 et 581.

Ce qui précède conduit à la règle suivante :

112. — Règle. — *Pour trouver le plus grand commun diviseur de deux nombres, on divise le plus grand par le plus petit ; si la division est exacte, le plus petit des deux nombres est le plus grand commun diviseur. Si la division a un reste, on divise le plus petit des deux nombres par ce reste qui sera le plus grand commun diviseur si cette nouvelle division est exacte; sinon, on divise le premier reste par le second, puis le second par le troisième et ainsi de suite jusqu'à ce que l'on obtienne un reste nul. Le dernier diviseur employé est le plus grand commun diviseur.*

Remarque. — Si le dernier diviseur employé est 1, les deux nombres sont premiers entre eux.

— Pratiquement, au lieu d'effectuer les divisions successives séparément, on dispose l'opération comme il suit : on écrit les quotients *au-dessus* des diviseurs correspondants, de manière à ne pas séparer les divisions, et l'on a la disposition suivante :

	4	2	3	*quotients*
2573	581	249	83	*diviseurs*
249	83	00		

Le plus grand commun diviseur de 2573 et de 581 est 83.

— Reprenons le même raisonnement en le généralisant sur deux nombres quelconques A et B.

Supposons $A > B$.

Le plus grand commun diviseur des deux nombres A et B devant diviser le plus petit B ne peut pas être plus grand que B ; or B se divise lui-même, si donc B divise A, c'est lui qui sera le plus grand commun diviseur. On est donc conduit à faire la division de A par B.

$$\begin{array}{c|c} A & B \\ \hline R & q \end{array}$$

Supposons que cette division donne un reste R ; alors B n'est pas le plus grand commun diviseur des deux nombres.

Démontrons maintenant le théorème suivant :

Théorème.

Le plus grand commun diviseur des deux nombres A et B est le même que celui du plus petit B de ces nombres et du reste R de leur division.

Pour cela, démontrons que les deux nombres A et B ont les mêmes diviseurs communs que les deux nombres B et R ; ils auront, par cela même, le même plus grand commun diviseur.

On a d'abord l'égalité donnée par la division :

$$A = Bq + R.$$

Ceci posé, tout nombre qui divise A et B divise A et Bq multiple de B ; donc il divise leur différence R. Donc, tout nombre qui divise A et B divise B et R.

Réciproquement, tout nombre qui divise B et R divise

Bq et R ; donc il divise leur somme A. Donc, tout nombre qui divise B et R divise B et A.

(1)
Diviseurs communs
à
A *et à* B

(2)
Diviseurs communs
à
B *et à* R

Il résulte de ce raisonnement que, si dans un tableau (1) on suppose avoir inscrit tous les diviseurs communs aux deux nombres A et B, et dans un tableau (2) tous les diviseurs communs aux deux nombres B et R, tout nombre du tableau (1) sera dans le tableau (2), et réciproquement tout nombre du tableau (2) sera dans le tableau (1). Les deux tableaux sont donc identiques, et le plus grand nombre contenu dans les deux tableaux est le même. Autrement dit, les deux nombres A et B ont le même plus grand commun diviseur que les deux nombres B et R.

— On est donc amené à recommencer sur B et R le même raisonnement que sur les deux nombres A et B.

Ainsi, on divisera B par R, et si la division se fait exactement, R sera le plus grand commun diviseur.

$$\begin{array}{c|c} B & R \\ R' & q' \end{array}$$

Supposons que la division donne pour reste R'. Le théorème précédent montre que le plus grand commun diviseur des deux nombres B et R sera le même que celui des deux nombres R et R', lequel sera, par cela même, le plus grand commun diviseur de A et de B. On est donc amené à faire la division de R par R'. On continuera ainsi en divisant chaque fois le dernier diviseur par le reste correspondant, jusqu'à ce que l'on trouve un dernier reste nul ; ce qui doit arriver forcément. En effet, dans une division, le reste est toujours inférieur au diviseur ; on a donc :

$$R < B$$
$$R' < R$$
$$R'' < R', \quad \text{etc.}$$

128   PROPRIÉTÉS ÉLÉMENTAIRES DES NOMBRES ENTIERS.

Les restes étant des *nombres entiers décroissants*, on arrivera forcément à un dernier reste nul. Le dernier diviseur employé sera le plus grand commun diviseur des deux nombres A et B.

— De là, la règle (n° 112).

Remarque I. — *Si dans le courant des opérations on rencontre un reste plus grand que la moitié du diviseur correspondant, on abrège le nombre des divisions en prenant pour diviseur dans la division suivante la différence entre ce diviseur et le reste.*

Soit, par exemple, à chercher le P.G.C.D. des deux nombres 8450 et 450. On a l'opération suivante :

	18	1	3	2
8450	450	350	100	50
3950	100	50	0	
350				

Le P.G.C.D. est 50.

La première division a donné pour reste 350 qui surpasse la moitié du diviseur 450 ; donc dans la division suivante on peut prendre pour diviseur la différence 450 — 350 ou 100.

On peut remarquer en effet que tout nombre qui divise 450 et 350 divise 450 et leur différence 100, et réciproquement tout nombre qui divise 450 et 100 divise 450 et leur différence 350. Donc les deux nombres 450 et 350 ont les mêmes diviseurs communs que les deux nombres 450 et 100 ; par suite, ils ont le même plus grand commun diviseur.

En passant cette division, on a donc l'opération suivante :

	18	4	2
8450	450	100	50
3950	50	0	
850			

Remarque II. — Si dans le courant des calculs on rencontre un reste qui est premier avec le diviseur correspondant, on peut arrêter l'opération : les deux nombres donnés ayant le même P.G.C.D. que ce reste et le diviseur correspondant sont premiers entre eux.

Théorème.

113. — *Tout nombre qui en divise deux autres divise leur plus grand commun diviseur.*

En effet, on sait que tout nombre qui en divise deux autres divise le reste de leur division (93) ; donc tout nombre qui en divise deux autres divise la série des restes que l'on obtient dans la recherche du plus grand commun diviseur de ces deux nombres ; or le plus grand commun diviseur est lui-même un des restes, donc tout nombre qui en divise deux autres divise leur plus grand commun diviseur.

Conséquence. — *Les diviseurs communs à deux nombres sont les diviseurs de leur plus grand commun diviseur.*

Soient en effet deux nombres A et B et leur plus grand commun diviseur D.

Tout nombre qui divise A et B divise D (113), et réciproquement tout nombre qui divise D divise A et B multiples de D ; donc tous les diviseurs communs aux deux nombres A et B sont les diviseurs de leur plus grand commun diviseur D.

Théorème.

114. — *Quand on multiplie ou divise exactement deux nombres par un même nombre, leur plus grand commun diviseur est multiplié ou divisé par ce nombre.*

Neveu. — Cours d'Arithmétique.

En effet, quand on multiplie ou divise deux nombres par un même nombre, le reste de leur division est multiplié ou divisé par ce nombre ; donc si on multiplie ou divise les deux nombres A et B par un même nombre n, tous les restes obtenus dans la recherche du plus grand commun diviseur de A et B seront multipliés ou divisés par ce nombre n ; or, le plus grand commun diviseur est lui-même un des restes, donc il sera multiplié ou divisé par le nombre n.

115. — Conséquence. — *Quand on divise deux nombres par leur plus grand commun diviseur, les quotients obtenus sont premiers entre eux.*

En effet, en divisant les deux nombres A et B et leur p.g.c.d. D par D, le nombre D est divisé par lui-même ; donc il devient 1, et les quotients q et q' de A et B par D sont premiers entre eux, puisqu'ils admettent pour plus grand commun diviseur l'unité.

Réciproquement. — *Si en divisant deux nombres, A et B, par un diviseur commun D, on obtient deux quotients q et q' premiers entre eux, on peut conclure que D est le plus grand commun diviseur de A et B.*

En effet, q et q' ayant 1 pour P.G.C.D.; si on les multiplie par D, on obtient Dq et Dq' qui ont D pour P.G.C.D.; or $Dq = A$, et $Dq' = B$; donc D est bien le P.G.C.D. des nombres A et B.

THÉORÈMES SUR LES NOMBRES PREMIERS ENTRE EUX

Théorème.

116. — *Tout nombre qui divise un produit de deux facteurs et qui est premier avec l'un d'eux divise l'autre.*

Soit n qui divise le produit ab et qui est premier avec a, je dis que n divise b.

En effet, n et a étant premiers entre eux, leur plus grand commun diviseur est 1; on a donc :

$$\underbrace{n \qquad a}_{1}$$

qui ont pour P.G.C.D...

Je multiplie n et a par b, leur plus grand commun diviseur est aussi multiplié par b (114), et l'on a :

$$\underbrace{nb \quad \text{et} \quad ab}_{b}$$

qui ont pour P.G.C.D.

Or n divise son multiple nb; par hypothèse, n divise le produit ab; d'autre part, tout nombre qui en divise deux autres divise leur plus grand commun diviseur (113), donc n, divisant nb et ab, divise leur plus grand commun diviseur b.

Théorème.

117. — *Lorsqu'un nombre est divisible par plusieurs nombres premiers entre eux deux à deux, il est divisible par leur produit.*

Soit, en effet, le nombre N divisible séparément par les nombres a, b, c qui sont premiers entre eux deux à deux; je dis que N est divisible par le produit abc.

N étant divisible par a, on a :

$$N = a \times q \qquad (1)$$

Par hypothèse b divise N, donc il divise aq; mais il est premier avec a, donc il doit diviser q (116), et l'on peut écrire :

$$q = b \times q' \qquad (2)$$

De même c divise N, donc il divise aq; mais il est premier avec a, donc il doit diviser q. Divisant q, il divise

bq' ; mais il est premier avec b, donc c doit diviser q', et l'on a :
$$q' = c \times q'' \qquad (3)$$

Multiplions membre à membre les égalités (1), (2) et (3), on obtient :
$$N \times q \times q' = a \times b \times c \times q \times q' \times q'',$$
ou, en divisant les deux membres par qq' :
$$N = abc.q'',$$
égalité qui montre bien que N est divisible par le produit abc, le quotient étant q''.

Conséquence. — Le théorème précédent fournit de nouveaux cas de divisibilité. Ainsi :

— Un nombre est divisible par 6, lorsqu'il est divisible à la fois par 2 et par 3.

En effet, 2 et 3 sont deux nombres premiers entre eux, donc tout nombre divisible par 2 et par 3 est divisible par leur produit 6.

— De même, un nombre est divisible par 15 lorsqu'il est divisible à la fois par 3 et par 5.

— Un nombre est divisible par 24, lorsqu'il est divisible à la fois par 3 et par 8.

— Un nombre est divisible par 99 lorsqu'il est divisible à la fois par 9 et par 11.

— Un nombre est divisible par 30 lorsqu'il est divisible à la fois par 2, par 3 et par 5.

Application. — Démontrer que, quel que soit le nombre entier n, le produit $n(n+1)(2n+1)$ est toujours divisible par 6.

Posons
$$A = n(n+1)(2n+1).$$

Pour démontrer que A est divisible par 6, je vais démontrer qu'il est divisible séparément par 2 et par 3, nombres premiers entre eux.

1° A *est divisible par 2*. En effet, n et $n+1$ sont deux nombres entiers consécutifs, donc l'un d'eux est certainement un nombre pair. Il en résulte que A contenant un facteur divisible par 2 est lui-même divisible par 2.

2° A *est divisible par 3*. En effet, ou n est divisible par 3 ou il ne l'est pas. Si n est divisible par 3, A sera aussi divisible par 3.

Supposons maintenant n non divisible par 3; il est alors de la forme $3k+1$ ou $3k+2$; on peut remarquer d'ailleurs que dire que n est de la forme $3k+2$ revient à dire qu'il est de la forme $3k-1$.

Si $n = 3k+1$, on a :
$$A = (3k+1)(3k+2)(6k+3);$$
or le facteur $6k+3$ est divisible par 3, donc A est aussi divisible par 3.

Enfin, si $n = 3k-1$, on a :
$$A = (3k-1) \times 3k \times (6k-1),$$
et l'on voit que A est encore divisible par 3.

Le nombre A étant toujours divisible par 2 et par 3, nombres premiers entre eux, est donc divisible par leur produit 6.

THÉORIE DU PLUS GRAND COMMUN DIVISEUR DE PLUSIEURS NOMBRES

118. — Soit à trouver le plus grand commun diviseur des nombres A, B et C.

Désignons par D le plus grand commun diviseur des deux nombres A et B, et démontrons que les trois nombres A, B, C ont le même plus grand commun diviseur que les deux nombres D et C.

On raisonne comme on l'a fait pour deux nombres, en démontrant que les nombres A, B et C ont les mêmes diviseurs communs que les deux nombres D et C.

En effet, tout nombre qui divise A et B divise leur plus grand commun diviseur D (113); donc tout nombre qui divise A, B et C divise D et C.

$\underbrace{A \quad B}_{D} \quad C$

Réciproquement, tout nombre qui divise D divise A et B multiples de D ; donc tout nombre qui divise D et C divise A, B et C.

Il en résulte que si l'on formait le tableau des diviseurs communs aux trois nombres A, B, C et le tableau des diviseurs communs aux deux nombres D et C, ces tableaux seraient identiques. Donc le plus grand commun diviseur des trois nombres A, B, C est le même que celui des deux nombres D et C.

Ceci démontre que : *Dans la recherche du plus grand commun diviseur de plusieurs nombres on peut remplacer deux d'entre eux par leur plus grand commun diviseur, et l'on a ainsi un nombre de moins à considérer.*

Ce raisonnement s'applique évidemment quel que soit le nombre des nombres donnés. En procédant ainsi de proche en proche, on sera conduit finalement à chercher le plus grand commun diviseur de deux nombres.

On peut donc énoncer la règle suivante :

119. — Règle. — *Pour trouver le P.G.C.D. de plusieurs nombres, on cherche le P.G.C.D. de deux d'entre eux, puis le P.G.C.D. du nombre ainsi obtenu et d'un troisième, et l'on continue ainsi jusqu'à ce que l'on n'ait plus que deux nombres : le dernier P.G.C.D. obtenu sera le P.G.C.D. cherché.*

Exemple. — Soit à chercher le P.G.C.D. des nombres 144, 240 et 312.

On cherche d'abord le P.G.C.D. des deux nombres 144 et 240; on trouve 48.

On cherche ensuite le P.G.C.D. des deux nombres 48 et 312 et l'on obtient 24 qui est le plus grand commun diviseur des trois nombres donnés.

Remarque. — Comme le P.G.C.D. ne peut pas être plus grand que le plus petit des nombres, il est préférable de commencer les calculs par les plus petits nombres.

Théorème.

120. — *Tout nombre qui en divise plusieurs divise leur plus grand commun diviseur.*

Soient, en effet, les nombres A, B, C; désignons par D le plus grand commun diviseur de A et B, et par D′ le plus grand commun diviseur de D et C. Le nombre D′ est le plus grand commun diviseur des nombres A, B, C.

On a vu (118) que tout nombre qui divise A, B et C divise D et C, et réciproquement tout nombre qui divise D et C divise A, B et C; d'autre part, tout nombre qui divise D et C divise leur plus grand commun diviseur D′ (113), donc tout nombre qui divise A, B et C divise leur plus grand commun diviseur D′.

Conséquence. — *Les diviseurs communs de plusieurs nombres sont les diviseurs de leur plus grand commun diviseur.*

En effet, tout nombre qui divise A, B et C divise leur plus grand commun diviseur D′, et réciproquement tout nombre qui divise D′ divise ses multiples A, B et C. Donc les diviseurs communs des nombres A, B et C sont les diviseurs de leur plus grand commun diviseur D′.

Théorème.

121. — *Quand on multiplie ou divise exactement plusieurs nombres par un même nombre, leur plus grand commun diviseur est multiplié ou divisé par ce nombre.*

En effet, le plus grand commun diviseur des deux premiers nombres utilisés est multiplié ou divisé (114) ; et il en sera de même des plus grands communs diviseurs obtenus successivement. Donc le dernier plus grand commun diviseur, c'est-à-dire le plus grand commun diviseur des nombres donnés, sera lui-même multiplié ou divisé.

122. — **Conséquence.** — *Si on divise plusieurs nombres par leur plus grand commun diviseur, les quotients obtenus sont premiers dans leur ensemble.*

En effet, le plus grand commun diviseur est divisé par lui-même ; donc il devient 1. Les quotients obtenus n'admettant plus pour diviseur commun que 1, sont donc premiers dans leur ensemble.

Réciproquement. — *Si en divisant plusieurs nombres A, B, C par un diviseur commun D, on obtient des quotients q, q', q" premiers dans leur ensemble, on peut conclure que D est le plus grand commun diviseur des nombres A, B, C.*

Même raisonnement qu'au n° 115.

REMARQUE. — *Le plus grand commun diviseur a donc comme propriété caractéristique de donner des quotients premiers entre eux.*

CHAPITRE III

THÉORIE DU PLUS PETIT COMMUN MULTIPLE

123. — Considérons le nombre 72 : il est divisible à a fois par 8, 9, 12, 18. On dit alors que 72 est un *multiple commun* aux nombres 8, 9, 12 et 18.

THÉORIE DU PLUS PETIT COMMUN MULTIPLE.

Ainsi, *on appelle multiple commun à plusieurs nombres un autre nombre qui est divisible exactement par chacun des nombres considérés.*

Il est évident que des nombres donnés ont une infinité de multiples communs. En effet, considérons les nombres 3, 8 et 12. Tout d'abord, leur produit $3 \times 8 \times 12$ est un multiple commun aux trois nombres, puisqu'il est divisible par chacun d'eux ; de plus, ce produit multiplié par un nombre entier *quelconque* sera aussi un multiple commun ; donc il y en a une infinité.

Parmi tous ces multiples communs, il y en a un qui est certainement plus petit que tous les autres : c'est celui-là qu'on appelle le *plus petit commun multiple* des nombres.

De là, la définition suivante :

On appelle plus petit commun multiple de plusieurs nombres le plus petit nombre qui soit divisible exactement par chacun des nombres donnés.

On le désigne en abrégé par P.P.C.M.

PLUS PETIT COMMUN MULTIPLE DE DEUX NOMBRES

Théorème.

124. — *Le produit de deux nombres est égal au produit de leur plus grand commun diviseur par leur plus petit commun multiple.*

Soient, en effet, les deux nombres A et B et D leur plus grand commun diviseur. On a :

$$A = D \times q$$
$$B = D \times q',$$

et l'on sait que les quotients q et q' sont premiers entre eux (115)

Tout multiple de A est de la forme $n \times A$, ou encore de la forme

$$n \times D \times q \qquad (1)$$

Cherchons la condition pour que ce nombre soit en même temps multiple de B. Tout multiple de B est de la forme $m \times D \times q'$; donc le nombre (1) sera en même temps multiple de B si l'on a :

$$n \times D \times q = m \times D \times q',$$

ou, en divisant les deux membres par D :

$$n \times q = m \times q'.$$

Or q' divise évidemment $m \times q'$, donc il doit diviser son égal $n \times q$; mais il est premier avec q, donc q' doit diviser n (116), et l'on doit avoir :

$$n = q' \times k,$$

k étant un nombre entier; de sorte que le nombre (1) sera de la forme

$$k \times D \times q \times q'.$$

Réciproquement, tout nombre de cette forme est un multiple commun de A et de B. En effet, il est multiple de A puisqu'il contient $D \times q$ ou A; il est de même multiple de B puisqu'il contient $D \times q'$ ou B.

Ainsi, tous les multiples communs de A et de B s'obtiennent en multipliant Dqq' par un nombre entier quelconque k. Il est évident que le plus petit d'entre eux s'obtiendra en donnant au nombre entier k sa plus petite valeur, c'est-à-dire lorsque l'on fera $k = 1$.

Si donc on désigne par M le plus petit commun multiple de A et B, on a :

$$M = D \times q \times q'.$$

Multiplions les deux membres de cette égalité par D, on a :
$$M \times D = D \times q \times D \times q'.$$
Or, $Dq = A$ et $Dq' = B$; donc cette égalité peut s'écrire :
$$M \times D = A \times B,$$
ce qui démontre le théorème.

125. — *Conséquence I.* — Puisque le produit de deux nombres est égal au produit de leur plus grand commun diviseur par leur plus petit commun multiple, il en résulte immédiatement que :

Le plus petit commun multiple de deux nombres est égal à leur produit divisé par leur plus grand commun diviseur.

De même, si l'on donne deux nombres et leur plus petit commun multiple, on aura leur plus grand commun diviseur en remarquant que : *Le plus grand commun diviseur de deux nombres est égal à leur produit divisé par leur plus petit commun multiple.*

126. — *Conséquence II.* — On vient de voir que tous les multiples communs des deux nombres A et B sont de la forme
$$k \times D \times q \times q' \quad \text{ou} \quad k.M,$$
Dqq' ou M étant le P.P.C.M. des deux nombres A et B.

Donc : *Tous les multiples communs de deux nombres sont les multiples de leur plus petit commun multiple.*

127. — *Conséquence III.* — *Lorsque deux nombres sont premiers entre eux, leur plus petit commun multiple est égal à leur produit.*

En effet, leur P.G.C.D. est 1 ; on a donc (124) :
$$A \times B = 1 \times M,$$
M désignant le P.P.C.M. ; donc :
$$M = A \times B.$$

140 PROPRIÉTÉS ÉLÉMENTAIRES DES NOMBRES ENTIERS.

128. — Conséquence IV. — *Quand deux nombres sont divisibles l'un par l'autre, le plus grand des deux est le plus petit commun multiple des deux nombres.*

En effet, le plus petit des deux nombres est, dans ce cas, le plus grand commun diviseur des deux nombres ; donc si l'on divise le produit $A \times B$ par le P.G.C.D. B, on obtient A pour P.P.C.M.

PLUS PETIT COMMUN MULTIPLE DE PLUSIEURS NOMBRES

129. — Soit à trouver le plus petit commun multiple des nombres A, B, C.

Désignons par M le plus petit commun multiple des deux nombres A et B, et démontrons que :

Les trois nombres A, B, C *ont le même plus petit commun multiple que les deux nombres* M *et* C.

En effet, tout multiple commun de A et de B est un multiple de leur plus petit commun multiple M (126); donc tout multiple commun de A, B, C est un multiple commun de M et de C.

Réciproquement, tout multiple de M est à plus forte raison un multiple de A et de B qui sont des diviseurs de M ; donc tout multiple commun de M et de C est un multiple commun des nombres A, B, C.

Il résulte de là que les trois nombres A, B, C ont les mêmes multiples communs que les deux nombres M et C ; les trois nombres A, B et C ont donc le même plus petit commun multiple que les deux nombres M et C.

Ceci démontre que : *Dans la recherche du plus petit commun multiple de plusieurs nombres, on peut remplacer deux d'entre eux par leur plus petit commun* multiple, et l'on a ainsi un nombre de moins à considérer.

En procédant ainsi de proche en proche, on sera conduit finalement à chercher le plus petit commun multiple de deux nombres.

On peut donc énoncer la règle suivante :

150. — **Règle.** — *Pour trouver le plus petit commun multiple de plusieurs nombres, on cherche le plus petit commun multiple de deux d'entre eux, puis le plus petit commun multiple du nombre ainsi obtenu et d'un troisième, et l'on continue ainsi jusqu'à ce que l'on n'ait plus que deux nombres : le dernier plus petit commun multiple obtenu sera le plus petit commun multiple cherché.*

Exemple. — Soit à chercher le P.P.C.M. de 108, 120 et 180.

Les deux nombres 120 et 180 ont 60 pour P.G.C.D. ; donc leur P.P.C.M. est égal au produit 120×180 divisé par 60 (n° 125) ; on trouve ainsi que le P.P.C.M. de 120 et 180 est 360.

Cherchons maintenant le P.P.C.M. de 360 et de 108. Leur P.G.C.D. est 36 ; donc le P.P.C.M. est égal au produit 360×108 divisé par 36, soit 1080.

Le P.P.C.M. des nombres 108, 120 et 180 est donc 1080.

131. — **Conséquence.** — *Les multiples communs de plusieurs nombres sont les multiples de leur plus petit commun multiple.*

Soient, en effet, les trois nombres A, B, C ; remplaçons A et B par leur plus petit commun multiple M, et soit M' le plus petit commun multiple de M et C ; on vient de voir que le plus petit commun multiple des nombres A, B, C, est M'.

Or, on a démontré que tout multiple commun de

A, B, C est un multiple commun de M et C, et réciproquement ; d'autre part, tout multiple commun de M et de C est un multiple de M', et réciproquement tout multiple de M' est un multiple commun de M et de C et par suite des nombres A, B et C ; donc tout multiple commun des nombres A, B, C est un multiple de leur plus petit commun multiple.

Remarque. — Si parmi les nombres dont on cherche le plus petit commun multiple, certains d'entre eux en divisent d'autres, on peut les supprimer.

Il est évident, en effet, que le plus petit commun multiples des nombres

$$12, 18, 24, 54, 80$$

sera le même que celui des nombres

$$24, 54, 80,$$

car tout multiple de 24 sera à plus forte raison un multiple de 12, diviseur de 24 et de même un multiple de 54 sera un multiple de 18, diviseur de 54.

Application. — *Une somme comprise entre 825 francs et 835 francs est payable exactement en pièces de 2 francs, de 5 francs et de 10 francs. Quelle est cette somme ?*

Solution. — La somme cherchée étant un nombre entier de pièces de chaque espèce est évidemment un multiple commun de 2, 5 et 10. Il suffit donc de chercher le multiple commun de ces nombres compris entre 825 et 835.

Or, les multiples communs des nombres 2, 5 et 10 sont les multiples de leur plus petit commun multiple ; je cherche donc le plus petit commun multiple qui

est 10, puis je cherche le multiple de 10 compris entre 825 et 835. Or, on a :
$$825 < 83 \times 10 < 835,$$
donc la somme demandée est 83×10 ou 830 francs.

Remarque. — On peut encore démontrer les propriétés suivantes :

1° *Quand on multiplie ou divise exactement plusieurs nombres par un même nombre, leur plus petit commun multiple est multiplié ou divisé par ce nombre.*

En effet, considérons deux nombres A et B, D leur P.G.C.D., et soient q et q' les quotients de A et B par D. Le plus petit commun multiple M de A et B est Dqq'. Or, si on multiplie ou divise A et B par un même nombre n, D est multiplié ou divisé par n, donc Dqq' ou M sera aussi multiplié ou divisé par n.

Ce raisonnement s'applique à plus de deux nombres, car les plus petits communs multiples obtenus successivement seront multipliés ou divisés par n, et il en sera de même du dernier.

2° *Les quotients obtenus en divisant le plus petit commun multiple de plusieurs nombres par chacun de ces nombres sont premiers entre eux, c'est-à-dire premiers dans leur ensemble.*

Ainsi, q et q' étant les quotients de A et B par leur P.G.C.D. D, leur plus petit commun multiple est Dqq'. Si on le divise par A ou Dq, le quotient sera q'; de même si on le divise par B ou Dq', le quotient sera q, et l'on sait (115) que q et q' sont premiers entre eux.

Démontrons cette propriété en général.

Soient les nombres A, B, C admettant M pour plus petit commun multiple. Posons :

$$M = Aq, \quad M = Bq' \quad \text{et} \quad M = Cq'',$$

et démontrons que q, q' et q'' sont premiers dans leur ensemble.

En effet, si q, q' et q'' admettaient un diviseur commun a autre que 1, alors le quotient de M par a serait un multiple commun des nombres A, B, C ; ce qui est impossible, puisqu'on suppose M le plus petit commun multiple. Donc q, q' et q'' sont premiers dans leur ensemble.

Réciproquement. — *Si, divisant un multiple commun M de plusieurs nombres A, B, C par chacun de ces nombres, on obtient* des quotients q, q', q'' premiers dans leur ensemble, on peut conclure que M est le P.P.C.M. des nombres considérés.

En effet, supposons que M ne soit pas le P.P.C.M., et soit m ce P.P.C.M. Alors M est un multiple de m (131), et l'on a :

$$M = m \times K.$$

q, q' et q'' étant les quotients de M par A, B, C, on peut écrire :

$$mK = Aq = Bq' = Cq'' \qquad (1)$$

Or m est évidemment divisible par A, B, C ; désignons par a, b, c les quotients de m par A, B, C, les égalités (1) donnent alors :

$$aK = q \qquad bK = q' \qquad cK = q'',$$

égalités qui montrent que q, q' et q'' ne seraient pas premiers entre eux, puisqu'ils admettraient un diviseur commun K autre que 1.

Donc M est bien le P.P.C.M. des nombres A, B, C.

— *Le P.P.C.M. a donc comme propriété caractéristique de donner des quotients premiers entre eux, si on le divise par chacun des nombres.*

CHAPITRE IV

PROPRIÉTÉS DES NOMBRES PREMIERS

Considérons un nombre 18 qui n'est pas premier ; par définition, il admet des diviseurs autres que 1 et 18 ; on voit, en effet, que 18 est divisible par les nombres 2, 3, 6, 9 et 18. Parmi tous ces diviseurs, il y en aura toujours *au moins* un qui sera premier : c'est ce que nous allons démontrer en général par le théorème suivant :

Théorème.

152. — *Tout nombre qui n'est pas premier admet au moins un diviseur premier.*

Soit un nombre N qui n'est pas premier ; il admet donc des diviseurs autres que lui même et l'unité ;

Parmi ces diviseurs, choisissons *le plus petit a*, et démontrons que *a* est premier.

En effet, si *a* n'était pas premier, il admettrait alors un diviseur *b* plus petit que *a* ; ce diviseur *b* divisant *a* diviserait son multiple N ; ce qui est impossible, puisque *a* est supposé le plus petit diviseur de N. Donc *a* est premier.

Théorème.

133. — *Deux nombres qui ne sont pas premiers entre eux admettent au moins un diviseur* **premier** *commun*.

Considérons, en effet, deux nombres A et B non premiers entre eux ; ils admettent alors un plus grand commun diviseur D différent de 1. Si D est premier, le théorème est démontré, car alors A et B admettent un diviseur premier commun.

Si D n'est pas premier, il admet au moins un diviseur premier *a* (132) qui divisant D divise ses multiples A et B.

Donc A et B admettent au moins un diviseur premier commun.

Remarque. — Ce théorème s'applique à plusieurs nombres non premiers dans leur ensemble. Le raisonnement est le même que pour deux nombres.

Théorème.

134. — *La suite des nombres premiers est illimitée*.

En effet, soit la suite des nombres premiers jusqu'à n,

$$1, 2, 3, 5, 7\ldots n.$$

Je dis que, si grand que soit n, il existe toujours un nombre premier plus grand que n, ce qui démontrera que la suite est illimitée.

Formons le produit P de tous ces nombres :

$$P = 1 \times 2 \times 3 \times 5 \times \ldots \times n$$

Ajoutons 1 à P, et considérons le nombre P + 1.

De deux choses l'une, ou P + 1 est premier ou il ne l'est pas. Si P + 1 est premier, le théorème est démontré, car P + 1 est évidemment plus grand que n ; si P + 1 n'est pas premier, alors il admet au moins un diviseur premier a (132). Je dis que a n'est pas compris dans la suite depuis 1 jusqu'à n. En effet, s'il était dans cette suite, il diviserait P ; divisant P et P + 1, a diviserait leur différence 1, ce qui est impossible. Donc a est au delà de n ; ce qui démontre l'existence d'un nombre premier plus grand que n, si grand que soit n. La suite est donc illimitée.

FORMATION D'UNE TABLE DE NOMBRES PREMIERS

133. — Pour former une table de nombres premiers jusqu'à une limite donnée, 100 par exemple, on écrit la suite des nombres entiers jusqu'à la limite donnée 100.

1	2	3	4̶	5	6̶	7	8̶	9̶	1̶0̶
11	1̶2̶	13	1̶4̶	1̶5̶	1̶6̶	17	1̶8̶	19	2̶0̶
2̶1̶	2̶2̶	23	2̶4̶	2̶5̶	2̶6̶	2̶7̶	2̶8̶	29	3̶0̶
31	3̶2̶	3̶3̶	3̶4̶	3̶5̶	3̶6̶	37	3̶8̶	3̶9̶	4̶0̶
41	4̶2̶	43	4̶4̶	4̶5̶	4̶6̶	47	4̶8̶	4̶9̶	5̶0̶
5̶1̶	5̶2̶	53	5̶4̶	5̶5̶	5̶6̶	5̶7̶	5̶8̶	59	6̶0̶
61	6̶2̶	6̶3̶	6̶4̶	6̶5̶	6̶6̶	67	6̶8̶	6̶9̶	7̶0̶
71	7̶2̶	73	7̶4̶	7̶5̶	7̶6̶	7̶7̶	7̶8̶	79	8̶0̶
8̶1̶	8̶2̶	83	8̶4̶	8̶5̶	8̶6̶	8̶7̶	8̶8̶	89	9̶0̶
9̶1̶	9̶2̶	9̶3̶	9̶4̶	9̶5̶	9̶6̶	97	9̶8̶	9̶9̶	1̶0̶0̶

PROPRIÉTÉS DES NOMBRES PREMIERS.

Puis on *barre* tous les multiples de 2, sauf 2 ; ces nombres sont évidemment placés de deux en deux ; c'est ainsi qu'on barre 4, 6, 8..... 100.

Le nombre premier qui suit 2 est 3 ; on barre alors de trois en trois les multiples de 3, sauf 3 ; puis les multiples de 5 sauf 5, et ainsi de suite, en partant toujours du nombre premier suivant et qu'on ne barre pas.

On peut remarquer que le premier multiple de 5 qui n'est pas barré est le carré de 5, car $5 \times 2, 5 \times 3, 5 \times 4$ ont été barrés précédemment comme multiples de 2 ou de 3. De sorte qu'en partant du nombre premier 7, on commencera à barrer les multiples de 7 au nombre 49, carré de 7.

Le nombre premier qui suit 7 est 11 ; or, le carré de 11 est 121 qui est supérieur à 100 : donc, après avoir barré les multiples de 7, la table est terminée.

Les nombres qui n'ont pas été barrés sont les nombres premiers de 1 à 100. Ces nombres sont :

1, 2, 3, 5, 7, 11, 13, 17, 19, 23, 29, 31, 37, 41, 43, 47, 53, 59, 61, 67, 71, 73, 79, 83, 89, 97.

La méthode que l'on vient d'employer est connue sous le nom de *crible d'Ératosthène* (1).

156. — **Problème.** — *Reconnaître si un nombre donné est premier.*

Soit à reconnaître si le nombre 439 est premier.

On divise successivement 439 par les nombres premiers 2, 3, 5... jusqu'à ce que l'on trouve un diviseur donnant un quotient inférieur ou égal au diviseur, et si cette dernière division donne un reste, on peut affirmer que le nombre est premier.

Ainsi, 439 n'est divisible par aucun des nombres pre-

---

(1) Ératosthène, mathématicien et géographe grec (276-196 avant J.-C.).

miers jusqu'à 19 ; le nombre premier qui suit 19 est 23, et l'on a :

$$439 = 23 \times 19 + 2;$$

le quotient 19 est plus petit que le diviseur 23, on peut alors en conclure que 439 est premier. Il suffit, pour cela, de démontrer qu'il ne peut admettre un diviseur premier plus grand que 23. Supposons, en effet, que l'on ait :

$$439 = 29 \times q; \qquad (1)$$

alors on a certainement $q < 29$, et l'égalité (1) montre que q serait un diviseur de 439. Il en résulterait que 439 admettrait un diviseur premier inférieur à 29, ce que les calculs précédemment effectués ont montré impossible. On peut donc affirmer que 439 est un nombre premier.

THÉORÈMES RELATIFS AUX NOMBRES PREMIERS

Rappelons qu'un nombre premier quelconque est premier avec tous les autres nombres, sauf ses multiples.

Théorème.

157. — *Tout nombre premier est de la forme $6n \pm 1$.*

Ceci revient à démontrer que si l'on divise un nombre premier par 6, on ne peut trouver pour reste que 1 ou 5.

En effet, puisque le nombre est premier, on ne peut pas trouver 0 pour reste ; or, on ne peut pas non plus trouver pour reste 2, 3, ou 4, car le nombre serait alors de la forme

$$6n + 2 = \text{mult. } 2$$

ou

$$6n + 3 = \text{mult. } 3$$

ou

$$6n + 4 = \text{mult. } 2$$

et le nombre ne serait pas premier. On ne pourra donc trouver pour reste que 1 ou 5, et le nombre sera de la forme $6n+1$, ou encore $6n+5$ c'est-à-dire $6n-1$.

Remarque. — La réciproque de ce théorème n'est pas vraie.

Ainsi, un nombre de la forme $6n \pm 1$ n'est pas *nécessairement* premier. On a :

$$25 = 6 \times 4 + 1$$
$$35 = 6 \times 6 - 1$$

et 25 et 35 ne sont pas premiers.

Théorème.

138. — *Tout nombre* **premier** *qui divise un produit de facteurs divise au moins l'un d'eux.*

Considérons d'abord le cas de deux facteurs. Soit 13 nombre premier qui divise le produit ab. Si 13 divise a, le théorème est vérifié ; si 13 ne divise pas a, alors il est premier avec lui (109) ; 13 divisant le produit ab et étant premier avec a doit donc diviser b (116).

Considérons maintenant un produit de plusieurs facteurs $abcd$. On peut grouper les facteurs en considérant leur produit comme effectué de manière à ramener au cas de deux facteurs. Ainsi, on mettra le produit $abcd$ sous la forme $a(bcd)$.

Puis, raisonnant comme dans le cas de deux facteurs, on dira : Si 13 divise a, le théorème est vérifié ; si 13 ne divise pas a, il est premier avec lui, donc il divise l'autre facteur bcd. On recommence sur bcd le même raisonnement en le mettant sous la forme $b(cd)$. Si 13 divise b, le théorème est vérifié ; si 13 ne divise pas b, il est premier avec b, donc il divise cd, et l'on arrive ainsi à démontrer que 13 divise l'un des facteurs c ou d.

Remarque. — Il faut bien remarquer que ce théorème exige que le diviseur soit *premier*; autrement on pourrait énoncer un théorème faux, car tout nombre qui divise un produit de facteurs ne divise pas nécessairement un des facteurs.

Ainsi 12 divise le produit $3 \times 5 \times 8$ et ne divise aucun des facteurs.

139. — *Conséquence I.* — *Tout nombre* **premier** *qui divise une puissance d'un nombre divise ce nombre.*

Soit 13 qui divise a^n. Alors 13 divise le produit $a \times a \times a \ldots$; donc 13, nombre premier, divise l'un des facteurs a.

140. — *Conséquence II.* — *Si deux nombres sont premiers entre eux, leurs puissances sont aussi premières entre elles.*

Soient les nombres 12 et 25 qui sont premiers entre eux. Si leurs puissances 12^3 et 25^4 n'étaient pas premières entre elles, elles admettraient un diviseur *premier* commun d (133); le nombre premier d divisant 12^3 et 25^4 diviserait alors 12 et 25; ce qui est impossible, puisque 12 et 25 sont supposés premiers entre eux. Donc 12^3 et 25^4 sont aussi des nombres premiers entre eux.

Théorème.

141. — *Tout nombre premier avec les facteurs d'un produit est premier avec ce produit.*

Soit n premier avec les facteurs $a, b, c, $; je dis que n est premier avec le produit abc. En effet, si n et abc n'étaient pas premiers entre eux, ils admettraient un diviseur *premier* commun d (133); d, nombre premier, divisant le produit abc, diviserait alors l'un des facteurs (138), a par exemple. n et a admettraient alors un diviseur commun d autre que 1, ce qui est impossible, quisque n est supposé premier avec tous les facteurs. Donc n est premier avec le produit.

Réciproquement. — *Tout nombre premier avec un produit est premier avec les facteurs de ce produit.*

Soit n premier avec le produit abc, je dis qu'il est premier avec tous les facteurs. En effet, supposons n et a non premiers entre eux ; ils admettent alors un diviseur premier commun d qui, divisant a, diviserait abc multiple de a. Les nombres n et abc admettraient donc un diviseur commun autre que 1 ; ce qui est impossible, puisque n et abc sont supposés premiers entre eux. Donc n est premier avec tous les facteurs.

Application. — *Si A et B sont premiers entre eux, démontrer que les deux nombres $A + B$ et $A.B$ sont aussi premiers entre eux.*

En effet, supposons $A + B$ et AB non premiers entre eux ; ils admettent alors un diviseur *premier* commun d différent de 1. Le nombre premier d divisant le produit AB divise donc l'un des facteurs, A par exemple ; d'autre part, d divise la somme $A + B$; divisant $A + B$ et l'une des parties A, d doit donc diviser l'autre partie B. Il en résulterait que A et B admettraient un diviseur premier commun d autre que 1 ; ce qui est impossible, puisque A et B sont supposés premiers entre eux. Donc $A + B$ et $A.B$ sont aussi des nombres premiers entre eux.

CHAPITRE V

APPLICATIONS DE LA THÉORIE DES NOMBRES PREMIERS

DÉCOMPOSITION D'UN NOMBRE EN FACTEURS PREMIERS

142. — Décomposer un nombre en facteurs premiers, c'est le mettre sous la forme d'un produit de facteurs premiers.

Ainsi, si l'on écrit :
$$30 = 2 \times 3 \times 5,$$
30 est décomposé en facteurs premiers.

— Démontrons d'abord que cette décomposition est possible. C'est l'objet du théorème suivant :

Théorème.

143. — 1° *Tout nombre qui n'est pas premier est décomposable en un produit de facteurs premiers.*

2° *Cette décomposition n'est possible que d'une seule manière.*

1° Soit N un nombre qui n'est pas premier ; il admet alors au moins un diviseur premier a (132) ; de sorte que l'on a :
$$N = a \times q \quad (1)$$

Si q est premier, le théorème est démontré, car N sera ainsi décomposé en un produit de facteurs premiers.

Si q n'est pas premier, il admet à son tour un diviseur premier b, et l'on a :
$$q = bq'.$$

Si dans l'égalité (1) on remplace q par bq', on a :
$$N = abq'.$$

Si q' est premier, le théorème est démontré ; si q' n'est pas premier, on pourra continuer le raisonnement jusqu'à ce qu'on obtienne un dernier diviseur premier ; ce qui arrivera forcément, car les nombres entiers q, q'... vont en diminuant, donc leur nombre est forcément limité.

— Un même facteur peut entrer plusieurs fois dans N. Supposons, par exemple, que N contienne α fois le fac-

APPLICATIONS DE LA THÉORIE DES NOMBRES PREMIERS. 153

leur premier a, β fois le facteur b, γ fois le facteur c…, N sera mis sous la forme
$$N = a^\alpha b^\beta c^\gamma \ldots$$

2° Démontrons maintenant que : *cette décomposition n'est possible que d'une seule manière.*

Cet énoncé signifie que, quelle que soit la méthode employée pour décomposer un nombre en facteurs premiers, on trouve toujours le même résultat.

Supposons, en effet, qu'on ait trouvé pour N deux décompositions, et posons :
$$N = 2^3 \times 3^2 \times 5$$
$$N = a^\alpha \times b^\beta \times c^\gamma.$$

Il s'agit de démontrer que ces deux décompositions sont identiques. On a d'abord :
$$2^3 \times 3^2 \times 5 = a^\alpha b^\beta c^\gamma.$$

2, nombre premier, divise le premier membre ; donc il divise le second ; or, tout nombre premier qui divise un produit de facteurs divise au moins l'un des facteurs, donc 2 doit diviser l'un des facteurs a, b ou c ; mais a, b et c sont des nombres premiers *absolus*; et 2, nombre premier absolu, ne peut diviser un autre nombre premier absolu qu'à la condition de lui être égal. On aura donc, par exemple
$$2 = a.$$

On prouverait de même que tous les facteurs premiers du premier membre sont contenus dans le second membre, et réciproquement. De sorte que l'on a :
$$3 = b \quad \text{et} \quad 5 = c$$
et par suite :
$$2^3 \times 3^2 \times 5 = 2^\alpha \times 3^\beta \times 5^\gamma \qquad (1)$$

Il reste à démontrer que les exposants des facteurs égaux sont eux-mêmes égaux.

Supposons, en effet $\alpha > 3$. On pourrait alors diviser les deux membres de l'égalité (1) par 2^3, et le second membre renfermerait encore le facteur 2, le premier membre ne le renfermant plus ; ce qui est impossible. Le même raisonnement montre que α ne peut pas être inférieur à 3, donc :

$$\alpha = 3$$

et de même

$$\beta = 2 \quad \text{et} \quad \gamma = 1.$$

Les deux décompositions sont donc identiques.

144. — *Marche à suivre pour décomposer un nombre en facteurs premiers.* — On divise successivement le nombre donné par les facteurs premiers 2, 3, 5..., en commençant par les plus petits, et on essaie la division par chacun d'eux tant qu'elle est possible. On continue ainsi jusqu'à ce que l'on obtienne un dernier quotient premier.

Considérons, par exemple, le nombre 360. On a successivement :

$$360 = 2 \times 180$$
$$180 = 2 \times 90$$
$$90 = 2 \times 45$$
$$45 = 3 \times 15$$
$$15 = 3 \times 5.$$

Donc :

$$360 = 2^3 \times 3^2 \times 5.$$

Pratiquement, on dispose l'opération ainsi : à la droite du nombre on trace un trait vertical ; puis à droite de ce trait on écrit, les uns sous les autres, tous les facteurs premiers dans l'ordre des divisions effectuées ; au-dessous du nombre on écrit les quotients successifs. On a donc :

360	2
180	2
90	2
45	3
15	3
5	5
1	

Donc :
$$360 = 2^3 \times 3^2 \times 5.$$

RECHERCHE DES DIVISEURS D'UN NOMBRE

Théorème.

145. — *Pour qu'un nombre* A *soit divisible par un nombre* B, *ces nombres étant décomposés en facteurs premiers, il faut et il suffit que chaque facteur premier de* B *soit contenu dans* A *avec un exposant au moins égal à celui qu'il a dans* B.

1° *La condition est nécessaire.* C'est-à-dire que si A est divisible par B, chaque facteur premier de B est contenu dans A avec un exposant au moins égal.

En effet, si A est divisible par B, il est égal au nombre B multiplié par un nombre entier q; on a donc :

$$A = B \times q.$$

Il est alors évident que A se compose de tous les facteurs premiers de B et, de plus, de tous les facteurs premiers de q. Donc A contient nécessairement chaque facteur premier de B avec un exposant au moins égal à celui qu'il a dans B.

2° *La condition est suffisante.* C'est-à-dire que si A contient tous les facteurs premiers de B avec des

exposants au moins égaux, A est divisible par B.
En effet, posons :
$$B = 2^3 \times 3^2$$
et
$$A = 2^5 \times 3^2 \times 7,$$

On peut alors grouper tous les facteurs premiers de A de manière à mettre B en évidence. Ainsi, on écrira :

$$A = 2^3 \times 2^2 \times 3^2 \times 7 = 2^3 \times 3^2 \times 2^2 \times 7$$

ou encore :

$$A = B \times 2^2 \times 7,$$

égalité qui montre bien que A est divisible par B, et le quotient est $2^2 \times 7$.

Remarque. — D'après ce qui précède, on voit que, deux nombres A et B étant décomposés en facteurs premiers, pour diviser A par B il suffit de supprimer dans A tous les facteurs premiers de B.

FORMATION DES DIVISEURS D'UN NOMBRE

146. — Proposons-nous de chercher tous les nombres qui divisent 360. On aura ainsi tous les diviseurs de 360.

Ce nombre étant décomposé en facteurs premiers, on a :

$$360 = 2^3 \times 3^2 \times 5.$$

Il résulte du théorème précédent qu'un diviseur de 360 sera de la forme

$$2^\alpha \times 3^\beta \times 5^\gamma,$$

α pouvant prendre les valeurs 0, 1, 2, 3 ; β pouvant prendre les valeurs 0, 1, 2 et γ les valeurs 0 et 1, en se rappelant la convention $a^0 = 1$ (84).

APPLICATIONS DE LA THÉORIE DES NOMBRES PREMIERS.

Donc : *Pour former tous les diviseurs d'un nombre, il suffit de le décomposer en un produit de facteurs premiers, et de combiner ces facteurs entre eux de toutes les manières possibles.*

Pour former ces diviseurs tous une seule fois et sans omission, on peut procéder de la manière suivante :

Soit
$$360 = 2^3 \times 3^2 \times 5.$$

Sur une même ligne, on écrit par ordre de puissances croissantes toutes les puissances du facteur 2 qui entrent dans 360, en remplaçant 2^0 par 1 ; sur une autre ligne, et au-dessous, on fait de même pour les puissances de 3 ; puis sur une troisième ligne on écrit les puissances du facteur 5 ; on a le tableau suivant :

$$\left| \begin{array}{cccc} 1 & 2 & 2^2 & 2^3 \\ 1 & 3 & 3^2 & \\ 1 & 5 & & \end{array} \right| \quad \text{I}$$

On multiplie tous les nombres de la première ligne successivement par chacun des nombres de la deuxième ligne ; on forme le tableau suivant :

$$\left| \begin{array}{cccc} 1 & 2 & 2^2 & 2^3 \\ 3 & 2.3 & 2^2.3 & 2^3.3 \\ 3^2 & 2.3^2 & 2^2.3^2 & 2^3.3^2 \end{array} \right| \quad \text{II}$$

Enfin, on multiplie chacun des nombres du tableau II successivement par chacun des nombres de la troisième ligne du tableau I ; on obtient alors le tableau suivant qui renferme tous les diviseurs de 360.

$$\left| \begin{array}{cccc} 1 & 2 & 2^2 & 2^3 \\ 3 & 2.3 & 2^2.3 & 2^3.3 \\ 3^2 & 2.3^2 & 2^2.3^2 & 2^3.3^2 \\ 5 & 2.5 & 2^2.5 & 2^3.5 \\ 3.5 & 2.3.5 & 2^2.3.5 & 2^3.3.5 \\ 3^2.5 & 2.3^2.5 & 2^2.3^2.5 & 2^3.3^2.5 \end{array} \right| \quad \text{III}$$

158 PROPRIÉTÉS ÉLÉMENTAIRES DES NOMBRES ENTIERS.

Tous les nombres contenus dans ce tableau sont bien des diviseurs de 360, puisque tous les facteurs premiers de chacun d'eux sont contenus dans 360 avec des exposants au moins égaux.

De plus, le tableau III renferme *sans répétition* tous les diviseurs de 360, puisqu'on a combiné de toutes les manières possibles les différentes puissances des facteurs 2, 3, 5, et que tous les nombres obtenus sont différents.

— Ce mode de formation s'applique quel que soit le nombre des facteurs premiers du nombre donné.

— Dans la pratique, on peut adopter la disposition suivante :

On décompose d'abord 360 en facteurs premiers, en adoptant la disposition indiquée précédemment (144); puis à droite des facteurs premiers on tire un trait vertical.

```
     |   | 1
360  | 2 | 2
180  | 2 | 4
 90  | 2 | 8
 45  | 3 | 3, 6, 12, 24
 15  | 3 | 9, 18, 36, 72
  5  | 5 | 5, 10, 20, 40, 15, 30, 60, 120, 45, 90, 180, 360.
  1  |   |
```

A droite de ce trait, et au-dessus du premier facteur, on écrit 1 et l'on multiplie ce nombre 1 par le premier facteur 2; on obtient ainsi la deuxième ligne horizontale formée du seul nombre 2. On multiplie ensuite tous les nombres obtenus par chaque facteur premier figurant dans la colonne des diviseurs ; mais en remarquant que, pour ne pas répéter des nombres déjà obtenus, lorsque l'on considère un facteur premier figurant plu sieurs fois, on multiplie par ce facteur la seule ligne horizontale qui le précède. On multiplie *tous* les nombres qui précèdent lorsqu'on change de facteur premier.

Ainsi, pour chaque facteur premier 2 on multiplie simplement la ligne qui précède par 2 ; mais, arrivé au premier facteur 3, on multiplie par 3 tous les nombres déjà obtenus. Pour le deuxième facteur 3, on multiplie seulement la ligne précédente 3, 6, 12, 24 par 3 ; pour le facteur 5, on multiplie par 5 tous les nombres précédents.

Tous les nombres écrits à droite des facteurs premiers sont les diviseurs du nombre 360.

Remarque. — On sait que l'on formera tous les diviseurs communs à plusieurs nombres en formant les diviseurs de leur plus grand commun diviseur.

147. — *Nombre des diviseurs d'un nombre.* — Le mode de formation des diviseurs d'un nombre va nous permettre de trouver facilement le nombre des diviseurs de ce nombre.

Reprenons l'exemple traité précédemment (146), relativement au nombre $360 = 2^3 \times 3^2 \times 5$.

Comptons les nombres du tableau I. La première ligne horizontale renferme 4 nombres, ou $3+1$, 3 étant l'exposant du facteur 2 ; la deuxième ligne renferme $2+1$ nombres, 2 étant l'exposant du facteur 3, et enfin la troisième ligne renferme $1+1$ nombres, 1 étant l'exposant du facteur 5.

Or, on a formé le tableau II en multipliant chacun des $3+1$ nombres de la première ligne par chacun des $2+1$ nombres de la deuxième ligne ; le tableau II renferme donc un nombre de diviseurs égal au produit

$$(3+1)(2+1)$$

Enfin, pour former le tableau III, on a multiplié chacun des $(3+1)(2+1)$ nombres du tableau II par chacun des $1+1$ nombres de la troisième ligne du tableau I; donc le tableau III renferme un nombre de diviseurs égal au produit
$$(3+1)(2+1)(1+1).$$

— Ce raisonnement montre que, si, d'une manière générale, on a :
$$N = a^\alpha b^\beta c^\gamma,$$
le nombre des diviseurs de N est égal au produit
$$(\alpha+1)(\beta+1)(\gamma+1).$$

Donc : *Pour avoir le nombre des diviseurs d'un nombre décomposé en facteurs premiers, on augmente d'une unité l'exposant de chaque facteur, et l'on fait le produit de ces exposants ainsi augmentés.*

Ainsi, 360 a 24 diviseurs.

Remarque. — Lorsqu'un nombre est le carré d'un autre nombre, les exposants de ses facteurs premiers sont tous *pairs*; il en résulte que les nombres tels que $\alpha+1, \beta+1, \gamma+1$ sont impairs; donc leur produit est un nombre impair.

Ceci montre que : *le nombre des diviseurs d'un carré est toujours impair.*

FORMATION DU PLUS GRAND COMMUN DIVISEUR DE PLUSIEURS NOMBRES DÉCOMPOSÉS EN FACTEURS PREMIERS

148. — Soit à former le P.G.C.D. des nombres
$$A = 2^3 \times 3^2 \times 5$$
$$B = 2^2 \times 3 \times 5^2 \times 7$$
$$C = 2^4 \times 3^2 \times 11.$$

Le plus grand commun diviseur cherché devant diviser à la fois les nombres A, B et C ne peut évidemment

APPLICATIONS DE LA THÉORIE DES NOMBRES PREMIERS.

contenir que des facteurs premiers communs aux trois nombres, puisque ses facteurs premiers doivent entrer à la fois dans A, B, et C. On est donc sûr qu'il ne contiendra pas d'autres facteurs premiers que 2 et 3 qui sont les seuls facteurs communs aux nombres A, B et C. Je dis que l'on aura le plus grand commun diviseur en donnant à chacun de ces facteurs *le plus petit exposant* qu'il a dans les nombres donnés. On forme ainsi le nombre

$$D = 2^2 \times 3.$$

Tout d'abord, ce nombre est bien un diviseur commun aux nombres A, B, C, puisque ses facteurs premiers sont contenus dans les nombres A, B, C avec des exposants au moins égaux.

Ensuite, il est le plus grand des diviseurs communs, car on vient de voir qu'un diviseur commun ne peut pas contenir d'autres facteurs premiers que 2 et 3 ; et si l'on augmentait l'un des exposants, par exemple celui du facteur 3, le nombre obtenu ne serait plus diviseur de B.

Ce qui précède conduit à la règle suivante :

149. — **Règle.** — *Pour former le plus grand commun diviseur de plusieurs nombres décomposés en facteurs premiers, on fait le produit de tous les facteurs premiers* **communs** *à ces nombres, chaque facteur étant affecté du plus petit exposant qu'il a dans ces nombres.*

FORMATION DU PLUS PETIT COMMUN MULTIPLE DE PLUSIEURS NOMBRES DÉCOMPOSÉS EN FACTEURS PREMIERS

150. — Soit à former le plus petit commun multiple des nombres

$$A = 2^3 \times 3^2 \times 5$$
$$B = 2^2 \times 3 \times 5^2 \times 7$$
$$C = 2^4 \times 3^3 \times 11.$$

NEVEU. — Cours d'Arithmétique.

162 PROPRIÉTÉS ÉLÉMENTAIRES DES NOMBRES ENTIERS.

Un multiple commun aux trois nombres A, B, C doit nécessairement contenir tous les facteurs premiers qui entrent dans ces trois nombres, avec des exposants au moins égaux ; il renfermera donc tous les facteurs premiers
$$2, 3, 5, 7, 11.$$

Je dis qu'on aura le plus petit commun multiple en donnant à chacun de ces facteurs le *plus fort* exposant qu'il a dans les nombres donnés. On forme ainsi le nombre
$$M = 2^4 \times 3^3 \times 5^2 \times 7 \times 11.$$

Tout d'abord, ce nombre est bien un multiple commun aux trois nombres donnés, puisque, d'après sa formation, il contient tous les facteurs de chacun des nombres A, B, C avec des exposants au moins égaux ; donc il est bien divisible à la fois par les nombres A, B, C.

De plus, il est le plus petit multiple commun.

En effet, on vient de voir que tout multiple commun aux nombres A, B, C doit contenir les facteurs 2, 3, 5, 7, 11 ; de plus, si l'on diminue l'exposant d'un facteur, par exemple celui du facteur 2, le nombre formé ne sera plus un multiple de C. Donc M est bien le plus petit commun multiple.

Ce qui précède conduit à la règle suivante :

151. — **Règle.** — *Pour former le plus petit commun multiple de plusieurs nombres décomposés en facteurs premiers,* on fait le produit de tous les facteurs premiers, **communs et non communs,** *en donnant à chacun de ces facteurs le plus fort exposant qu'il a dans les nombres donnés.*

EXERCICES SUR LE LIVRE II

1. — Trouver un nombre de 2 chiffres, sachant que le reste de sa division par 11 est 7 et le reste de sa division par 9 est 2.

EXERCICES SUR LE LIVRE II.

2. — Un nombre entier divisé par 5 donne pour reste 4 ; divisé par 4, il donne 3 pour reste. Quel reste donnera-t-il si on le divise par 20 ?

3. — Démontrer que si dans la multiplication de 357 par 203 on néglige le zéro, autrement dit si l'on effectue la multiplication par 23, la preuve par 9 ne peut révéler l'erreur commise.

4. — Deux nombres différents sont terminés par le chiffre 6 ; quelle est la condition pour que leur produit soit terminé par 36 ?

5. — Démontrer qu'un nombre est divisible par 4 lorsque le chiffre des unités, ajouté au double du chiffre des dizaines, donne une somme divisible par 4.

6. — Démontrer qu'un nombre est divisible par 8 si le chiffre des unités ajouté au double du chiffre des dizaines et à 4 fois celui des centaines donne une somme divisible par 8.

7. — Sachant que le nombre $2x45y$ est divisible par 72, déterminer les deux chiffres x et y.

8. — Démontrer que, n désignant un nombre entier, le nombre $n(n^2+11)$ est divisible par 6.

9. — n désignant un nombre entier, démontrer que le nombre $n(n^2+5)$ est divisible par 6.

10. — Démontrer que, n désignant un nombre entier, le nombre n^7-n est divisible par 2.

11. — Démontrer que $a^{n+4}-a^n$ est divisible par 10, n et a désignant des nombres entiers.

12. — Trouver le reste de la division de 5837^3 par 11.

13. — Si a et b sont deux nombres premiers absolus, inégaux et différents de 2, le P. G. C. D. entre leur somme et leur différence est 2.

14. — Si a et b sont deux nombres premiers entre eux, démontrer que les deux nombres a^2+b^2 et ab sont aussi premiers entre eux.

15. — Combien y a-t-il de nombres divisibles par b dans la suite

$$a, 2a, 3a, \ldots ba,$$

a et b étant des entiers quelconques ?

16. — a et b étant deux nombres premiers entre eux, démontrer que la somme a^2+b^2 n'est pas divisible par 3.

17. — Démontrer que le produit $n(n+1)(5n+1)$ est toujours divisible par 6, n étant un entier quelconque.

18. — Démontrer que les trois nombres n, $n+1$ et $2n+1$ sont premiers entre eux deux à deux.

19. — Le P. P. C. M. de deux nombres est 1080 ; leur P. G. C. D. est 180 : trouver les deux nombres.

20. — La somme de deux nombres est 162 ; leur P. G. C. D. est 18 : trouver les deux nombres.

21. — Trouver le plus petit nombre entier qui, divisé successivement par 3, 5 et 7, donne pour restes 2, 4 et 6.

22. — Trouver le plus petit nombre qui, divisé par 2, donne 1 pour reste ; divisé par 3, donne 2 pour reste ; divisé par 4, donne 3 pour reste..., et enfin qui, divisé par 10, donne 9 pour reste.

23. — Quel est le nombre par lequel il faut multiplier 72 pour que le produit ait 15 diviseurs ?

(*Examens oraux, Arts et Métiers.*)

24. — Reconnaître si les nombres 683, 1031, 1489 et 2021 sont premiers.

25. — Trouver le P. G. C. D. et le P. P. C. M. des nombres 1125, 2625, 3000.

26. — Former tous les diviseurs communs aux nombres :

1° 225 et 300 ; — 2° 864 et 1080.

27. — 2479 hectolitres d'une part et 1517 hectolitres d'autre part de liquides distincts doivent être partagés, sans mélange, en le plus petit nombre possible de volumes, tous égaux. Quels sont les nombres de ces volumes pour chaque liquide ?

28. — Avec quelle somme d'argent aussi petite que possible pourrait-on payer un nombre exact de journées à des ouvriers gagnant 5 francs, 8 francs, 9 francs et 10 francs par jour, et combien de journées de chaque sorte pourrait-on payer avec cette somme ?

29. — Une personne comptant une somme d'argent comprise entre 600 et 650 francs successivement par 10 francs, 15 francs, 20 francs et 25 francs, trouve qu'il lui reste chaque fois 8 francs. Trouver quelle est cette somme.

30. — Deux mobiles partent en même temps d'un même point d'une circonférence ; leur mouvement est uniforme et a lieu dans le même sens. Ils s'arrêtent quand ils sont revenus ensemble au point de départ. Le premier met 42 heures pour faire un tour ; le deuxième en met 105. Cela posé, on demande : 1° le nombre d'heures qui s'écoulera entre chaque rencontre ; 2° le nombre de rencontres ; 3° le nombre d'heures pendant lesquelles ils auront marché ; 4° le nombre de tours de chacun.

EXERCICES SUR LE LIVRE II.

31. — Une personne met des bougies en paquets en contenant soit 10, 12 ou 16. Elle emploie pour cela des boîtes qui renferment 60 bougies. Combien lui faudra-t-il au moins de ces boîtes pour former un même nombre exact de paquets de chaque sorte ?

32. — Trois bateaux à vapeur partent : le premier, tous les jours ; le deuxième, tous les 9 jours ; le troisième, tous les 15 jours. Ces bateaux sont partis ensemble le 2 mars, un mardi. A quelle date partiront-ils de nouveau ensemble, un mardi ? (B. E.)

33. — Un marchand a trois paniers contenant chacun un même nombre d'oranges. Il vend les oranges du premier panier par dizaines, celles du deuxième par douzaines, et celles du troisième par quinzaines. Après la vente, il reste 3 oranges dans chaque panier : quel est le nombre total d'oranges, sachant que ce nombre est inférieur à 200 ? (B. E.)

34. — Trois règles d'égale longueur ont pour longueur commune 120 millimètres. La première est divisée en 60 parties égales ; la deuxième en 40 parties égales et la troisième en 30. On les superpose de manière que leurs extrémités coïncident ; trouver la longueur sur les trois règles pour laquelle les points de division coïncident pour la première fois, et quel est le nombre marqué sur chaque règle en ce point ?

35. — Trois roues font respectivement 639, 1032 et 1044 tours en 72 secondes. On les met en mouvement en même temps. Après combien de secondes auront-elles fait ensemble et pour la première fois un nombre entier de tours chacune ? — Quel sera le nombre de tours faits par chacune ?

LIVRE III

NOMBRES FRACTIONNAIRES

CHAPITRE PREMIER

FRACTIONS ORDINAIRES

152. — *Idée du nombre fractionnaire.* — La considération d'une collection d'unités, distinctes ou non, nous a conduits à la notion du nombre entier, et, dans toutes les théories qui précèdent, nous n'avons considéré que des nombres entiers.

Il peut arriver que, dans la mesure d'une grandeur, l'unité ne soit pas contenue un nombre entier de fois dans la grandeur à mesurer. Dans ce cas, la mesure de la grandeur ne pourra donc pas s'exprimer par un nombre entier. De là, la nécessité d'introduire un nombre nouveau.

Supposons, pour préciser, qu'il s'agisse de mesurer une longueur CD inférieure à la longueur AB prise pour unité. On *fractionne* alors l'unité; autrement dit, on divise l'unité en un certain nombre de parties égales, appelées *parties aliquotes* de l'unité; puis on cherche combien de fois une

FRACTIONS ORDINAIRES.

de ces parties est contenue dans CD. Supposons que l'on ait divisé AB en 5 parties égales, et que l'une de ces parties soit contenue 3 fois dans CD : nous dirons que CD contient 3 fois la *cinquième* partie de AB, et, pour exprimer cette mesure, on se sert d'un nombre nouveau que l'on écrit ainsi : $\frac{3}{5}$, et qu'on lit *3 cinquièmes*. Ce nombre s'appelle un *nombre fractionnaire*.

Il en sera de même si la longueur à mesurer est plus grande que l'unité. Supposons qu'elle contienne 12 fois la cinquième partie de AB, le nombre mesurant la longueur considérée s'écrira ainsi : $\frac{12}{5}$; c'est encore un nombre fractionnaire.

Il est évident que le raisonnement que nous venons de faire sur les longueurs peut s'appliquer à des grandeurs quelconques, pourvu que l'on suppose l'unité divisible en parties égales.

On peut donc donner la définition suivante :

155. — Définition. — *On appelle nombre fractionnaire, ou fraction, un nombre mesurant une grandeur qui renferme une ou plusieurs parties aliquotes de l'unité.*

On représente une fraction par deux nombres placés l'un au-dessus de l'autre, et séparés par un trait horizontal.

Le nombre supérieur s'appelle le *numérateur*, et le nombre inférieur le *dénominateur*.

Les deux nombres s'appellent les deux *termes* de la fraction.

Le dénominateur indique en combien de parties on a divisé l'unité, et le numérateur indique combien la grandeur mesurée contient de ces parties.

— On lit une fraction en énonçant d'abord le numérateur, puis le dénominateur suivi de la terminaison *ième*.

Ainsi, le nombre $\frac{7}{8}$ se lit 7 *huitièmes*.

Il y a exception pour les dénominateurs 2, 3, 4 qu'on énonce *demi, tiers, quart*. Ainsi le nombre $\frac{3}{4}$ se lit 3 quarts.

154. — *Un nombre fractionnaire est supérieur à 1, si son numérateur est plus grand que son dénominateur.*

En effet, car, dans ce cas, il mesure une grandeur plus grande que l'unité. Ainsi, on a :

$$\frac{7}{5} > 1.$$

— *Un nombre fractionnaire est inférieur à 1, si son numérateur est plus petit que son dénominateur.*

Car, dans ce cas, il mesure une grandeur plus petite que l'unité. Ainsi, on a :

$$\frac{3}{5} < 1.$$

— *Un nombre fractionnaire est égal à 1, si le numérateur est égal au dénominateur.*

Ainsi, on a :

$$\frac{5}{5} = 1.$$

En effet, le nombre $\frac{5}{5}$ est la mesure d'une grandeur qui contient 5 fois la cinquième partie de l'unité ; or, il est évident que cette grandeur est égale à l'unité ; donc le nombre qui exprime sa mesure est 1.

— On se sert plus spécialement du mot *fraction* pour désigner un nombre fractionnaire inférieur à 1.

FRACTIONS ORDINAIRES.

155. — *Nombres fractionnaires égaux ou inégaux*. — Deux nombres fractionnaires peuvent mesurer la même grandeur sans, pour cela, avoir des termes égaux.

Supposons, par exemple, que, pour mesurer la longueur CD, on ait divisé l'unité AB en 5 parties égales, et que la cinquième partie de AB soit contenue 3 fois dans CD : la mesure de CD est alors exprimée par le nombre fractionnaire $\frac{3}{5}$.

Au lieu de diviser l'unité AB en 5 parties égales, divisons-la en 10; *ce qui revient à diviser chaque cinquième en deux parties égales;* alors CD qui contient 3 fois la *cinquième* partie de AB contiendra 6 fois la *dixième* partie de AB ; de sorte que la longueur CD aura pour mesure le nombre fractionnaire $\frac{6}{10}$. Or, l'*unité* AB *n'a pas changé;* donc la mesure de CD doit être la même, et les deux nombres fractionnaires $\frac{3}{5}$ et $\frac{6}{10}$ qui mesurent la même longueur sont évidemment égaux. On a donc :

$$\frac{3}{5} = \frac{6}{10}.$$

Or, on peut toujours supposer qu'un nombre fractionnaire, quelle que soit la nature de la grandeur qui lui a donné naissance, soit la mesure d'une longueur; de sorte que l'on peut donner la définition suivante :

Deux nombres fractionnaires sont égaux lorsqu'ils mesurent la même longueur ou des longueurs égales, ces longueurs étant mesurées avec la même unité.

On dira de même : *Deux nombres fractionnaires sont inégaux s'ils mesurent des longueurs inégales, et le plus grand des deux nombres est celui qui mesure la p'us grande des deux longueurs.*

— En portant une longueur AB, une fois, deux fois... bout à bout, on forme une longueur double, triple, etc.

On dira de même : *Un nombre fractionnaire est 2, 3, 4... fois plus grand qu'un autre s'il mesure avec la même unité une longueur 2, 3, 4... fois plus grande.*

156. — Conséquences. — De ce qui précède, il résulte que :

1° *Si deux nombres fractionnaires ont le même dénominateur, le plus grand est celui qui a le plus grand numérateur.*

On a évidemment

$$\frac{7}{5} > \frac{3}{5}.$$

En effet, le nombre $\frac{7}{5}$ peut être considéré comme la mesure d'une longueur qui contient 7 fois la cinquième partie de l'unité, et le nombre $\frac{3}{5}$ comme la mesure d'une longueur qui ne contient que 3 fois la cinquième partie de l'unité. La première longueur est donc plus grande que la deuxième, et l'on a bien :

$$\frac{7}{5} > \frac{3}{5}.$$

2° *Si deux nombres fractionnaires ont le même numérateur, le plus grand est celui qui a le plus petit dénominateur.*

Ainsi, on a :
$$\frac{7}{5} > \frac{7}{8}.$$

En effet, ces deux nombres peuvent être considérés comme les mesures de deux longueurs qui renferment le *même nombre* de parties de l'unité ; mais la *cinquième* partie de l'unité est évidemment plus grande que la *huitième* partie de cette unité ; donc la longueur mesurée par le nombre $\frac{7}{5}$ est plus grande que la longueur mesurée par le nombre $\frac{7}{8}$, et l'on aura bien :
$$\frac{7}{5} > \frac{7}{8}.$$

REMARQUE. — *On pourra toujours considérer un nombre entier comme un nombre fractionnaire dont le dénominateur est égal à 1.*

Ainsi :
$$5 = \frac{5}{1}.$$

157. — *Extraire les entiers contenus dans un nombre fractionnaire.* — Soit le nombre $\frac{38}{7}$ qui est plus grand que 1. Proposons-nous de trouver combien il contient d'unités. L'unité se composant de 7 septièmes, on est amené à chercher le quotient *entier*, ou à une unité près, de 38 par 7.

Le quotient est 5, et le reste 3 ; de sorte que dans $\frac{38}{7}$ il y a 5 entiers plus $\frac{3}{7}$, ce que l'on écrit ainsi :
$$\frac{38}{7} = 5 + \frac{3}{7}.$$

NOMBRES FRACTIONNAIRES.

D'où la règle :

Pour extraire les entiers contenus dans un nombre fractionnaire, on divise le numérateur par le dénominateur, et l'on ajoute au quotient une fraction ayant pour numérateur le reste de la division et pour dénominateur celui du nombre fractionnaire donné.

— Inversement : étant donné un nombre entier augmenté d'une fraction, réduire le tout en fraction.

Soit le nombre $5 + \dfrac{3}{7}$.

L'unité contenant 7 *septièmes*, 5 unités contiennent 5 fois 7 *septièmes*, ou 35 *septièmes*.

Si, à ces 35 *septièmes*, on ajoute 3 *septièmes*, on trouve 38 *septièmes*, ou $\dfrac{38}{7}$.

Donc : *Pour réduire en fraction un nombre entier accompagné d'une fraction, on écrit une fraction ayant pour dénominateur le dénominateur de la fraction, et pour numérateur le nombre obtenu en ajoutant au numérateur de la fraction le produit de son dénominateur par le nombre entier.*

— On appelle encore *expression fractionnaire* une fraction dont le numérateur est plus grand que le dénominateur ; exemple : $\dfrac{38}{7}$.

Dans ce cas, on appelle plus spécialement *nombre fractionnaire* le nombre formé d'un nombre entier augmenté d'une fraction ; exemple : $5 + \dfrac{3}{7}$.

Théorème.

158. — *Si on multiplie le numérateur d'une fraction par un nombre entier, la fraction est multipliée par ce nombre entier.*

Soit la fraction $\frac{3}{5}$ dont je multiplie le numérateur par 4 : j'obtiens ainsi la fraction $\frac{12}{5}$. Démontrons que la fraction $\frac{12}{5}$ est 4 fois plus grande que la fraction $\frac{3}{5}$.

En effet, si l'on considère les deux longueurs qui ont respectivement pour mesures $\frac{3}{5}$ et $\frac{12}{5}$, on voit qu'elles sont composées des mêmes parties de l'unité, des *cinquièmes*; mais 12 étant 4 fois plus grand que 3, la longueur mesurée par $\frac{12}{5}$ contient 4 fois plus de parties que l'autre longueur; donc la fraction $\frac{12}{5}$ est 4 fois plus grande que la fraction $\frac{3}{5}$.

— On démontrerait de même le théorème suivant :

Théorème.

159. — *Si on divise le numérateur d'une fraction par un nombre entier qui le divise exactement, la fraction est divisée par ce nombre entier.*

Théorème.

160. — *Si on multiplie le dénominateur d'une fraction par un nombre entier, la fraction est divisée par ce nombre entier.*

Soit la fraction $\frac{3}{4}$ dont je multiplie le dénominateur par 5 ; j'obtiens la fraction $\frac{3}{20}$. Démontrons que la fraction $\frac{3}{20}$ est 5 fois plus petite que $\frac{3}{4}$.

En effet, considérons les deux longueurs qui ont pour mesures $\frac{3}{4}$ et $\frac{3}{20}$. Elles sont composées du même nombre 3 de parties de l'unité ; mais, dans le deuxième cas, l'unité est divisée en 5 fois plus de parties ; elles sont donc par cela même 5 fois plus petites, et la longueur mesurée par la fraction $\frac{3}{20}$ est 5 fois plus petite que la longueur mesurée par $\frac{3}{4}$. Donc la fraction $\frac{3}{20}$ est 5 fois plus petite que la fraction $\frac{3}{4}$.

— On démontrerait de même le théorème suivant :

Théorème.

161. — *Si on divise le dénominateur d'une fraction par un nombre entier qui le divise exactement, la fraction est multipliée par ce nombre entier.*

162. — **Conséquences**. — Des théorèmes précédents résultent les conséquences suivantes :

I. — *Pour* **multiplier** *une fraction par un nombre entier, on pourra procéder comme il suit :*

1° *On multipliera le numérateur par le nombre entier, sans changer le dénominateur.*

Ainsi, on aura :

$$\frac{3}{5} \times 4 = \frac{3 \times 4}{5} = \frac{12}{5}.$$

FRACTIONS ORDINAIRES.

2° *On divisera le dénominateur par le nombre entier, si la division est possible.*

Ainsi, on aura :
$$\frac{7}{12} \times 3 = \frac{7}{4}.$$

11. — De même : *pour* **diviser** *une fraction par un nombre entier, on pourra procéder comme il suit :*

1° *On multipliera le dénominateur par le nombre entier, sans changer le numérateur.*

Ainsi, on aura :
$$\frac{3}{5} : 4 = \frac{3}{5 \times 4} = \frac{3}{20}.$$

2° *On divisera le numérateur par le nombre entier, si la division est possible.*

Ainsi, on aura :
$$\frac{12}{5} : 4 = \frac{3}{5}.$$

Théorème.

163. — *On ne change pas la valeur d'une fraction si l'on multiplie ou divise les deux termes par un même nombre entier.*

Soit, en effet, la fraction $\frac{3}{5}$.

Si l'on multiplie le numérateur par 4, on obtient la fraction $\frac{12}{5}$ qui est 4 fois plus grande que la fraction $\frac{3}{5}$ (n° 158).

Considérons maintenant la fraction $\frac{12}{5}$, et multiplions son dénominateur par 4; on obtient la fraction $\frac{12}{20}$ qui est 4 fois plus petite que $\frac{12}{5}$ (n° 160); il en résulte que les deux fractions $\frac{3}{5}$ et $\frac{12}{20}$ sont, l'une et l'autre, 4 fois plus petites que $\frac{12}{5}$, donc elles sont égales. On a donc bien :

$$\frac{3}{5} = \frac{3 \times 4}{5 \times 4} = \frac{12}{20}.$$

— On raisonnerait de même si l'on divisait les deux termes de la fraction par un même nombre.

Mais, dans ce cas, il faut que les deux termes de la fraction soient divisibles par le nombre entier.

SIMPLIFICATION D'UNE FRACTION

164. — *Définition.* — *Simplifier une fraction, c'est trouver, si c'est possible, une autre fraction égale à la première ayant des termes plus petits que les termes correspondants de la fraction donnée.*

Le théorème précédent (163) donne un moyen de simplifier une fraction. Si les deux termes de la fraction ne sont pas premiers entre eux, on pourra toujours les décomposer en facteurs premiers; en divisant les deux termes par un facteur commun, on aura simplifié la fraction.

Considérons, par exemple, la fraction $\frac{24}{36}$.

Les deux termes sont divisibles par 2; en supprimant ce facteur commun dans les deux termes, on a :

$$\frac{24}{36} = \frac{12}{18}.$$

FRACTIONS ORDINAIRES.

On aura de même :
$$\frac{12}{18} = \frac{2 \times 6}{2 \times 9} = \frac{6}{9}$$
$$\frac{6}{9} = \frac{2 \times 3}{3 \times 3} = \frac{2}{3}.$$

RÉDUCTION D'UNE FRACTION A SA PLUS SIMPLE EXPRESSION

165. — *Réduire une fraction à sa plus simple expression, c'est trouver une fraction égale à la première et dont les termes soient les plus petits possibles.*

On dit alors que la fraction obtenue est *irréductible*.

Ainsi, dans l'exemple précédent, en divisant les deux termes de la fraction $\frac{24}{36}$ par un même nombre, on a obtenu les fractions égales $\frac{12}{18}$, $\frac{6}{9}$ et $\frac{2}{3}$. Or, cette dernière a ses deux termes premiers entre eux ; on ne peut donc plus la simplifier *par cette méthode*. On n'a pas le droit de conclure de là que la fraction $\frac{2}{3}$ est irréductible, car on ignore s'il n'existerait pas une autre méthode permettant de continuer la simplification.

Nous allons démontrer que la fraction $\frac{2}{3}$ est irréductible en démontrant le théorème suivant :

Théorème.

166. — *Pour qu'une fraction soit irréductible, il faut et il suffit que ses deux termes soient premiers entre eux.*

1° *La condition est nécessaire.* — C'est-à-dire que si

une fraction $\dfrac{a}{b}$ est irréductible, ses deux termes doivent être premiers entre eux.

En effet, si les deux termes n'étaient pas premiers entre eux, ils admettraient au moins un diviseur commun différent de 1 ; et, en divisant les deux termes de la fraction par ce diviseur commun, on pourrait trouver une fraction égale à $\dfrac{a}{b}$ ayant des termes plus petits, ce qui est impossible, puisqu'on a supposé $\dfrac{a}{b}$ irréductible.

Donc a et b sont premiers entre eux.

2° *La condition est suffisante.* — C'est-à-dire que si une fraction a ses deux termes premiers entre eux, elle est irréductible.

Pour cela démontrons que :

Si une fraction a ses deux termes premiers entre eux, toute fraction qui lui est équivalente a des termes équimultiples de ceux de la première.

Soit donc la fraction $\dfrac{5}{6}$ dont les deux termes sont premiers entre eux, et $\dfrac{a}{b}$ une fraction qui lui est égale ; nous allons démontrer que a et b sont des *multiples égaux* de 5 et de 6. Posons

$$\dfrac{a}{b} = \dfrac{5}{6}.$$

Multiplions les deux membres de cette égalité par b, on a :

$$a = \dfrac{5b}{6} \qquad (1)$$

Le premier membre a est un nombre entier, donc le second membre doit l'être aussi ; c'est-à-dire que 6 doit

diviser $5b$; mais, par hypothèse, 6 est premier avec 5 ; devant diviser le produit $5b$ et étant premier avec l'un des facteurs 5, 6 doit donc diviser l'autre facteur b (116); de sorte que l'on a :
$$b = 6 \times q \qquad (2)$$

Dans l'égalité (1) remplaçons b par $6q$; on a :
$$a = \frac{5 \times 6 \times q}{6},$$
d'où l'on tire :
$$a = 5 \times q. \qquad (3)$$

Les égalités (2) et (3) montrent bien que si a est égal à q fois 5, b est aussi égal à q fois 6 ; c'est-à-dire que a et b sont des multiples égaux de 5 et de 6 ; ce que l'on énonce en disant que a et b sont des *équimultiples* de 5 et de 6.

— Ceci posé, puisque toutes les fractions égales à $\frac{5}{6}$ ont des termes respectivement égaux à 5 et à 6 multipliés par le même nombre entier, on ne peut donc pas trouver de fraction égale à $\frac{5}{6}$ ayant des termes plus petits ; donc $\frac{5}{6}$ est bien *irréductible*.

Conséquence. — Pour réduire une fraction à sa plus simple expression, on pourra procéder ainsi :

1° *On divisera successivement les deux termes par leurs facteurs communs jusqu'à ce que l'on obtienne deux nombres premiers entre eux.*

Exemple. — On a successivement :
$$\frac{36}{48} = \frac{18}{24} = \frac{9}{12} = \frac{3}{4}.$$

2° *On divisera les deux termes de la fraction par leur plus grand commun diviseur.* On sait, en effet, qu'après cette division les deux termes sont premiers entre eux (115). Donc la fraction obtenue sera irréductible.

Exemple. — Soit la fraction $\dfrac{150}{225}$.

On a :
$$150 = 2 \times 3 \times 5^2$$
$$225 = 3^2 \times 5^2$$

Le P.G.C.D. des deux termes est 3×5^2 ou 75. En divisant les deux termes par 75, on a :
$$\dfrac{150}{225} = \dfrac{2}{3},$$
et la fraction est réduite à sa plus simple expression.

Applications. — I. — *Trouver une fraction égale à $\dfrac{36}{48}$ et dont la somme des termes soit 35.*

Je réduis d'abord $\dfrac{36}{48}$ à sa plus simple expression. On a :
$$\dfrac{36}{48} = \dfrac{3 \times 12}{4 \times 12} = \dfrac{3}{4}.$$

Toute fraction égale à $\dfrac{3}{4}$ ayant des termes équimultiples de 3 et de 4 sera donc de la forme $\dfrac{3q}{4q}$, et d'après l'énoncé on aura :
$$3q + 4q = 35$$
ou
$$7q = 35.$$

Donc q est le quotient de 35 par 7, soit 5. On obtiendra la fraction demandée en multipliant par 5 les deux termes de $\dfrac{3}{4}$, et l'on a :
$$\dfrac{3 \times 5}{4 \times 5} = \dfrac{15}{20}.$$

FRACTIONS ORDINAIRES.

II. — *Trouver toutes les fractions égales à $\frac{42}{48}$ ayant des termes plus petits.*

Je réduis d'abord la fraction $\frac{42}{48}$ à sa plus simple expression. Pour cela, je divise les deux termes par leur P.G.C.D. qui est 6. On obtient ainsi la fraction irréductible $\frac{7}{8}$.

Or toute fraction égale à $\frac{42}{48}$ doit avoir des termes équimultiples de 7 et de 8 ; comme on a trouvé 6 pour P.G.C.D. de 42 et 48, on pourra donc multiplier les deux termes de la fraction $\frac{7}{8}$ par les 5 premiers nombres entiers. On aura ainsi toutes les fractions égales à $\frac{42}{48}$ et ayant des termes moindres. On a ainsi :

$$\frac{7}{8}, \frac{14}{16}, \frac{21}{24}, \frac{28}{32}, \frac{35}{40}.$$

RÉDUCTION AU MÊME DÉNOMINATEUR

167. — **Définition**. — *Réduire deux ou plusieurs fractions au même dénominateur, c'est trouver des fractions respectivement égales aux fractions données et admettant toutes le même dénominateur.*

Soient les fractions

$$\frac{2}{3}, \frac{3}{4}, \frac{7}{8}.$$

Je multiplie les deux termes de chacune par le produit des dénominateurs des autres ; j'obtiens les fractions

$$\frac{2\times4\times8}{3\times4\times8},\quad \frac{3\times3\times8}{4\times3\times8},\quad \frac{7\times3\times4}{8\times3\times4}$$

qui sont respectivement égales aux fractions données (163).

Les fractions ont alors le même dénominateur, et ceci conduit à la règle suivante :

RÈGLE. — *Pour réduire des fractions au même dénominateur, il suffit de multiplier les deux termes de chacune par le produit des dénominateurs de toutes les autres.*

168. — *Réduction au plus petit dénominateur commun.* — La règle précédente donne un moyen de réduire les fractions au même dénominateur ; mais elle ne donne pas la solution *la plus simple.*

Considérons, par exemple, les deux fractions *irréductibles*

$$\frac{25}{36} \quad \text{et} \quad \frac{11}{48},$$

et supposons qu'on les réduise au même dénominateur. Puisque les nouvelles fractions sont obtenues en multipliant les deux termes de chaque fraction donnée par un nombre entier (166), on a, en désignant par D le dénominateur commun :

$$\frac{25}{36} = \frac{25\times q}{36\times q} = \frac{25\times q}{D}$$
$$\frac{11}{48} = \frac{11\times q'}{48\times q'} = \frac{11\times q'}{D}.$$

On voit ainsi que le dénominateur commun D est un *multiple commun* des dénominateurs 36 et 48.

Ceci montre que l'on peut prendre une infinité de

dénominateurs communs, puisque les deux nombres 36 et 48 ont une infinité de multiples communs. On aura donc le plus petit dénominateur commun en prenant *le plus petit commun multiple* de 36 et 48 pour dénominateur commun.

De plus, comme on a :

$$D = 36 \times q,$$

on voit que le nombre q par lequel on doit multiplier les deux termes de $\dfrac{25}{36}$ est le quotient de D par 36.

De même q' est le quotient de D par 48.

Ce raisonnement s'applique sans modification à un nombre quelconque de fractions. On peut donc énoncer la règle suivante :

Règle. — *Pour réduire des fractions* **au plus petit dénominateur commun**, *on les réduit d'abord à leur plus simple expression ;* puis :

1° *On prend pour dénominateur commun le plus petit commun multiple de tous les dénominateurs.*

2° *Le dénominateur commun étant formé, on multiplie les deux termes de chaque fraction par le quotient obtenu en divisant le dénominateur commun par le dénominateur de cette fraction.*

Exemple. — Réduire au plus petit dénominateur commun les fractions

$$\frac{25}{30},\ \frac{42}{48},\ \frac{80}{90},\ \frac{88}{96}.$$

Réduisons, tout d'abord, ces fractions à leur plus simple expression ; on obtient :

$$\frac{5}{6},\ \frac{7}{8},\ \frac{8}{9},\ \frac{11}{12}.$$

Le plus petit commun multiple des dénominateurs, 6, 8, 9, 12 étant 72, le dénominateur commun sera 72.

En appliquant la règle précédente, on multipliera les deux termes de la fraction $\frac{5}{6}$ par le quotient de 72 divisé par 6, soit 12. En procédant de même pour les autres fractions, on a :

$$\frac{5}{6} = \frac{5 \times 12}{6 \times 12} = \frac{60}{72},$$
$$\frac{7}{8} = \frac{7 \times 9}{8 \times 9} = \frac{63}{72},$$
$$\frac{8}{9} = \frac{8 \times 8}{9 \times 8} = \frac{64}{72},$$
$$\frac{11}{12} = \frac{11 \times 6}{12 \times 6} = \frac{66}{72}.$$

REMARQUE I. — Avant de réduire les fractions au même dénominateur, on devra toujours commencer par les rendre *irréductibles*, afin d'éviter des calculs inutiles.

REMARQUE II. — **Comparaison de deux fractions.** Pour comparer deux fractions qui ont des numérateurs et des dénominateurs différents, on les réduit au même dénominateur, et l'on compare alors les numérateurs.

Théorème.

169. — *Si on ajoute un même nombre aux deux termes d'une fraction plus petite que 1, la fraction augmente.*

Soit, en effet, la fraction $\frac{5}{7}$. Ajoutons 3 aux deux termes, on obtient la fraction $\frac{8}{10}$.

Comparons à l'unité les deux fractions $\frac{5}{7}$ et $\frac{8}{10}$. A la fraction $\frac{5}{7}$ il manque $\frac{2}{7}$ pour égaler 1 ; à la fraction $\frac{8}{10}$ il manque $\frac{2}{10}$ pour égaler 1 ; or la fraction $\frac{2}{10}$ est plus petite que $\frac{2}{7}$ (156) ; donc la fraction $\frac{8}{10}$ est plus près de 1 que la fraction $\frac{5}{7}$, et l'on a bien :

$$\frac{8}{10} > \frac{5}{7}.$$

Remarque. — Au lieu de réduire $\frac{8}{10}$ et $\frac{5}{7}$ au même dénominateur pour voir laquelle est la plus grande, on a comparé ces deux fractions à l'unité. Cela tient à ce que la différence entre les deux termes de chaque fraction est la même, et la question est ramenée à comparer deux fractions $\frac{2}{10}$ et $\frac{2}{7}$ qui ont le même numérateur.

— On démontrerait de même que :
Si on ajoute un même nombre aux deux termes d'une expression fractionnaire plus grande que 1, elle diminue.

On peut d'ailleurs réunir les deux énoncés en un seul en disant : *Si on ajoute un même nombre aux deux termes d'une fraction plus petite que 1, ou d'une expression fractionnaire plus grande que 1, l'expression se rapproche de l'unité.*

On verrait de même que :
Si on retranche un même nombre aux deux termes d'une fraction plus petite que 1, ou d'une expression fractionnaire plus grande que 1, l'expression s'éloigne de l'unité.

CHAPITRE II

OPÉRATIONS SUR LES FRACTIONS

ADDITION

170. — Définition. — *D'une manière générale, l'addition est une opération qui a pour but de trouver un nombre qui contienne toutes les unités et parties de l'unité contenues dans plusieurs nombres donnés.*

Ce nombre, appelé *somme* ou *total*, sera encore la mesure de la grandeur égale à la somme des grandeurs mesurées par les nombres donnés, ces grandeurs étant supposées de même espèce et mesurées avec la même unité.

1er Cas. — Les fractions ont le même dénominateur. — Soit à faire la somme des fractions $\frac{5}{8}, \frac{3}{8}, \frac{7}{8}$. Je forme une fraction ayant pour numérateur la somme des numérateurs, soit $5+3+7$, et pour dénominateur le dénominateur commun 8 ; j'obtiens ainsi la fraction

$$\frac{5+3+7}{8} \quad \text{ou} \quad \frac{15}{8}$$

qui est la somme des fractions données. En effet, on a bien formé un nombre qui renferme tous les *huitièmes* contenus dans les fractions données.

De là, la règle suivante :

RÈGLE. — *Pour additionner des fractions ayant le même dénominateur, on forme une fraction unique ayant pour numérateur la somme des numérateurs des frac-*

OPÉRATIONS SUR LES FRACTIONS. 187

tions données et pour dénominateur leur dénominateur commun.

171. — **2ᵉ Cas.** — **Les fractions n'ont pas le même dénominateur.**

Règle. — *On les réduit d'abord au même dénominateur et l'on procède ensuite comme dans le cas précédent.*

Remarque. — Si l'on doit additionner des nombres entiers accompagnés de fractions, on additionne les entiers entre eux, puis les fractions entre elles, et l'on ajoute les deux sommes.

Soit à faire la somme des trois nombres

$$2+\frac{3}{4}, \quad 3+\frac{7}{8}, \quad 5+\frac{11}{12}.$$

On a d'abord :
$$2+3+5=10$$

et
$$\frac{3}{4}+\frac{7}{8}+\frac{11}{12}=\frac{18+21+22}{24}=\frac{61}{24}=2+\frac{13}{24}.$$

Donc la somme demandée est $12+\frac{13}{24}$.

SOUSTRACTION

172. — **Définition.** — *La soustraction, en général, est une opération qui a pour but, étant données une somme de deux parties et l'une de ces parties, de trouver l'autre partie.*

Premier cas. — **Retrancher deux fractions qui ont le même dénominateur :**

Soit à calculer $\frac{7}{8}-\frac{3}{8}$.

On doit, par définition, chercher la fraction qui ajoutée à $\frac{3}{8}$ donne $\frac{7}{8}$. Je dis que cette fraction est :

$$\frac{7-3}{8} \quad \text{ou} \quad \frac{4}{8}.$$

En effet, si à la fraction $\frac{7-3}{8}$ on ajoute $\frac{3}{8}$, on obtient

$$\frac{7-3+3}{8} = \frac{7}{8}.$$

Donc la fraction $\frac{7-3}{8}$ est bien la différence des fractions $\frac{7}{8}$ et $\frac{3}{8}$.

De là, la règle suivante :

RÈGLE. — *Pour faire la différence de deux fractions réduites au même dénominateur, on forme une fraction ayant pour numérateur la différence des numérateurs des fractions données, et pour dénominateur leur dénominateur commun.*

REMARQUE. — La fraction $\frac{7-3}{8}$ ou $\frac{4}{8}$ est la mesure de la grandeur qui est la différence des grandeurs de même espèce mesurées par les fractions $\frac{7}{8}$ et $\frac{3}{8}$, ces grandeurs étant mesurées avec la même unité.

175. — *Deuxième cas.* — **Les fractions n'ont pas le même dénominateur.**

On les réduit au même dénominateur, puis on opère comme dans le cas précédent.

REMARQUE. — Supposons que l'on ait à retrancher des entiers joints à des fractions.

Soit à retrancher $5 + \frac{3}{8}$ de $7 + \frac{7}{12}$.

OPÉRATIONS SUR LES FRACTIONS.

On retranche d'abord 5 de 7, ce qui donne 2 ; puis on retranche $\frac{3}{8}$ de $\frac{7}{12}$, ce qui donne :

$$\frac{14}{24} - \frac{9}{24} = \frac{5}{24}.$$

La différence cherchée est $2 + \frac{5}{24}$.

Donc : *Pour retrancher deux nombres composés d'entiers et d'une fraction, on fait séparément la soustraction des entiers et celle des fractions, puis on ajoute les deux résultats obtenus.*

Si la fraction du nombre à retrancher est plus grande que la fraction jointe à l'autre nombre, on ne pourra pas appliquer immédiatement la règle précédente. La règle deviendra applicable en prenant une unité au plus grand nombre, et en réduisant cette unité en fraction.

Soit, par exemple, à retrancher $3 + \frac{7}{9}$ de $7 + \frac{5}{12}$.

La fraction $\frac{7}{9}$ étant plus grande que $\frac{5}{12}$, on *emprunte* une unité à 7 et on la réduit en douzièmes ; on a ainsi à retrancher $3 + \frac{7}{9}$ de $6 + \frac{17}{12}$ et l'on est ramené au cas précédent. On trouve pour la différence $3 + \frac{23}{36}$.

MULTIPLICATION

174. — On peut généraliser la définition de la multiplication comme il suit :

Définition. — *La multiplication, en général, est une opération qui a pour but, étant donnés deux nombres,* l'un appelé *multiplicande* et l'autre *multiplicateur*, d'en trouver un troisième appelé *produit* qui se compose avec le multiplicande comme le multiplicateur est composé avec l'unité.

Premier cas. — **Multiplication d'une fraction par un nombre entier.**

Soit à multiplier $\frac{3}{5}$ par 4.

Par définition, on doit chercher un nombre composé avec $\frac{3}{5}$ comme 4 est composé avec 1 ; or, pour former le nombre 4, on a additionné 4 fois 1 ; donc, multiplier $\frac{3}{5}$ par 4 c'est additionner 4 nombres égaux à $\frac{3}{5}$.

On obtient ainsi :

$$\frac{3+3+3+3}{5} \quad \text{ou} \quad \frac{3 \times 4}{5}.$$

Ce résultat est aussi une conséquence de ce que l'on a vu précédemment (158).

De là, la règle suivante :

Règle. — *Pour multiplier une fraction par un nombre entier, on multiplie le numérateur de la fraction par ce nombre entier.*

175. — **Deuxième cas.** — **Multiplication d'un nombre entier par une fraction.**

Soit à multiplier 5 par $\frac{4}{9}$.

Par définition, c'est chercher un nombre qui se compose avec 5 comme $\frac{4}{9}$ est composé avec l'unité ; or, on a formé $\frac{4}{9}$ en divisant l'unité en 9 parties égales et en prenant 4 de ces parties ; on doit donc prendre 4 fois le

OPÉRATIONS SUR LES FRACTIONS.

neuvième de 5. Or, le neuvième de l'unité est la fraction $\frac{1}{9}$, donc le neuvième de 5 unités vaudra 5 fois $\frac{1}{9}$ ou $\frac{5}{9}$, et 4 fois ce résultat, ou $\frac{5 \times 4}{9}$ (1er cas), donnera le produit cherché.

De là, la règle suivante :

Règle. — *Pour multiplier un nombre entier par une fraction, on multiplie le nombre entier par le numérateur de la fraction, et l'on donne pour dénominateur au résultat obtenu le dénominateur de la fraction.*

176. — **Troisième cas.** — **Multiplication d'une fraction par une fraction.**

Soit à multiplier $\frac{3}{4}$ par $\frac{5}{7}$.

Par définition, on doit prendre 5 fois le *septième* de $\frac{3}{4}$; or le septième de $\frac{3}{4}$ s'obtient en multipliant le dénominateur par 7, puisqu'alors la fraction $\frac{3}{4}$ est divisée par 7 (160) ; on a ainsi : $\frac{3}{4 \times 7}$. Il faut, maintenant répéter 5 fois cette fraction, ce que l'on obtiendra (1er cas) en multipliant le numérateur par 5. On trouve ainsi :

$$\frac{3}{4} \times \frac{5}{7} = \frac{3 \times 5}{4 \times 7}.$$

De là, la règle suivante :

Règle. — *Pour multiplier une fraction par une fraction, on multiplie les deux fractions terme à terme.*

Remarque 1. — On effectuera de même le produit d'un nombre quelconque de fractions.

Soit à effectuer le produit des fractions

$$\frac{7}{8}, \frac{3}{5}, \frac{20}{27}.$$

Le produit demandé est :
$$\frac{7 \times 3 \times 20}{8 \times 5 \times 27}.$$

On simplifiera un tel résultat sans effectuer les multiplications. Il suffit de se rappeler que pour diviser un produit de facteurs par un nombre on divise *un seul* des facteurs par ce nombre.

Ainsi 20 et 5 sont divisibles par 5 ; donc on divisera les deux termes par 5 en divisant simplement 20 et 5 par 5. On écrit les quotients au-dessus et au-dessous après avoir barré les nombres. En procédant de même avec 4 et 8, puis avec 3 et 27, on a le calcul suivant :

$$\frac{7 \times \cancel{3} \times \cancel{20}}{\cancel{8} \times \cancel{5} \times \cancel{27}} = \frac{7}{18}$$

REMARQUE II. — S'il y avait des entiers joints aux fractions, on pourrait effectuer la multiplication en appliquant la règle relative à la multiplication d'une somme par une somme (55).

Mais il est plus simple de réduire en fractions, et d'opérer la multiplication des fractions.

EXEMPLE. — On a :
$$\left(3+\frac{5}{7}\right) \times \left(2+\frac{3}{4}\right) = \frac{26}{7} \times \frac{11}{4} = \frac{286}{28} = 10 + \frac{3}{14}.$$

REMARQUE III. — Les principes démontrés relativement aux produits de facteurs entiers s'appliquent aussi aux nombres fractionnaires.

Ainsi, démontrons que l'on a :
$$\frac{2}{3} \times \frac{4}{5} = \frac{4}{5} \times \frac{2}{3}.$$

OPÉRATIONS SUR LES FRACTIONS.

En appliquant la règle de la multiplication de deux fractions, on a :

$$\frac{2}{3} \times \frac{4}{5} = \frac{2 \times 4}{3 \times 5}.$$

Mais

$$2 \times 4 = 4 \times 2$$

et

$$3 \times 5 = 5 \times 3.$$

Donc :

$$\frac{2}{3} \times \frac{4}{5} = \frac{2 \times 4}{3 \times 5} = \frac{4 \times 2}{5 \times 3} = \frac{4}{5} \times \frac{2}{3}.$$

177. — *Fractions de fractions.* — On appelle *fraction de fraction* le nombre que l'on obtient en prenant une ou plusieurs parties d'une fraction divisée en parties égales.

Ainsi, on dira : prendre les $\frac{3}{4}$ des $\frac{7}{8}$ d'une longueur donnée. Cela revient à multiplier $\frac{7}{8}$ par $\frac{3}{4}$, et le nombre obtenu est $\frac{7}{8} \times \frac{3}{4}$ ou $\frac{21}{32}$.

De même, les $\frac{2}{3}$ des $\frac{3}{4}$ de $\frac{8}{9}$ donnent un nombre égal à :

$$\frac{8}{9} \times \frac{3}{4} \times \frac{2}{3} = \frac{8 \times 3 \times 2}{9 \times 4 \times 3} = \frac{4}{9}.$$

DIVISION

178. — *Définition générale.* — *La division, en général, est une opération qui a pour but, étant donnés le produit de deux nombres et l'un de ces nombres, de trouver l'autre.*

NEVEU. — Cours d'Arithmétique.

Le produit donné est le *dividende* ; le facteur connu s'appelle le *diviseur*, et le facteur cherché est le quotient **exact** ou **complet**.

La division est alors l'opération inverse de la multiplication.

— Il importe de remarquer la différence entre la définition générale de la division et celle donnée pour les nombres entiers.

Soit à diviser 38 par 5. D'après la définition générale, c'est trouver un nombre qui multiplié par 5 donne 38 : ce nombre est la *fraction* $\frac{38}{5}$. En effet, si on multiplie $\frac{38}{5}$ par 5, on obtient :

$$\frac{38 \times 5}{5} = 38.$$

Donc la fraction $\frac{38}{5}$ représente le quotient *exact* de 38 par 5.

Ceci démontre que : *Une fraction est égale au quotient* **exact** *de son numérateur par son dénominateur.*

On peut écrire :

$$\frac{38}{5} = 7 + \frac{3}{5} ;$$

il en résulte que le quotient *exact* de 38 par 5 se compose de deux parties : la première partie 7 est égale au plus grand nombre de fois que 5 est contenu dans 38 ; c'est le quotient *entier*, ou quotient *à une unité près* de 38 par 5, et la seconde partie est une fraction ayant pour numérateur le reste de la division à une unité près et, pour dénominateur, le diviseur.

Les deux expressions $38 : 5$ et $\dfrac{38}{5}$ représentant le même nombre sont équivalentes, et l'on peut employer indifféremment l'une ou l'autre.

179. — *Premier cas.* — *Division d'une fraction par un nombre entier.*

Soit à diviser $\dfrac{7}{8}$ par 5.

Il s'agit de trouver un nombre q qui, multiplié par 5, donne $\dfrac{7}{8}$; donc 5 fois le quotient valent $\dfrac{7}{8}$, et par suite le quotient vaut la cinquième partie de $\dfrac{7}{8}$ ou $\dfrac{7}{8 \times 5}$.

De là, la règle suivante :

Règle. — *Pour diviser une fraction par un nombre entier, il suffit de multiplier le dénominateur de la fraction par le nombre entier.*

Remarque. — Si le numérateur de la fraction est divisible par le nombre entier, on aura un quotient *plus simple* en divisant le numérateur par le nombre entier (159). Ainsi, on aura :

$$\dfrac{10}{13} : 5 = \dfrac{2}{13}.$$

180. — *Deuxième cas.* — *Division d'un nombre entier par une fraction.*

Soit à diviser 7 par $\dfrac{5}{6}$.

Par définition, c'est chercher un nombre q qui, multiplié par $\dfrac{5}{6}$, donne 7 ; on a donc :

$$q \times \dfrac{5}{6} = 7.$$

Or, multiplier q par $\frac{5}{6}$, c'est prendre les $\frac{5}{6}$ de q ; donc les $\frac{5}{6}$ du quotient valent 7 ;

$\frac{1}{6}$ du quotient vaut 5 fois moins, ou $\frac{7}{5}$;

et les $\frac{6}{6}$ du quotient valent 6 fois le $\frac{1}{6}$ du quotient, ou

$$\frac{7 \times 6}{5}, \text{ ou encore } 7 \times \frac{6}{5}.$$

On a donc :
$$7 : \frac{5}{6} = 7 \times \frac{6}{5},$$

ce qui conduit à la règle suivante :

Règle. — *Pour diviser un nombre entier par une fraction, on multiplie le nombre entier par la fraction diviseur renversée.*

181. — *Troisième cas.* — **Division d'une fraction par une fraction.**

Ce cas est absolument identique au précédent.

Soit à diviser $\frac{7}{8}$ par $\frac{3}{5}$.

Par définition, c'est chercher un nombre q qui, multiplié par $\frac{3}{5}$, donne $\frac{7}{8}$; on a donc :

$$q \times \frac{3}{5} = \frac{7}{8}.$$

Or, multiplier q par $\frac{3}{5}$, c'est prendre les $\frac{3}{5}$ de q ; donc :

les $\frac{3}{5}$ du quotient valent $\frac{7}{8}$.

$\frac{1}{5}$ du quotient vaut 3 fois moins, ou $\frac{7}{8 \times 3}$;

OPÉRATIONS SUR LES FRACTIONS.

et les $\frac{5}{5}$ du quotient égalent 5 fois le $\frac{1}{5}$ du quotient, ou :

$$\frac{7\times 5}{8\times 3}, \text{ ou encore } \frac{7}{8}\times\frac{5}{3}.$$

On a donc :
$$\frac{7}{8} : \frac{3}{5} = \frac{7}{8}\times\frac{5}{3}.$$

De là, la règle suivante :

RÈGLE. — *Pour diviser une fraction par une fraction, on multiplie la fraction dividende par la fraction diviseur renversée.*

REMARQUE I. — Si l'on avait à chercher le quotient de deux nombres composés d'entiers et de fractions, on réduirait en fractions et l'on serait ramené au cas précédent. Ainsi, on aura :

$$\left(2+\frac{3}{4}\right) : \left(5+\frac{7}{8}\right) = \frac{11}{4} : \frac{47}{8} = \frac{11\times 8}{4\times 47} = \frac{22}{47}.$$

REMARQUE II. — Si les deux fractions à diviser ont leurs numérateurs divisibles l'un par l'autre ainsi que les dénominateurs, on pourra effectuer la division en divisant les deux fractions terme à terme. Ainsi, on a :

$$\frac{8}{27} : \frac{2}{3} = \frac{4}{9}.$$

En effet, les $\frac{2}{3}$ du quotient valent $\frac{8}{27}$; donc $\frac{1}{3}$ du quotient vaut 2 fois moins ou $\frac{4}{27}$, et les $\frac{3}{3}$ du quotient valent $\frac{4}{27}\times 3$, résultat que l'on obtient en divisant 27 par 3.

REMARQUE III. — Deux nombres sont dits *inverses*

l'un de l'autre, ou *réciproques*, lorsque leur produit égale 1.

Ainsi, l'inverse de $\frac{2}{3}$ est $\frac{3}{2}$, car on a $\frac{2}{3} \times \frac{3}{2} = 1$.

De même, l'inverse de 5 est $\frac{1}{5}$, car on a $5 \times \frac{1}{5} = 1$.

182. — *Fractions complexes*. — On peut convenir de représenter le quotient de deux nombres a et b par le symbole $\frac{a}{b}$, a et b pouvant être fractionnaires.

Ainsi, on écrira :

$$\left(2+\frac{3}{4}\right) : \left(5+\frac{7}{8}\right) = \frac{2+\frac{3}{4}}{5+\frac{7}{8}} = \frac{\frac{11}{4}}{\frac{47}{8}} = \frac{11}{4} \times \frac{8}{47} = \frac{22}{47}.$$

L'expression $\frac{a}{b}$ s'appelle alors une *fraction complexe* ou *fraction composée*.

PUISSANCES

183. — Les définitions relatives aux puissances (57) s'appliquent aux fractions.

Pour indiquer la puissance n d'une fraction on écrit la fraction entre parenthèses, et l'on place à droite de la parenthèse, et un peu au-dessus, l'exposant de la puissance.

Ainsi $\left(\frac{3}{5}\right)^4$ indique la *quatrième* puissance de $\frac{3}{5}$.

Théorème.

184. — *Pour élever une fraction à une puissance, on élève ses deux termes à cette puissance.*

Soit à élever $\frac{3}{5}$ à la puissance 4.

Par définition de la puissance (57), on a :

$$\left(\frac{3}{5}\right)^4 = \frac{3}{5} \times \frac{3}{5} \times \frac{3}{5} \times \frac{3}{5},$$

et en appliquant la règle de la multiplication des fractions, on a :

$$\left(\frac{3}{5}\right)^4 = \frac{3\times 3\times 3\times 3}{5\times 5\times 5\times 5} = \frac{3^4}{5^4}.$$

Théorème.

185. — *La puissance* n *d'une fraction irréductible est aussi une fraction irréductible, et par conséquent ne peut être égale à un nombre entier.*

Soit la fraction irréductible $\frac{a}{b}$ et $\frac{a^n}{b^n}$ la puissance n de cette fraction.

On sait que si deux nombres sont premiers entre eux, leurs puissances sont aussi premières entre elles (140) ; or $\frac{a}{b}$ est irréductible par hypothèse, donc a et b sont deux nombres premiers entre eux ; il en est de même des nombres a^n et b^n, et par suite $\frac{a^n}{b^n}$ est aussi une fraction irréductible. Le nombre a^n n'étant pas divisible par b^n, l'expression $\frac{a^n}{b^n}$ ne peut donc pas être égale à un nombre entier.

EXERCICES SUR LES FRACTIONS

1. — Réduire à la plus simple expression les fractions

$$\frac{3600}{5760} \quad \text{et} \quad \frac{2816}{4928}.$$

2. — Simplifier, sans effectuer les multiplications, l'expression

$$\frac{15 \times 36 \times 240}{48 \times 108 \times 90}.$$

3. — Démontrer que les fractions

$$\frac{n}{n+1}, \quad \frac{n}{2n+1}, \quad \frac{2n+1}{3n+1}, \quad \frac{2n+1}{n(n+1)}$$

sont irréductibles, n étant un entier quelconque.

4. — Les deux nombres a et b étant premiers entre eux, démontrer que les fractions

$$\frac{ab}{a+b} \quad \text{et} \quad \frac{ab}{a^2+b^2}$$

sont irréductibles.

5. — Quels sont les nombres que l'on peut ajouter aux deux termes d'une fraction sans en changer la valeur ?

6. — Trouver les fractions équivalentes à $\frac{63}{84}$ et ayant des termes plus petits que ceux de cette fraction.

7. — Quelle est la condition nécessaire et suffisante pour qu'une fraction ordinaire puisse être convertie en une fraction équivalente de dénominateur donné ?   (B. S.)

8. — Les fractions $\frac{a}{b}$ et $\frac{c}{d}$ étant irréductibles, démontrer que la fraction $\frac{ad+bc}{bd}$ est irréductible si b et d sont premiers entre eux.

9. — Trouver deux nombres entiers tels que leur somme soit égale à leur produit.

10. — Trouver un nombre entier de deux chiffres sachant qu'il est égal au double du produit de ses chiffres.

OPÉRATIONS SUR LES FRACTIONS.

11. — Calculer la somme suivante :

$$\frac{75}{150}+\frac{256}{384}+\frac{2154}{2872}+\frac{1835}{2936}.$$

12. — Calculer la somme :

$$\frac{1}{1.2}+\frac{1}{2.3}+\frac{1}{3.4}+\ldots+\frac{1}{n(n+1)}.$$

On remarquera que

$$\frac{1}{n(n+1)}=\frac{1}{n}-\frac{1}{n+1}.$$

13. — Calculer la somme :

$$\frac{1}{1.3}+\frac{1}{3.5}+\frac{1}{5.7}+\frac{1}{7.9}+\ldots+\frac{1}{(2n+1)(2n+3)}.$$

On remarquera que

$$\frac{1}{(2n+1)(2n+3)}=\frac{n+1}{2n+3}-\frac{n}{2n+1}.$$

14. — Démontrer que l'expression

$$\frac{1.2.3.4\ldots(2n-1).2n}{1.2.3\ldots n.2^{2n}} \text{ est égale à } \frac{1}{2}\cdot\frac{3}{2}\cdot\frac{5}{2}\cdot\frac{7}{2}\cdots\frac{2n-1}{2}.$$

15. — Trouver le plus petit nombre entier divisible par chacune des fractions

$$\frac{8}{15},\quad \frac{9}{25},\quad \frac{11}{45},\quad \frac{25}{84}.$$

16. — Une balle élastique rebondit à une hauteur qui est les $\frac{2}{7}$ de celle d'où elle est tombée. Après avoir rebondi trois fois, elle s'élève à une hauteur de $\frac{4}{5}$ de mètre ; de quelle hauteur était-elle tombée d'abord ?

17. — Les deux aiguilles d'une montre sont sur midi, à quelle heure se fera la prochaine rencontre ?

18. — Diophante passa dans l'enfance le sixième de sa vie et dans l'adolescence, le douzième ; puis il s'est marié et a passé dans cette union le septième de sa vie plus 5 ans avant d'avoir un fils auquel il survécut de 4 ans et qui n'a atteint que la moitié de l'âge auquel son père est parvenu. A quel âge Diophante est-il mort ?

19. — Une personne donne à un de ses neveux le $\frac{1}{4}$ d'une somme qu'elle considérait comme perdue et qui lui est restituée ; à un autre les $\frac{2}{5}$ de cette somme, à un troisième les $\frac{2}{7}$ de ce qui lui reste après avoir prélevé la part des deux autres. Elle réserve encore 600 francs pour les distribuer aux pauvres : combien avait-elle reçu et combien chaque neveu a-t-il eu ?

(B. E.)

20. — Un propriétaire a vendu le $\frac{1}{3}$ de sa récolte de vin à 40 francs l'hectolitre, les $\frac{3}{4}$ à raison de 35 francs l'hectolitre, et enfin les 25 hectolitres qui lui restaient encore à raison de 30 francs. Quelle somme ce propriétaire a-t-il retirée en tout de sa récolte de vin ?

(B. E.)

21. — Une ménagère a acheté une pièce de drap et une pièce de toile qui lui ont coûté ensemble 324 francs. Elle a payé le drap 8 francs le mètre et la toile 3 francs le mètre. Elle emploie les $\frac{4}{5}$ de la pièce de drap et les $\frac{3}{7}$ de la pièce de toile, et il se trouve que les restes des deux pièces ont des valeurs égales. Calculer, d'après cela, combien chaque pièce contient de mètres. — Vérification.

(*Examen des bourses des lycées.*)

22. — Un ouvrier fait le $\frac{1}{4}$ d'un ouvrage en 5 jours ; un deuxième ouvrier fait les $\frac{2}{5}$ du reste en 12 jours. Combien les deux ouvriers, travaillant ensemble, mettront-ils de jours pour achever l'ouvrage ? Le premier ouvrier a touché 66 francs pour son travail ; quelle somme touchera le second ouvrier, sachant que, pour chacun d'eux, le prix de la journée est le même ? — Vérification.

(*Bourses des lycées.*)

23. — Un fermier achète un lot de moutons à trois prix. Il en a payé le $\frac{1}{3}$ à raison de 24 francs par tête, les $\frac{2}{5}$ à raison de 19 francs et le reste à raison de 15 francs. Il débourse une somme totale

de 1395 francs. De combien de moutons se compose son lot ?
(B. E.)

24. — Il est convenu entre deux ouvriers que le plus habile, à temps égal, gagnera $\frac{1}{4}$ en sus du gain de l'autre. Ces deux ouvriers ont fait ensemble un travail qui leur a été payé 1860 francs. Partager entre eux cette somme, sachant que le plus habile a consacré à ce travail 52 jours et l'autre 76. (B. E.)

25. — Une personne achète chez un marchand 7 mèt. $\frac{3}{4}$ d'étoffe qu'elle paie 62 francs. Vérification faite, on trouve que le marchand s'est trompé en mesurant et que le coupon ne contient que 6 mèt. $\frac{7}{8}$. Quelle somme doit rendre le marchand à l'acheteur qui consent à garder le coupon ?

26. — Deux joueurs entrent en jeu avec une même somme. Le premier se retire après avoir perdu les $\frac{2}{3}$ de son argent, le second après avoir perdu les $\frac{3}{4}$. Sachant qu'il reste au premier 30 francs de plus qu'au second, dire quelle était la mise commune des deux joueurs.

27. — Trois sources alimentent un réservoir : la première et la deuxième coulant ensemble le rempliraient en 12 heures ; la deuxième et la troisième en 9 heures ; la première et la troisième en 18 heures. On demande en combien de temps le réservoir sera rempli : 1° par les trois sources coulant ensemble ; 2° par chaque source coulant séparément.

28. — Un tonneau contient 220 litres de vin. On en tire 50 litres que l'on remplace par une quantité égale d'eau ; on tire de nouveau 50 litres du mélange que l'on remplace par une quantité égale d'eau ; on fait une troisième fois la même opération : on demande combien le tonneau contient alors de vin et d'eau.

29. — Une marchande va au marché avec un panier d'œufs. Dans une première vente, elle vend les $\frac{5}{6}$ de ce qu'elle a, plus $\frac{1}{6}$ d'œuf ; dans une deuxième vente, elle vend les $\frac{6}{7}$ du premier reste, plus $\frac{2}{7}$ d'œuf ; enfin, dans une troisième vente, elle vend les $\frac{3}{4}$ du deuxième reste, plus $\frac{1}{4}$ d'œuf. Après cette troisième vente il ne lui reste plus rien. Combien la marchande avait-elle d'œufs en arrivant au marché, sachant qu'elle a fait ses ventes sans casser d'œufs ?

30. — Un père laisse en mourant un certain héritage que ses enfants doivent se partager de la manière suivante :

Le premier prendra 300 francs plus le $\frac{1}{10}$ du reste ; le deuxième prendra 600 francs plus le $\frac{1}{10}$ du reste ; le troisième prendra 900 francs plus le $\frac{1}{10}$ du reste... et ainsi de suite en augmentant chaque fois de 300 francs. A la fin, l'héritage sera ainsi partagé également entre tous les enfants. Dire : 1° le montant de l'héritage ; 2° le nombre des enfants ; 3° la part de chacun.

CHAPITRE III

FRACTIONS DÉCIMALES

NOMBRES DÉCIMAUX

186. — Les fractions décimales sont un cas particulier des fractions ordinaires.

On appelle **fraction décimale** *une fraction dont le dénominateur est 10, 100, 1000...,* c'est-à-dire *une* **puissance** *de 10.*

Ainsi $\frac{47}{100}$, $\frac{973}{1000}$ sont des fractions décimales.

Une fraction décimale, en général, est donc de la forme $\frac{A}{10^n}$.

— Considérons la fraction décimale $\frac{973}{1000}$. En décomposant le numérateur 973 en $900 + 70 + 3$, la fraction

FRACTIONS DÉCIMALES.

$\frac{973}{1000}$ peut être considérée comme la somme des trois fractions $\frac{900}{1000}$, $\frac{70}{1000}$, $\frac{3}{1000}$, et l'on peut écrire :

$$\frac{973}{1000} = \frac{900}{1000} + \frac{70}{1000} + \frac{3}{1000}$$

ou en simplifiant :

$$\frac{973}{1000} = \frac{9}{10} + \frac{7}{100} + \frac{3}{1000}.$$

Une fraction décimale est donc la somme de plusieurs fractions ayant pour dénominateurs les puissances successives de 10, et pour numérateurs des nombres inférieurs à 10.

Si la fraction décimale est plus grande que 1, alors la somme des fractions sera accompagnée d'un nombre entier.

— En procédant comme pour la numération des nombres entiers, on peut considérer les *dixièmes* comme formant les unités du premier ordre décimal; les *centièmes* comme formant les unités du deuxième ordre décimal et ainsi de suite.

Si l'on convient alors d'appliquer aux *parties décimales* de l'unité la convention fondamentale de la numération écrite, on pourra écrire les fractions décimales sans dénominateurs.

De même que : *tout chiffre placé à la gauche d'un autre représente des unités d'un ordre 10 fois plus fort, tout chiffre placé à la droite d'un autre représentera des unités d'un ordre 10 fois plus petit.*

Si donc on veut écrire sans dénominateurs

$$\frac{2973}{1000} = 2 + \frac{9}{10} + \frac{7}{100} + \frac{3}{1000},$$

on écrira d'abord la partie entière 2 que l'on fera suivre d'une virgule, pour séparer les entiers des parties décimales; puis, à la droite de la virgule, on écrira le chiffre 9 qui représentera des unités 10 fois plus petites, soit des dixièmes ; à la droite de 9 on écrira le chiffre 7 qui représentera des unités 10 fois plus petites que les dixièmes, soit des centièmes ; et à la droite de 7 on écrira le chiffre 3 qui représentera des unités 10 fois plus petites que les centièmes, soit des millièmes.

On aura ainsi :
$$\frac{2973}{1000} = 2,973.$$

C'est aux nombres écrits sous cette dernière forme que l'on donne plus spécialement le nom de *nombres décimaux*.

Les chiffres placés à droite de la virgule sont appelés les *chiffres décimaux*.

S'il n'y avait pas d'entiers, on mettrait un zéro suivi de la virgule. Ainsi, on écrira :
$$\frac{375}{1000} = 0,375.$$

On met de même des zéros pour remplacer les unités décimales qui manquent. Ainsi, on écrira :
$$\frac{2053}{10000} = 0,2053.$$

— Si l'on groupe les ordres d'unités décimales trois par trois, comme pour les nombres entiers, on forme les classes d'unités décimales. Ainsi on a :

La classe des **millièmes** *formée des ordres* { dixièmes. centièmes. millièmes.

FRACTIONS DÉCIMALES.

La classe des **millionièmes** { *dix-millièmes.*
formée des ordres { *cent-millièmes.*
{ *millionièmes.*

puis les billionièmes, etc...

187. — Lecture d'un nombre décimal écrit. —
1° Si le nombre ne contient pas plus de trois chiffres décimaux, *on énonce d'abord la partie entière, puis la partie décimale, en faisant suivre ce dernier nombre du nom de l'ordre décimal représenté par le dernier chiffre.*

Ainsi 54,7 s'énonce 54 unités 7 dixièmes.
3,25 s'énonce 3 unités 25 centièmes.
7,453 s'énonce 7 unités 453 millièmes.

2° *Si le nombre contient plus de trois chiffres décimaux, on partage les chiffres décimaux en tranches de trois chiffres à partir de la virgule, puis on énonce la partie entière suivie des différentes tranches, en faisant suivre l'énoncé du nombre qui forme chaque tranche du nom de la classe décimale qu'il représente.*

Si la dernière tranche contient moins de trois chiffres, on l'énonce en nommant l'ordre décimal représenté par le dernier chiffre.

Ainsi 42,357405 s'énonce 42 unités, 357 millièmes, 405 millionièmes.

Le nombre 7,483652 79 s'énonce 7 unités, 483 millièmes, 652 millionièmes, 79 cent-millionièmes.

Théorème.

188. — *On ne change pas la valeur d'un nombre décimal en ajoutant des zéros à sa droite.*

Soit, en effet, le nombre décimal 35,423.
Considérons le nombre 35,423 00. On voit tout d'abord que les deux nombres renferment le même nombre

d'unités, de dixièmes, de centièmes et de millièmes, et l'addition des zéros indique qu'on ajoute *zéro* dix-millième, *zéro* cent-millième; autrement dit, on n'a rien ajouté au nombre. Donc, il n'a pas changé. Ainsi, on a :

$$35,423 = 35,4230 = 35,42300, \text{ etc.}$$

Théorème.

189. — *Pour multiplier un nombre décimal par 10, 100, 1000... il suffit d'avancer la virgule vers la droite d'un rang, de deux rangs, de trois rangs, etc.*

En effet, soit le nombre 42,8752.

En avançant la virgule de deux rangs vers la droite, on obtient le nombre 4287,52 dans lequel chaque chiffre représente des unités d'un ordre 100 fois plus grand que dans le nombre donné. Chaque partie du nombre est donc multipliée par 100, et, par suite, le nombre est lui-même multiplié par 100.

190. — REMARQUE. — *Lorsque dans un nombre décimal on supprime tous les chiffres décimaux à partir d'un certain rang, on commet une erreur moindre qu'une unité décimale de même ordre que le dernier chiffre décimal conservé.*

Considérons, par exemple, le nombre 45,876 94. On a évidemment :

$$45,87 < 45,876\,94 < 45,88.$$

Les deux nombres 45,87 et 45,88 diffèrent entre eux de 0,01; donc le nombre 45,87 diffère du nombre 45,876 94 de moins de 0,01. Et l'on peut dire que le nombre 45,87 est approché par défaut à moins de 0,01 près, ou plus simplement à 0,01 près.

FRACTIONS DÉCIMALES.

OPÉRATIONS SUR LES NOMBRES DÉCIMAUX

Les définitions données pour les fractions s'appliquent aux nombres décimaux.

191. — ***Addition.*** — Soit à effectuer l'addition
$$4,52 + 3,8075 + 12,425.$$

Cela revient à faire la somme des fractions
$$\frac{452}{100} + \frac{38075}{10000} + \frac{12425}{1000}.$$

En réduisant au même dénominateur, on obtient :
$$\frac{45200}{10000} + \frac{38075}{10000} + \frac{124250}{10000},$$

et en appliquant la règle relative à la somme des fractions, on a :
$$\frac{45200 + 38075 + 124250}{10000} = \frac{207525}{10000} = 20,7525.$$

On est donc ramené à ajouter ensemble, sans tenir compte de la virgule, les nombres entiers obtenus en faisant exprimer aux nombres décimaux le même ordre d'unités décimales ; puis, pour revenir aux nombres décimaux, on sépare, par une virgule, sur la droite du résultat, autant de chiffres décimaux qu'il y en a dans celui des nombres qui en contient le plus.

Les nombres 45 200, 38 075 et 124 250 étant écrits les uns au-dessous des autres, si on rétablit la virgule dans chacun d'eux, toutes les virgules seront dans la même colonne ; comme, de plus, les zéros écrits à la droite des nombres n'en changent pas la valeur, on peut se dispenser pratiquement de les écrire.

```
  4,5 200
  3,8 075
 12,4 250
 ───────
 20,7 525
```

Cela nous conduit donc à la règle suivante :

RÈGLE. — *Pour additionner des nombres décimaux, on les écrit les uns au-dessous des autres, de manière à placer dans une même colonne les chiffres représentant des unités de même ordre ; puis on additionne les nombres comme s'ils étaient entiers, en remplaçant mentalement par des zéros les chiffres manquant, et, dans le résultat, on place une virgule à droite du chiffre correspondant à la colonne des unités simples.*

On dispose l'opération comme il suit :

$$4,52$$
$$3,8075$$
$$12,425$$
$$\overline{20,7525.}$$

SOUSTRACTION

192. — On raisonne comme pour l'addition. Soit à soustraire les nombres décimaux

$$5,87 \text{ et } 2,385.$$

En procédant comme précédemment, on a à effectuer la soustraction

$$\frac{5870}{1000} - \frac{2385}{1000} = \frac{5870 - 2385}{1000};$$

on obtient ainsi :

$$\frac{3485}{1000} \quad \text{ou} \quad 3,485.$$

Pratiquement, on dispose l'opération comme il suit :

$$5,87$$
$$2,385$$
$$\overline{3,485}$$

De là, la règle suivante :

RÈGLE. — *Pour retrancher deux nombres décimaux,*

FRACTIONS DÉCIMALES.

on écrit le plus petit au-dessous du plus grand, en faisant correspondre les unités de même ordre; on fait ensuite la soustraction comme si les nombres étaient entiers, en remplaçant, au besoin, les chiffres manquants du nombre supérieur par des zéros, et au résultat on met une virgule à droite du chiffre correspondant à la colonne des unités simples.

MULTIPLICATION

195. — Soit à multiplier 45,82 par 3,738.

L'opération revient à multiplier la fraction $\frac{4582}{100}$ par la fraction $\frac{3738}{1000}$.

En appliquant la règle de la multiplication des fractions, on trouve :

$$\frac{4582 \times 3738}{100 \times 1000} = \frac{4582 \times 3738}{100000}.$$

On est donc ramené à effectuer la multiplication des deux nombres entiers 4582 et 3738, puis à exprimer que ce produit représente des unités décimales du cinquième ordre ; ce qui revient à séparer sur la droite du produit 5 chiffres décimaux, c'est-à-dire autant de chiffres décimaux qu'il y en a dans les deux facteurs. Pratiquement, on a l'opération suivante :

```
    45,82
     3,738
   ------
    36656
    13746
    32074
    13746
   ------
   171,27516
```

De là, la règle suivante :

Règle. — *Pour multiplier deux nombres décimaux, on fait la multiplication des deux nombres sans tenir compte des virgules ; puis, sur la droite du produit, on sépare autant de chiffres décimaux qu'il y en a dans les deux facteurs.*

Remarque. — Cette règle s'applique évidemment au cas où l'un des facteurs est entier.

DIVISION

194. — Soit à diviser 54,85 par 3,258.

Cette opération revient à diviser la fraction $\frac{5485}{100}$ par la fraction $\frac{3258}{1000}$. En faisant exprimer à chaque fraction le même ordre d'unités décimales, on peut remplacer la première fraction par $\frac{54850}{1000}$, et, en appliquant la règle de la division des fractions, on a :

$$\frac{54850}{1000} : \frac{3258}{1000} = \frac{54850 \times 1000}{1000 \times 3258} = \frac{54850}{3258}.$$

Le quotient *exact* des deux nombres décimaux donnés est donc représenté par une fraction dont les deux termes sont obtenus en faisant exprimer aux deux nombres décimaux les mêmes unités décimales, et en supprimant les virgules.

D'où la règle suivante :

Règle. — *Pour obtenir le quotient* exact *de deux nombres décimaux, on ajoute des zéros s'il y a lieu à la partie décimale de l'un d'eux, de manière qu'ils aient le même nombre de chiffres décimaux ; on supprime ensuite les virgules et l'on fait le quotient exact des deux nom-*

bres entiers ainsi obtenus. *Ce quotient est la fraction qui a pour termes ces deux nombres entiers.*

Remarque. — En général, ce quotient ne sera pas un nombre entier. On sait effectuer ce quotient à une unité près ; c'est la recherche du quotient *entier* de deux nombres entiers.

Nous allons nous proposer d'évaluer ce quotient avec une approximation décimale donnée.

QUOTIENT DE DEUX NOMBRES AVEC UNE APPROXIMATION DÉCIMALE DONNÉE. — QUOTIENT A $\frac{1}{n}$ PRÈS.

195. — **Définition**. — *Quand la division de deux nombres ne se fait pas exactement, on appelle quotient approché par défaut à $\frac{1}{10}$, $\frac{1}{100}$... près, le plus grand nombre de dixièmes, de centièmes... qui soit contenu dans le quotient exact des deux nombres.*

Proposons-nous, par exemple, d'évaluer le quotient de 375 par 87 à $\frac{1}{100}$ près.

Soit x le plus grand nombre de *centièmes* contenus dans le quotient exact $\frac{375}{87}$; on a :

$$\frac{x}{100} \leq \frac{375}{87} < \frac{x+1}{100}.$$

Multiplions ces trois nombres par 100 ; ces inégalités ne changent pas de sens, et l'on a :

$$x \leq \frac{375 \times 100}{87} < x+1 ;$$

ces inégalités expriment que x est le quotient à *une unité près* par défaut du nombre 375×100 par 87. Il suffit donc d'effectuer ce quotient pour trouver x, auquel on fera ensuite exprimer des centièmes.

Ce raisonnement s'applique évidemment si l'on remplace $\frac{1}{100}$ par la fraction décimale $\frac{1}{10^n}$. On aura à effectuer le quotient à une unité près du nombre 375×10^n par 87.

De là, la règle suivante :

RÈGLE. — *Pour trouver le quotient de deux nombres entiers à $\frac{1}{10^n}$ près, on multiplie le dividende par 10^n, puis on effectue le quotient à une unité près du produit obtenu par le diviseur; on divise ensuite ce quotient entier par 10^n.*

En appliquant cette règle à la recherche du quotient

```
37500 | 87
  270 | 431
  090
    3
```

de 375 par 87 à $\frac{1}{100}$ près, on a l'opération ci-contre, et le résultat est 4,31.

Pratiquement, on peut ne pas écrire les zéros au dividende. On effectue la division de 375 par 87 ; puis on met une virgule au quotient et l'on continue la division en abaissant des zéros.

```
375 | 87
270 | 4,31
 90
  3
```

On peut remarquer d'ailleurs que chercher le quotient à $\frac{1}{10^n}$ près revient à calculer le quotient avec n chiffres décimaux.

196. — **Quotient à $\frac{1}{n}$ près.** — De même, *trouver le quotient de deux nombres à $\frac{1}{n}$ près, c'est chercher le*

FRACTIONS DÉCIMALES.

plus grand nombre de $n^{\text{ièmes}}$ qui soit contenu dans le quotient exact des deux nombres.

Soit à calculer le quotient de A par B à $\frac{1}{n}$ près. Soit x le plus grand nombre de $n^{\text{ièmes}}$ contenu dans le quotient exact $\frac{A}{B}$; on a :

$$\frac{x}{n} \leq \frac{A}{B} < \frac{x+1}{n}.$$

Multiplions ces trois nombres par n, on a :

$$x \leq \frac{An}{B} < x+1,$$

inégalités qui expriment que x est le quotient à *une unité près* par défaut de An par B. De là, la règle suivante :

RÈGLE. — *Pour trouver le quotient de deux nombres à $\frac{1}{n}$ près, on multiplie le dividende par* n, *puis on effectue le quotient à une unité près du produit obtenu par le diviseur ; on exprime ensuite que ce quotient représente des* $n^{\text{ièmes}}$.

REMARQUE. — Par un raisonnement analogue, on trouverait le quotient de deux nombres à $\frac{m}{n}$ près.

Théorème.

197. — *Le quotient d'un nombre décimal par un nombre entier à une unité près est le même que celui de la partie entière du dividende par le diviseur.*

Soit à effectuer le quotient à *une unité près* de 357,875

par 73. Désignons par q le quotient à une unité près de 357 par 73 ; on a :

$$73\,q \leq 357 < 73\,(q+1).$$

Les deux nombres 357 et $73\,(q+1)$ étant des nombres entiers inégaux, diffèrent au moins d'une unité ; si donc au plus petit 357 on ajoute 0,875 nombre inférieur à 1, on aura encore un nombre plus petit que $73\,(q+1)$. Quant à l'égalité possible entre $73q$ et 357, elle sera détruite ; de sorte que l'on aura :

$$73q < 357{,}875 < 73\,(q+1);$$

ce qui montre que q est aussi le quotient à une unité près de 357,875 par 73. Ce quotient est donc le même que celui que l'on obtient en divisant seulement 357 par 73.

REMARQUE. — Le théorème s'applique sans modification au quotient à une unité près d'un nombre fractionnaire par un nombre entier.

198. — Appliquons les théorèmes précédents aux différents cas qui peuvent se présenter dans la division des nombres décimaux. On a vu (194) comment on obtient le quotient *exact* ; cherchons maintenant le quotient approché.

Premier cas. — *Division d'un nombre décimal par un nombre entier*.

Soit à diviser 84,753 par 17.

La question ainsi posée, d'une manière générale, manquerait de précision. Il faut donner l'approximation avec laquelle on veut avoir le quotient.

Afin d'utiliser tous les chiffres décimaux du dividende, proposons-nous d'évaluer ce quotient à $\dfrac{1}{1000}$ près.

FRACTIONS DÉCIMALES.

Appliquons la règle démontrée précédemment (195).

On multiplie 84,753 par 1000, et l'on a à effectuer la division à une unité près du nombre 84753 par 17 ; on trouve 4985 pour le quotient ; mais, d'après la même règle, ce nombre doit être divisé par 1000, donc le quotient demandé est 4,985 à $\frac{1}{1000}$ près.

```
84753 | 17
 167  | 4985
 145
 093
   8
```

REMARQUE. — Le reste de la division n'est pas 8, mais 0,008.

— Pratiquement, l'opération revient à diviser le dividende par le diviseur comme si l'on avait deux nombres entiers ; on met une virgule au quotient lorsqu'on abaisse le premier chiffre décimal du dividende.

Deuxième cas. — *Division de deux nombres décimaux.*

Il sera toujours possible de ramener ce cas au précédent, c'est-à-dire de ramener toujours au cas où *le diviseur est un nombre entier*.

En effet, il suffit de multiplier les deux nombres par une puissance de 10 dont l'exposant est égal au nombre des chiffres décimaux du diviseur. Le quotient ne changera pas (78); mais le reste sera multiplié par cette puissance de 10.

Soit, par exemple, à diviser 75,8543 par 8,45.

En multipliant les deux nombres par 100, on a à diviser 7585,43 par 845. C'est le cas précédent ; et si l'on veut utiliser les deux chiffres décimaux du nouveau dividende, on évaluera le quotient à $\frac{1}{100}$ près. En appliquant la règle démontrée précédemment (195), on a l'opération ci-contre.

```
758543 | 845
  8254 | 897
  6493
   578
```

NOMBRES FRACTIONNAIRES.

Le quotient demandé est 8,97 à $\frac{1}{100}$ près, et le reste est 0,0578.

Remarque. — Si le diviseur renfermait plus de chiffres décimaux que le dividende, en rendant le diviseur entier, on serait ramené au cas de la division de deux nombres entiers.

Exemple. — Soit à diviser 85,47 par 3,572. Pour rendre le diviseur entier on multiplie les deux nombres par 1000, et l'on est amené à diviser le nombre 85 470 par 3 572.

Application. — Proposons-nous d'effectuer le quotient de 32,879 564 par 3,42 à $\frac{1}{100}$ près.

Je rends d'abord le diviseur entier en multipliant les deux nombres par 100 ; on a alors à diviser 3287,9564 par 342.

Pour calculer le quotient à $\frac{1}{100}$ près, je multiplie le dividende par 100, et l'on a à effectuer la division de 328 795,64 par 342 à une unité près ; or ce quotient sera le même que celui de la division de 328 795 par 342 (197).

```
328795 | 342
 2099  | 961
  0475
   133
```

J'effectue donc cette division, et j'obtiens 961.

Donc le quotient demandé est 9,61 à $\frac{1}{100}$ près ; ce qui, pratiquement, revient à diviser 3287,95 par 342 comme si les deux nombres étaient entiers, en mettant une virgule au quotient dès qu'on abaisse le premier chiffre décimal 9 du dividende.

On peut donc énoncer la règle suivante :

Règle. — *Pour calculer le quotient de deux nombres décimaux à une approximation décimale donnée, on* multiplie d'abord les deux nombres par une puissance de 10 dont l'exposant est égal au nombre des chiffres décimaux du diviseur; le diviseur devient alors un nombre entier. On limite alors le nombre des chiffres décimaux du nouveau dividende à l'ordre d'unités décimales demandé par l'approximation, et l'on néglige les autres chiffres décimaux à droite; on effectue ensuite la division comme s'il s'agissait de deux nombres entiers, en mettant une virgule au quotient dès qu'on abaisse le premier chiffre décimal du dividende.

— Si le dividende était plus petit que le diviseur, on mettrait d'abord un *zéro* au quotient, et l'on obtiendrait les chiffres décimaux du quotient conformément à la règle précédente.

CHAPITRE IV

CONVERSION DES FRACTIONS ORDINAIRES EN FRACTIONS DÉCIMALES

199. — *Utilité de la conversion des fractions ordinaires en fractions décimales.* — Supposons que l'on veuille partager également 859 francs entre 17 personnes. La part *exacte* de chaque personne est représentée par le quotient *exact* de 859 par 17, c'est-à-dire par la fraction $\frac{859}{17}$ ou $50 + \frac{9}{17}$.

Il faudrait donc donner à chaque personne 50 francs plus les 9 dix-septièmes d'un franc. Or si l'on évalue le quotient de 9 par 17 à $\frac{1}{100}$ près, par exemple, on trouve 0,52, et l'on peut dire que la part de chaque personne égale 50 fr. 52 à $\frac{1}{100}$ près. On pourra donc, de cette façon,

```
 90  | 17
 50  | 0,52
 16  |
```

faire le partage en réduisant $\frac{859}{17}$ en nombre décimal.

Cette réduction pourra se faire exactement ou non ; dans ce dernier cas on la fera avec une approximation donnée.

— Le théorème suivant montre dans quel cas la réduction peut se faire exactement.

Théorème.

200. — *Pour qu'une fraction irréductible puisse être convertie en fraction décimale exacte, il faut et il suffit que son dénominateur ne renferme pas d'autres facteurs premiers que 2 et 5.*

1° *La condition est nécessaire*. Soit, en effet, une fraction irréductible $\frac{a}{b}$ qui donne naissance à une fraction décimale exacte $\frac{A}{10^n}$; on a donc :

$$\frac{a}{b} = \frac{A}{10^n}.$$

Or, par hypothèse, $\frac{a}{b}$ est irréductible, donc A et 10^n sont des équimultiples de a et de b (166). Il en résulte que b est un diviseur de 10^n ; mais 10^n ne renferme que les facteurs premiers 2 et 5, donc b, devant diviser 10^n, ne doit pas renfermer d'autres facteurs que 2 et 5. La condition est donc nécessaire.

2° *La condition est suffisante*. C'est-à-dire que si l'on considère une fraction irréductible dont le dénominateur ne renferme pas d'autres facteurs que 2 et 5, elle est toujours réductible en fraction décimale exacte.

Soit, en effet, la fraction irréductible $\dfrac{A}{2^3 \times 5^7}$. On peut toujours multiplier les deux termes par une puissance du facteur 2 ou 5 de manière à rendre égaux les exposants de ces facteurs. Ainsi, multiplions les deux termes par 2^4, on obtient :

$$\frac{A}{2^3 \times 5^7} = \frac{A \times 2^4}{2^7 \times 5^7} = \frac{A \times 2^4}{10^7}$$

et la fraction est réduite en fraction décimale exacte. Donc la condition énoncée est suffisante.

Remarque I. — La fraction décimale $\dfrac{A \times 2^4}{10^7}$ a 7 chiffres décimaux ; or le nombre 7 est le plus grand des deux exposants des facteurs 2 et 5 qui figuraient dans le dénominateur de la fraction donnée avant la multiplication des deux termes par 2^4. Donc : *Lorsqu'une fraction irréductible donne naissance à une fraction décimale exacte, le nombre des chiffres décimaux est égal au plus grand exposant du facteur 2 ou du facteur 5 figurant au dénominateur.*

Ainsi la fraction $\dfrac{7}{8}$ est égale à $\dfrac{7}{2^3}$; elle est décimale exacte parce que son dénominateur ne contient pas d'autres facteurs que 2 et 5 ; de plus, elle aura 3 chiffres décimaux. On a, en effet :

$$\frac{7}{2^3} = \frac{7 \times 5^3}{2^3 \times 5^3} = \frac{875}{1000} = 0,875.$$

Remarque II. — Il est évident que lorsqu'une fraction irréductible donne naissance à une fraction décimale exacte, on obtiendra cette fraction décimale en divisant le numérateur par le dénominateur jusqu'à ce que l'on trouve un reste nul.

Ce qui précède montre qu'on peut s'abstenir de faire cette division. Il suffit de multiplier les deux termes de la fraction donnée par une puissance de l'un des facteurs 2 ou 5 telle que les exposants des deux facteurs deviennent égaux.

Ainsi, soit à réduire en fraction décimale la fraction $\frac{7}{250}$. On a :

$$\frac{7}{250} = \frac{7}{2 \times 5^3} = \frac{7 \times 2^2}{2^3 \times 5^3} = \frac{28}{1000} = 0,028.$$

201. — Considérons maintenant une fraction irréductible $\frac{6}{7}$ dont le dénominateur contient d'autres facteurs que 2 et 5. Il résulte du théorème précédent que cette fraction ne pourra pas être réduite en fraction décimale exacte ; autrement dit, si l'on effectue la division de 6 par 7 avec des chiffres décimaux, la division ne s'arrêtera jamais, si loin qu'on la prolonge.

Nous allons démontrer que le quotient renferme un certain nombre de chiffres qui se reproduisent toujours dans le même ordre, c'est-à-dire *périodiquement*.

En effet, dans le calcul du quotient de 6 par 7 à $\frac{1}{10}, \frac{1}{100}$... près, les restes obtenus successivement sont tous inférieurs au diviseur 7 ; on ne peut donc trouver comme restes différents que les nombres 1, 2, 3, 4, 5, 6 ; de sorte que l'on peut affirmer qu'après 6 divisions *au plus* un des restes précédemment obtenus reviendra forcément.

$$\begin{array}{r|l} 60 & \underline{7} \\ 40 & 0,857142 \\ 50 & \\ 10 & \\ 30 & \\ 20 & \\ 6 & \end{array}$$

Ainsi, dans la division de 6 par 7, le sixième reste est 6 ; or, pour continuer l'opération, on

CONVERSION DES FRACTIONS ORDINAIRES.

abaisse un zéro, ce qui donne le dividende 60 utilisé précédemment. Donc, à partir de ce moment, l'opération recommence. Il est dès lors inutile de continuer la division et l'on peut dire que la partie décimale 857142 va se reproduire indéfiniment.

La fraction $\frac{6}{7}$ réduite en fraction décimale donne donc le quotient *illimité* et *périodique*

$$0,857142857142...$$

```
310  | 55
350  | 0,563...
200  |
 35  |
```

Il en sera de même si l'on convertit en fraction décimale la fraction $\frac{31}{55}$; on trouve le quotient *illimité* et *périodique*.

$$0,5636363...$$

On peut remarquer que dans cet exemple, le premier chiffre décimal 5 ne se reproduit pas.

L'ensemble des chiffres qui se reproduisent constitue ce que l'on appelle la **période**, et les fractions décimales illimitées obtenues s'appellent des **fractions décimales périodiques**.

— Lorsque la période commence immédiatement après la virgule, la fraction décimale est dite **périodique simple**.

Exemple. — $0,857142857142...$

Lorsque la période ne commence pas immédiatement après la virgule, la fraction décimale est dite **périodique mixte**.

Exemple. — $0,5636363...$

Les chiffres qui ne se reproduisent pas s'appellent les *chiffres irréguliers* ou non périodiques.

— En résumé, lorsqu'on réduira une fraction irréductible en fraction décimale, on obtiendra ou une fraction décimale exacte ou une fraction décimale périodique.

La fraction périodique sera, suivant le cas, simple ou mixte.

FRACTION GÉNÉRATRICE D'UNE FRACTION DÉCIMALE PÉRIODIQUE

202. — *On appelle* **fraction génératrice** *d'une fraction décimale périodique la fraction ordinaire qui, réduite en fraction décimale, donne naissance à la fraction périodique.*

Ainsi, $\frac{6}{7}$ est la fraction génératrice de 0,857142857142...

De même, $\frac{31}{55}$ est la fraction génératrice de 0,56363...

203. — Soit la fraction irréductible $\frac{19}{33}$ donnant naissance à la fraction décimale périodique 0,575757...

Évaluons la fraction $\frac{19}{33}$ à $\frac{1}{100}$ près. On doit, d'après la règle (195), multiplier 19 par 100, puis effectuer la division à *une* unité près de 1900 par 33 ; on trouve ainsi 57 pour quotient et pour reste 19, nombre précisément égal au numérateur de la fraction $\frac{19}{33}$.

$$\begin{array}{r|l} 1900 & 33 \\ \overline{} & \overline{57} \\ 250 & \\ 19 & \end{array}$$

Donc, en prenant une période 0,57, on a la valeur de $\frac{19}{33}$ à $\frac{1}{100}$ près.

En calculant une période de plus, on aura 0,5757 qui représente la valeur de $\frac{19}{33}$ à $\frac{1}{10000}$ près, c'est-à-dire à $\frac{1}{100^2}$ près, et ainsi de suite.

FRACTIONS PÉRIODIQUES.

En partant de cette considération, nous allons pouvoir remonter de la fraction périodique à la fraction génératrice.

204. — *Fraction génératrice d'une fraction décimale périodique simple.* — Soit la fraction décimale périodique simple
$$0,575757\ldots$$

Pour le moment, ce nombre illimité n'a aucun sens. Cherchons s'il existe une fraction $\frac{a}{b}$ telle qu'en la réduisant en fraction décimale on obtienne précisément $0,575757\ldots$

D'après ce que l'on vient de voir (203), si $\frac{a}{b}$ existe, $0,57$ représente la valeur de $\frac{a}{b}$ à $\frac{1}{100}$ près. Or, pour obtenir cette valeur, on multiplie a par 100, puis on effectue la division de $100\,a$ par b à une unité près; le quotient est alors 57, et le reste est égal à a numérateur de $\frac{a}{b}$ (203).

D'après la théorie de la division, on a l'égalité :
$$100\,a = 57\,b + a.$$

Je retranche a aux deux membres de cette égalité; il vient :
$$99\,a = 57\,b.$$

Je divise les deux membres de cette égalité par $99\,b$, on obtient :
$$\frac{a}{b} = \frac{57}{99}.$$

Telle est la fraction génératrice qui, dans certains cas, pourra se simplifier (*).

— Réciproquement, si l'on cherche la valeur de $\frac{57}{99}$ à $\frac{1}{100}$ près, on trouve 0,57 ; et comme le reste se reproduit, en continuant la division, on retrouve la fraction périodique 0,575757…

De là, le théorème suivant :

La fraction génératrice d'une fraction décimale périodique simple est une fraction ordinaire qui a pour numérateur une période et pour dénominateur un nombre formé d'autant de 9 qu'il y a de chiffres dans la période.

REMARQUE I. — Il y a exception si l'on considère une fraction décimale exclusivement composée de 9, telle que 0,9999…

Le théorème précédent donnerait $\frac{9}{9}$ ou 1 pour fraction génératrice. On peut dire que la fraction décimale 0,999… n'a pas de fraction génératrice.

La fraction décimale 0,999… peut se rapprocher de 1 d'aussi peu que l'on veut, car sa différence avec l'unité diminue toujours à mesure que l'on prend un chiffre décimal de plus.

REMARQUE II. — Supposons que la fraction décimale périodique ait une partie entière ; soit, par exemple,

$$3,5757…$$

Il suffit d'ajouter cette partie entière à la fraction

(*) Cette démonstration si simple est due à M. Tannery, directeur des études scientifiques de l'École normale supérieure.

génératrice donnée par la partie décimale. On obtient ainsi :
$$3 + \frac{57}{99} = \frac{3 \times 99 + 57}{99} = \frac{3(100-1)+57}{99}$$
ou enfin
$$\frac{357-3}{99}.$$

De là, le théorème suivant :

Un nombre décimal périodique simple ayant une partie entière a pour fraction génératrice une fraction ordinaire dont le numérateur est la différence entre le nombre formé par la partie entière suivie d'une période et le nombre formé par la partie entière, et pour dénominateur autant de 9 qu'il y a de chiffres dans la période.

Théorème.

205. — *Lorsqu'une fraction irréductible donne naissance à une fraction périodique simple, son dénominateur ne contient ni le facteur 2 ni le facteur 5.*

Considérons, en effet, une fraction irréductible $\frac{a}{b}$ qui, convertie en fraction décimale, donne 0,785785...

D'après le théorème précédent (204), on a :
$$\frac{a}{b} = \frac{785}{999}.$$

Le dénominateur de la fraction génératrice étant toujours composé d'un certain nombre de 9 n'est jamais terminé ni par un chiffre pair, ni par 5 ; donc il ne renferme aucun des facteurs 2 et 5. Si maintenant la fraction génératrice est simplifiable, les facteurs 2 et 5 ne figurant pas au dénominateur avant la simplification ne pourront pas s'y trouver après qu'on aura rendu la fraction irréductible.

Donc, le dénominateur b ne contient ni 2 ni 5.

206. — *Fraction génératrice d'une fraction décimale périodique mixte*. — Soit la fraction décimale périodique mixte

$$0,73582582\ldots$$

Je multiplie ce nombre par l'unité suivie d'autant de zéros qu'il y a de chiffres irréguliers; soit, dans ce cas, par 100. On obtient :

$$73,582582\ldots$$

Pour avoir la fraction génératrice de ce dernier nombre, il suffit d'ajouter la partie entière 73 à la fraction génératrice $\frac{582}{999}$ de la fraction décimale périodique simple $0,582582\ldots$

On a ainsi :

$$73 + \frac{582}{999},$$

ce que l'on peut écrire comme il suit :

$$\frac{73 \times 999 + 582}{999} = \frac{73(1000 - 1) + 582}{999},$$

ou encore :

$$\frac{73000 + 582 - 73}{999} = \frac{73582 - 73}{999}.$$

On a ainsi la fraction génératrice de

$$73,582582\ldots$$

Or, pour revenir à la fraction décimale donnée

$$0,73582582\ldots$$

FRACTIONS PÉRIODIQUES.

il faut diviser par 100 ; on obtient ainsi :

$$\frac{73582 - 73}{99900}.$$

Inversement, en réduisant cette fraction en fraction décimale on retrouve 0,73582582...

De là, le théorème suivant :

La fraction génératrice d'une fraction décimale périodique mixte est une fraction ordinaire qui a pour numérateur la différence entre le nombre formé par les chiffres irréguliers suivis d'une période et le nombre formé par les chiffres irréguliers, et pour dénominateur un nombre formé d'autant de 9 qu'il y a de chiffres dans la période, suivis d'autant de zéros qu'il y a de chiffres irréguliers.

Dans bien des cas, cette fraction pourra être simplifiée.

REMARQUE I. — Il y a encore exception pour le cas où la période est composée exclusivement de 9.

Ainsi, considérons la fraction décimale périodique

$$0,73999....$$

En appliquant le théorème précédent, on trouve pour génératrice la fraction

$$\frac{739 - 73}{900} = \frac{666}{900} = \frac{74}{100}.$$

On trouve que 0,73999... est égal à 0,74. Donc la fraction 0,73999... n'a pas de fraction génératrice, et elle peut différer de 0,74 d'aussi peu que l'on veut ; c'est dans ce sens qu'on dit qu'elle est égale à 0,74.

REMARQUE II. — S'il y avait une partie entière, on raisonnerait de la même façon.

Soit le nombre décimal périodique mixte

$$4,73582582....$$

On considère le nombre décimal périodique simple

$$473,582582\ldots$$

obtenu en multipliant par 100 le nombre donné. Ce nombre a pour génératrice

$$473 + \frac{582}{999},$$

que l'on peut écrire ainsi :

$$\frac{473 \times 999 + 582}{999} = \frac{473(1000 - 1) + 582}{999},$$

ou encore

$$\frac{473582 - 473}{999}.$$

En divisant par 100, on obtient la fraction génératrice de $4,73582582\ldots$, soit :

$$\frac{473582 - 473}{99900};$$

d'où le théorème suivant :

La fraction génératrice d'un nombre décimal périodique mixte est une fraction ordinaire ayant pour numérateur la différence entre les deux nombres obtenus en plaçant successivement la virgule après une période et après les chiffres irréguliers, et pour dénominateur un nombre formé d'autant de 9 qu'il y a de chiffres dans la période suivis d'autant de zéros qu'il y a de chiffres irréguliers décimaux.

Théorème.

207. — *Lorsqu'une fraction irréductible réduite en fraction décimale donne naissance à une fraction pério-*

FRACTIONS PÉRIODIQUES.

dique mixte, son dénominateur contient au moins l'un des facteurs 2 ou 5.

Soit, en effet, une fraction irréductible $\dfrac{a}{b}$ qui, réduite en fraction décimale, donne la fraction périodique mixte

$$0{,}27583583\ldots$$

D'après le théorème précédent, on a :

$$\frac{a}{b} = \frac{27583 - 27}{99900}.$$

Démontrons d'abord que le numérateur ne peut pas être terminé par un zéro. En effet, pour que la différence 27 583 — 27 soit terminée par un zéro, il faudrait que le dernier chiffre irrégulier 7 fût égal au dernier chiffre 3 de la période ; ceci indiquerait alors que la période commence un chiffre plus tôt qu'on ne l'a fait commencer, et ce serait le résultat d'une erreur.

Le numérateur ne pouvant pas être terminé par un zéro, ne peut donc pas contenir *à la fois* les facteurs 2 et 5. Au contraire, le dénominateur qui, lui, est terminé par un ou plusieurs zéros, contient *à la fois* les deux facteurs 2 et 5 ; donc, lorsqu'on simplifiera la fraction

$$\frac{27583 - 27}{99900}$$

pour la rendre irréductible, on ne pourra pas faire disparaître à la fois les facteurs 2 et 5 du dénominateur. On peut donc affirmer que l'un au moins des facteurs 2 ou 5 figurera encore au dénominateur dans la fraction irréductible.

REMARQUE. — On peut démontrer que : *le plus grand exposant du facteur 2 ou 5 qui figure au dénominateur de la fraction irréductible est précisément égal au nombre des chiffres irréguliers.*

En effet, supposons que le plus fort exposant des facteurs 2 ou 5 soit, par exemple, celui du facteur 5, et supposons-le égal à 3. S'il y avait plus de 3 chiffres irréguliers dans la fraction décimale périodique, le dénominateur de la fraction génératrice renfermerait alors plus de 3 zéros, et par suite il contiendrait les facteurs 2 et 5 avec un exposant supérieur à 3. Or, en simplifiant, comme on suppose que c'est le facteur 2 qui se réduit, le numérateur ne renferme pas 5, et, après la réduction à la plus simple expression, ce facteur 5 ne s'étant pas réduit restera toujours au dénominateur avec un exposant supérieur à 3, ce qui est contre l'hypothèse.

On démontrerait de même qu'il ne peut pas y avoir moins de 3 chiffres irréguliers; donc il y en a 3.

208. — *Moyen de reconnaître a priori la nature de la fraction décimale donnée par une fraction irréductible.* — Les théorèmes précédents permettent de résoudre cette question immédiatement.

1° Si le dénominateur de la fraction irréductible ne renferme pas d'autres facteurs que 2 et 5, elle donne naissance à une fraction décimale exacte, et le nombre des chiffres décimaux est égal au plus grand exposant du facteur 2 ou du facteur 5 figurant au dénominateur (200).

Exemple. — Soit la fraction irréductible $\frac{14}{25}$; on a :

$$\frac{14}{25} = \frac{14}{5^2}.$$

Le dénominateur ne renfermant pas d'autres facteurs que 2 et 5, la fraction donnera naissance à une fraction décimale exacte ayant *deux* chiffres décimaux. On a, en effet :

$$\frac{14}{5^2} = \frac{14 \times 2^2}{5^2 \times 2^2} = \frac{56}{100} = 0,56.$$

2° *Si le dénominateur de la fraction irréductible ne renferme aucun des facteurs 2 ou 5, elle donne naissance à une fraction décimale périodique simple.*

Tout d'abord, la fraction décimale ne peut pas être exacte (200) ; donc elle sera périodique. De plus, elle ne peut pas être mixte, sans quoi le dénominateur de la fraction irréductible qui lui donne naissance contiendrait au moins l'un des facteurs 2 ou 5 ; ce qui est contre l'hypothèse. Donc la fraction périodique sera simple.

Ainsi, soit la fraction irréductible $\frac{6}{11}$. D'après ce que l'on vient de voir, elle donnera naissance à une fraction périodique simple. On a, en effet :

$$\frac{6}{11} = 0,5454\ldots$$

3° *Si le dénominateur de la fraction irréductible contient au moins l'un des facteurs 2 ou 5 avec d'autres facteurs, elle donne naissance à une fraction décimale périodique mixte, et le nombre des chiffres irréguliers est égal au plus grand exposant du facteur 2 ou 5 qui figure au dénominateur.*

En effet, d'abord elle ne peut pas donner une fraction décimale exacte, puisque le dénominateur contient d'autres facteurs que 2 et 5 ; donc elle donnera naissance à une fraction périodique. Or, d'après ce qu'on a vu précédemment (205), cette fraction périodique ne peut pas être simple, donc elle sera mixte.

Ainsi, considérons la fraction irréductible $\frac{7}{24}$; on a :

$$\frac{7}{24} = \frac{7}{2^3 \times 3}.$$

Cette fraction donnera naissance à une fraction décimale périodique mixte avec 3 chiffres irréguliers. On a, en effet :

$$\frac{7}{24} = 0{,}291666\ldots$$

EXERCICES SUR LES NOMBRES DÉCIMAUX

1. — Trouver le quotient de 875 par 42 à $\frac{1}{11}$ près.

2. — Trouver deux fractions ayant pour dénominateur 7 et pour numérateurs deux nombres entiers consécutifs, telles qu'elles comprennent la fraction $\frac{19}{25}$.

3. — Trouver, à une unité près, le quotient de 57 342 par 0,785. Compléter le quotient et l'évaluer à $\frac{1}{3}$ d'unité près à l'aide de la fraction complémentaire.

4. — Le diamètre des pièces de 5 francs en argent est de $0^m,037$. Combien faut-il en placer l'une à la suite de l'autre en ligne droite pour former une longueur de 1000 mètres ?

5. — Un libraire achète à un éditeur 78 livres marqués 2 fr. 50 avec 15 p. 100 de remise sur le prix d'achat et 13 volumes pour 12. Faire le compte de ce qu'il doit. (B. E.)

6. — Une pièce de vin de 228 litres coûte 120 francs. On met ce vin dans des bouteilles de 0 lit. 80. 1° Combien faut-il de bouteilles ? 2° A quel prix revient la bouteille de vin, sachant que le cent de bouteilles coûte 15 francs, le cent de bouchons 1 fr. 80, le travail de la mise en bouteilles 5 francs, et sachant en outre que le fût vide a été revendu 7 francs ?

7. — Un marchand a acheté trois pièces de drap : la première à 6 francs le mètre, la deuxième à 5 fr. 70 le mètre, la troisième à 4 fr. 20 le mètre. Il les a revendues avec un bénéfice de 5 p. 100, et la vente a produit 642 fr. 60. On sait que la première a coûté à elle seule autant que les deux autres ensemble, et que la seconde a coûté 104 fr. 40 de plus que la troisième. On demande la longueur de chaque pièce. (B. E.)

8. — Une personne A en poursuit une autre B qui a 450 mètres d'avance. A fait 3 pas de $0^m,70$ quand B en fait 2 de $0^m,75$.

CONVERSION DES FRACTIONS ORDINAIRES.

On demande combien A doit faire de pas pour rejoindre B et quelle sera la longueur du chemin parcouru.

(Arts et métiers.)

9. — La roue de devant d'une voiture dont la circonférence a pour longueur 5^m,25 a fait dans un trajet 2000 tours de plus que la roue de derrière dont la circonférence a 7^m,125. En déduire la longueur du trajet parcouru.

10. — Une masse de tabac sec reçoit une première mouillade qui augmente son poids de 8 p. 100, puis une deuxième mouillade augmentant de 3,50 p. 100 le poids obtenu après la première mouillade. La masse de tabac pèse alors 894^{kg},240. Trouver : 1° le poids du tabac sec ; 2° dire le pour cent d'augmentation du poids du tabac sec après la deuxième mouillade.

11. — Un marchand achète une marchandise, puis la revend avec un bénéfice qui est les $\frac{11}{100}$ du prix d'achat, mais qui est inférieur de 18 fr. 15 aux $\frac{11}{100}$ du prix de vente. Quels sont les prix d'achat et de vente ? (B. E.)

12. — La toile écrue perd au blanchissage 15 p. 100 de sa longueur. Un marchand qui avait acheté 12 pièces de toile écrue les revend après le blanchissage au prix de 2 fr. 10 le mètre, et retire du tout une somme de 535 fr. 50 y compris un bénéfice de 85 fr. 50. Quels étaient, à l'achat, la longueur de chaque pièce et le prix d'un mètre de toile écrue ? (B. E.)

13. — Un marchand a acheté 15 pièces de vin pour 1200 francs. Il a payé 92 fr. 50 de droits et 20 fr. 40 de transport ; chaque pièce contenait 220 litres, et il s'en est perdu 3 p. 100 par évaporation. Combien doit-il revendre le litre pour gagner 285 francs sur son marché ? (B. E.)

14. — Pour terminer un travail pressé, un chef de maison a dû demander des heures supplémentaires à ses employés ; 5 d'entre eux ont prolongé leur travail quotidien de 2 h. $\frac{1}{3}$ pendant 15 soirées ; 4 autres ont travaillé chacun 2 h. $\frac{3}{4}$ pendant 12 soirées ; enfin un dernier groupe de 7 employés a donné pour chacun de ses membres 5 h. $\frac{5}{6}$ de travail supplémentaire pendant 18 jours. Trouver à moins de 0,01 près ce qui revient à chaque employé, sachant que le patron leur a accordé une gratification de 1300 francs. (B. E.)

15. — Un père de famille prend à Paris pour Lille 4 billets de 2ᵉ classe et un de 3ᵉ classe pour la somme de 109 fr. 30. Au retour il prend 2 billets de 2ᵉ classe et 3 billets de 3ᵉ classe pour la somme de 96 fr. 90. 1° Calculer la distance de Paris à Lille, sachant que la différence entre le prix du billet de 2ᵉ classe et le prix du billet de 3ᵉ classe est de 0 fr. 0248 par kilomètre ; 2° calculer le prix du billet de 3ᵉ classe.
(B. E.)

16. — Trouver les fractions génératrices des fractions décimales
$$0,582582\ldots - 0,037037\ldots - 0,70303\ldots$$

17. — Démontrer d'abord à l'aide de la simplification, puis ensuite par la théorie des fractions décimales périodiques, que l'on a :
$$\frac{35}{99} = \frac{3535}{9999} = \frac{353535}{999999}.$$

18. — Trouver le quotient de 841 par 17 à $\frac{3}{4}$ d'unité près.

19. — Sachant que la valeur approchée par défaut à $\frac{1}{1000}$ près d'une fraction ordinaire est 0,342, déterminer cette fraction, son dénominateur étant 251.

20. — Calculer à $\frac{1}{1000}$ près la valeur de l'expression
$$\frac{1747,59 \times 398,492}{27,1425}$$
(*Arts et métiers*).

LIVRE IV

RACINES

CHAPITRE PREMIER

RACINE CARRÉE

209. — *Définitions.* — *Quand un nombre entier* A *est le carré d'un autre nombre entier* B, *inversement on dit que* B *est la* **racine carrée** *de* A.

Ainsi, 25 est le carré de 5 ; donc 5 est la racine carrée de 25.

On dit alors que 25 est un *carré parfait*.

Remarque. — Il résulte de ce que l'on a vu précédemment (60), qu'un nombre entier décomposé en facteurs premiers sera un carré parfait si tous les exposants des facteurs premiers sont *pairs*.

Application. — *Quel est le plus petit nombre par lequel il faut multiplier 504 pour obtenir un carré parfait ?*

On a :
$$504 = 2^3 \times 3^2 \times 7$$

Pour que les exposants des facteurs soient pairs, il suffit de multiplier par 2×7 qui est le plus petit nombre demandé. On aura en effet :

$$504 \times 2 \times 7 = 2^4 \times 3^2 \times 7^2 = (2^2 \times 3 \times 7)^2 = 84^2$$

— On indique la racine carrée à l'aide du signe $\sqrt{}$ que l'on appelle un *radical*. Le nombre dont on veut indiquer la racine carrée se place au-dessous du trait horizontal. Ainsi, on écrit :
$$\sqrt{25} = 5.$$

Chercher la racine carrée d'un nombre, c'est *extraire* la racine carrée de ce nombre, et l'opération que l'on fait s'appelle *extraction de la racine carrée*.

210. — **Racine carrée à une unité près.** — Lorsqu'un nombre n'est pas carré parfait, on appelle *racine carrée de ce nombre à une unité près par défaut*, ou simplement *à une unité près, la racine carrée du plus grand carré contenu dans ce nombre*.

Ainsi, soit le nombre 42 qui n'est pas carré parfait. Le plus grand carré contenu dans 42 est 36 qui est le carré de 6; on a en effet :
$$36 < 42 < 49$$
ou
$$6^2 < 42 < 7^2;$$

il résulte de la définition que 6 est la racine carrée de 42 à une unité près par défaut.

Le nombre 7 serait la racine carrée de 42 à une unité près *par excès*.

— D'une manière générale, si a désigne la racine carrée à une unité près par défaut d'un nombre N, on écrit :
$$a^2 \leq N < (a+1)^2.$$

Cette double inégalité indique bien que le plus grand carré contenu dans N est a^2 et non $(a+1)^2$; donc a est bien, par définition, la racine carrée de N à une unité près.

Il importe de remarquer que a et $a+1$ sont les deux

nombres entiers *consécutifs* dont les carrés comprennent N.

211. — Reste de la racine carrée d'un nombre.
— *On appelle reste de la racine carrée d'un nombre l'excès de ce nombre sur le carré de sa racine à une unité près par défaut.*

Si donc a est la racine carrée de N à une unité près par défaut, en désignant par R le reste de la racine, on a :
$$R = N - a^2,$$
égalité qui montre que N est la somme de a^2 et de R ; donc :
$$N = a^2 + R.$$

212. — Limite supérieure du reste dans la racine carrée. — *Le reste de la racine carrée d'un nombre est au plus égal au double de la racine à une unité près par défaut.*

Remarquons, pour cela, que la différence entre les carrés de deux nombres entiers consécutifs est égale à deux fois le plus petit plus 1.

En effet, on a (61) :
$$(a+1)^2 = a^2 + 2a + 1.$$
Donc :
$$(a+1)^2 - a^2 = 2a + 1.$$

Ceci posé, soit a la racine carrée du nombre N à une unité près par défaut ; on a :
$$N = a^2 + R.$$
Si R est inférieur ou au plus égal à $2a$, on a :
$$N \leq a^2 + 2a,$$
à plus forte raison, on a :
$$N < a^2 + 2a + 1$$
ou
$$N < (a+1)^2,$$

ce qui montre que la racine carrée de N ne pourra pas être $a+1$.

Si, au contraire, R est plus grand que $2a$, comme R est un nombre entier il vaut au moins $2a+1$, et l'on a :

$$N \geq a^2 + 2a + 1$$

ou
$$N \geq (a+1)^2 ;$$

ce qui montre que la racine carrée de N serait au moins $a+1$ et non a.

Donc le reste R est au plus égal à $2a$; autrement dit, on devra avoir :

$$R \leq 2a.$$

Conséquence I. — L'égalité

$$N = a^2 + R$$

ne définit la racine carrée a de N qu'à la condition d'y joindre l'inégalité

$$R \leq 2a.$$

Conséquence II. — Si le reste est égal à la racine, on a :
$$R = a.$$

L'égalité
$$N = a^2 + R$$

devient alors :

$$N = a^2 + a = a(a+1),$$

et le nombre N est alors le produit de deux nombres entiers consécutifs.

CARRÉS DES 9 PREMIERS NOMBRES

Nombres...	1	2	3	4	5	6	7	8	9
Carrés.....	1	4	9	16	25	36	49	64	81

RACINE CARRÉE.

On peut remarquer qu'aucun de ces carrés n'est terminé par un des chiffres 2, 3, 7 et 8.

REMARQUE. — On a vu qu'un nombre composé de dizaines et d'unités peut toujours se mettre sous la forme
$$10d + u,$$
d désignant le nombre des dizaines et u le chiffre des unités.

Ainsi, on a :
$$4375 = 4370 + 5 = 10 \times 437 + 5,$$
nombre de la forme
$$10d + u.$$

Théorème.

213. — *Le carré d'un nombre entier est toujours terminé par le chiffre qui termine le carré du chiffre des unités.*

Considérons, en effet, un nombre entier N ; on peut écrire :
$$N = 10d + u.$$
En formant son carré (61) on a :
$$N^2 = (10d + u)^2 = 100d^2 + 2 \times 10du + u^2.$$
Les deux parties $100d^2$ et $2 \times 10du$ sont certainement terminées par des zéros ; donc le carré de N sera terminé par le chiffre qui termine le carré u^2 du chiffre des unités.

CONSÉQUENCE. — *Un carré n'est jamais terminé par un des chiffres 2, 3, 7 et 8.*

On a vu, en effet, que les carrés des 9 premiers nombres ne sont jamais terminés par un de ces chiffres.

RACINE CARRÉE D'UN NOMBRE ENTIER A UNE UNITÉ PRÈS

Théorème général.

214. — *Lorsqu'un nombre est plus grand que 100, on obtient les dizaines de sa racine carrée en extrayant la racine carrée des centaines du nombre.*

Soit, en effet, le nombre 36 785.

Ce nombre étant plus grand que 100, sa racine carrée est certainement plus grande que 10 ; elle a donc des dizaines. Or des dizaines au carré donnent des centaines ; c'est donc dans les 367 centaines du nombre que l'on doit chercher les dizaines de sa racine carrée.

Désignons par a la racine carrée à une unité près de 367, nombre des centaines ; on a :

$$a^2 \leq 367 < (a+1)^2$$

Multiplions ces nombres par 100 ou 10^2, on a encore :

$$a^2 \times 10^2 \leq 36\,700 < (a+1)^2 \times 10^2.$$

Avant la multiplication par 100, les deux nombres entiers inégaux 367 et $(a+1)^2$ différaient au moins d'une unité ; donc, après cette multiplication, ils diffèrent au moins de 100 unités. Si donc au plus petit des deux on ajoute le nombre 85, nombre inférieur à 100, il reste encore le plus petit ; autrement dit, on ne change pas le sens de l'inégalité entre les deux nombres. Quant à l'égalité *possible* entre les deux premiers nombres elle sera détruite, et l'on aura :

$$a^2 \times 10^2 < 36\,785 < (a+1)^2 \times 10^2$$

ou

$$(a \times 10)^2 < 36\,785 < [(a+1)10]^2,$$

ce qui montre que le nombre donné est compris entre le carré de a *dizaines* et celui de $a+1$ *dizaines*, donc sa racine carrée renferme bien *a dizaines* et n'en renferme pas $a+1$.

Donc on obtient les dizaines de la racine carrée de 36785 en extrayant la racine carrée des 367 centaines.

215. – *Premier cas.* — **Le nombre est inférieur à 100.**

Il suffit de savoir par cœur les carrés des 9 premiers nombres pour trouver immédiatement le plus grand carré contenu dans le nombre, et par suite sa racine carrée.

Soit à extraire la racine carrée de 56 à une unité près. Le plus grand carré contenu dans 56 est 49 ; on a, en effet :
$$49 < 56 < 64,$$
ou
$$7^2 < 56 < 8^2.$$

Donc 7 est la racine carrée de 56 à une unité près.

216. — *Deuxième cas.* — **Le nombre est compris entre 100 et 10 000.**

Soit à extraire la racine carrée de 2475 à une unité près:

Ce nombre étant compris entre 100 et 10 000, sa racine carrée sera comprise entre 10 et 100 ; donc elle a 2 chiffres.

Si l'on désigne par d le chiffre des dizaines et par u le chiffre des unités, la racine est de la forme $10\,d + u$, et l'on peut écrire :
$$2475 = (10\,d + u)^2 + R,$$

R pouvant être nul.

En développant le second membre, on a :
$$2\,475 = 100\,d^2 + 2 \times 10\,du + u^2 + R \qquad (1)$$

Le théorème général (214) montre que l'on aura le chiffre d en extrayant la racine carrée des 24 centaines,

(1ᵉʳ cas). Soit 4 cette racine : 4 est le chiffre des dizaines.

Si aux deux membres de l'égalité (1) on retranche $100\,d^2$, il vient :

$$2\,475 - 100\,d^2 = 2 \times 10\,du + u^2 + \text{R},$$

ou, en remplaçant d par sa valeur 4 :

$$2475 - 1600 = 2 \times 10 \times 4 \times u + u^2 + \text{R}$$

ou

$$875 = 2 \times 10 \times 4 \times u + u^2 + \text{R} \qquad (2)$$

Le produit $2 \times 10 \times 4 \times u$ est un nombre entier de *dizaines* qui seront certainement contenues dans les 87 dizaines de 875. Si l'on était sûr que dans ces 87 dizaines il n'y ait que les dizaines qui proviennent du produit $2 \times 10 \times 4 \times u$, il est évident que l'on pourrait affirmer qu'en divisant 87 par 2×4 on aura le chiffre u. Mais, dans ces 87 dizaines il *peut* y avoir d'autres dizaines provenant de $u^2 + \text{R}$; donc le quotient de 87 par 2×4, ou $2d$, donnera le chiffre u ou un chiffre *trop fort*. De là, la nécessité d'essayer ce chiffre.

Divisons donc 87 par $2d$ ou 8 ; on obtient 9. Pour essayer le chiffre 9 on peut faire le carré de 49 et le retrancher de 2 475. Il est préférable de tenir compte de ce que l'on a déjà retranché le carré des 4 dizaines. On forme alors $2 \times 10\,du + u^2$ que l'on retranche du reste 875.

Pour former $2 \times 10\,du + u^2$ on l'écrit ainsi :

$$(2 \times 10\,d + u)\,u.$$

Dans l'exemple considéré, on a donc, en remplaçant d par 4 et u par 9 :

$$(2 \times 4 \times 10 + 9) \times 9,$$

ou

$$(80 + 9) \times 9,$$

ou enfin :

$$89 \times 9 = 801.$$

Donc : *Pour faire l'essai du chiffre 9, on écrit ce chiffre à droite du double du chiffre des dizaines et on multiplie le nombre ainsi formé par le chiffre 9 que l'on essaie. Si le produit peut se retrancher du reste 875, le chiffre est bon ; sinon, il est trop fort. On le diminue alors d'une unité et l'on fait de même l'essai du nouveau chiffre.*

Retranchons 801 de 875, on trouve 74 pour reste.

On dispose l'opération comme il suit :

```
2 4.7 5 | 49
1 6     | 89 × 9
─────
  8 7.5
  8 0 1
  ─────
    7 4
```

On écrit la racine à la place du diviseur dans une division ordinaire ; au-dessous, on écrit le double du chiffre 4, soit 8, à la droite duquel on écrit le chiffre 9 à essayer. Le produit de 89 par 9 donne 801 que l'on retranche de 875.

Pratiquement, on peut effectuer les soustractions mentalement, sans écrire le premier carré 16, ni le produit 801. On dira : le plus grand carré contenu dans 24 est 16 dont la racine est 4 ; 4 fois 4, 16 ; ôté de 24, reste 8 ; j'abaisse 75 et je sépare le chiffre 5 par un point ; je double la racine : 2 fois 4, 8. En 87, combien de fois 8 ; il y est 9 fois ; j'écris 9 à droite de 4 et à droite de 8, puis je multiplie 89 par 9 et je retranche le produit de 875 en disant : 9 fois 9, 81 ; ôté de 85, reste 4, et je retiens 8 ; 9 fois 8, 72, et 8, 80 ; ôté de 87, reste 7.

La racine est donc 49 et le reste 74 ; on a l'opération suivante :

```
2 4.7 5 | 49
  8 7.5 | 89 × 9
    7 4
```

217.—*Cas général.* — *Le nombre est quelconque.*
Soit à extraire la racine carrée de 8 038 863.

Du théorème général (214), il résulte que l'on obtiendra le *nombre* des dizaines en extrayant la racine carrée des 80 388 centaines du nombre. Ces dizaines étant connues, on obtiendra le *chiffre* des unités en procédant comme dans le deuxième cas.

On est donc ramené à extraire la racine carrée de 80 388. Mais ce nombre est lui-même plus grand que 100, donc sa racine a des dizaines, et d'après le théorème général (214) on les obtiendra en extrayant la racine carrée de 803.

Le nombre 803 étant lui-même plus grand que 100 a des dizaines à sa racine; on les obtiendra en extrayant la racine carrée des 8 centaines.

Ceci conduit à diviser le nombre en tranches de 2 chiffres en commençant par la droite.

D'ailleurs, le deuxième cas permet d'obtenir la racine carrée de 803; on trouve alors 28. On considère 28 comme formant les dizaines de la racine de 80 388, et on obtient le chiffre 3 des unités de la racine de ce nombre comme dans le deuxième cas.

Le nombre obtenu 283 forme alors les dizaines de la racine du nombre 8 038 863; en procédant toujours comme dans le deuxième cas, on obtiendra le chiffre 5 des unités.

On dispose l'opération comme il suit :

```
 8.0 3.8 8.6 3 | 2835
 4 0.3         | 48 × 8
 3 8 4         | 563 × 3
   1 9 8.8     | 5665 × 5
   1 6 8 9
     2 9 9 6.3
     2 8 3 2 5
       1 6 3 8
```

On peut effectuer les soustractions mentalement, sans écrire les produits, ce qui simplifie encore l'écriture.

De ce qui précède, résulte la règle suivante :

218. — Règle. — *Pour extraire la racine carrée d'un nombre entier à une unité près, on procède ainsi :*

1° *On le partage en tranches de deux chiffres à partir de la droite, la dernière tranche à gauche pouvant n'avoir qu'un chiffre.*

2° *On extrait la racine carrée du plus grand carré contenu dans la dernière tranche à gauche : on a ainsi le premier chiffre à gauche de la racine.*

3° *On retranche le carré de ce chiffre de la dernière tranche à gauche; on a ainsi un premier reste partiel à la droite duquel on abaisse la tranche suivante.*

4° *Sur la droite du nombre ainsi formé on sépare un chiffre par un point, et l'on divise le nombre à gauche du point par le double du premier chiffre de la racine : on a ainsi le deuxième chiffre de la racine, ou un chiffre trop fort.*

Pour essayer ce chiffre, on l'écrit à la droite du double du premier chiffre; on multiplie le nombre ainsi formé par le chiffre à essayer, et le produit doit pouvoir se retrancher du nombre formé par le premier reste partiel suivi de la deuxième tranche. Sinon, le chiffre est trop fort; on le diminue d'une unité et on essaie de même le nouveau chiffre. Le chiffre essayé étant bon, on l'écrit à droite du premier chiffre de la racine.

5° *A la droite du deuxième reste partiel, on abaisse la troisième tranche du nombre et on sépare par un point le dernier chiffre à droite du nombre ainsi formé. On divise le nombre à gauche du point par le double du nombre formé par les deux premiers chiffres de la racine : on a ainsi le troisième chiffre de la racine ou un chiffre trop fort. On essaie ce chiffre comme précédemment.*

On continue ainsi jusqu'à ce que l'on ait utilisé toutes les tranches du nombre.

Si le nombre est carré parfait, le reste sera nul.

Remarque I. — Si dans le courant de l'opération on rencontre une division donnant *zéro* pour quotient, on écrit un zéro à la racine, puis à la droite du double; on abaisse une nouvelle tranche, et on continue l'opération conformément à la règle.

Remarque II. — S'il arrivait qu'on écrive un chiffre trop faible à la racine, on serait toujours prévenu par la considération du reste *partiel* correspondant, lequel ne doit jamais surpasser le double de la racine déjà obtenue, car ce reste peut être considéré comme le reste de la racine de la partie du nombre déjà utilisée, et on peut lui appliquer le théorème de la limite du reste (212).

Remarque III. — On peut obtenir le double de la racine déjà trouvée en faisant la somme des deux facteurs du produit employé dans le calcul du dernier chiffre obtenu.

Ainsi, reprenons l'exemple précédent et supposons que l'on veuille calculer le double de 283 : on ajoute 563 et 3, car on a :

$$563 + 3 = 560 + 6 = (280 + 3)\,2.$$

Donc en ajoutant 563 et 3 on a bien le double de 283.

219. — ***Nombre des chiffres de la racine***. — Après avoir divisé le nombre en tranches de deux chiffres, il est évident que le nombre des chiffres de la racine est égal au nombre des tranches.

220. — ***Preuve de la racine carrée***.

1° L'égalité
$$N = a^2 + R$$

donne un moyen de faire la preuve : au carré de la racine

on ajoute le reste R, et l'on doit retrouver le nombre donné.

2° **Preuve par 9 et par 11.**

Il suffit d'appliquer à la racine carrée la règle donnée pour la division (106), en considérant le nombre donné comme le dividende et la racine étant à la fois le diviseur et le quotient.

Soit à faire la preuve par 9 de l'opération suivante :

```
1 2.0 6.8 7 | 347
   3 0.6   | 64×4
     5 0 8.7 | 687×7
         2 7 8
```

$$6 \diagdown\diagup 6 \atop 5$$

On cherche le reste de la division par 9 du nombre donné, on trouve 6 ; puis le reste de la division par 9 de la racine, on trouve 5 ; on fait le carré de 5, soit 25 dont le reste par 9 est 7 ; on ajoute ce reste avec le reste de la racine en disant : 7 et 2, 9, reste 0 ; 7 et 8, 15 ; 1 et 5, 6.

On procéderait de même pour la preuve par 11.

RACINE CARRÉE DES NOMBRES FRACTIONNAIRES

On a vu (184) que pour élever une fraction au carré on élève ses deux termes au carré.

Ainsi, on a :

$$\left(\frac{3}{5}\right)^2 = \frac{3^2}{5^2} = \frac{9}{25}.$$

Théorème.

221. — *Pour qu'une fraction irréductible soit le carré d'une autre fraction irréductible, il faut et il suffit que ses deux termes soient des carrés parfaits.*

La condition est évidemment suffisante. Démontrons qu'elle est nécessaire.

Soit, en effet, une fraction irréductible $\frac{a}{b}$ que nous supposerons égale au carré d'une autre fraction irréductible $\frac{\alpha}{\beta}$; on a alors :

$$\frac{a}{b} = \frac{\alpha^2}{\beta^2}.$$

Or $\frac{\alpha}{\beta}$ étant irréductible, son carré $\frac{\alpha^2}{\beta^2}$ est aussi une fraction irréductible et les deux fractions irréductibles $\frac{a}{b}$ et $\frac{\alpha^2}{\beta^2}$ ne peuvent être égales que si l'on a :

$$a = \alpha^2$$
$$b = \beta^2.$$

Donc les termes a et b sont des carrés parfaits.

Théorème.

222. — *Pour extraire la racine carrée d'une fraction dont les deux termes sont carrés parfaits, on extrait la racine carrée de chaque terme.*
Ainsi :

$$\sqrt{\frac{9}{25}} = \frac{3}{5}.$$

En effet, si on élève $\frac{3}{5}$ au carré on obtient bien $\frac{9}{25}$; donc $\frac{3}{5}$ est la racine carrée de $\frac{9}{25}$.

— Supposons maintenant que le dénominateur seul soit un carré parfait.

Dans ce cas, on ne peut pas avoir la racine carrée

RACINE CARRÉE.

exactement; on peut extraire la racine carrée à une unité près du numérateur, et on obtient ainsi *approximativement* la racine de la fraction.

Soit, par exemple, la fraction $\frac{18}{49}$. La racine de 18 à une unité près est 4; donc la racine carrée de $\frac{18}{49}$ est comprise entre $\frac{4}{7}$ et $\frac{5}{7}$ dont les carrés comprennent $\frac{18}{49}$.

On dit alors que la racine carrée de $\frac{18}{49}$ est $\frac{4}{7}$ à $\frac{1}{7}$ près par défaut.

REMARQUE. — On pourra toujours ramener au cas où le dénominateur est un carré parfait, en multipliant les deux termes de la fraction par son dénominateur.

Théorème.

225. — *La racine carrée d'un nombre fractionnaire à une unité près est la même que la racine carrée de la partie entière à une unité près.*

La démonstration de ce théorème est la même, soit que l'on considère un nombre fractionnaire ou un nombre décimal.

Soit donc le nombre 32,857. Désignons par a la racine carrée de 32 à une unité près. On a :

$$a^2 \leq 32 < (a+1)^2$$

Les deux nombres entiers inégaux 32 et $(a+1)^2$ diffèrent entre eux d'au moins une unité; si donc au plus petit des deux on ajoute le nombre 0,857, nombre inférieur à 1, on ne change pas le sens de l'inégalité. Quant à l'égalité possible entre les deux premiers nombres, elle sera détruite ; de sorte que l'on a :

$$a^2 < 32,857 < (a+1)^2,$$

ce qui montre que la racine carrée de 32,857 à une unité près est aussi a, c'est-à-dire la même que celle de la partie entière 32.

Théorème.

224. — *Si la racine carrée d'un nombre entier n'est pas entière, elle n'est pas non plus une fraction irréductible.*

En effet, si la racine carrée du nombre entier N était égale à la fraction irréductible $\dfrac{a}{b}$, on aurait alors :

$$N = \frac{a^2}{b^2};$$

il en résulterait que $\dfrac{a^2}{b^2}$ serait un nombre entier. Or a et b sont premiers entre eux ; il en est de même de leurs carrés a^2 et b^2, et, par suite, de même que a n'est pas divisible par b, a^2 n'est pas divisible par b^2, et le quotient de a^2 par b^2 ne peut pas être égal au nombre entier N.

Conséquence. — Considérons un nombre entier, par exemple 18, non carré parfait. Il n'existe aucun nombre entier ni fractionnaire dont le carré soit égal à 18.

On sait extraire cette racine à une unité près.

Proposons-nous de l'extraire avec une approximation donnée.

RACINE CARRÉE A UNE APPROXIMATION DONNÉE

225. — *Définition.* — *Extraire la racine carrée d'un nombre entier ou fractionnaire à* $\dfrac{1}{10}$, $\dfrac{1}{100}$, $\dfrac{1}{1000}$...

près, c'est chercher le plus grand nombre de dixièmes, de centièmes, de millièmes… dont le carré soit contenu dans le nombre donné.

Ainsi, la racine carrée de A à $\dfrac{1}{100}$ près sera une fraction $\dfrac{a}{100}$ satisfaisant aux inégalités suivantes :

$$\left(\dfrac{a}{100}\right)^2 \leq A < \left(\dfrac{a+1}{100}\right)^2.$$

— D'une manière générale, *extraire la racine carrée d'un nombre entier ou fractionnaire à $\dfrac{1}{n}$ près, c'est chercher le plus grand nombre de $n^{\text{ièmes}}$ dont le carré soit contenu dans le nombre donné.*

Ainsi, si $\dfrac{a}{n}$ est la racine carrée de A à $\dfrac{1}{n}$ près, on a :

$$\left(\dfrac{a}{n}\right)^2 \leq A < \left(\dfrac{a+1}{n}\right)^2$$

ou encore :

$$\dfrac{a^2}{n^2} \leq A < \dfrac{(a+1)^2}{n^2}.$$

226. — *Racine carrée à $\dfrac{1}{10^n}$ près.*

Premier cas. — Soit à extraire la racine carrée d'un nombre entier A à $\dfrac{1}{1000}$ près.

Soit $\dfrac{x}{1000}$ cette racine. Par définition, on a :

$$\left(\dfrac{x}{1000}\right)^2 \leq A < \left(\dfrac{x+1}{1000}\right)^2$$

ou encore :

$$\dfrac{x^2}{1000^2} \leq A < \dfrac{(x+1)^2}{1000^2}.$$

Multiplions ces trois nombres par 1000^2, il vient :
$$x^2 \leq A \times 1000^2 < (x+1)^2,$$

double inégalité qui montre que x est la racine carrée à *une unité près* du nombre $A \times 1000^2$, c'est-à-dire du nombre A multiplié par le carré du dénominateur de la fraction $\frac{1}{1000}$. D'où la règle suivante :

Pour extraire la racine carrée d'un nombre entier A *à* $\frac{1}{10^n}$ *près, on multiplie* A *par le carré du dénominateur de la fraction d'approximation ; puis on extrait la racine carrée à une unité près du produit obtenu et l'on exprime ensuite que cette racine représente des unités décimales du $n^{ième}$ ordre.*

Deuxième cas. — *Supposons le nombre donné fractionnaire.*

Soit à extraire la racine carrée de $\frac{A}{B}$ à $\frac{1}{1000}$ près.

En désignant toujours cette racine par $\frac{x}{1000}$, on a :
$$\frac{x^2}{1000^2} \leq \frac{A}{B} < \frac{(x+1)^2}{1000^2}.$$

En multipliant ces trois nombres par 1000^2, on a :
$$x^2 \leq \frac{A \times 1000^2}{B} < (x+1)^2,$$

ce qui montre que x est la racine carrée à une unité près du nombre $\frac{A \times 1000^2}{B}$. Or, en général, ce nombre ne sera pas entier. Pour obtenir sa racine à une unité près, on effectuera le quotient *entier* du produit $A \times 1000^2$ par le nombre B, et l'on extraira la racine carrée à une unité près du quotient obtenu (223). Cette racine sera le nombre x auquel on fera exprimer des *millièmes*.

EXEMPLE. — Extraire la racine carrée de $\dfrac{355}{113}$ à $\dfrac{1}{100}$ près.

Soit $\dfrac{x}{100}$ cette racine, on a :

$$\frac{x^2}{100^2} \leq \frac{355}{113} < \frac{(x+1)^2}{100^2}.$$

Multiplions les trois nombres par 100^2 ou $10\,000$, on a :

$$x^2 \leq \frac{3550000}{113} < (x+1)^2,$$

double inégalité qui montre que x est la racine carrée à une unité près du nombre $\dfrac{3550000}{113}$. Or, ce nombre n'est pas entier; pour obtenir sa racine carrée à une unité près, on prend la partie entière du quotient, et on extrait la racine carrée à une unité près de ce quotient; on a les opérations suivantes :

```
3550000 | 113        3.14.15 | 177
    160 | 31415      2 1.4   | 27 × 7
    470                2 5 1.5 | 347 × 7
    180                    8 6
    670
    105
```

La partie entière du quotient est 31 415, et la racine carrée à une unité près de ce nombre est 177.

Donc, la racine carrée de $\dfrac{355}{113}$ à $\dfrac{1}{100}$ près est $\dfrac{177}{100}$ ou 1,77.

— REMARQUE. — Pratiquement, extraire la racine carrée d'un nombre décimal à $\frac{1}{10}$, $\frac{1}{100}$... près, c'est l'extraire avec un, deux... chiffres décimaux.

On peut donc partager le nombre en tranches de deux chiffres à droite et à gauche de la virgule ; puis on extrait la racine carrée de la partie entière, on met une virgule à la racine et l'on continue l'opération en abaissant successivement autant de tranches de deux chiffres décimaux qu'on veut avoir de chiffres décimaux à la racine.

Si le nombre donné n'a pas assez de chiffres décimaux, on complète les tranches par des zéros.

Si l'approximation n'est pas fixée, on arrêtera l'opération où l'on voudra.

EXEMPLES. — Extraire la racine carrée des nombres 742,81574 et 0,009. On a les opérations suivantes :

```
7.42,81.57.40 | 27,254      0,009000 | 0,094
3 4.2         | 47×7            90.0 | 184×4
  1 3 8.1     | 542×2            164 |
    2 9 7 5.7 | 5445×5
      2 5 3 2 4.0 | 51504×4
          3 5 2 2 4 |
```

La racine carrée de 742,81574 est 27,254 à $\frac{1}{1000}$ près.

De même, la racine carrée de 0,009 est 0,094 à $\frac{1}{1000}$ près.

227. — *Racine carrée à $\frac{1}{n}$ près.* — Le raisonnement est absolument le même que précédemment.

Soit $\frac{x}{n}$ la racine carrée de A à $\frac{1}{n}$ près. On a :

$$\frac{x^2}{n^2} \leq A < \frac{(x+1)^2}{n^2}.$$

Multiplions les trois nombres par n^2, on a :
$$x^2 \leq A.n^2 < (x+1)^2,$$
double inégalité qui montre que x est la racine carrée de $A.n^2$ à une unité près.

D'où la règle :

Pour extraire la racine carrée d'un nombre A à $\frac{1}{n}$ près, on le multiplie par le carré n^2 du dénominateur de la fraction d'approximation ; puis on extrait la racine carrée du produit obtenu à une unité près, et l'on exprime ensuite que cette racine représente des $n^{ièmes}$.

— D'une manière plus générale, *extraire la racine carrée d'un nombre à $\frac{p}{n}$ près, c'est chercher le plus grand multiple de $\frac{p}{n}$ dont le carré soit contenu dans le nombre donné.*

Le raisonnement est analogue au précédent.

228. — *Définition de la racine carrée d'un nombre qui n'est pas carré parfait.*

On a vu précédemment que lorsqu'un nombre n'est pas carré parfait, il n'existe aucun nombre, ni entier, ni fractionnaire, qui élevé au carré reproduise le premier.

Ainsi, lorsqu'on extrait la racine carrée de 3 à $\frac{1}{100}$ près, on obtient un nombre 1,73 dont le carré ne reproduit pas 3 ; aussi, on ne doit pas dire que 1,73 est la racine carrée de 3, mais cette racine à $\frac{1}{100}$ près.

D'une manière générale, *on appelle racine carrée d'un nombre un deuxième nombre qui élevé au carré reproduit le premier.*

Ainsi, la racine carrée de 3 est le nombre qui élevé

au carré donne 3. Ce nombre n'étant ni entier, ni fractionnaire, est représenté par le symbole $\sqrt{3}$, et l'on a par définition :

$$(\sqrt{3})^2 = 3.$$

Il importe donc de ne pas confondre l'expression $\sqrt{3}$ avec la racine carrée de 3 à une approximation donnée.

— Proposons-nous de chercher la valeur de ce symbole. Mais avant, donnons quelques définitions.

— On appelle *limite* d'une quantité variable une quantité fixe dont la quantité variable peut s'approcher indéfiniment sans jamais pouvoir l'atteindre.

Il résulte de cette définition que la différence entre la quantité variable et sa limite peut devenir aussi petite que l'on veut : on dit alors que cette différence tend vers zéro.

— Lorsqu'un nombre variable A croît en restant toujours inférieur à un nombre B, il a sûrement une limite; mais cela ne prouve pas que cette limite soit B. Il faudrait pour cela que la différence entre B et A tende vers zéro.

Il en serait de même d'un nombre décroissant et qui resterait toujours supérieur à un nombre donné.

— Revenons maintenant au symbole $\sqrt{3}$.

Évaluons successivement $\sqrt{3}$ à $\frac{1}{10}$, $\frac{1}{100}$, $\frac{1}{1000}$...près; on a les inégalités suivantes :

$$1{,}7 < \sqrt{3} < 1{,}8$$
$$1{,}73 < \sqrt{3} < 1{,}74$$
$$1{,}732 < \sqrt{3} < 1{,}733$$
$$1{,}7320 < \sqrt{3} < 1{,}7321$$
$$1{,}73205 < \sqrt{3} < 1{,}73206$$

RACINE CARRÉE.

Les racines par défaut forment une suite de nombres tels que chacun d'eux est supérieur ou au moins égal au précédent; autrement dit, elles forment une suite de nombres *croissants*. Mais ces nombres, tout en croissant, seront certainement toujours inférieurs à 2; donc ils ont une limite.

De même, les racines par excès forment une suite de nombres *décroissants* qui ont également une limite, car ils sont toujours supérieurs à 1.

Montrons maintenant que la limite des racines par défaut est la même que la limite des racines par excès. En effet, en évaluant $\sqrt{3}$ à $\dfrac{1}{10}$ près, on obtient les deux nombres 1,7 et 1,8 dont la différence est $\dfrac{1}{10}$; les racines par défaut et par excès diffèrent donc successivement de $\dfrac{1}{10}, \dfrac{1}{100}, \dfrac{1}{1000} \ldots \dfrac{1}{10^n}$. Cela prouve que cette différence peut devenir aussi petite que l'on veut, donc elle tend vers zéro, et par suite les racines par défaut et par excès ont la même limite.

C'est cette limite commune que représente le symbole $\sqrt{3}$.

Ainsi : *la valeur de $\sqrt{3}$ est la limite commune vers laquelle tendent les racines carrées de 3 par défaut et par excès à $\dfrac{1}{10^n}$ près, lorsque n augmente indéfiniment.*

Ceci s'applique évidemment à un nombre quelconque.

— On peut d'ailleurs rendre l'existence de cette limite plus sensible à l'aide d'une figure.

Considérons les longueurs qui auraient respectivement pour mesures les racines carrées de 3 par défaut et par excès.

Sur une droite indéfinie XY, à partir d'un point A, portons les longueurs AD_1 et AE_1 mesurées par les nombres 1,7 et 1,8 ; la différence entre ces deux lon-

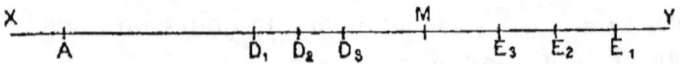

gueurs est D_1E_1. Portons de même la longueur AD_2 mesurée par 1,73 et la longueur AE_2 mesurée par 1,74 ; on a évidemment :

$$AD_2 > AD_1$$

et

$$AE_2 < AE_1 ;$$

il en résulte :

$$D_2E_2 < D_1E_1.$$

On voit ainsi que la différence entre les longueurs mesurées par les racines par défaut et par excès diminue, et jamais les points D et E ne s'enchevêtreront, puisqu'une racine par défaut est toujours plus petite qu'une racine par excès.

Les points D_1 et E_1, D_2 et E_2... allant toujours en se rapprochant, tendent donc à se confondre en un point M, et cette longueur AM est la longueur mesurée par le nombre $\sqrt{3}$.

CHAPITRE II

RACINE CUBIQUE

229. — *Définitions.* — On sait que le cube d'un nombre est le produit de trois facteurs égaux à ce nombre.

Quand un nombre entier A est le cube d'un autre nombre entier B, on dit inversement que B est la racine cubique de A.

Ainsi 64 est le cube de 4, donc 4 est a racine cubique de 64.

On dit alors que 64 est un *cube parfait*.

On indique la racine cubique à l'aide d'un *radical* $\sqrt{}$, entre les branches duquel on met le nombre 3 que l'on appelle l'*indice* du radical. On écrit donc :

$$\sqrt[3]{64} = 4.$$

Chercher la racine cubique d'un nombre, c'est *extraire* la racine cubique de ce nombre, et l'opération que l'on fait s'appelle *extraction de la racine cubique*.

250. — *Racine cubique à une unité près.* — Lorsqu'un nombre n'est pas cube parfait, on appelle racine cubique de ce nombre à une unité près par défaut, ou simplement à une unité près, la racine cubique du plus grand cube contenu dans ce nombre.

Ainsi, soit le nombre 87 qui n'est pas un cube parfait ; le plus grand cube contenu dans 87 est 64 qui est le cube de 4, car le cube suivant est le cube de 5 ou 125 ; on a donc :

$$64 < 87 < 125$$

ou

$$4^3 < 87 < 5^3.$$

Il résulte de la définition que 4 est la racine cubique de 87 à une unité près par défaut. Le nombre 5 serait la racine cubique de 87 à une unité près par excès.

— D'une manière générale, si a désigne la racine cubique à une unité près par défaut d'un nombre N, on écrit :

$$a^3 \leq N < (a+1)^3.$$

Cette double inégalité indique bien que le plus grand cube contenu dans N est a^3 et non $(a+1)^3$; donc a est bien, par définition, la racine cubique de N à une unité près par défaut.

Il importe de remarquer que a et $a+1$ sont les deux nombres entiers consécutifs dont les cubes comprennent N.

231. — Reste de la racine cubique d'un nombre. — *On appelle reste dans la racine cubique d'un nombre l'excès de ce nombre sur le cube de sa racine à une unité près par défaut.*

Si donc a est la racine cubique de N à une unité près par défaut, en désignant par R le reste de la racine cubique, on a :
$$R = N - a^3,$$
égalité qui donne :
$$N = a^3 + R.$$

232. — Limite supérieure du reste de la racine cubique.

Théorème.

Le reste de la racine cubique d'un nombre est au plus égal à trois fois le carré de la racine à une unité près, plus trois fois cette racine.

Formons, pour cela, la différence des cubes de deux nombres entiers consécutifs.

On a (64) :
$$(a+1)^3 = a^3 + 3a^2 + 3a + 1.$$
Donc :
$$(a+1)^3 - a^3 = 3a^2 + 3a + 1.$$

— Ceci posé, soit a la racine cubique à une unité près par défaut d'un nombre N ; on a :
$$N = a^3 + R.$$

Si R est inférieur ou au plus égal à $3a^2 + 3a$, on a :
$$N \leq a^3 + 3a^2 + 3a,$$

à plus forte raison, on a :
$$N < a^3 + 3a^2 + 3a + 1$$
ou
$$N < (a+1)^3,$$

ce qui montre que la racine cubique de N ne peut pas être $a+1$.

Si, au contraire, R est plus grand que $3a^2 + 3a$, comme R est un nombre entier, il vaut au moins $3a^2 + 3a + 1$, et l'on a :
$$N \geq a^3 + 3a^2 + 3a + 1$$
ou
$$N \geq (a+1)^3,$$

ce qui montre que la racine cubique de N serait au moins égale à $a+1$.

Donc, le reste ne doit pas surpasser $3a^2 + 3a$; autrement dit, on doit avoir :
$$R \leq 3a^2 + 3a.$$

Conséquence. — L'égalité
$$N = a^3 + R$$

ne définit la racine cubique a de N qu'à la condition d'y joindre l'inégalité
$$R \leq 3a^2 + 3a.$$

CUBES DES 9 PREMIERS NOMBRES

Nombres	1	2	3	4	5	6	7	8	9
Cubes	1	8	27	64	125	216	343	512	729

On peut remarquer que ces cubes sont terminés par l'un quelconque des 9 premiers chiffres.

Remarque. — Un nombre composé de dizaines et d'unités peut se mettre sous la forme
$$10\,d + u$$

u désignant le chiffre des unités et d le *nombre* des dizaines.

Son cube sera donc de la forme :

$$(10d + u)^3 = 1000\,d^3 + 3 \times 100\,d^2u + 3 \times 10\,du^2 + u^3.$$

— On démontrerait de la même manière que pour la racine carrée (213) le théorème suivant :

Théorème.

Le cube d'un nombre entier est toujours terminé par le chiffre qui termine le cube du chiffre des unités.

Donc, un cube peut se terminer par un chiffre quelconque.

RACINE CUBIQUE D'UN NOMBRE ENTIER A UNE UNITÉ PRÈS

Théorème général.

255. — *Lorsqu'un nombre est plus grand que 1000, on obtient les dizaines de sa racine cubique en extrayant la racine cubique des unités de mille du nombre.*

Soit, en effet, le nombre 7 853 642.

Ce nombre étant plus grand que 1000, sa racine cubique est certainement plus grande que 10; elle a donc des dizaines. Or, des dizaines au cube donnent des *mille*; c'est donc dans les unités de mille du nombre que l'on doit chercher les dizaines de la racine.

Désignons par a la racine cubique à une unité près de 7 853, qui sont les *unités de mille* du nombre, on a :

$$a^3 \leq 7853 < (a+1)^3 ;$$

multiplions ces nombres par 10^3 ou 1000, on a encore :

$$a^3 \times 10^3 \leq 7\,853\,000 < (a+1)^3 \times 10^3.$$

Avant la multiplication par 1000, les deux nombres entiers inégaux 7 853 et $(a+1)^3$ différaient au moins d'une unité; donc après la multiplication par 1000 ils diffèrent au moins de 1000 unités. Si donc au plus petit des deux on ajoute le nombre 642, nombre inférieur à 1000, il reste encore le plus petit; autrement dit, on ne change pas le sens de l'inégalité entre les deux nombres. Quant à l'égalité *possible* entre les deux premiers nombres, elle sera détruite, et l'on aura :

$$a^3 \times 10^3 < 7\,853\,642 < (a+1)^3 \times 10^3$$

ou encore :

$$(a \times 10)^3 < 7\,853\,642 < [(a+1)\,10]^3.$$

Le nombre donné est donc compris entre le cube de *a dizaines* et celui de $(a+1)$ *dizaines* ; donc sa racine cubique contient *a dizaines* et n'en contient pas $a+1$.

On aura donc bien les dizaines de la racine cubique de 7 853 642 en extrayant la racine cubique des 7 853 unités de mille.

— On peut remarquer l'analogie entre la théorie de la racine carrée et celle de la racine cubique.

234. — *Premier cas.* — *Le nombre est inférieur à 1000*.

Il suffit de savoir par cœur les cubes des 9 premiers nombres pour trouver immédiatement le plus grand cube contenu dans le nombre, et, par suite, sa racine cubique.

Soit à extraire la racine cubique de 258 à une unité près. Le plus grand cube contenu dans 258 est 216 ; on a, en effet :

$$216 < 258 < 343,$$

ou

$$6^3 < 258 < 7^3.$$

Donc 6 est la racine cubique de 258 à une unité près.

235. — *Deuxième cas.* — *Le nombre est compris entre 1000 et 1 000 000.*

Soit à extraire la racine cubique de 82 875 à une unité près.

Ce nombre étant compris entre 1000 et 1 000 000, sa racine cubique est comprise entre 10 et 100 ; donc elle a deux chiffres.

Si l'on désigne par d le chiffre des dizaines et par u le chiffre des unités, la racine est de la forme $10\,d + u$, et l'on peut écrire :

$$82\,875 = (10\,d + u)^3 + R,$$

R pouvant être nul.

En développant le second membre, on a :

$$82\,875 = 1000\,d^3 + 3 \times 100\,d^2u + 3 \times 10\,du^2 + u^3 + R \quad (1)$$

Le théorème général (233) montre que l'on aura le chiffre d en extrayant la racine cubique des 82 *mille*, racine que l'on obtiendra par le premier cas. Soit 4 cette racine : 4 est le chiffre d des dizaines.

Si aux deux membres de l'égalité (1) on retranche $1000\,d^3$, il vient :

$$82\,875 - 1000\,d^3 = 3 \times 100\,d^2u + 3 \times 10\,du^2 + u^3 + R.$$

Remplaçons d par sa valeur 4, on a :

$$82\,875 - 64\,000 = 3 \times 100 \times 4^2 \times u + 3 \times 10 \times 4 \times u^2$$
$$+ u^3 + R,$$

ou encore :

$$18\,875 = 3 \times 100 \times 4^2 \times u + 3 \times 10 \times 4 \times u^2$$
$$+ u^3 + R \quad (2)$$

Le produit $3 \times 100 \times 4^2 \times u$ est un nombre entier de *centaines* qui seront certainement contenues dans les

188 *centaines* de 18 875. Si l'on était sûr que, dans ces 188 centaines, il n'y ait que les centaines $3 \times 4^2 \times u$ qui proviennent du produit $3 \times 100 \times 4^2 \times u$, il est évident que l'on pourrait affirmer qu'en divisant 188 par le produit 3×4^2 on aura le chiffre u. Mais, dans ces 188 centaines, il *peut* y avoir d'autres centaines provenant des autres parties $3 \times 10 \times 4 \times u^2 + u^3 + R$; donc le quotient de 188 par 3×4^2 donnera le chiffre u ou un chiffre *trop fort*. De là, la nécessité d'essayer ce chiffre.

Divisons donc 188 par $3\,d^2$, soit ici par 3×4^2 ou 48; on obtient 3 qu'il faut essayer.

Pour essayer le chiffre 3, on peut faire le cube de 43 et le retrancher de 82 875. Il est préférable de tenir compte de ce que l'on a déjà retranché le cube des 4 dizaines; on forme alors l'expression

$$3 \times 100\,d^2 u + 3 \times 10\,du^2 + u^3,$$

que l'on peut écrire ainsi :

$$(3 \times 100\,d^2 + 3 \times 10\,du + u^2)u.$$

En remplaçant d par le chiffre 4, et u par le chiffre 3 à essayer, on a :

$$\begin{aligned}3 \times 100\,d^2 &= 4800\\ 3 \times 10\,du &= 360\\ u^2 &= 9\end{aligned}$$

la somme donne : 5169

Multiplions 5169 par 3, on obtient 15 507. Ce produit doit pouvoir se retrancher de 18 875.

Dans le cas où le produit serait trop fort, on diminuerait le chiffre 3 d'une unité et on essaierait de même le nouveau chiffre.

Retranchons 15 507 de 18 875, on trouve 3 368 pour reste.

On dispose l'opération comme il suit :

```
8 2.8 7 5        | 43
6 4              | 48
─────            |────
1 8 8.7 5        | Essai de 3
1 5 5 0 7  3.100 d²  = 4800
─────      3.10 du   =  360
  3 3 6 8       u²   =    9
                    ─────────
                    5169 × 3
```

On écrit la racine à la place du diviseur dans une division ordinaire ; au-dessous, on écrit le triple carré $3\,d^2$ du chiffre des dizaines 4, soit 48. Puis, au-dessous de 48 on écrit les nombres nécessaires pour faire l'essai du chiffre 3 obtenu en divisant 188 par 48. Pour former $3.100\,d^2$ on met 2 zéros à la droite de $3\,d^2$, c'est-à-dire de 48, ce qui donne 4800 ; au-dessous on écrit $3.10\,du$ que l'on obtient en multipliant par 10 le triple produit du chiffre 4 des dizaines par le chiffre 3 essayé ; on obtient 360 ; au-dessous de ce nombre on écrit u^2, carré du chiffre que l'on essaie, soit 9 ; on fait la somme 5169 des trois nombres, et l'on multiplie cette somme par le chiffre u, c'est-à-dire par 3 que l'on essaie. On retranche ensuite le produit 15 507 du nombre formé par le premier reste partiel suivi de la deuxième tranche.

— Pratiquement, on peut effectuer les soustractions mentalement sans écrire les produits.

256. — *Cas général.* — *Le nombre est quelconque.*
Soit à extraire la racine cubique de
$$669\,923\,118.$$

Du théorème général (233), il résulte que l'on obtiendra le *nombre* des dizaines de la racine en extrayant la racine cubique des 669 923 unités de mille. Ces dizaines étant connues, on obtiendra le *chiffre* des unités en procédant comme dans le deuxième cas.

RACINE CUBIQUE.

On est donc ramené à extraire la racine cubique de 669 923. Mais ce nombre est lui-même plus grand que 1000, donc sa racine cubique a des dizaines, et, d'après le théorème général (233), on les obtiendra en extrayant la racine cubique de 669.

Ceci conduit à diviser le nombre en tranches de 3 chiffres en commençant par la droite.

D'ailleurs, le deuxième cas permet d'obtenir la racine cubique de 669 923. En procédant comme ci-dessus, on obtient 87 pour cette racine et 11 420 pour reste.

On considère alors 87 comme formant le nombre des dizaines de la racine cherchée ; puis, à droite du reste 11 420 on abaisse la tranche suivante 118 ; on sépare deux chiffres sur la droite du nombre ainsi formé, et on divise la partie à gauche du point 114 201 par le triple carré de 87, soit par 22 707. On obtient ainsi le chiffre 5 que l'on essaie en formant encore $(3.100\,d^2 + 3.10\,du + u^2)\,u$ comme on l'a fait pour le deuxième chiffre 7. On trouve ainsi 875 pour la racine et 1243 pour reste. On a l'opération suivante :

669.923.118		875	
512	triple carré	192	22707
1579.23		Essai de 7	Essai de 5
1465 03	$3.100\,d^2$ =	19200	2270700
114 201.18	$3.10\,du$ =	1680	13050
114 188 75	u^2 =	49	25
1243		20929×7	2283775×5
	$3.10\,du$ =	1680	
	$2\,u^2$ =	98	
		22707	

237. — *Formation du triple carré de la racine.* — Pour former le triple carré de 87 on peut profiter des calculs effectués précédemment dans l'essai du chiffre 7.

En effet, le nombre 87 est de la forme $10\,d + u$; on aura donc pour le triple carré :

$$3(10\,d + u)^2 = 3(100\,d^2 + 2 \times 10\,du + u^2)$$

ou

$$3(10\,d + u)^2 = 3 \times 100\,d^2 + 6 \times 10\,du + 3\,u^2,$$

expression que l'on peut écrire ainsi :

$$3(10\,d + u)^2 = \begin{cases} 3 \times 100\,d^2 + 3 \times 10\,du + u^2 \\ + 3 \times 10\,du + 2\,u^2 \end{cases}$$

Or, les nombres $3 \times 100\,d^2$, $3 \times 10\,du$ et u^2 ont été formés pour essayer le chiffre 7; il suffit donc d'ajouter à la somme de ces trois nombres déjà calculée, soit 20929, le nombre $3 \times 10\,du$ ou 1680 et $2\,u^2$ soit 49×2 ou 98; la somme 22707 donne le triple carré de 87. C'est ce qu'indique l'opération ci-dessus.

On écrit alors le triple carré 22707 à droite de 192 pour faire l'essai du chiffre 5.

Ce procédé s'applique évidemment quel que soit le nombre des chiffres déjà obtenus à la racine, d désignant toujours le *nombre* des dizaines de la partie de la racine trouvée.

De ce qui précède, résulte la règle suivante :

258. — **Règle.** — *Pour extraire la racine cubique d'un nombre entier, à une unité près, on procède ainsi :*

1° *On partage le nombre en tranches de trois chiffres à partir de la droite, la dernière tranche à gauche pouvant n'avoir qu'un ou deux chiffres.*

2° *On extrait la racine cubique du plus grand cube contenu dans la dernière tranche à gauche : on a ainsi le premier chiffre de la racine.*

3° *On retranche le cube de ce chiffre de la dernière tranche à gauche; on a ainsi un premier reste partiel à la droite duquel on abaisse la tranche suivante.*

4° Sur la droite du nombre ainsi formé, on sépare deux chiffres par un point, et l'on divise le nombre à gauche du point par le triple carré du premier chiffre de la racine : on a ainsi le deuxième chiffre de la racine ou un chiffre trop fort.

Pour essayer ce chiffre, on écrit le triple carré du premier chiffre avec deux zéros à sa droite ; puis au-dessous de ce nombre on écrit le triple produit du premier chiffre par le chiffre que l'on essaie suivi d'un zéro ; on ajoute à ces deux nombres le carré du chiffre que l'on essaie, et l'on multiplie la somme des trois nombres par le chiffre essayé : le produit obtenu doit pouvoir se retrancher du nombre formé par le premier reste partiel suivi de la deuxième tranche. Sinon, le chiffre est trop fort ; on le diminue d'une unité, et on essaie de même le nouveau chiffre.

5° A la droite du deuxième reste partiel, on abaisse la troisième tranche du nombre ; on sépare par un point les deux derniers chiffres à droite du nombre ainsi formé, puis on divise le nombre à gauche du point par le triple carré du nombre formé par les deux premiers chiffres de la racine, nombre obtenu comme on l'a vu précédemment (237). On a ainsi le troisième chiffre de la racine ou un chiffre trop fort. On essaie ce chiffre comme le deuxième.

On continue ainsi jusqu'à ce que l'on ait utilisé toutes les tranches du nombre.

Si le reste est nul, le nombre donné est un cube parfait.

Remarque 1. — Si dans le courant de l'opération on rencontre une division donnant *zéro* pour quotient, on écrit un 0 à la racine, puis on met *deux zéros* à la droite du dernier triple carré ; on abaisse une nouvelle tranche et on continue l'opération conformément à la règle.

REMARQUE II. — S'il arrivait qu'on écrive un chiffre trop faible, on serait toujours prévenu par la considération du reste *partiel* correspondant, lequel ne doit jamais surpasser le triple carré de la racine déjà obtenue, plus trois fois cette racine, car ce reste peut être considéré comme le reste de la racine de la partie du nombre déjà utilisée, et on peut lui appliquer le théorème de la limite du reste (232).

— EXEMPLE. — Extraire la racine cubique de 28 233 316 125. On a l'opération suivante :

2 8.2 3 3.3 1 6.1 2 5	3045	
2 7	2700	277248
1 2 3 3 3.1 6	Essai de 4	Essai de 5
1 0 9 4 4 6 4	270000	27724800
1 3 8 8 5 2 1.2 5	3600	45600
1 3 8 8 5 2 1 2 5	16	25
0	273616 × 4	27770425 × 5
	3600	
	32	
	277248	

La racine est 3 045 et le reste est nul.

Pratiquement, on peut effectuer les soustractions mentalement sans écrire les produits.

— *Nombre des chiffres de la racine.* — Il est évidemment égal au nombre des tranches de 3 chiffres.

259. — *Preuve de la racine cubique.*

1° Le cube de la racine augmenté du reste doit reproduire le nombre.

2° On peut faire la preuve par 9 ou par 11 en procédant comme pour la racine carrée (220); mais au lieu de faire le carré du reste par 9 de la racine, on en fera le cube.

RACINE CUBIQUE DES NOMBRES FRACTIONNAIRES

Les démonstrations étant identiques à celles données pour la racine carrée, nous nous bornerons à énoncer les théorèmes suivants :

Théorème.

240. — *Si une fraction a ses termes cubes parfaits, on aura sa racine cubique en extrayant la racine cubique des deux termes.*

Ainsi : $\sqrt[3]{\dfrac{8}{125}} = \dfrac{2}{5}.$

Théorème.

Pour qu'une fraction irréductible soit le cube d'une autre fraction irréductible, il faut et il suffit que ses deux termes soient des cubes parfaits.

Théorème.

La racine cubique d'un nombre fractionnaire à une unité près est la même que celle de la partie entière à une unité près.

Théorème.

Si la racine cubique d'un nombre entier n'est pas entière, elle n'est pas non plus une fraction irréductible.

Ceci conduit à extraire la racine cubique à une approximation donnée.

RACINE CUBIQUE A UNE APPROXIMATION DONNÉE

241. — Définition. — *Extraire la racine cubique d'un nombre entier ou fractionnaire à $\frac{1}{10}$, $\frac{1}{100}$, $\frac{1}{1000}$... près, c'est chercher le plus grand nombre de dixièmes, de centièmes, de millièmes..., dont le cube soit contenu dans le nombre donné.*

Ainsi, la racine cubique de A à $\frac{1}{100}$ près sera une fraction $\frac{a}{100}$ satisfaisant aux inégalités suivantes :

$$\left(\frac{a}{100}\right)^3 \leq A < \left(\frac{a+1}{100}\right)^3.$$

— *D'une manière générale, extraire la racine cubique d'un nombre entier ou fractionnaire à $\frac{1}{n}$ près, c'est chercher le plus grand nombre de $n^{ièmes}$ dont le cube soit contenu dans le nombre donné.*

Proposons-nous d'extraire la racine cubique de A à $\frac{1}{n}$ près. Soit $\frac{x}{n}$ la racine cherchée; on a :

$$\left(\frac{x}{n}\right)^3 \leq A < \left(\frac{x+1}{n}\right)^3$$

ou encore :

$$\frac{x^3}{n^3} \leq A < \frac{(x+1)^3}{n^3}.$$

Multiplions les trois nombres par n^3, on a :

$$x^3 \leq An^3 < (x+1)^3,$$

ce qui montre que x est la racine cubique de An^3 à une unité près.

RACINE CUBIQUE. 275

D'où la règle :

Pour extraire la racine cubique d'un nombre A *à $\frac{1}{n}$ près, on le multiplie par le cube* n^3 *du dénominateur de la fraction d'approximation ; puis on extrait la racine cubique du produit obtenu à une unité près, et l'on exprime ensuite que cette racine représente des $n^{\text{ièmes}}$.*

— Si le nombre est fractionnaire, en raisonnant comme pour la racine carrée, on verra qu'on est conduit à extraire la racine cubique à une unité près de la partie entière du quotient $\frac{An^3}{B}$; puis on exprime que la racine représente des $n^{\text{ièmes}}$.

— Le raisonnement est identique pour extraire la racine cubique à $\frac{1}{10^n}$ près. Dans la règle précédente on remplace n par 10^n.

242. — *Extraire la racine cubique d'un nombre décimal.*

Soit à extraire la racine cubique de 8,870 568 47 à 0,01 près.

Multiplions le nombre par 100^3 ou 1 000 000, on obtient 8 870 568,47 dont on doit extraire la racine cubique à une unité près. Cette racine étant la même que celle de la partie entière, on est amené à extraire la racine cubique à une unité près du nombre 8 870 568.

On a l'opération suivante :

```
  8.8 7 0.5 6 8 | 207
  0 8 7 0 5.6 8 | 1200
      8 6 9 7 4 3 | Essai de 7
              8 2 5 | 120000
                    | 4200
                    | 49
                    | 124249 × 7
```

La racine cherchée est donc 2,07 à 0,01 près.

— On voit qu'extraire la racine cubique à $\frac{1}{10}, \frac{1}{100}\ldots$ près, c'est extraire la racine cubique avec un, deux... chiffres décimaux.

243. — *Racine cubique d'un nombre qui n'est pas cube parfait*. — On raisonne absolument comme on l'a fait pour la racine carrée (228). Nous nous bornerons donc à donner les définitions.

D'une manière générale, *on appelle racine cubique d'un nombre un deuxième nombre qui élevé au cube reproduit le premier.*

Ainsi, la racine cubique de 3 est le nombre qui élevé au cube donne 3. Ce nombre n'étant ni entier, ni fractionnaire, est représenté par le symbole $\sqrt[3]{3}$, et l'on a par définition :

$$(\sqrt[3]{3})^3 = 3.$$

Ce nombre est la limite commune vers laquelle tendent les racines cubiques de 3 par défaut et par excès à $\frac{1}{10^n}$ *près, lorsque n augmente indéfiniment.*

— D'une manière plus générale, *on appelle racine $n^{ième}$ d'un nombre A un deuxième nombre qui élevé à la puissance n reproduit A.*

On le représente par le symbole $\sqrt[n]{A}$, et l'on a par définition :

$$(\sqrt[n]{A})^n = A.$$

Ce nombre est la limite commune vers laquelle tendent les racines $n^{ièmes}$ de A par défaut et par excès à $\frac{1}{10^p}$ *près, lorsque p augmente indéfiniment.*

NOTE SUR LES NOMBRES INCOMMENSURABLES

244. — La comparaison de deux grandeurs de même espèce dont l'une contient une ou plusieurs fois l'autre prise pour unité, nous a conduits à la notion du nombre entier.

— De même, la mesure d'une grandeur contenant une ou plusieurs fois une partie aliquote de l'unité nous a conduits à la notion du nombre fractionnaire.

Lorsqu'une grandeur contient un nombre entier de fois l'unité ou une partie aliquote de l'unité, on dit qu'elle est *commensurable* avec l'unité.

Le nombre entier ou fractionnaire qui la mesure est dit un *nombre commensurable*.

— De même, lorsque deux grandeurs A et B de même espèce en contiennent une autre C de même espèce un certain nombre de fois, A et B sont dites *commensurables entre elles*, et la grandeur C est dite une *commune mesure*.

Lorsqu'une grandeur ne peut être mesurée ni avec l'unité, ni avec une partie aliquote de l'unité si petite qu'elle soit, cette grandeur est dite *incommensurable* avec l'unité.

Dans ce cas, sa mesure ne pourra être ni un nombre entier ni un nombre fractionnaire. Cette mesure va nous conduire à la notion du nombre *incommensurable*.

Supposons qu'il s'agisse de mesurer une longueur AB incommensurable avec l'unité de longueur CD. Je divise la longueur CD en un certain nombre de parties égales, par exemple en 10, et je porte l'une de ces parties le plus de fois possible sur AB. Elle n'y sera pas contenue un nombre entier de fois, sans quoi AB et CD seraient commensurables. Elle y sera contenue par exemple 13 fois, plus un reste qui sera plus petit qu'une partie ; de sorte que la mesure de AB avec CD sera un nombre plus grand que $\frac{13}{10}$ et plus petit que $\frac{14}{10}$. Désignons ce nombre par α ; on peut écrire :

$$\frac{13}{10} < \alpha < \frac{14}{10}.$$

On dit que $\frac{13}{10}$ est la valeur de α à $\frac{1}{10}$ près.

On peut ainsi évaluer cette valeur à $\frac{1}{100}$, $\frac{1}{1000}$... près. D'une manière générale, si l'on divise l'unité en n parties égales, et qu'on suppose une partie contenue p fois dans AB, il y aura un reste qui sera plus petit qu'une partie, et, comme précédemment, on pourra écrire :

$$\frac{p}{n} < \alpha < \frac{p+1}{n}.$$

On dit que $\frac{p}{n}$ est la valeur de α à $\frac{1}{n}$ près.

Or, $\frac{1}{n}$ peut être aussi petit que l'on veut, car on peut faire n égal à 10, 100, 1000, etc.; les deux nombres $\frac{p}{n}$ et $\frac{p+1}{n}$ qui comprennent le nombre α ont donc une différence $\frac{1}{n}$ qui tend vers zéro, quand n augmente indéfiniment ; donc ils ont la même limite. C'est cette limite commune qui définit le nombre α qui est dit un nombre *incommensurable*.

Ainsi, $\sqrt{3}$ défini précédemment (228) est un nombre incommensurable.

Il en résulte qu'un nombre incommensurable est défini par deux suites de nombres, l'une croissante et l'autre décroissante.

On peut donc donner la définition suivante : *Un nombre incommensurable est la limite commune vers laquelle tendent les deux nombres commensurables $\frac{p}{n}$ et $\frac{p+1}{n}$ qui représentent sa valeur approchée à $\frac{1}{n}$ près par défaut et par excès, lorsque n augmente indéfiniment.*

— Les calculs sur les nombres incommensurables se font toujours sur les nombres commensurables qui représentent leurs valeurs approchées.

Ainsi, la somme $\sqrt{2} + \sqrt{3}$ est la limite vers laquelle tend la somme des nombres commensurables qui ont respectivement

NOMBRES INCOMMENSURABLES.

pour limites $\sqrt{2}$ et $\sqrt{3}$, ces nombres étant définis comme on vient de le voir.

On définira de même les autres opérations.

Ces calculs ne seront qu'approchés. Le plus souvent, à l'aide de ce que l'on a vu précédemment, on pourra déterminer directement, sans recourir à la théorie spéciale des erreurs, l'approximation d'un calcul effectué sur des nombres approchés.

Nous allons cependant donner une méthode abrégée pour obtenir le produit de deux nombres approchés avec une approximation donnée.

245. — Règle d'Oughtred. — *Pour calculer, à une unité près d'un certain ordre, le produit de deux nombres entiers ou décimaux, on écrit le chiffre des unités du multiplicateur au-dessous du chiffre du multiplicande qui exprime des unités 100 fois plus petites que celles qui expriment le degré d'approximation demandé ; puis on renverse le multiplicateur, c'est-à-dire que les dizaines, centaines, etc., seront à droite du chiffre des unités ; les dixièmes, centièmes, etc., à gauche de ce même chiffre. On multiplie ensuite le multiplicande par chaque chiffre significatif du multiplicateur, en commençant chaque multiplication par le chiffre du multiplicande placé au-dessus du chiffre du multiplicateur. On écrit tous les produits partiels les uns au-dessous des autres en faisant correspondre tous les chiffres de droite, puis on les additionne. On supprime les deux derniers chiffres de droite de la somme, et l'on augmente d'une unité le dernier chiffre conservé. On fait ensuite exprimer au résultat des unités décimales de même ordre que celles demandées dans l'approximation.*

Proposons-nous d'effectuer à 0,001 près le produit

$$3{,}1415926 \times 7{,}7067452$$

En appliquant la règle précédente, on a l'opération suivante, en plaçant le chiffre des unités 7 du multiplicateur sous le cinquième chiffre décimal 9 du multiplicande :

```
      3,1415926
    254 76077
    ─────────
     21 99113
      2 19905
        1884
         217
          12
    ─────────
    24,21131
```

En supprimant les deux derniers chiffres de droite, et en augmentant d'une unité le dernier chiffre conservé, on a pour le produit 24,212. On voit que certains chiffres n'ont pas été utilisés.

Pour justifier cette règle, on peut constater tout d'abord que, par la manière même dont l'opération est disposée, tous les produits partiels expriment des *cent-millièmes*, et leur somme est évidemment plus petite que le produit exact des deux nombres donnés.

De plus, dans chaque produit partiel on a négligé la partie du multiplicande à droite du chiffre correspondant du multiplicateur; ainsi, en multipliant par le premier chiffre 7 on néglige dans le multiplicande 0,0000026, nombre inférieur à 0,00001, donc en multipliant par 7 l'erreur est multipliée, et on commet une erreur inférieure à $0,00001 \times 7$ ou $0,00007$.

De même pour le deuxième chiffre, on commet une erreur moindre que $0,0001 \times 0,7$ ou $0,00007$; pour le chiffre 6 l'erreur commise est inférieure à $0,01 \times 0,006$ ou $0,00006$; pour le cinquième chiffre 7, l'erreur commise est inférieure à $0,1 \times 0,0007$ ou $0,00007$; enfin pour le chiffre 4, l'erreur commise est inférieure à $1 \times 0,00004$ ou $0,00004$; de sorte que la somme des erreurs commises dans les produits partiels est inférieure à :
$0,00007 + 0,00007 + 0,00006 + 0,00007 + 0,00004 = 0,00031$.

En outre, on a négligé tout le produit du multiplicande par la partie 25 à gauche du multiplicateur; le nombre négligé au multiplicateur est inférieur à 0,00001 et comme le multiplicande est inférieur à 4, l'erreur commise de ce fait est donc inférieure à 0,00004. L'erreur totale commise est donc inférieure à
$$0,00031 + 0,00004 = 0,00035,$$
erreur qui est moindre que 0,001. On peut donc dire que le produit des deux nombres est compris entre 24,21131 et $24,21131 + 0,001$. A plus forte raison, il est compris entre 24,211 et 24,213, et l'on peut dire que 24,212 représente le produit à 0,001 près; mais on ne connaît pas le sens de l'erreur.

REMARQUE. — On peut remarquer que l'erreur totale commise est inférieure à un nombre de *cent-millièmes* égal à la somme des chiffres du multiplicateur employés, augmentée du premier chiffre à gauche du multiplicande plus un.

Pour que la règle s'applique, il faut que la somme ainsi obtenue soit inférieure à 100; c'est ce qui a lieu le plus souvent.

Si cependant cette somme surpassait 100, on écrirait alors le chiffre des unités du multiplicateur sous le chiffre du multiplicande exprimant des unités 1000 fois plus petites que celles que l'on veut obtenir au produit. Puis dans la somme des produits partiels, on supprimerait les trois derniers chiffres à droite de cette somme, et on augmenterait d'une unité le dernier chiffre conservé.

NOTIONS SUR LE CALCUL DES RADICAUX

246. — On a vu précédemment (243) que la racine $n^{\text{ième}}$ d'un nombre est un autre nombre qui élevé à la puissance n reproduit le premier.

Ainsi, le symbole $\sqrt[n]{a}$ représente le nombre qui élevé à la puissance n donne a. On a donc, par définition :

$$(\sqrt[n]{a})^n = a.$$

En général, ce nombre est *incommensurable*, et nous avons vu (244) comment on effectue les calculs sur les nombres incommensurables : on fait les opérations en remplaçant les nombres incommensurables par leurs valeurs de plus en plus approchées, et la limite vers laquelle tendent les résultats obtenus définit l'opération effectuée, soit somme, différence, produit, quotient, puissance ou racine.

— Pour vérifier que deux nombres sont égaux, nous pourrons remarquer que : *deux nombres égaux ont des puissances n égales,* et réciproquement : *si deux nombres ont des puissances n égales, ces deux nombres sont égaux.*

Théorème.

247. — *Pour extraire la racine $n^{\text{ième}}$ d'un produit, on extrait la racine $n^{\text{ième}}$ de chaque facteur.*

Ainsi, on a :

$$\sqrt[n]{abc} = \sqrt[n]{a} \times \sqrt[n]{b} \times \sqrt[n]{c}. \qquad (1)$$

Vérifions, en effet, que ces deux nombres ont des puissances n égales. Pour cela, élevons les deux membres de l'égalité à la puissance n, on a :

$$abc = abc,$$

ce qui justifie l'égalité (1).

— **Conséquences.** — 1° **Multiplication des radicaux de même indice.** — L'expression

$$\sqrt[n]{a} \times \sqrt[n]{b} \times \sqrt[n]{c}$$

représente un produit de radicaux de même indice ; et, comme on a :

$$\sqrt[n]{a} \times \sqrt[n]{b} \times \sqrt[n]{c} = \sqrt[n]{abc},$$

on peut formuler la règle suivante :

Pour multiplier des radicaux de même indice, on multiplie entre elles les quantités placées sous les radicaux.

Ainsi, *le produit des racines carrées de plusieurs nombres est égal à la racine carrée du produit de ces nombres.*

On a :

$$\sqrt{8} \times \sqrt{98} = \sqrt{8 \times 98} = 28.$$

2° **Faire sortir un facteur d'un radical.** — On a évidemment :

$$\sqrt[n]{a^n bc} = a\sqrt[n]{bc}.$$

Donc : *pour faire sortir un facteur d'un radical d'indice n on extrait la racine $n^{\text{ième}}$ de ce facteur.*

Ainsi, on a :

$$\sqrt{147} = \sqrt{49 \times 3} = 7\sqrt{3}.$$

Inversement : *pour faire passer un facteur sous un radical d'indice n on élève ce facteur à la puissance n.*

Exemple, soit à calculer l'expression

$$\sqrt{128} + \sqrt{450} + \sqrt{200}.$$

On peut l'écrire ainsi :

$$\sqrt{64 \times 2} + \sqrt{225 \times 2} + \sqrt{100 \times 2} = 8\sqrt{2} + 15\sqrt{2} + 10\sqrt{2},$$

et l'expression donnée vaut :

$$33\sqrt{2} = 46{,}669.$$

Théorème.

248. — *Le quotient de deux racines $n^{\text{ièmes}}$ est égal à la racine $n^{\text{ième}}$ du quotient des deux nombres placés sous les radicaux.*

Ainsi, on a :
$$\frac{\sqrt[n]{a}}{\sqrt[n]{b}} = \sqrt[n]{\frac{a}{b}} \qquad (1)$$

Vérifions, en effet, que les puissances n de ces deux nombres sont égales. Élevons donc les deux membres de l'égalité à la puissance n, on obtient :
$$\frac{a}{b} = \frac{a}{b},$$
ce qui justifie l'égalité (1).

— Ainsi :
$$\sqrt[3]{\frac{2}{3}} = \frac{\sqrt[3]{2}}{\sqrt[3]{3}}.$$

— Dans la racine cubique d'une fraction, on pourra toujours transformer la fraction de manière à obtenir un dénominateur cube parfait.

Pour cela, *il suffit de multiplier les deux termes de la fraction par le carré du dénominateur.*

Ainsi, on écrira :
$$\frac{7}{5} = \frac{7 \times 5^2}{5^3}.$$

Donc
$$\sqrt[3]{\frac{7}{5}} = \frac{\sqrt[3]{175}}{5}$$

et le calcul revient alors à diviser par 5 la racine cubique approchée de 175.

— Signalons encore la transformation suivante :

249. — Si l'on doit calculer une expression dont le dénominateur renferme des radicaux *carrés*, c'est-à-dire d'indice 2, il est préférable de la remplacer par une expression équivalente dont le dénominateur ne renferme plus de radicaux.

1° *Si l'expression est de la forme* $\dfrac{a}{\sqrt{b}}$, *on multiplie les deux termes par le dénominateur.*

Ainsi, on aura :
$$\frac{8}{\sqrt{2}} = \frac{8\sqrt{2}}{2} = 4\sqrt{2},$$

2° Si l'expression est de la forme $\dfrac{a}{b+\sqrt{c}}$ ou $\dfrac{a}{\sqrt{b}+\sqrt{c}}$, on multiplie les deux termes par $b-\sqrt{c}$ ou par $\sqrt{b}-\sqrt{c}$.

De même, si l'expression est de la forme $\dfrac{a}{b-\sqrt{c}}$ ou $\dfrac{a}{\sqrt{b}-\sqrt{c}}$, on multiplie les deux termes par $b+\sqrt{c}$ ou $\sqrt{b}+\sqrt{c}$.

Cette transformation est une conséquence de ce que le produit de la somme de deux nombres par leur différence est égal à la différence de leurs carrés (63).

Ainsi, on aura :

$$\frac{4}{2+\sqrt{3}} = \frac{4(2-\sqrt{3})}{4-3} = 4(2-\sqrt{3}).$$

$$\frac{7}{5-\sqrt{2}} = \frac{7(5+\sqrt{2})}{25-2} = \frac{7(5+\sqrt{2})}{23}$$

$$\frac{5}{\sqrt{3}+\sqrt{2}} = \frac{5(\sqrt{3}-\sqrt{2})}{3-2} = 5(\sqrt{3}-\sqrt{2})$$

$$\frac{3}{\sqrt{5}-\sqrt{2}} = \frac{3(\sqrt{5}+\sqrt{2})}{5-2} = \sqrt{5}+\sqrt{2}$$

Application. — *Calculer à 0,001 près la valeur de*

$$a = \frac{(x-1)\sqrt{3}}{2\sqrt{1-x+x^2}}$$

pour $x = \sqrt{3}+2$.

J'élève l'expression donnée au carré, il vient :

$$a^2 = \frac{(x^2-2x+1)3}{4(1-x+x^2)}$$

or, on a :

$$x^2 = 3+4\sqrt{3}+4 = 7+4\sqrt{3};$$

je remplace, dans a^2, x et x^2 par leurs valeurs, et j'obtiens :

$$a^2 = \frac{(7+4\sqrt{3}-2\sqrt{3}-4+1)3}{4(1-\sqrt{3}-2+7+4\sqrt{3})} = \frac{(4+2\sqrt{3})3}{4(6+3\sqrt{3})}$$

ou encore :
$$a^2 = \frac{6(2+\sqrt{3})}{12(2+\sqrt{3})} = \frac{2}{4};$$

par suite :
$$a = \frac{\sqrt{2}}{2} = \frac{1,414}{2} = 0,707.$$

La valeur de a à 0,001 près est donc 0,707.

EXERCICES SUR LE LIVRE IV

1. — Extraire les racines carrées des nombres :
966 289 — 23 107 249 — 65 221 776 — 42 797 764 — 14 485 636.

2. — Trouver le nombre n, sachant que l'on a :
$$2n(n+1) = 5304.$$

3. — Trouver une valeur de m telle que l'expression $2(2+m)$ soit un carré parfait.

4. — Démontrer que si la somme des chiffres des unités de deux nombres est 10, les carrés de ces deux nombres sont terminés par le même chiffre.

5. — Le carré d'un nombre terminé par 5 peut-il être terminé par 125 ?

6. — Quel est le plus grand nombre que l'on puisse ajouter à 2 et tel que le nombre obtenu ait la même racine que 2 à $\frac{1}{100}$ près ? (*Oral, Arts et métiers.*)

7. — Trouver le numérateur d'une fraction de dénominateur égal à 143, sachant que sa racine carrée par défaut à $\frac{1}{100}$ près est 0,67.

8. — Démontrer que si, dans l'extraction de la racine carrée d'un nombre, le reste est inférieur ou au plus égal à la racine, cette racine est approchée à moins d'une demi-unité près par défaut.

9. — Quel est le plus petit nombre par lequel il faut multiplier 304 pour obtenir un carré parfait ?

10. — Trouver un nombre entier tel que son carré le surpasse de 812.

11. — Trouver le nombre qui, multiplié par $\frac{22}{7}$ et divisé par 0,9, puis élevé au carré, soit égal à 310 904,7956.
(Arts et métiers.)

12. — Extraire la racine carrée de 3248. Quelle est la racine par défaut, par excès? Quelle est la plus approchée?

13. — Extraire la racine carrée de 0,025 à $\frac{1}{1000}$ près.

14. — Extraire la racine carrée de 112 à $\frac{5}{7}$ près.

15. — Calculer la racine carrée de $\frac{782}{61}$ à $\frac{1}{9}$ près.

16. — Extraire la racine carrée du nombre $\frac{4,35 \times 0,91}{0,0011}$ à $\frac{1}{100}$ près.
(Arts et métiers).

17. — Un jardinier veut planter des arbres en carré plein. S'il en met un certain nombre par rangée, il lui en reste 20. S'il essaie d'en mettre un de plus par rangée, il trouve qu'il lui en manque 5 pour compléter le carré. Combien le jardinier a-t-il d'arbres?
(B. S.)

18. — On prend successivement les $\frac{3}{4}$ et les $\frac{5}{6}$ d'un nombre. On fait le produit des deux nombres obtenus et l'on obtient 8943,9. Quel est à $\frac{1}{1000}$ près le nombre que l'on a pris?

19. — Un champ rectangulaire a pour surface 20542 mètres carrés. Trouver à $\frac{1}{100}$ près ses dimensions, sachant que l'un des côtés est les $\frac{3}{7}$ de l'autre.

20. — Calculer la racine cubique des nombres :

491 169 069 — 526 731 062 976   - 55 132 330 616
128 558 238 823 — 659 184 444 927.

21. — La différence des cubes de deux nombres entiers consécutifs est égale à 17 101 : trouver ces deux nombres.

22. — Démontrer que la somme des cubes de trois nombres entiers consécutifs est divisible par 3 fois le nombre du milieu et par 9.

CALCUL DES RADICAUX.

23. — Connaissant le produit $n(n+1)(2n+1) = 8976$, trouver n.

24. — Calculer la racine cubique de 25,742 à $\frac{1}{100}$ près.

25. — Calculer la racine cubique de 0,00125 à $\frac{1}{100}$ près.

26. — Trouver le numérateur d'une fraction de dénominateur égal à 67, sachant que sa racine cubique par défaut à $\frac{1}{100}$ près est 0,31.

27. — Extraire la racine cubique de $\frac{781}{17}$ à $\frac{2}{7}$ près.

28. — Extraire la racine cubique du nombre $\frac{7,68 \times 0,079}{0,017}$ à $\frac{1}{100}$ près.

29. — Calculer à $\frac{1}{1000}$ près le produit 3,14159265 par 2,805763.

30. — Calculer à $\frac{1}{1000}$ près le nombre
$$a = \frac{(2+x)\sqrt{5}}{2\sqrt{1+x^2}}$$
pour $x = 2\sqrt{7} - 5$.

LIVRE V

SYSTÈME MÉTRIQUE. — DIVISION DE LA CIRCONFÉRENCE. — MESURE DU TEMPS. NOMBRES COMPLEXES.

CHAPITRE PREMIER
SYSTÈME MÉTRIQUE

NOTIONS PRÉLIMINAIRES

250. — Le système métrique est l'ensemble des poids et des mesures qui ont pour base le *mètre*, et qui sont les seuls dont l'usage soit autorisé par la loi.

251. — *Historique.* — Par un décret du 8 mai 1790, l'Assemblée nationale proposa de substituer des mesures *simples* et *uniformes* aux mesures nombreuses et compliquées employées dans les diverses provinces de la France.

Il existait jusqu'alors des unités de mesures ayant le même nom, mais une valeur différente suivant l'endroit; de plus, elles n'étaient pas rigoureusement définies et arrivaient, après quelques années, à varier dans la même localité. Les subdivisions des unités principales ne se déduisaient pas de ces unités d'après une loi constante. Ainsi, pour les poids, le *marc* était la moitié de la *livre*, l'*once* était le huitième du *marc* ; le *gros* était le huitième de l'*once* ; le *grain* était la soixante-douzième partie du *gros*.

En conséquence, les calculs qu'il fallait effectuer sur ces nombres présentaient de réelles complications.

Par un second décret rendu le 26 mai 1791, d'après un rapport de l'Académie des sciences, il fut décidé qu'une nouvelle unité de longueur, de laquelle dériveraient toutes les autres unités, serait déterminée de telle façon qu'elle ne puisse pas varier avec le temps.

On pensa qu'il suffisait pour cela de la rapporter aux dimensions de la terre. Dans ces conditions, si les modèles d'unités, ou *étalons*, créés pour servir de termes de comparaison venaient à disparaître, on pourrait en construire de nouveaux identiques aux premiers.

Deux astronomes, Delambre et Méchain, furent chargés en 1792 d'effectuer la mesure de l'arc de méridien qui s'étend, à travers la France, depuis Dunkerque au nord jusqu'à Barcelone au sud, en Espagne, méridien passant par l'observatoire de Paris.

Delambre eut à mesurer l'arc de Dunkerque à Rodez sur une distance de 370 000 toises, la *toise* étant alors l'unité principale de longueur.

L'autre partie, de Rodez à Barcelone, fut réservée à Méchain ; elle avait seulement 170 000 toises.

Ils employèrent la toise dite du Pérou, parce que les astronomes Bouguier et Lacondamine s'étaient servis de cette mesure dans leur expédition de 1736 au Pérou, où ils mesurèrent également un arc de méridien.

Cette toise est une règle en fer conservée au musée astronomique de l'observatoire de Paris.

L'arc de méridien de Dunkerque à Barcelone ayant été mesuré, on obtint 5 130 740 toises pour la longueur du quart du méridien terrestre. En divisant ce nombre par

10 millions, on a trouvé $0^{toise},513074$. C'est cette longueur qui fut adoptée pour unité de longueur sous le nom du **mètre** par une loi du 18 Germinal an III (7 avril 1795).

Le mètre est donc la dix-millionième partie du quart du méridien terrestre.

— Rappelons que le méridien est un grand cercle qui entoure la terre en passant par les pôles.

— Le gouvernement fit fabriquer des règles de platine ayant exactement la longueur du mètre, ainsi que des cylindres massifs en platine représentant avec une grande exactitude le *kilogramme* pour les mesures de poids.

L'étalon prototype en platine qui donne la *longueur légale* du mètre à la température zéro fut déposé aux Archives le 4 Messidor an VII (22 juin 1799).

Des mesures géodésiques effectuées depuis ont montré que le mètre légal est un peu trop petit ; il diffère d'environ *deux dix-millièmes* de mètre de la dix-millionième partie du quart du méridien terrestre.

252. — Le système métrique ne s'établit pas en France sans résistance. Mais la loi du 4 juillet 1837 rendit obligatoire l'emploi des nouvelles mesures et interdit l'usage des anciennes dans les actes publics à partir du 1er janvier 1840.

253. — *Avantages du système métrique.*

1° En prenant le mètre pour unité fondamentale du système métrique, choisi comme on l'a vu, il en résulte que si, pour une raison quelconque, cette unité venait à disparaître, on pourrait, par une mesure analogue, la retrouver. On peut donc dire que les unités du système métrique, dérivant du mètre, sont *fixes*.

2° Elles sont *uniformes*, puisqu'elles sont les mêmes quelles que soient les régions de la France.

3° Elles sont *simples*, parce que le système métrique

est *décimal* ; c'est-à-dire que les subdivisions des unités principales se déduisent les unes des autres suivant le système de numération décimale ; ce qui constitue une grande simplification par rapport aux mesures anciennes pour lesquelles la dépendance mutuelle des subdivisions était compliquée.

254. — REMARQUE. — Aujourd'hui, le système métrique est adopté dans la plupart des États d'Europe et d'Amérique.

L'acceptation plus ou moins complète hors de France du système métrique s'est finalement traduite par l'organisation du service international des poids et mesures.

Le gouvernement français a alors réuni à Paris, en 1872, une commission internationale pour étudier et arrêter les bases de la création de nouveaux prototypes métriques.

Ces prototypes ont été construits en vue de fixer désormais les valeurs des unités fondamentales du système métrique dans les rapports internationaux. Ils ont été sanctionnés en 1889 par la commission internationale et enfin déposés dans des conditions d'invariabilité et de sécurité toutes particulières au pavillon de Breteuil, à Sèvres.

Ces prototypes du *mètre international* et du *kilogramme international* ont été reconnus comme les étalons légaux du système métrique par la loi du 11 juillet 1903.

Le tableau des mesures légales a été modifié par le décret du 28 juillet 1903 qui donne, en même temps que les noms des mesures, l'indication des signes abréviatifs que l'on trouvera plus loin.

MESURES

255. — Les mesures qui composent le système métrique sont au nombre de six, savoir :

Les mesures de *longueur*,
Les mesures de *surface*,
Les mesures de *volume*,
Les mesures de *capacité*,
Les mesures de *poids*,
Les mesures de *monnaies*.

Chaque espèce de mesures se compose d'une *unité principale* et de subdivisions qu'on appelle *multiples* et *sous-multiples*, qui se déduisent de l'unité principale suivant la loi décimale.

MESURES DE LONGUEUR

256. — L'unité principale est le *mètre* qui est, comme on l'a vu précédemment, égal à la dix-millionième partie du quart du méridien terrestre.

Les multiples du mètre sont de 10 en 10 fois plus grands, et leur nom est formé du nom de l'unité principale précédé des mots grecs :

déca qui signifie *dix*,
hecto — *cent*,
kilo — *mille*,
myria — *dix mille*.

Les sous-multiples sont de 10 en 10 fois plus petits, et leur nom est formé du nom de l'unité principale précédé des mots latins :

déci qui signifie *dixième*,
centi — *centième*,
milli — *millième*.

257. — Voici le tableau des mesures de longueur

MESURES DE LONGUEUR.

avec les signes abréviatifs, tel qu'il est annexé au décret du 28 juillet 1903.

NOMS.	VALEURS.	SIGNES ABRÉVIATIFS.
Myriamètre.	Dix mille mètres...	Mm
Kilomètre..	Mille mètres......	km
Hectomètre.	Cent mètres......	hm
Décamètre..	Dix mètres........	dam
MÈTRE	*Unité fondamentale.*	m
Décimètre..	Dixième du mètre..	dm
Centimètre.	Centième du mètre.	cm
Millimètre..	Millième du mètre.	mm

258. — D'après ce tableau, une longueur contenant 5 myriamètres 3 kilomètres 2 décamètres 8 mètres 6 décimètres 3 centimètres 2 millimètres sera représentée en mètres par le nombre

$$53\,028^m,632.$$

— Une longueur étant exprimée à l'aide d'une unité déterminée, il est facile d'exprimer la même longueur en prenant une autre unité. Ainsi, une longueur de 5842 mètres exprimée en kilomètres vaudra $5^{km},842$.

259. — *Différentes unités de longueur.* — On peut prendre une autre unité de longueur que le mètre, suivant les grandeurs à mesurer.

Ainsi, le décamètre, l'hectomètre servent d'unités dans l'arpentage, le kilomètre et le myriamètre pour l'évaluation des grandes distances, principalement sur les routes ; on les appelle, à cause de cela, *mesures itinéraires.*

Il y a de plus une mesure itinéraire très usitée et que nous indiquerons, bien qu'elle ne soit pas comprise dans la nomenclature du système métrique : c'est la *lieue*.

La *lieue* est la vingt-cinquième partie d'un degré du méridien terrestre.

Un degré valant 111 111^m,111, la lieue vaut :

$$\frac{111111,111}{25} = 4444^m,444.$$

La *lieue marine* est la vingtième partie du degré ; elle a donc pour longueur :

$$\frac{111111,111}{20} = 5555^m,555.$$

— On désigne quelquefois sous le nom de *lieue métrique* une longueur de 4 kilomètres. Cette longueur est à peu près égale à l'ancienne *lieue de poste* qui valait 3 898 mètres environ.

— Le *mille marin*, qui est la soixantième partie du degré, a pour longueur 1851^m,85, ou 1852 mètres environ.

— Le *nœud* est une unité de longueur employée dans la marine pour désigner la vitesse d'un navire.

Le nœud est le $\frac{1}{120}$ du mille marin ; il vaut donc 15^m,43.

C'est la distance comprise entre deux nœuds d'une cordelette constituant la ligne du *loch*, appareil servant à mesurer la vitesse d'un navire.

Lorsqu'on dit qu'un navire file 20 nœuds, il faut entendre qu'il passe 20 nœuds du loch pendant 30 secondes ; or, dans une heure il y a 3 600 secondes, et le nombre 30 secondes est le $\frac{1}{120}$ de l'heure ; donc dans

$\frac{1}{120}$ d'heure le navire file 20 nœuds, et dans une heure il file 20×120 nœuds.

D'autre part, le *mille marin* vaut 120 nœuds ; en divisant le produit 20×120 par 120, on aura donc le nombre de *milles* filé en une heure. On trouve ainsi :

$$\frac{20 \times 120}{120} = 20.$$

Ainsi, lorsqu'on dit qu'un navire file 20 nœuds, il faut entendre qu'il parcourt 20 milles marins à l'heure, ou 20 fois 1852 mètres.

— En ce qui concerne les mesures de longueurs très grandes comme celles des espaces célestes, et les mesures des longueurs très petites comme la détermination des dimensions de certains organismes vivants que le microscope seul permet d'apercevoir, on a adopté les préfixes *méga* et *micro* pour désigner respectivement le multiple égal à un million de fois l'unité et le sous-multiple égal à un millionième de l'unité.

Ainsi, le *mégamètre* vaut 1 000 000 de mètres ; le *micromètre* ou *micron* vaut $\frac{1}{1000000}$ de mètre.

260. — *Mesures effectives.* — On appelle *mesures effectives* celles qui existent réellement.

Les autres ne sont que des mesures de compte, et ne servent que pour les calculs.

On met en vente des mesures égales à l'unité, à ses multiples et à ses sous-multiples.

La loi autorise également la fabrication d'autres mesures égales au *double* et à la *moitié* des mesures précédentes.

Les mesures effectives de longueur comprennent :

Le double décamètre (20 mètres) ;
Le décamètre (10 mètres) ;
Le demi-décamètre (5 mètres) ;
Le double mètre (2 mètres) ;
Le mètre ;
Le demi-mètre (0^m,50) ;
Le double décimètre (0^m,20) ;
Le décimètre (0^m,10).

Le mètre prend différentes formes suivant l'usage auquel il est destiné. Il a la forme d'une règle en bois plate ou carrée, portant, sur les côtés, des divisions en décimètres, centimètres et millimètres. Il sert spécialement pour mesurer les étoffes.

Le mètre portatif est un mètre brisé ou pliant (fig. 1),

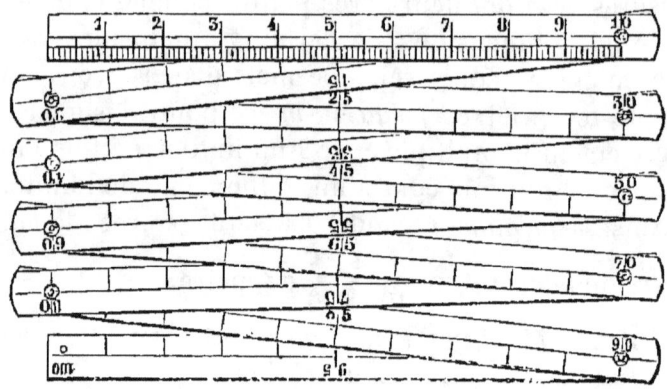

Fig. 1.

en bois, cuivre, baleine ou ivoire. Il est formé de 5 doubles décimètres ou de 10 décimètres qui se replient les uns sur les autres.

On trouve encore le *mètre à ruban* en étoffe ou en cuir, s'enroulant sur un axe placé dans une petite boîte ronde (fig. 2) en bois qui le protège. Ce mètre est employé par les tailleurs et les couturières. Pour le dessin, on utilise le double décimètre en bois, ou en ivoire, divisé en centimètres, millimètres et même en demi-millimètres.

Fig. 2.

— Les arpenteurs se servent d'un décamètre en ruban d'acier s'enroulant sur un axe et abrité dans une boîte en bois ou en métal.

La *chaîne d'arpenteur* est constituée par 50 chaînons en gros fil de fer réunis par des anneaux (fig. 3).

Fig. 3.

Les poignées des deux extrémités sont comprises dans la longueur des 10 mètres que donne l'ensemble des chaînons.

— Enfin, les mesures itinéraires sont indiquées sur les routes par des bornes en pierre donnant les kilomètres et les hectomètres.

MESURES DE SURFACE

261. — L'unité principale est le *mètre carré* : c'est le carré qui a un mètre de côté.

Les multiples du mètre carré sont de 100 en 100 fois plus grands, et les sous-multiples sont de 100 en 100 fois plus petits.

En effet, considérons un carré ABCD (fig. 4) ayant

1 mètre de côté. Divisons le côté AD en 10 parties égales, et par les points de division menons des parallèles au côté DC ; le carré ABCD est ainsi partagé en 10 rectangles égaux ayant pour côtés 1 mètre et 1 décimètre. Divisons maintenant le côté DC en 10 parties

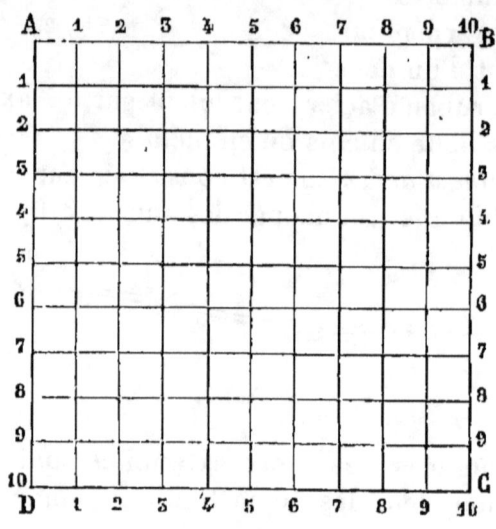

Fig. 4.

égales, et par les points de division menons des parallèles au côté AD : chacun des 10 rectangles est ainsi partagé en 10 carrés égaux ayant chacun 1 décimètre de côté ; ce sont des décimètres carrés. Le mètre carré ABCD contient donc un nombre de décimètres carrés égal au produit

$$10 \times 10 \text{ ou } 100.$$

On démontrerait de même qu'un décimètre carré vaut 100 centimètres carrés ; qu'un décamètre carré vaut 100 mètres carrés, etc.

MESURES DE SURFACE.

262. — Voici le tableau des mesures de surface avec leurs valeurs et leurs signes abréviatifs :

Myriamètre carré, 100 000 000 de mètres carrés... Mm^2
Kilomètre carré, 1 000 000 de mètres carrés...... km^2
Hectomètre carré, 10 000 mètres carrés.......... hm^2
Décamètre carré, 100 mètres carrés............. dam^2
Mètre carré, *unité principale*................. m^2
Décimètre carré, $\frac{1}{100}$ de mètre carré............ dm^2
Centimètre carré, $\frac{1}{10\,000}$ de mètre carré......... cm^2
Millimètre carré, $\frac{1}{1\,000\,000}$ de mètre carré....... mm^2

— D'après cela, on voit que *deux* chiffres sont nécessaires pour représenter chaque multiple ou sous-multiple de l'unité principale.

Soit donc à écrire en mètres carrés l'expression de surface 4 kilomètres carrés, 3 hectomètres carrés, 12 décamètres carrés, 7 mètres carrés, 35 centimètres carrés, 5 millimètres carrés ; on écrira :

$$4\,031\,207^{m^2},003\,505.$$

Il sera facile de changer d'unité. Ainsi le nombre précédent pourra s'écrire :

$$40\,312^{dam^2},070\,035\,05$$
$$403^{hm^2},120\,700\,350\,5$$
$$4^{km^2},031\,207\,003\,505.$$

— La lecture d'un nombre représentant une surface évaluée en mètres carrés se fera en partageant la partie décimale en tranches de deux chiffres à partir de la virgule, en complétant par un zéro, au besoin, la dernière tranche à droite si elle n'a qu'un chiffre.

263. — ***Mesures agraires.*** — Dans les mesures de surface qui ont rapport à l'étendue d'un champ, d'un bois, et qu'on appelle, pour cette raison, *mesures agraires*, on prend pour unité le décamètre carré.

Cette mesure change de nom et devient l'*are*, ayant un seul multiple, l'*hectare* (ou hectomètre carré) qui vaut 100 ares, et un seul sous-multiple, le *centiare* (mètre carré) valant le centième de l'are.

Voici le tableau des mesures agraires avec leurs valeurs et leurs signes abréviatifs :

Hectare, valant 100 ares ou 10 000 mètres carrés. ha
Are.....   —   *100 mètres carrés*................ a
Centiare.   *Centième de l'are, ou mètre carré*..... ca

— La transformation en mètres carrés d'un nombre énoncé en hectares, ares et centiares, et réciproquement, s'effectue facilement, sachant que le centiare est l'équivalent du mètre carré.

Ainsi, le nombre $302^a,75^{ca}$ s'écrira en mètres carrés :

$$30\,275^{m2}.$$

— Dans les mesures de surface ayant rapport à des surfaces très étendues, par exemple celle d'un département, d'une province, d'un pays, et qui sont alors appelées *mesures topographiques*, on emploie comme unité, soit le kilomètre carré, soit le myriamètre carré.

— Il n'existe pas de mesures effectives pour les surfaces.

MESURES DE VOLUME

264. — L'unité principale est le *mètre cube* : c'est le cube dont l'arête a pour longueur 1 mètre.

Les multiples du mètre cube sont de 1000 en 1000 fois

MESURES DE VOLUME. 301

plus grands, et les sous-multiples sont de 1000 en 1000 fois plus petits.

En effet, considérons le cube ABCDEFGH dont nous supposons l'arête égale à 1 mètre (fig. 5).

La base est un carré ABCD ayant 1 mètre de côté. On a vu (261) que ce carré peut se décomposer en 100 déci-

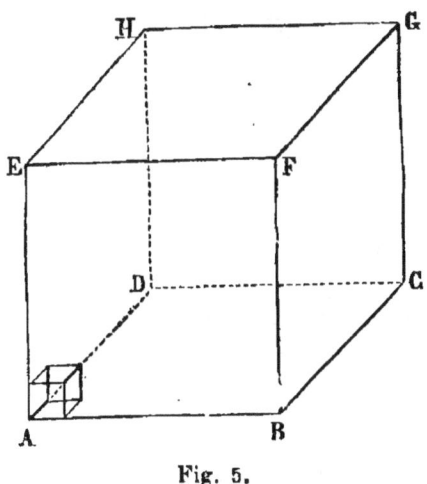

Fig. 5.

mètres carrés sur chacun desquels on peut construire un cube ayant un décimètre de côté ; ce cube est un *décimètre cube*, et l'on pourra en placer 100 sur la base. Or, cette couche de 100 décimètres cubes peut se répéter 10 fois dans la hauteur AE, puisque AE contient 10 décimètres ; de sorte que l'on aura dans le mètre cube 10 couches de 100 décimètres cubes, soit en tout :

100×10 ou 1000 décimètres cubes.

Le même raisonnement prouve que le décimètre cube vaut 1000 centimètres cubes ; que le décamètre cube vaut 1000 mètres cubes, etc.

265. TABLEAU DES MESURES DE VOLUME

Kilomètre cube...	1 000 000 000 *de mètres cubes.*	km³
Hectomètre cube..	1 000 000 *de mètres cubes*....	hm³
Décamètre cube ..	1 000 *mètres cubes*..........	dam³
MÈTRE CUBE......	*Unité principale*..........	m³
Décimètre cube...	$\frac{1}{1\,000}$ *de mètre cube*.........	dm³
Centimètre cube..	$\frac{1}{1\,000\,000}$ *de mètre cube*......	cm³
Millimètre cube..	$\frac{1}{1\,000\,000\,000}$ *de mètre cube*..	mm³

D'après ce tableau, on voit que *trois* chiffres sont nécessaires pour représenter chaque multiple ou sous-multiple de l'unité principale.

Ainsi, un volume renfermant 10 décamètres cubes, 34 mètres cubes, 310 décimètres cubes, 4 centimètres cubes, 513 millimètres cubes, sera représenté, en mètres cubes, par le nombre

$$10\,034^{m^3},310\,004\,513.$$

— La lecture d'un nombre représentant des mètres cubes se fera en partageant la partie décimale en tranches de 3 chiffres à partir de la virgule, en complétant, au besoin, par des zéros, la dernière tranche à droite qui pourrait n'avoir qu'un ou deux chiffres.

Ainsi, le nombre

$$275^{m^3},475\,25$$

se lira : 275 mètres cubes, 475 décimètres cubes, 250 centimètres cubes.

— L'évaluation des volumes se fait presque toujours avec le mètre cube pour unité. On emploie le kilomètre

MESURES DE VOLUME.

cube comme unité principale pour la mesure du volume des astres.

266. — Mesures de bois. — Lorsqu'il s'agit de bois de chauffage ou de charpente, l'unité de volume prend le nom de *stère*, qui est un volume de un mètre cube.

Le stère a un multiple, le *décastère*, qui vaut 10 stères, et un sous-multiple, le *décistère*, qui vaut le dixième du stère.

TABLEAU DES MESURES DE BOIS

Décastère....	Vaut 10 stères......	das
STÈRE.......	Mètre cube..........	s ou m^3
Décistère....	Dixième du stère....	ds

267. — Les volumes ne se mesurent pas directement; on les évalue par le calcul à l'aide de formules démontrées en géométrie, comme d'ailleurs les surfaces.

Il n'existe donc pas de mesures effectives pour les volumes.

Cependant, pour le bois de chauffage, il existe une mesure effective : le *stère*, construite de la manière suivante :

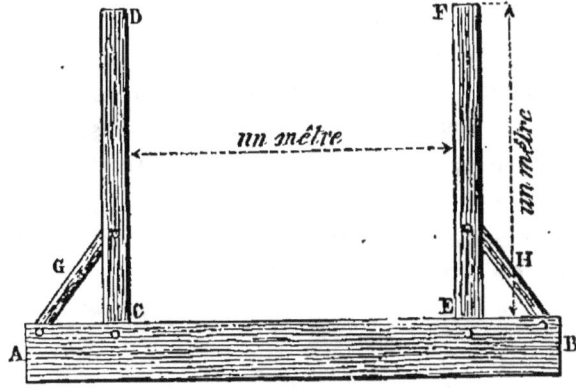

Fig. 6.

La base est une pièce de bois horizontale B appelée *sole* (fig. 6) sur laquelle sont fixés deux montants verticaux CD et EF séparés par un intervalle de 1 mètre, qu'on appelle l'*écartement de la sole*. Ces montants sont consolidés, en dehors de l'intervalle qui les sépare, par deux jambes de force ou contre-fiches H.

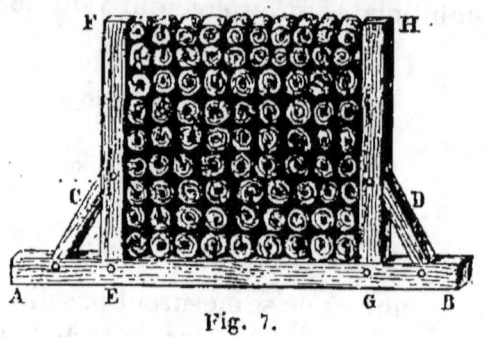

Fig. 7.

Si, entre les deux montants (fig. 7), on place l'une sur l'autre des bûches ayant 1 mètre de longueur, jusqu'à la hauteur de 1 mètre, on aura ainsi mesuré un mètre cube, ou un stère de bois.

Si les bûches n'ont pas 1 mètre de longueur, on les monte à une hauteur telle que le volume du *parallélépipède rectangle* formé par le tout ait 1 mètre cube de volume. Ce volume s'obtient en faisant le produit des trois nombres qui mesurent les trois dimensions. Or, dans le cas présent, les trois dimensions sont l'écartement de la sole, soit 1 mètre, la longueur des bûches et la hauteur.

Supposons, par exemple, des bûches ayant $1^m,14$ de longueur, on aura l'égalité :

$$1,14 \times 1 \times \text{hauteur} = 1 \text{ m}^3$$

d'où :

$$\text{Hauteur} = \frac{1}{1,14} = 0^m,877.$$

— En forêt, on se contente de fixer, dans le sol aplani, deux poteaux verticaux espacés de 1 mètre, 2 mètres, 3 mètres, de façon à pouvoir mesurer 1 stère, 2 stères ou 5 stères (demi-décastère).

Dans le commerce, le bois de chauffage se vend généralement au poids.

MESURES DE CAPACITÉ

268. — L'unité principale de ces mesures est le *litre*, qui équivaut au *décimètre cube*.

Les multiples et les sous-multiples du litre suivent la loi décimale. En voici le tableau, avec les signes abréviatifs.

Kilolitre	Mille litres	kl
Hectolitre ...	Cent litres	hl
Décalitre ...	Dix litres	dal
LITRE	Unité	l
Décilitre	$\frac{1}{10}$ de litre	dl
Centilitre ...	$\frac{1}{100}$ de litre	cl
Millilitre	$\frac{1}{1000}$ de litre	ml

— Le litre correspondant au décimètre cube, il est facile de transformer un nombre de litres donné en unités dépendant du mètre cube, et réciproquement. Ainsi :

$3\,425^l,45$ valent $3\,425^{dm^3},450^{cm^3}$ ou $3^{m^3},425\,450$.

Si l'on veut avoir en litres la contenance d'un réservoir dont le volume est de $152^{m^3},2745$, sachant que

1 mètre cube vaut 1000 décimètres cubes, ou 1000 litres, on écrira :

$$152^{m^3},2745 = 152\,274^l,5 \text{ ou } 1522^{hl},745.$$

269. — *Mesures effectives.* — Ces mesures diffèrent suivant les matières à mesurer.

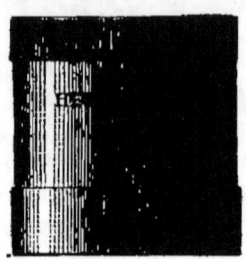 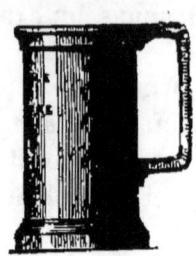 

Fig. 8.   Fig. 9.   Fig. 10.

Pour les grains et les matières sèches, on se sert de mesures en bois (fig. 8). Elles ont la forme d'un cylindre dont la profondeur est égale au diamètre de base. La partie supérieure est garnie de tôle pour éviter l'usure et la déformation.

La série va du demi-décilitre à l'hectolitre et forme le tableau suivant :

Hectolitre............	100 litres.
Demi-hectolitre.......	50 —
Double décalitre......	20 —
Décalitre............	10 —
Demi-décalitre.......	5 —
Double litre.........	2 —
Litre.	
Demi-litre...........	$\frac{1}{2}$ litre.

Double décilitre.......	$\frac{1}{5}$ de litre.
Décilitre............	$\frac{1}{10}$ —
Demi-décilitre	$\frac{1}{20}$ —

Pour les liquides tels que vin, vinaigre, eau-de-vie, les mesures cylindriques sont en étain. Leur profondeur est égale au double du diamètre de base (fig. 9).

La série s'étend du centilitre au double litre.

— Par un décret en date du 30 janvier 1892, l'emploi du nickel pur est autorisé pour la construction des mesures de capacité destinées à la mesure des liquides.

— Pour le lait, les mesures cylindriques (fig. 10) sont en fer-blanc. Leur profondeur est égale au diamètre de base, et la série s'étend, comme la précédente, du centilitre au double litre.

MESURES DE POIDS

270. — L'unité principale des mesures de poids est le *gramme*.

Le gramme est le poids d'un centimètre cube d'eau distillée, prise à la température de 4 degrés centigrades, et dans le vide.

On a pris de l'eau distillée, c'est-à-dire pure, parce que le poids de l'eau varie avec la qualité et la quantité des matières qu'elle contient en suspension.

On a choisi la température de 4 degrés centigrades, parce que le poids de l'eau varie avec la température, et que ce poids atteint son maximum à 4 degrés.

Enfin, un corps, dans l'atmosphère, étant soumis à la poussée de l'air, force dirigée en sens inverse du poids

SYSTÈME MÉTRIQUE.

et variant suivant le poids de l'air, on a voulu éviter les variations qui peuvent en résulter en effectuant la pesée dans le vide. Cette pesée s'est effectuée en appliquant le principe d'Archimède enseigné par la physique.

Ce sont ces raisons qui ont motivé les précautions indiquées pour obtenir exactement le gramme.

— La loi du 11 juillet 1903 indique le kilogramm comme unité fondamentale de masse (1) ou de poids.

— On compte par grammes comme par mètres, suivant la loi décimale.

271. — Voici, conformément au décret du 28 juillet 1903, le tableau des mesures de *masse* ou de *poids*.

MESURES DE MASSE OU DE POIDS

Tonne	1000 *kilogrammes*	t
Quintal métrique	100 —	q
KILOGRAMME	*Unité fondamentale*	kg
Hectogramme	100 *grammes*	hg
Décagramme	10 —	dag
GRAMME	*Millième du kilogramme*	g
Décigramme	$\frac{1}{10}$ *de gramme*	dg
Centigramme	$\frac{1}{100}$ —	cg
Milligramme	$\frac{1}{1000}$ —	mg

Le *quintal métrique* (100 kg) est employé pour un grand nombre de marchandises.

(1) La masse d'un corps correspond à la quantité de matière qu'il contient ; son poids est l'action que la pesanteur exerce sur lui. En un même lieu, ces deux grandeurs sont proportionnelles l'une à l'autre. Dans le langage courant, le terme *poids* est employé dans le sens de masse. (*Note annexée au décret du 28 juillet 1903.*)

MESURES DE POIDS. 309

La *tonne* (1000 kg) est employée pour le chargement des wagons, sur les chemins de fer, et pour désigner le poids du matériel lui-même.

Les unités de poids suivant la loi décimale, on écrira et on lira un nombre indiquant un poids comme on l'a fait pour les mesures de longueur.

EXEMPLE : un poids de 3 kilogrammes, 5 hectogrammes, 2 grammes, 5 centigrammes, s'écrira en grammes :

$$3\,502^{g},05.$$

272. — *Mesures effectives.* — Les mesures effectives de poids adoptées dans le commerce et soumises chaque année au contrôle d'un bureau spécial formen trois séries.

Première série. — *Poids en fonte de fer.* — Ils sont au nombre de 10 :

50 kilogrammes.	1 kilogramme.
20 —	5 hectogrammes.
10 —	2 —
5 —	1 —
2 —	$\frac{1}{2}$ hecto ou 5 dag.

Ces poids ont la forme de troncs de pyramide à base

Fig. 11.

Fig. 12.

rectangulaire (fig. 11), pour ceux de 50 kilogrammes et de 20 kilogrammes, et à base hexagonale (fig. 12) pour les autres.

Sur la petite base est fixé un anneau qui permet de les prendre plus facilement ; leur valeur s'y trouve également inscrite.

Deuxième série. — *Poids en laiton*. — Ils sont au nombre de quatorze :

20 kg	5 hg	2 dag	2 g
10 kg	2 hg	1 dag	1 g
5 kg	1 hg	$\frac{1}{2}$ dag	
2 kg	$\frac{1}{2}$ hg		
1 kg			

Fig. 13.

Ces poids ont la forme d'un cylindre (fig. 13) surmonté d'un bouton, par lequel on peut les prendre ; leur valeur est inscrite sur la base supérieure. Les cinq derniers de la série sont massifs ; les autres sont creux, et le bouton qui les surmonte est fileté. Il ferme l'orifice par lequel on introduit des grains de plomb très fins (cendrée) en quantité suffisante afin de donner à l'ensemble le poids qu'il doit représenter.

Troisième série. — *Poids en lamelles*. — Ce sont de petites lames carrées (fig. 14) en laiton, platine ou aluminium, dont un des coins est relevé pour qu'on puisse les saisir avec une pince. Leur valeur est inscrite sur la face qui regarde le coin relevé.

Fig. 14.

Ces poids sont au nombre de neuf :

5 dg	5 cg	5 mg
2 dg	2 cg	2 mg
1 dg	1 cg	1 mg

Ils sont plus spécialement employés par les bijoutiers et dans les laboratoires de physique, de chimie et de pharmacie. Ils sont enfermés dans une boîte plate dont le fond est creusé d'empreintes spéciales à chaque poids.

— On fabrique aussi des poids en laiton en forme de godets coniques qui s'emboîtent les uns dans les autres de manière qu'ils se trouvent tous ensemble enfermés dans le plus grand, lequel possède un couvercle à fermeture. Ce dernier godet seul pèse 500 grammes et avec tous les autres il forme un poids de 1 kilogramme.

DENSITÉ

275. — *On appelle* **densité** *d'un corps le quotient obtenu en divisant le poids d'un certain volume de ce corps par le poids d'un égal volume d'eau.*

Ainsi, lorsqu'on dit que la densité d'un corps est 8, cela signifie qu'à volume égal ce corps pèse 8 fois plus que l'eau. Le décimètre cube d'eau pesant 1 kilogramme, le décimètre cube de ce corps pèse donc 8 kilogrammes.

On peut remarquer que le poids d'*un* décimètre cube d'eau, c'est-à-dire d'*un* litre étant *un* kilogramme, il en résulte que : *le nombre qui exprime le poids d'un volume d'eau en kilogrammes exprime en même temps son volume en décimètres cubes ou en litres.*

Ainsi, 800 kilogrammes d'eau représentent un volume d'eau de 800 décimètres cubes ou 800 litres.

274. — *On obtient le poids d'un corps en multipliant son volume par sa densité.*

En effet, si V désigne le volume du corps, en décimètres cubes par exemple, le poids d'un égal volume d'eau serait V en kilogrammes, et si D représente la densité du corps, son poids sera $V \times D$. De sorte que, si l'on représente par P le poids du corps, on a l'égalité :

$$P = V \times D \qquad (1)$$

Il faudra bien remarquer que si le volume est évalué en décimètres cubes, le poids est exprimé en kilogrammes. De même, si le volume est exprimé en centimètres cubes, le poids est évalué en grammes.

Ainsi, le poids de 10 décimètres cubes de fer, dont la densité est 7,8, est :

$$10 \times 7,8 = 78 \text{ kg}.$$

— De l'égalité (1) on tire deux autres égalités :

1° $$V = \frac{P}{D},$$

ce qui montre que : *connaissant le poids d'un corps et sa densité, on obtient son volume en divisant le poids par la densité.*

2° De (1) on tire :

$$D = \frac{P}{V},$$

égalité qui montre que : *connaissant le poids d'un corps et son volume, on obtient sa densité en divisant le poids par le volume.*

REMARQUE. — On confond souvent dans le langage courant les deux expressions *densité* et *poids spécifique*, bien qu'en réalité ces deux expressions soient différentes.

Le poids spécifique d'un corps est le poids de l'unité de volume de ce corps.

La densité et le poids spécifique d'un corps sont représentés par le même nombre ; mais la densité est un nombre abstrait, et le poids spécifique un nombre concret ; seulement le poids spécifique est exprimé en grammes, kilogrammes ou tonnes, suivant que l'unité de volume est le centimètre cube, le décimètre cube ou le mètre cube.

MONNAIES

275. — Les monnaies sont des pièces de métal servant aux échanges.

Elles sont en or, en argent, en bronze, et, depuis 1903, il en existe en nickel.

Les pièces ne sont pas composées d'or pur ou d'argent pur, car elles s'useraient trop vite. Pour leur donner plus de dureté, on *allie* au métal précieux une certaine quantité de cuivre.

276. — *Alliage.* — **Titre.** — On appelle *alliage* le corps obtenu en fondant ensemble plusieurs métaux.

C'est ainsi qu'on forme un alliage d'or et de cuivre ; un alliage d'argent et de cuivre, etc.

Lorsqu'un alliage est formé soit d'or et de cuivre, soit d'argent et de cuivre, l'or ou l'argent constituent le *métal précieux* ou *métal fin*.

On appelle **titre** *d'un alliage le quotient obtenu en divisant le poids du métal précieux contenu dans l'alliage par le poids total de l'alliage.*

On a donc l'égalité suivante :

$$\text{titre} = \frac{\text{poids du métal précieux}}{\text{poids total}}. \qquad (1)$$

Le titre est évidemment un nombre toujours inférieur à 1. Il s'exprime généralement en *millièmes*.

Ainsi, lorsqu'on dit qu'un alliage d'or est au titre 0,900, on entend par cela que, sur 1000 parties de l'alliage, 900 parties sont de l'or pur ; autrement dit, les 900 millièmes du poids total sont de l'or pur.

— L'égalité (1) donne :

$$\text{poids du métal précieux} = \text{poids total} \times \text{titre} ;$$

donc : *Pour avoir le poids du métal précieux contenu dans un alliage, on multiplie le poids total par le titre.*

EXEMPLE. — *On fond ensemble deux lingots d'or : le premier au titre 0,750 pèse 200 grammes ; le deuxième au titre 0,800 pèse 150 grammes. Trouver le poids d'or pur contenu dans l'alliage et le titre de cet alliage.*

Solution. — L'or pur contenu dans le premier lingot pèse :

$$200 \times 0{,}750 = 150 \text{ gr.} ;$$

l'or pur contenu dans le deuxième lingot pèse :

$$150 \times 0{,}800 = 120 \text{ gr.} ;$$

donc l'or pur contenu dans l'alliage pèse

$$150 + 120 = 270 \text{ gr.}$$

Or, le poids total de l'alliage est

$$200 + 150 = 350 \text{ gr.}$$

Donc le titre de cet alliage est :

$$\frac{270}{350} = 0{,}771.$$

277. — L'unité principale des monnaies est le *franc*.

Le franc *légal* est une pièce de monnaie d'argent qui pèse 5 grammes, et dont les $\frac{9}{10}$ de son poids sont en argent pur.

Cette pièce est purement théorique, car depuis 1864 le franc est au titre 0,835.

— Les unités secondaires sont le *décime* ou dixième du franc, et le *centime* ou centième du franc.

MONNAIES.

Ces unités suivent donc la loi décimale.

278. — *Mesures effectives.* — Elles sont représentées par un certain nombre de pièces en or, en argent et en bronze. La loi de finances de 1903 a autorisé la création d'une pièce en nickel de 0 fr. 25.

— Les monnaies d'or sont au titre de 0,900 et sont au nombre de cinq ; elles valent respectivement :

100 francs — 50 fr. — 20 fr. — 10 fr. — 5 fr.

— Les monnaies d'argent sont au nombre de cinq ; elles valent respectivement :

5 fr. — 2 fr. — 1 fr. — 0 fr. 50 — et 0 fr. 20.

La pièce de 5 francs seule est au titre 0,900 ; les autres pièces, appelées *divisionnaires*, sont au titre 0,835.

— Les monnaies de bronze, ou monnaies de *billon*, sont formées d'un alliage comprenant 95 grammes de cuivre, 4 d'étain et 1 de zinc, sur 100 grammes d'alliage.

Il y a quatre pièces de bronze valant respectivement :

0 fr. 10 — 0 fr. 05 — 0 fr. 02 — 0 fr. 01.

La pièce de 0 fr. 05 est encore appelée communément un *sou*, du nom d'une ancienne monnaie.

On peut remarquer que les pièces de monnaies comprennent le franc, le double franc et le demi-franc, de même que le décime, le double décime et le demi-décime, en observant cette loi du double et de la moitié depuis la pièce de 100 francs jusqu'à la pièce de 0 fr. 01.

La pièce de nickel, créée par la loi de finances de 1903, seule fait exception à cette loi.

— Voici le tableau des monnaies françaises avec leurs titres, leurs poids et leurs diamètres :

SYSTÈME MÉTRIQUE.

PIÈCES		TITRE	POIDS	DIAMÈTRE
Or	100 fr.	0,900	32^{gr},258	35 mm.
	50	»	16^{gr},129	28
	20	»	6^{gr},4516	21
	10	»	3^{gr},2258	19
	5	»	1^{gr},6129	17
Argent.	5 fr...	0,900	25 gr.	37 mm.
	2 ...	0,835	10	27
	1 ...	»	5	23
	0,50 ..	»	2,50	18
	0,20 ..	»	1	15
Bronze.	0,10 ..	Sur 100 gr.	10 gr.	30 mm.
	0,05 ..	95 cuivre.	5	25
	0,02 ..	4 étain.	2	20
	0,01 ..	1 zinc.	1	15
Nickel.	0,25 ..	Pur.	7 gr.	24 mm.

REMARQUE. — La pièce de 0 fr. 25 a déjà existé en argent sous le nom de $\frac{1}{4}$ de franc.

De même il a existé une pièce de 40 francs en or.

— Les pièces de monnaies étaient fabriquées autrefois dans deux hôtels de monnaies en France : celui de Paris et celui de Bordeaux. Aujourd'hui, elles sont fabriquées exclusivement à l'hôtel des monnaies de Paris.

La retenue à opérer pour frais de fabrication des monnaies d'or et d'argent a été fixée à 6 fr. 70 par kilogramme d'or au titre 0,900 et 1 fr. 50 par kilogramme d'argent au même titre.

— En outre de la monnaie métallique et pour faciliter la manipulation et le transport de grandes quantités d'argent, il y a le *papier monnaie* constitué par les billets de banque, émis par la Banque de France. Elle peut émettre des billets de 50 francs, 100 francs, 500 francs et 1000 francs ; mais elle doit posséder l'équivalent en espèces.

279. — *Tolérance sur le poids.* — On appelle tolérance sur le poids la différence en plus ou en moins que la loi tolère entre le poids exact que doivent avoir théoriquement les pièces de monnaies et celui que la fabrication leur donne.

Pour les pièces d'or, cette tolérance est de 1 millième pour les pièces de 100 francs et de 50 francs ; 2 millièmes pour celles de 20 francs et de 10 francs, et 3 millièmes pour celles de 5 francs.

Pour les pièces d'argent, elle est de 3 millièmes pour la pièce de 5 francs ; de 5 millièmes pour les pièces de 2 francs et de 1 franc ; de 7 millièmes pour la pièce de 0 fr. 50, et de 10 millièmes pour la pièce de 0 fr. 20.

Pour les pièces en bronze, elle est de 10 millièmes pour les pièces de 0 fr. 10 et 0 fr. 05, et de 15 millièmes pour les pièces de 0 fr. 02 et 0 fr. 01.

280. — *Tolérance sur le titre.* — On appelle ainsi la différence que la loi tolère entre le titre que doivent avoir théoriquement les alliages servant à la fabrication des monnaies et celui qu'ils ont réellement.

Pour les monnaies d'or, elle est de 0,001 en plus ou en moins.

Pour les monnaies d'argent, elle est de 0,002 pour la pièce de 5 francs et de 0,003 pour les autres.

Pour la pièce de 0 fr. 25 qui est en nickel pur, la tolérance d'impureté est de 20 millièmes.

— A l'égard des objets d'orfèvrerie et de bijouterie dans lesquels entrent l'or et l'argent, les titres dont les fabricants peuvent faire usage sont :

pour l'or : 0,920 — 0,840 — 0,750
pour l'argent : 0,950 — 0,800.

La tolérance sur le titre est de 3 millièmes pour les objets d'or et 5 millièmes pour les objets d'argent.

Le titre des médailles et jetons frappés à la monnaie est de 0,916 pour l'or et 0,950 pour l'argent.

Tout objet d'or ou d'argent doit, avant d'être mis en vente, être présenté à un bureau de garantie où, après essai, il est constaté que cet objet est bien au titre légal. L'objet est alors revêtu de l'empreinte des poinçons de l'État.

281. — *Valeur relative de l'or et de l'argent.* — L'or a plus de valeur que l'argent et on a établi la valeur relative de poids égaux d'or et d'argent monnayés au titre de 0,900.

A poids égal, l'or vaut 15,50 fois plus que l'argent, l'or et l'argent monnayés étant supposés au titre 0,900.

Donc : *à valeur égale, l'or pèse 15,50 fois moins que l'argent.*

De là résulte un moyen facile de calculer le poids d'une pièce ou d'une somme en or. Il suffit de trouver le poids de la pièce ou de la somme en argent qui aurait la même valeur, et de diviser ce poids par 15,50.

Ainsi, le poids d'une pièce de 20 francs en or s'obtiendra en divisant le poids de 20 francs en argent, ou 100 grammes, par 15,50. On a ainsi :

$$\frac{100}{15,50} = 6^{gr},4516.$$

— De même : *à poids égal, l'argent vaut 20 fois plus que le bronze.*

Inversement, *à valeur égale, l'argent pèse 20 fois moins que le bronze.*

Il en résulte que : *à poids égal, l'or vaut 310 fois plus que le bronze* ($15,50 \times 20$).

Inversement : *à valeur égale, l'or pèse 310 fois moins que le bronze.*

Ainsi : un gramme de bronze monnayé vaut   0 fr. 01
       un gramme d'argent   —   —   0 fr. 20
       un gramme d'or   —   —   3 fr. 10

REMARQUE. — On considère l'or et l'argent comme ayant toujours la même valeur *en tant que monnaie*, et tout le système monétaire français repose sur ce principe de la valeur relative fixe donnée précédemment (281).

Mais cette valeur relative est variable par suite de la production plus ou moins grande des deux métaux qui, par conséquent, suivent un *cours* variable en tant que marchandises : c'est leur *valeur commerciale*.

Problème. — *Calculer la valeur du kilogramme d'or pur et du kilogramme d'or monnayé ; calculer ensuite cette même valeur au change, c'est-à-dire en tenant compte des frais de fabrication.*

SOLUTION. — 1° En argent monnayé, 1 franc pèse 5 grammes ; donc la somme qui correspond à un poids de 1 kilogramme est égale à :

$$\frac{1000}{5} = 200 \text{ fr.}$$

A poids égal, l'or monnayé valant 15,50 fois plus que l'argent monnayé, 1 kilogramme d'or monnayé vaudra donc :

$$200 \times 15,50 = 3\,100 \text{ francs.}$$

Il en résulte que 900 grammes d'or pur valent 3100 francs ; 1 gramme d or pur vaut $\frac{3100}{900}$, et 1000 grammes d'or pur valent :

$$\frac{3100 \times 1000}{900} = 3444^{fr},44.$$

C'est ce qu'on appelle la *valeur intrinsèque* de l'or.

2° En retranchant les 6 fr. 70 de frais de fabrication, 1 kilogramme d'or monnayé vaudra au change
$$3100 - 6,70 = 3093 \text{ fr. } 30.$$

La retenue de 6 fr. 70 est faite sur 900 grammes d'or pur ; sur 1000 grammes, elle sera de :

$$\frac{6,70 \times 1000}{900} = 7^{fr},44 ;$$

donc, au change, 1 kilogramme d'or pur vaudra :

$$3444,44 - 7,44 = 3437 \text{ francs}.$$

C'est ce qu'on appelle encore la *valeur au tarif*.

— En opérant de même pour l'argent, on trouve que 1 kilogramme d'argent pur vaut 222 fr. 22, et en tenant compte des frais de fabrication 1 fr. 50, le kilogramme d'argent pur vaut 220 fr. 56.

Le kilogramme d'argent monnayé vaut

$$200 - 1,50 = 198 \text{ fr. } 50.$$

— Notre système monétaire a été adopté par quelques États d'Europe et d'Amérique.

A la suite d'une convention conclue en 1865 entre la France et la Belgique, la Suisse et l'Italie (1), les monnaies d'or et d'argent de ces quatre pays ont été ren-

(1) Les pièces d'argent italiennes de 5 francs sont les seules admises dans les échanges internationaux (15 novembre 1893).

dues identiques pour le poids, le titre et le diamètre; de sorte que les monnaies de l'un ont cours légal dans les trois autres.

La Grèce a adhéré à cette convention en 1868. D'autres pays, notamment la Roumanie, la Serbie et la plupart des républiques sud-américaines ont adopté notre système monétaire.

282. — REMARQUE. — Dans l'exposé du système métrique on a pu voir comment toutes les mesures dérivent du mètre

L'*are* dérive du mètre comme étant un carré de 10 *mètres* de côté; il vaut 100 *mètres carrés*.

Le *stère* dérive du mètre puisqu'il vaut un *mètre cube*.

Le *litre* dérive du mètre puisqu'il équivaut à un *décimètre cube*.

Le *gramme* dérive du mètre puisque c'est le poids d'un *centimètre cube* d'eau distillée pesée dans le vide à 4 degrés centigrades.

Enfin, le *franc* dérive du mètre par son poids, puisqu'il pèse 5 grammes.

NOTE SUR LA LOI DU 11 JUILLET 1903
RELATIVE AU SYSTÈME MÉTRIQUE

283. — A l'origine, et nous avons conservé cette définition, le mètre a été défini comme la dix-millionième partie du quart du méridien terrestre.

D'après la loi du 11 juillet 1903, « *le mètre est la longueur à
« la température de zéro du prototype international en platine
« iridié, qui a été sanctionné par la Conférence générale des poids
« et mesures tenue à Paris en 1889, et qui est déposé au pavillon
« de Breteuil à Sèvres.*

« La copie n° 8 de ce prototype international déposée aux
« Archives nationales est l'*étalon légal* pour la France. »

On remarquera que le mètre se trouve ainsi défini sans faire intervenir son origine.

NEVEU. — Cours d'Arithmétique.   11

La loi ajoute : « La longueur du mètre est très approximati-
« vement la dix-millionième partie du quart du méridien ter-
« restre qui a été prise comme point de départ pour l'établir. »

La même loi définit le kilogramme indépendamment du mètre.

En effet, l'article premier de la loi dit :

« Les étalons prototypes du système métrique sont le mètre
« international et le kilogramme international qui ont été
« sanctionnés par la Conférence générale des poids et mesures
« tenue à Paris en 1889, et qui sont déposés au pavillon de
« Breteuil à Sèvres. »

Au décret du 28 juillet 1903 précisant les dispositions de la loi, est joint le tableau des mesures qui indique le kilogramme comme unité de *masse* ou de *poids*.

« Le kilogramme est la masse du prototype international
« en platine iridié qui a été sanctionné par la Conférence géné-
« rale des poids et mesures tenue à Paris en 1889 et qui est
« déposé au pavillon de Breteuil à Sèvres. »

« La copie n° 35 de ce prototype international déposée aux
« Archives nationales est l'*étalon légal* pour la France. »

« La masse du kilogramme est très approximativement celle
« de 1 décimètre cube d'eau à son maximum de densité qui a
« été prise comme point de départ pour l'établir. »

— De même, le litre, à l'origine, était défini comme le volume d'un décimètre cube.

Une note jointe au décret dit :

« Le litre est le volume occupé par un kilogramme d'eau
« pure à son maximum de densité et sous la pression atmo-
« sphérique normale. »

« Le volume du litre est très approximativement égal à
« 1 décimètre cube. »

— Le mètre et le kilogramme sont donc définis par les étalons, et le litre est déduit du kilogramme et non du décimètre cube.

Il est évident d'ailleurs que ces différences dans les définitions nouvelles et anciennes n'ont aucune conséquence pour les applications.

SURFACES ET VOLUMES USUELS

284. — La plupart des problèmes proposés sur le système métrique exigeant la connaissance de l'évalua-

SURFACES ET VOLUMES USUELS.

tion des aires et des volumes, nous rappellerons la mesure des surfaces et des volumes usuels avec leurs définitions.

Dans la mesure des surfaces et des volumes, il importe de bien remarquer que l'on doit faire correspondre les unités de longueur, d'aire et de volume.

L'unité d'aire est le **carré** *construit sur l'unité de longueur.*

Donc, si l'unité de longueur est le mètre, l'unité d'aire est le *mètre carré*; de sorte que si les dimensions d'une figure sont évaluées en mètres, l'aire de cette figure sera évaluée en mètres carrés.

Si les dimensions sont évaluées en décimètres, centimètres..., l'aire sera évaluée en décimètres carrés, en centimètres carrés...

De même, *l'unité de volume est le* cube *dont l'arête est l'unité de longueur.*

Il en résulte que, suivant que les dimensions seront évaluées en mètres, décimètres, etc., le volume sera évalué en mètres cubes, décimètres cubes, etc.

285. — **Parallélogramme.** — **Rectangle.** — Le parallélogramme est un quadrilatère dont les côtés opposés sont parallèles.

Exemple. — Le quadrilatère ABCD (fig. 15) est un parallélogramme. Le côté AB est la base du parallélogramme, et la perpendiculaire DH abaissée de D sur AB est la hauteur.

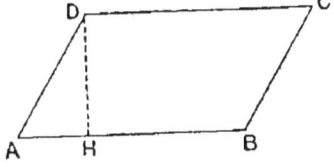

Fig. 15.

— Le rectangle est un parallélogramme dont un angle est droit (fig. 16).

Les côtés AB et BC sont l'un la base et l'autre la hauteur, ou encore les deux dimensions.

324   SYSTÈME MÉTRIQUE.

L'aire d'un rectangle a pour mesure le produit des deux nombres qui mesurent sa base et sa hauteur.

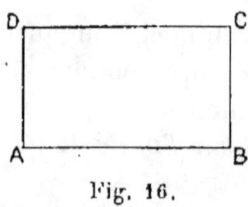

Fig. 16.

Cet énoncé signifie que si, par exemple, l'unité de longueur étant le mètre, les nombres qui mesurent les dimensions du rectangle sont 7 et 8, l'aire évaluée en mètres carrés sera donnée par le produit 7×8 ou 56^{m^2}.

De même : *l'aire d'un parallélogramme a pour mesure le produit des deux nombres qui mesurent sa base et sa hauteur.*

286. — Aire du triangle. — Le triangle est la figure formée par trois droites qui se coupent deux à deux et qui sont limitées à leurs points de rencontre (fig. 17).

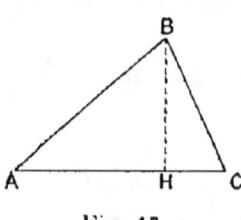

Fig. 17.

Si l'on prend le côté AC pour base, la perpendiculaire BH abaissée de B sur AC est la hauteur.

L'aire d'un triangle a pour mesure le demi-produit des nombres qui mesurent sa base et sa hauteur.

287. — Aire du trapèze. — Le trapèze est un quadrilatère dont deux côtés sont parallèles. Ces côtés AB et DC sont les bases du trapèze (fig. 18).

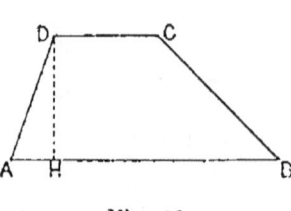

Fig. 18.

La perpendiculaire DH abaissée de D sur la base AB est la hauteur du trapèze.

L'aire d'un trapèze a pour mesure le produit du nombre qui mesure la demi-somme des bases par le nombre qui mesure sa hauteur.

288. — Un *polygone* est une figure plane limitée par des lignes droites.

On obtient l'aire d'un polygone en le décomposant en triangles, rectangles, trapèzes, etc.

289. — *Longueur de la circonférence.* — *Aire du cercle.* — La circonférence est une ligne plane fermée dont tous les points sont également distants d'un point intérieur appelé centre (fig. 19).

La surface comprise dans l'intérieur de la circonférence s'appelle le *cercle*.

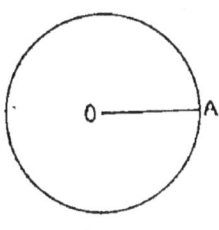

Fig. 19.

Le rayon est une droite qui joint le centre à un point quelconque de la circonférence. OA est un rayon.

On obtient la longueur d'une circonférence en multipliant son diamètre par le nombre π.

On prend pour valeur approchée de π le nombre 3,1416.

L'aire d'un cercle a pour mesure le $\frac{1}{2}$ produit des nombres qui mesurent la longueur de la circonférence et le rayon.

En désignant par S l'aire du cercle et par R son rayon, on a :
$$S = \frac{2\pi R \times R}{2} = \pi R^2.$$

Donc : *l'aire d'un cercle a aussi pour mesure le carré du rayon multiplié par le nombre π.*

VOLUMES

On appelle *polyèdre* un solide limité de toutes parts par des polygones plans.

290. — Prisme. — Le *prisme* est un polyèdre qui a pour bases deux polygones égaux dont les côtés sont parallèles deux à deux, et pour faces latérales des parallélogrammes ayant un côté commun avec chacun des polygones de bases (fig. 20).

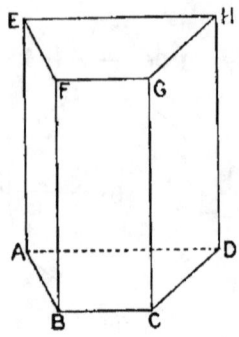

Fig. 20.

Le *parallélépipède* est un prisme qui a pour bases des parallélogrammes.

Le prisme est *droit* si les arêtes latérales sont perpendiculaires aux plans de bases.

Le volume d'un prisme a pour mesure le produit du nombre qui mesure l'aire de sa base par le nombre qui mesure sa hauteur.

L'aire latérale d'un prisme droit a pour mesure le produit du nombre qui mesure le périmètre de la base par le nombre qui mesure la hauteur.

291. — Pyramide. — La pyramide est un solide qui a pour base un polygone quelconque, et pour faces latérales des triangles ayant un sommet commun S non situé dans le plan de base (fig. 21) et un côté commun chacun avec le polygone de base.

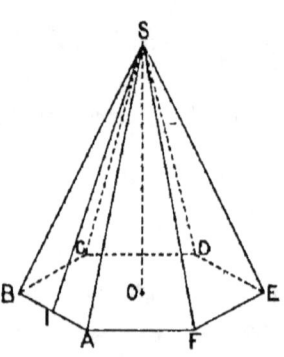

Fig. 21.

La pyramide est *régulière* si elle a pour base un polygone régulier, et si la hauteur SO passe au centre O du polygone de base.

L'*apothème* d'une pyramide régulière est la perpendiculaire SI abaissée du sommet S sur l'un des côtés de la base.

Le volume d'une pyramide a pour mesure le $\frac{1}{3}$ du produit des nombres qui mesurent l'aire de la base et la hauteur.

L'aire latérale d'une pyramide régulière a pour mesure le $\frac{1}{2}$ produit des nombres qui mesurent le périmètre de la base et l'apothème de la pyramide.

292. — Cylindre circulaire droit. — Le cylindre circulaire droit est le solide engendré par la rotation d'un rectangle tournant autour d'un de ses côtés (fig. 22).

Le volume d'un cylindre circulaire droit a pour mesure le produit des nombres qui mesurent l'aire de la base et la hauteur.

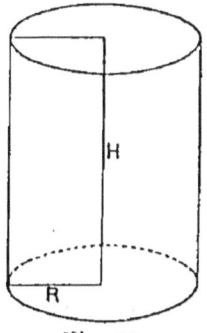

Fig. 22.

En désignant le rayon par R, la hauteur par H et le volume par V, on a :

$$V = \pi R^2 H.$$

L'aire latérale d'un cylindre circulaire droit a pour mesure le produit des nombres qui mesurent la circonférence de base et la hauteur.

En désignant par S l'aire latérale du cylindre, on a :

$$S = 2\pi RH.$$

295. — Cône circulaire droit. — Le cône circulaire droit est le solide engendré par la rotation d'un triangle rectangle tournant autour d'un des côtés de l'angle droit (fig. 23).

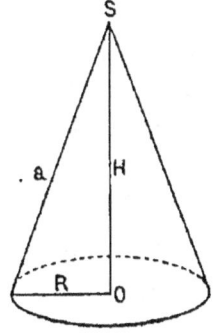

Fig. 23

Le volume d'un cône circulaire droit a pour mesure le $\frac{1}{3}$ du produit des nombres qui mesurent l'aire de la base et la hauteur.

On a :
$$V = \frac{1}{3}\pi R^2 H.$$

L'aire latérale d'un cône circulaire droit a pour mesure le $\frac{1}{2}$ produit des nombres qui mesurent la circonférence de base et le côté du cône.

$$S = \pi R a,$$

a désignant le côté, et R le rayon.

294. — **Sphère.** — La sphère est le solide limité par la surface dont tous les points sont également éloignés d'un point intérieur appelé centre.

Le rayon de la sphère est une droite qui joint le centre à un point quelconque de la surface.

Un grand cercle de la sphère est un cercle déterminé par un plan qui passe par le centre de la sphère.

Le rayon d'un grand cercle est égal au rayon de la sphère.

— *L'aire d'une sphère a pour mesure quatre fois le nombre qui mesure l'aire d'un grand cercle.*

En désignant par S l'aire de la sphère et par R son rayon, on a :
$$S = 4\pi R^2$$

— *Le volume d'une sphère a pour mesure le produit des nombres qui mesurent l'aire de la sphère et le tiers du rayon.*

$$V = 4\pi R^2 \times \frac{R}{3} = \frac{4}{3}\pi R^3.$$

CHAPITRE II

ANCIENNES MESURES FRANÇAISES ET MESURES ÉTRANGÈRES

ANCIENNES MESURES DE FRANCE

Avant l'établissement du système métrique on se servait en France de mesures nombreuses et variables. Nous allons en faire connaître les principales et montrer comment on peut obtenir leurs valeurs exprimées avec les nouvelles mesures.

MESURES DE LONGUEUR

295. — L'unité principale était la *toise* (T) dont la longueur est $1^m,94904$.

La *toise* était divisée en 6 *pieds* (P); le *pied* en 12 *pouces* (p); le *pouce* en 12 *lignes* (l), et la *ligne* en 12 *points*.

— L'unité de longueur employée pour mesurer les étoffes s'appelait l'*aune*.

L'*aune* valait 6 322 points, ou 3 pieds, 7 pouces, 10 lignes et 10 points. Elle a pour longueur environ $1^m,18844$.

La *perche de Paris* valait 18 pieds; la *perche des eaux et forêts* avait pour longueur 22 pieds.

— Il est alors facile de convertir en mètres une longueur évaluée avec les anciennes mesures.

Cherchons d'abord la longueur d'un pied, d'un pouce et d'une ligne.

La toise vaut 6 pieds et a pour longueur $1^m,94904$; donc le pied a pour longueur :

$$\frac{1,94904}{6} = 0^m,32484.$$

330 ANCIENNES MESURES FRANÇAISES ET ÉTRANGÈRES.

Le pied valant 12 pouces, un pouce a pour longueur :

$$\frac{0{,}32484}{12} = 0^m{,}02707.$$

Enfin le pouce valant 12 lignes, une ligne a pour longueur :

$$\frac{0{,}02707}{12} = 0^m{,}002256.$$

— Ainsi : une toise a pour longueur $1^m{,}94904$;
un pied — — $0^m{,}32484$;
un pouce — — $0^m{,}02707$;
une ligne — — $0^m{,}002256$.

Proposons-nous de convertir la longueur 3 toises, 4 pieds, 8 pouces, 6 lignes.
On a :

3 toises ont pour longueur $1{,}94904 \times 3 = 5^m{,}84712$
4 pieds — $0{,}32484 \times 4 = 1^m{,}29936$
8 pouces — $0{,}02707 \times 8 = 0^m{,}21656$
6 lignes — $0{,}002256 \times 6 = 0^m{,}01353$

Donc $3^t\ 4^p\ 8^p\ 6^l$ ont pour longueur $7^m{,}37657$.

MESURES DE SURFACE

296. — Les mesures de surface étaient les carrés construits sur les unités de longueur.

L'unité principale était la *toise carrée* qui valait 6×6 ou 36 *pieds carrés*, ou $3^{m^2}{,}798743$.

Les subdivisions donnaient les unités suivantes :

Le *pied carré* valant 144 *pouces carrés* et qui équivaut à $0^{m^2}{,}105521$.

Le *pouce carré* qui valait 144 *lignes carrées*.

— Les **mesures agraires** étaient :

La *perche de Paris*, carré de 18 pieds de côté, et valant par conséquent 324 pieds carrés; elle équivaut à 34$^{m^2}$,19.

La *perche des eaux et forêts*, carré de 22 pieds de côté, valait 484 pieds carrés; elle équivaut à 51$^{m^2}$,07.

L'*arpent de Paris* valait 100 perches de Paris; il équivaut à 3418$^{m^2}$,87.

L'*arpent des eaux et forêts* valait 100 perches des eaux et forêts; il équivaut à 5107$^{m^2}$,20.

MESURES DE VOLUME

297. — Les mesures de volume étaient les cubes construits sur les unités de longueur.

L'unité principale était la *toise cube*, qui valait $6 \times 6 \times 6$ ou 216 pieds cubes, ou 7$^{m^3}$,4039.

Le *pied cube* valait 0$^{m^3}$,03428.

Pour les bois de chauffage, l'unité était la *corde* qui avait 8 pieds de largeur sur 4 de hauteur; la longueur des bûches variait de 2 pieds à 4 pieds $\frac{1}{2}$; mais pour la *corde des eaux et forêts* elle était fixée à 3 pieds $\frac{1}{2}$.

La *corde* était divisée en 2 *voies*.

La corde des eaux et forêts valait 3st,8390.

L'unité des bois de charpente était la *solive* qui valait 3 pieds cubes.

MESURES DE CAPACITÉ

298. — La principale mesure pour les liquides était la *pinte de Paris* qui valait 0^l,931318; elle se subdivisait en 2 *chopines*.

Les autres mesures étaient :

La *velte*, valant 8 pintes.

Le *muid de Bourgogne* valant 36 veltes ou 288 pintes. Il se divisait en 4 *quartauts* ou 2 *feuillettes*.

Le *quartaut* valait 9 veltes ou $67^l,0536$.

La *feuillette* valait 2 *quartauts* ou $134^l,1072$.

— Pour les grains, ou matières sèches, on avait :

Le *boisseau de Paris* qui valait 16 *litrons* ou $13^l,008697$.

Le *litron* valait donc $0^l,813$.

Le *setier* valait 12 boisseaux, ou $156^l,096$.

MESURES DE POIDS

299. — L'unité principale de poids était la *livre poids*, elle équivaut à $0^{kg},48951$.

On dit encore communément une livre pour désigner un demi-kilo.

— La livre était divisée en 2 *marcs*, le marc en 8 *onces*, l'once en 8 *gros*, et le gros en 3 *deniers* ou 72 *grains*. Le *quintal* valait 100 livres.

Ainsi :

La *livre poids*	équivaut à	$0^{kg},48951$;
Le *marc*	—	$0^{kg},24475$;
L'*once*	—	$30^{gr},59$;
Le *gros*	—	$3^{gr},824$;
Le *denier*	—	$1^{gr},274$;
Le *grain*	—	$0^{gr},053$.

Les joailliers se servent encore du *carat* divisé en 4 grains.

MONNAIES

300. — L'unité monétaire était la *livre tournois*.

Elle se subdivisait en 20 *sous* ; le sou en 4 *liards* et le liard en 3 *deniers*.

En comparant les poids d'argent pur contenus dans une livre tournois et dans un franc, on trouve que 81 livres tournois valent environ 80 francs. On voit donc que :

La *livre tournois* équivaut à 0 fr. 987651 ;
Le *sou* — 0 fr. 04938 ;
Le *liard* — 0 fr. 01234 ;
Le *denier* — 0 fr. 00411 ;

— Remarque. — Par la comparaison des anciennes mesures aux nouvelles, on voit la grande simplification apportée dans les calculs par l'introduction du système métrique, toutes les nouvelles mesures suivant la loi du système décimal. Les questions les plus simples sur les anciennes mesures nécessitaient des calculs longs que l'on appelait avec raison *calculs sur les nombres complexes*.

MESURES ÉTRANGÈRES

301. — Voici quelques mesures étrangères qu'il peut être utile de connaître.

— En Angleterre, l'unité principale de longueur est le *yard* qui vaut $0^m,914$.

Le *mille* anglais vaut 1760 yards ou $1609^m,315$.

L'unité de surface est le *yard carré* qui vaut $0^{m^2},8361$.

On emploie encore l'*acre* qui vaut $40^a,4671$.

L'unité de mesures de capacité est le *gallon* qui vaut $4^l,543$.

Pour les mesures de poids, l'unité est la *livre troy* qui vaut $373^{gr},242$.

— La *guinée* est une pièce d'or qui vaut 21 shillings, ou 26 fr. 45.

Le *souverain* est une pièce d'or de 20 shillings ; il vaut 25 fr. 20.

Le *shilling*, pièce d'argent, vaut 1 fr. 25.

Le shilling est divisé en 6 *pence* (pluriel de *penny*).

Le *penny*, pièce de bronze, vaut 0 fr. 10.

— En Russie, on emploie comme unité de longueur la *sagène*, de $2^m,134$, et, comme mesure itinéraire, la *verste* de 500 sagènes, valant, par conséquent, 1067 mètres.

Le *rouble* est une pièce d'argent (russe) qui vaut 4 francs.

Le *thaler* (allemand) en argent vaut 3 fr. 70.

Le *dollar* des États-Unis vaut 5 fr. 34.

CHAPITRE III

MESURE DU TEMPS ET DE LA CIRCONFÉRENCE
CALCUL DES NOMBRES COMPLEXES

MESURE DU TEMPS

302. — Les principales unités de temps sont déduites des mouvements de la terre.

On appelle *jour sidéral* le temps que met la terre à accomplir une rotation sur elle-même autour de la ligne des pôles. Cette unité n'est guère utilisée qu'en astronomie.

L'unité de temps que l'on emploie est le *jour civil* ou *jour solaire moyen* déterminé par le mouvement du soleil sur la sphère céleste.

Le *jour solaire moyen* est le temps qui s'écoule entre deux *midis* moyens consécutifs.

Le jour est divisé en 24 *heures*, l'heure en 60 *minutes*, la minute en 60 *secondes* ; on exprime les fractions de secondes en fractions décimales.

Une durée égale à 5 jours 8 heures 32 minutes 25 secondes et 7 dixièmes de seconde s'écrit ainsi :

$$5^j\ 8^h\ 32^m\ 25^s,7$$

503. — Le jour est une unité de temps qui serait trop petite pour mesurer de grands intervalles.

On adopte alors une autre unité plus grande qu'on appelle l'*année*.

On appelle *année* le temps qu'emploie la terre pour faire une révolution complète autour du soleil.

Une année renferme environ 365 jours $\frac{1}{4}$.

Un *siècle* est un intervalle de 100 années.

L'année devant se composer nécessairement d'un nombre exact de jours, on a substitué à l'année de 365 jours $\frac{1}{4}$ une année de convention dite *année civile* qui se compose exactement de 365 jours ; mais, pour compenser la perte du $\frac{1}{4}$ de jour, tous les quatre ans on ajoute un jour ; ce qui donne lieu à une année de 366 jours dite *année bissextile*.

Les années bissextiles sont celles dont le nombre qui les représente (ou *millésime*) est divisible par 4. Ainsi, l'année 1904 a été bissextile. Il n'y a exception que pour les années *séculaires*, c'est-à-dire celles dont le millésime est terminé par deux zéros comme 1700, 1800, 1900. Une année séculaire est bissextile si le nombre de centaines est divisible par 4. Il en résulte que sur 4 années séculaires, une seule est bissextile. C'est pour cette raison que l'année 1900 n'a pas été bissextile (*réforme grégorienne*).

304. — L'année est divisé en 12 mois, dont voici les noms et la durée :

Janvier........	31 jours.	Juillet.........	31 jours.
Février...	28 ou 29 —	Août.........	31 —
Mars.........	31 —	Septembre.....	30 —
Avril.........	30 —	Octobre........	31 —
Mai..........	31 —	Novembre......	30 —
Juin..........	30 —	Décembre.....	31 —

Le mois de février a 29 jours quand l'année est bissextile.

MESURE DE LA CIRCONFÉRENCE

505. — Pour mesurer les *arcs* ou parties de la circonférence, on la divise en 360 parties égales appelées *degrés*.

Le degré est divisé en 60 parties égales qu'on appelle des *minutes*, et la minute est divisée en 60 parties égales qu'on appelle des *secondes*.

Un arc de 18 degrés 32 minutes 18 secondes et 7 dixièmes de seconde s'écrit ainsi :

$$18° \ 32' \ 18'', 7.$$

Il faut bien remarquer que cette notation abrégée n'est pas la même que celle employée pour les minutes et secondes d'heures (302).

La notation ' et '' est réservée aux divisions de la circonférence et ne doit pas être employée pour la mesure du temps.

506. — La division de la circonférence en minutes et secondes, ou division *sexagésimale*, exige aussi des calculs compliqués sur les nombres qui sont *complexes*.

Une autre division, ou division *centésimale*, rend les calculs plus faciles et fait ainsi rentrer la division de la circonférence dans le système décimal.

Dans la division *centésimale*, la circonférence est divisée en 400 parties égales appelées *grades*; le *grade* est divisé en 100 parties égales appelées minutes *centésimales* ou *minutes de grade* ou simplement *centigrades*, et la *minute de grade* est divisée en 100 parties égales appelées *secondes de grade* ou *dix-millièmes de grade*, ou secondes *centésimales*.

Un arc de 32 grades 25 minutes 83 secondes et 7 dixièmes de seconde s'écrit ainsi :

$$32^{\gamma} 25' 83'',7 \text{ ou } 32^{\gamma},25837.$$

On emploie la lettre G ou la lettre grecque γ pour désigner des grades.

Les calculs sur les grades se font donc comme pour les nombres décimaux ordinaires.

CALCUL DES NOMBRES COMPLEXES

507. — On appelle *nombres complexes* ceux qui ne suivent pas le système décimal; tels sont les nombres exprimant d'anciennes mesures, ou la mesure du temps ou d'arcs.

508. — **Problème I.** — *Étant donné un intervalle de temps 25^j 7^h 38^m $24^s,3$ exprimé en heures, minutes et secondes, le convertir en secondes.*

SOLUTION. — Un jour valant 24 heures,

25 jours valent $24 \times 25 = 600$ heures.

En ajoutant $\quad 7^h$

on obtient : 607 heures.

Une heure vaut 60 minutes ; donc

607 heures valent $60 \times 607 = 36\,420^m$

En ajoutant $\quad 38^m$

on obtient : $36\,458^m$

Une minute vaut 60 secondes ; donc

36458 minutes valent $60 \times 36458 = 2187480^s$
En ajoutant $24^s,3$
on obtient : $2187504^s,3$.

Remarque. — Un calcul sur des degrés, minutes et secondes se ferait de la même manière.

309. — *Problème II.* — *Étant donné un intervalle de temps $2187504^s,3$ exprimé en secondes, l'évaluer en jours, heures, minutes et secondes.*

Solution. — Comme une minute vaut 60 secondes, autant de fois 60 sont contenus dans 2187504,3, autant il y a de minutes.

On trouve pour le quotient 36458, plus un nombre de secondes égal au reste 24,3 de la division.

De même, une heure valant 60 minutes, on aura le nombre d'heures en divisant le premier quotient ou 36458 minutes par 60 ; on trouve ainsi 607 heures, plus un reste 38 qui représente 38 minutes.

Enfin, un jour valant 24 heures, on obtiendra le nombre des jours en divisant le nouveau quotient 607 par 24. On trouve ainsi 25 jours plus un reste 7 qui représente 7 heures.

On dispose le calcul comme il suit :

```
2187504s,3 | 60
     387   | 36458 | 60
     275   |  0458 | 607 | 24
     350   |    38 | 127 | 25
     504                 |  7
      24
```

On obtient donc 25^j 7^h 38^m $24^s,3$.

310. — *Problème III.* — *Étant donné un intervalle de temps 78 jours 457, exprimé en jours et fraction*

CALCUL DES NOMBRES COMPLEXES.

décimale de jour, l'exprimer en jours, heures, minutes et secondes.

SOLUTION. — La fraction de jour 0,457 renferme un nombre d'heures égal à

$$24 \times 0{,}457 = 10^h{,}968.$$

La partie entière 10 du produit donne donc le nombre d'heures.

La fraction d'heure 0,968 renferme un nombre de minutes égal à la partie entière du produit

$$60 \times 0{,}968 = 58^m{,}08.$$

Enfin, la fraction de minute 0,08 renferme un nombre de secondes égal au produit

$$60 \times 0{,}08 = 4^s{,}8$$

On a donc :

$$78^j{,}457 = 78^j \ 10^h \ 58^m \ 4^s{,}8.$$

311. — **Problème IV.** — *Exprimer le nombre $10^h \ 58^m \ 4^s{,}8$ en fraction décimale de jour.*

Cherchons d'abord le nombre de secondes contenues dans le nombre donné (Prob. I, 308) ; on trouve :

10 heures valent $60 \times 10 = 600^m$
$+ \ 58^m$
───────
658^m

658 minutes valent $60 \times 658 = 39\,480^s$
$+ \quad 4^s{,}8$
───────
Soit $39\,484^s{,}8$

Comme 1 jour renferme 86 400 secondes, la fraction demandée s'obtient en divisant 39 484,8 par 86 400. On trouve ainsi :

$$10^h \ 58^m \ 4^s{,}58 = 0^j{,}457.$$

312. — *Addition des nombres complexes.*

Règle. — *On écrit les nombres donnés les uns au-dessous des autres, de manière que les unités de même espèce se correspondent; puis on souligne le dernier nombre. On additionne ensuite chaque colonne en commençant par les plus petites unités; si la somme d'une colonne contient des unités de l'ordre immédiatement supérieur, on les retient pour les reporter à la colonne suivante. On écrit sous chaque colonne les unités simples correspondantes.*

Exemple :

$$
\begin{array}{cccc}
3^j & 10^h & 25^m & 18^s \\
2 & 25 & 17 & 25 \\
4 & 35 & 32 & 26 \\
\hline
11^j & 23^h & 15^m & 9^s
\end{array}
$$

On dit : 18 et 25, 43, et 26, 69 ; je pose 9 et je retiens 1 ; 1 et 25, 26 et 17, 43 et 32, 75 ; je pose 15 et je retiens 1 ; 1 et 10, 11, et 25, 36, et 35, 71 ; je pose 23 et je retiens 2, car dans 71 heures, il y a 2 fois 24 heures, plus 23 heures. Ajoutant les 2 jours à la colonne des jours, on obtient 11 jours.

313. — *Soustraction des nombres complexes.*

Règle. — *On écrit le plus petit nombre sous le plus grand, de manière que les unités de même espèce se correspondent; on souligne le plus petit nombre, et on commence la soustraction par la colonne des plus petites unités, en écrivant au-dessous de chaque colonne la différence correspondante. Si le nombre inférieur d'une colonne est plus grand que le nombre correspondant supérieur, on ajoute au nombre supérieur une unité de l'espèce immédiatement supérieure, en ayant soin, dans la soustraction partielle suivante, d'ajouter une unité de même ordre au nombre inférieur.*

CALCUL DES NOMBRES COMPLEXES.   341

Exemple.
$$15^h \ 17^m \ 18^s,7$$
$$9^h \ 23^m \ 12^s,9$$
$$\overline{5^h \ 54^m \ 5^s,8}$$

On dit : 9 ôté de 17, reste 8, et je retiens 1 ; 12 et 1, 13 ôté de 18, reste 5. Comme on ne peut pas retrancher 23 minutes de 17 minutes, on augmente 17 minutes de 1 heure ou 60 minutes; ce qui donne 77, puis on continue : 23 ôté de 77, reste 54 et je retiens 1 ; 9 et 1, 10 ôté de 15, reste 5.

314. — *Multiplication d'un nombre complexe par un nombre entier.*

Règle. — *On multiplie chaque partie du nombre complexe par le nombre entier en commençant par les unités les plus petites; on défalque de chaque produit partiel les unités d'ordre supérieur qu'il peut renfermer, et on les ajoute au produit suivant.*

Exemple. — Multiplier 5° 24′ 18″,4 par 7.
On a :
$$5° \ \ 24' \ \ 18'',4$$
$$7$$
$$\overline{35° \ 168' \ 128'',8}$$
$$\text{ou } 37° \ \ 50' \ \ \ 8'',8$$

On dit : 7 fois 4, 28 je pose 8 et je retiens 2; 7 fois 18, 126 et 2, 128, etc. Mais dans 128″ il y a 2 fois 60″, ce qui fait que l'on pose 8″ et que l'on retient 2′ que l'on ajoute au produit suivant. On opère de même pour chaque produit partiel.

315. — *Division d'un nombre complexe par un nombre entier.*

Règle. — *On divise successivement chaque partie du nombre complexe par le nombre entier en commençant* par les plus grandes unités. On convertit chaque reste en unités immédiatement inférieures en le multipliant par le nombre qui exprime combien une unité du reste vaut d'unités suivantes ; on ajoute au produit la partie correspondante du dividende, et on continue la division ainsi jusqu'aux unités les plus petites.

Exemple. — Diviser 39^j 1^h 48^m 20^s par 7.

En appliquant la règle précédente, on a l'opération suivante, que l'on dispose ainsi :

$$
\begin{array}{llll|l}
39^j & 1^h & 48^m & 20^s & 7 \\
4 \times 24 = 96 & & & & \overline{5^j\ 13^h\ 58^m\ 20^s} \\
\overline{97} & & & & \\
27 & & & & \\
& 6 \times 60 = 360 & & & \\
& \overline{408} & & & \\
& 58 & & & \\
& & 2 \times 60 = 120 & & \\
& & \overline{140} & & \\
& & 00 & & \\
\end{array}
$$

Le quotient est 5^j 13^h 58^m 20^s.

316. — *Problème.* — *Convertir en grades l'arc de* $57°\ 17'\ 44'',8$.

Cherchons d'abord le nombre de secondes contenues dans cet arc. On a :

$$57° \text{ valent } 60 \times 57 = 3\,420'$$
$$+\ \ \ 17'$$
$$\overline{3\,437'}$$
$$3\,437' \text{ valent } 60 \times 3\,437 = 206\,220''$$
$$+\,44'',8$$

On trouve ainsi : $206\,264'',8$

Or, 90° ou 324 000″ sexagésimales valent 100 grades ; donc 206 264″,8 valent :

$$\frac{100 \times 206\,264,8}{324\,000} = 63^{\text{g}}662 \text{ ou } 63^{\text{g}}66'20''.$$

SYSTÈME C.G.S.

317. — Nous dirons quelques mots du système d'unités adopté par le Congrès international d'électricité en 1881.

Unités fondamentales. — Dans ce système, les unités fondamentales sont :

1° L'unité de longueur, qui est le *centimètre*.

2° L'unité de masse, qui est le *gramme-masse*.

3° L'unité de temps, qui est la *seconde sexagésimale de temps moyen*.

On voit ainsi pourquoi ce système est appelé système C.G.S., ces trois lettres étant les initiales des trois unités fondamentales.

318. — **Unités dérivées.** — On appelle ainsi les unités de surface, de volume, d'angle et les unités usitées en mécanique et en physique.

— L'unité absolue de surface est la surface du carré ayant 1 centimètre de côté ; c'est donc le *centimètre carré*.

— L'unité absolue de volume est le volume du cube dont l'arête a pour longueur 1 centimètre ; c'est donc le *centimètre cube*.

— L'unité absolue d'angle est l'angle qui, ayant son sommet au centre d'une circonférence, intercepte un arc dont la longueur est égale au rayon.

On peut calculer facilement cet angle. En effet : l'angle droit ou 90° correspond au quadrant ou quart de la circonférence ; l'arc qui lui correspond a donc pour longueur :

$$\frac{2\pi R}{4} = R \times 1{,}570796\ldots$$

Or, on sait qu'un angle au centre double, triple, etc., d'un autre intercepte sur la circonférence un arc double, triple, etc., de l'arc intercepté par cet autre ; donc si l'arc de longueur $R \times 1{,}570796$ correspond à un angle de 90°, l'arc de longueur R correspond à un angle qui a pour valeur :

$$\frac{90° \times R}{R \times 1{,}570796}$$

ou

$$\frac{90°}{1{,}570796} = 57°17'44'',8.$$

— L'unité absolue de vitesse est la vitesse d'un mobile qui, animé d'un mouvement rectiligne et uniforme, parcourrait 1 centimètre en 1 seconde.

Ainsi, un train parcourant 81 kilomètres à l'heure aura comme vitesse exprimée en unités absolues :

$$\frac{8100000}{60 \times 60} = 2250,$$

c'est-à-dire qu'il parcourt 2250 centimètres par seconde.

— L'unité absolue d'accélération est l'accélération d'un mobile animé d'un mouvement rectiligne et uniformément accéléré dont la vitesse augmente de 1 centimètre dans 1 seconde.

Ainsi, à Paris, l'accélération due à la pesanteur est 9,81 ; en unités absolues cette accélération vaut 981.

— L'unité absolue de force appelée *dyne* est la force qui appliquée à l'unité de masse, ou *gramme-masse*, lui imprimerait une accélération égale à l'unité d'accélération.

L'accélération due à la pesanteur à Paris ayant pour mesure le nombre 981, il en résulte que le gramme vaut 981 dynes.

— L'unité de travail, appelée *erg*, est le travail produit par l'unité de force, 1 dyne, déplaçant son point d'application de 1 centimètre dans la direction suivant laquelle elle agit.

Nous bornerons là cet exposé, et nous renverrons aux traités de physique pour les autres unités.

EXERCICES SUR LE LIVRE V

1. — Une vis avance de trois dixièmes de millimètre par 25 tours. Combien devra-t-elle faire de tours pour avancer de 4 millimètres et demi ?   (*Arts et métiers.*)

2. — Quel est le poids de 2700 francs d'argent monnayé et son volume exprimé en mètre cube, sachant que le volume de la pièce de 5 francs est de 2,47 centimètres cubes?

3. — Une propriété composée de bois, terres labourables et prairies a été vendue 798 600 francs, comme contenant 300 hectares de terre, soit : 1° 33 hectares de bois; 2° le reste en terres labourables et en prairies. On demande la surface des terres labourables et des prairies, sachant que l'hectare de bois vaut 1 200 francs, celui des terres labourables 2 000 francs et celui des prairies 3 500 francs.

On a constaté après la vente que le décamètre dont on s'était servi pour la mesure du terrain était trop court de 0 m. 1. Quelle somme a-t-on versée en trop pour l'achat de la propriété ?   (B. S.)

4. — Le grand cercle d'un globe géographique a 0 m. 90 de tour. On a mesuré sur ce globe, à l'aide d'un ruban gradué, la distance de deux villes, et on a trouvé 0 m. 052. Quelle est réellement la distance de ces deux villes : 1° en kilomètres; 2° en milles marins ?

5. — Un boulanger emploie 69 kilogrammes de pâte pour obtenir 60 kilogrammes de pain. Pour faire 180 kilogrammes de cette pâte il a fallu 120 kilogrammes de farine, et pour faire

200 kilogrammes de cette farine il a fallu 266 kg. $\frac{2}{3}$ de froment. Sachant que le décalitre de ce froment pèse 7 kg. 700, on demande combien ce boulanger fabrique de kilogrammes de pain avec 2 hectolitres de froment. (B. E.)

6. — Un réservoir à base rectangulaire de 1 m. 20 de long sur 0 m. 90 de large contient de l'huile d'olives qui n'occupe que les $\frac{5}{8}$ de sa capacité. Si l'on achetait cette huile à 243 francs l'hectolitre et qu'on la revendit à 290 francs le quintal, on gagnerait 97 fr. 20. La densité de l'huile étant 0,900, quelle est la profondeur du réservoir ? (B. E.)

7. — Une personne veut faire construire un hangar qui puisse contenir 150 stères de bois. Sachant que la hauteur aura 3 mètres et la largeur 5 mètres, quelle sera la longueur du hangar ?

8. — Une ferme a une superficie totale de 120 hectares dont les $\frac{80}{100}$ sont en terres labourables. Le $\frac{1}{3}$ de ces terres labourables a été ensemencé en blé; un autre tiers en avoine. La récolte par hectare dans la partie ensemencée en blé a été de 16 hectolitres de blé et de 3680 kilogrammes de paille; dans la partie ensemencée en avoine, la récolte a été de 36 hectolitres d'avoine et de 3 200 kilogrammes de paille : trouver la valeur de la récolte sur chacune de ces deux portions de terrain, sachant d'autre part : 1° que 150 kilogrammes de blé se vendent en moyenne 38 fr. 16 et 150 kilogrammes d'avoine 28 fr. 62 ; 2° qu'à poids égal, le prix de la paille de blé est les $\frac{3}{4}$ du prix du blé et celui de la paille d'avoine les $\frac{5}{6}$ de celui de l'avoine. L'hectolitre de blé pèse 75 kilogrammes et celui d'avoine 45 kilogrammes. (B. E.)

9. — Un particulier achète un terrain ayant 178 mètres de longueur sur 50 mètres de largeur, au prix de 240 francs l'are. Il en revend une partie à raison de 350 francs l'are et le reste à raison de 200 francs l'are ; il réalise ainsi un bénéfice de 4 000 francs. Calculer, en ares et en centiares, la superficie des deux parties du terrain. (B. E.)

10. — Une usine située entre deux mines se trouve à 27 kilomètres de l'une et à 54 kilomètres de l'autre. Le charbon de

la première mine revient, rendu à l'usine, à 41 francs la tonne; celui de la deuxième mine à 3 fr. 80 le quintal métrique, rendu à l'usine; les frais de transport sont de 0 fr. 18 par tonne et par kilomètre. Trouver à quelle distance des deux mines on aurait dû établir l'usine pour que le prix de revient du charbon soit le même, qu'on le fasse venir d'une usine ou de l'autre.

(B. S.)

11. — On a payé 302 francs avec 100 pièces de monnaie, tant de 2 francs, de 5 francs et de 0 fr. 50. Sachant que le nombre des pièces de 0 fr. 50 est le $\frac{1}{4}$ de celui des pièces de 2 francs, on demande le nombre des pièces de chaque sorte, ainsi que le poids d'argent pur contenu dans la somme totale.

(B. E.)

12. — Quelle est la valeur en monnaie française du thaler prussien, sachant que le titre de cette pièce d'argent est 0,750 et qu'elle pèse 22 gr. 271 ?

13. — Quelle est la valeur en monnaie française du souverain d'or d'Angleterre, sachant que cette pièce pèse 7 gr. 981, et qu'elle est au titre 0,916 ?

14. — Un vase plein de vin pèse autant qu'une somme de 6 950 francs, composée de 6 820 francs en or et 130 francs en argent. Plein d'huile, ce vase pèse 2 kg. 760. Étant donné qu'à volume égal, le vin pèse les 0,95 et l'huile les 0,90 de l'eau pure, on demande : 1° quelle est la capacité du vase; 2° le poids du vin qu'il pourrait contenir; 3° le poids de l'huile qu'il peut renfermer.

(B. E.)

15. — Trouver la densité de l'alliage qui sert à fabriquer les monnaies d'or françaises, la densité de l'or étant 19,26 et celle du cuivre 8,85. On supposera que la fusion des métaux s'opère sans contraction ni dilatation.

16. — On veut obtenir 1 kg. 088 d'un alliage dont la densité soit égale à 16, en fondant, sans contraction ni dilatation, un lingot d'or pur et un lingot d'argent pur. Trouver le volume du lingot d'alliage et le poids de chacun des deux lingots de métal fin, sachant que la densité de l'or est 19, et celle de l'argent 10,5.

(B. S.)

17. — On a acheté 18 litres de lait. Pour savoir si le marchand l'a additionné d'eau, on pèse ce liquide; on trouve un poids de 18 kg. 450. Sachant qu'un litre de lait pèse 1 kg. 03, dire quelle quantité d'eau renferment les 18 litres de lait ?

(*Surnumérariat des douanes.*)

18. — Une somme de 94 fr. 65 est composée de 19 pièces choisies dans les suivantes : pièces en or de 20 francs et de 10 francs, pièces en argent de 5 francs et de 1 franc, pièces en bronze de 0 fr. 10 et de 0 fr. 05. On demande le nombre de pièces de chaque sorte contenues dans cette somme, sachant que le poids de celle-ci est de 207 gr. 579.

(Écoles préparatoires de maistrance.)

19. — Une personne achète un tapis de forme rectangulaire dont la largeur est les $\frac{4}{5}$ de la longueur. Elle l'entoure d'une frange qui coûte 1 fr. 75 le mètre. Le prix total de la frange est les $\frac{2}{7}$ du prix d'achat du tapis. Sachant que le tapis tout fait revient à 68 fr. 04, on demande quelles en sont les dimensions ?

(B. E.)

20. — Une personne a acheté un terrain rectangulaire dont la longueur a 28 mètres et la largeur 21 mètres. Elle a payé $\frac{1}{42}$ en monnaie de bronze et le reste en monnaie d'argent ; la somme totale pesait 10 kg. 675. Quelle était la superficie de ce terrain ? Combien valait-il, et quel était le prix de l'are ?

21. — Un spéculateur achète un pré à raison de 5000 francs l'hectare. Après l'acquisition, il s'aperçoit que son pré contient 8 décamètres carrés de moins que ce qu'il a payé. Néanmoins, il ne fait aucune réclamation, car il trouve l'occasion de le céder de suite au prix de 60 francs l'are, contenance réelle. En faisant cette vente, il a gagné 12 p. 100 sur ce qu'il a déboursé. On demande : 1° de trouver la contenance réelle du pré ; 2° de calculer à un décimètre près ses deux dimensions, sachant qu'il est rectangulaire, et que la largeur est la moitié de la longueur.

(B. S.)

22. — La houille du commerce pèse $\frac{1}{5}$ de moins que l'eau et produit, à la distillation, 250 litres de gaz par kilogramme. On perd $\frac{1}{15}$ du gaz par épuration et par les fuites. Une usine doit fournir journellement 9800 mètres cubes de gaz et paye l'hectolitre de houille 5 fr. 40. On demande :

1° Quelle quantité de charbon l'usine emploie par jour ;
2° Combien elle dépense en achat de houille ;
3° Combien elle doit vendre le mètre cube de gaz pour

réaliser 15 pour cent de bénéfice sur le prix de revient. On suppose que les frais divers de l'usine sont couverts par la vente du coke et du charbon.

(École normale primaire.)

23. — Dans un terrain de 2 ares $\frac{1}{2}$, on creuse un puits dont la section est un carré de 1 m. 50 de côté. La terre qu'on en extrait est répandue uniformément sur tout le reste du terrain. A quelle profondeur doit-on descendre pour que la différence de niveau entre le fond du puits et le nouveau sol soit de 18 mètres ? *(Concours d'entrée des Écoles sup. de Paris.)*

24. — La longitude de Corte (Corse) est 6°49′ E.; la longitude de Brest est 6°49′42″ O. On demande : 1° quelle heure il est à Brest quand il est midi à Corte; 2° quelle heure il est à Corte quand il est midi à Brest ; 3° quelle heure il est à Corte et à Brest quand il est midi à Paris. *(B. E.)*

25. — Le doublon, monnaie d'or des îles Philippines, est au titre de 0,875 et pèse 6 grammes 766 ; le double ducat, monnaie d'or des Pays-Bas, est au titre de 0,983 et pèse 6 gr. 988. Combien de doublons et de doubles ducats faut-il fondre dans un creuset pour faire un alliage qui servira à fabriquer 1000 pièces de 20 francs en monnaie française ? *(B. S.)*

26. — On a un vase exactement rempli d'eau. On y met un certain nombre de pièces de 5 francs en argent et le vase éprouve une augmentation de poids de 452 gr. 4. Quel était le nombre de pièces? Quelle aurait été l'augmentation de poids, si l'on avait introduit un rouleau d'or de 1000 francs au lieu de pièces de 5 francs ? On sait qu'un décimètre cube d'argent monnayé pèse 10 kg. 5 et qu'un décimètre cube d'or monnayé pèse 19 kilogrammes. *(B. S.)*

27. — Évaluer en mètres et fractions décimales du mètre une longueur de 15 toises 4 pieds 5 pouces 8 lignes, sachant qu'une toise égale 1 m. 94904. *(Arts et métiers.)*

28. — Réduire en mètres carrés et subdivisions du mètre carré une surface de 87 toises carrées et demie, sachant que la toise équivaut à 6 pieds, et que le mètre vaut 3 pieds 11 lignes et $\frac{296}{1000}$ de ligne. *(Arts et métiers.)*

29. — Si 2 hectares 17 centiares équivalent à une surface de 5269 toises carrées, 375, calculer la valeur de la toise exprimée en mètres. *(Arts et métiers.)*

350 EXERCICES SUR LE LIVRE V.

30. — Sachant que la longueur d'un arc de méridien terrestre de 15°30′48″ est de 884 387 toises, 3 pieds, 4 pouces, on demande quelle est la valeur de la toise en mètres, et réciproquement. (*Arts et métiers.*)

31. — Un terrain de 60 arpents de Paris a été payé à raison de 3 000 livres tournois l'arpent avant l'établissement du système métrique; sa valeur a doublé depuis cette époque. On demande quelle est en francs sa valeur actuelle et ce que vaut l'hectare de ce terrain, sachant :

1° Que 80 francs valent 81 livres tournois;

2° Que l'arpent de Paris valait 100 perches carrées dont chacune était un carré de 18 pieds de côté;

3° Que le pied était le sixième de la toise;

4° Enfin que 10 millions de mètres valent 5 130 740 toises.
(*Concours général de 3ᵉ, 1865.*)

32. — Une pièce de drap anglais a été achetée à Londres 37 livres sterling 5 shillings 2 pence $\frac{2}{5}$. Elle a été revendue en France avec un bénéfice de 8 pour cent sur le prix de vente, à raison de 12 fr. 50 le mètre. On demande à $\frac{1}{7}$ de yard près la longueur de cette pièce, sachant que :

1° La livre sterling vaut 20 shillings, le shilling vaut 1 fr. 25, et 12 pence valent un shilling;

2° Le yard a pour longueur 0 m. 94.

33. — Un terrain rectangulaire acheté avant l'établissement du système métrique a été payé 20 livres tournois la perche carrée. Ses dimensions étaient 320 toises de long sur 152 toises 4 pieds 7 pouces de large. Depuis cette époque, sa valeur a augmenté de ses $\frac{3}{4}$; on demande :

1° Sa valeur aujourd'hui à 100 francs près;

2° Quelle est à 0 fr. 01 près le prix que l'on devrait vendre le mètre de ce terrain pour gagner 10 pour cent sur le prix de vente. On sait que : 80 francs valent 81 livres tournois;

La toise vaut 1 m. 94904;

La toise vaut 6 pieds, le pied 12 pouces;

La perche carrée a 22 pieds de côté.

34. — Un terrain de 6 acres a été acheté 18 guinées 17 shillings et on le revend de manière à réaliser un bénéfice équivalent à 5 p. 100 du prix de cette revente. Sachant que l'acre

EXERCICES SUR LE LIVRE V.   351

a une superficie de 40 ares 46 centiares $\frac{2}{5}$ et que la guinée vaut 21 shillings de 1 fr. 25 chacun, quel est à $\frac{1}{7}$ de franc près le prix auquel a été revendu l'hectare de ce terrain ?

35. — Calculer à moins de 1 franc près le prix d'un champ de 5 arpents 28 perches $\frac{2}{3}$ situé dans un pays où l'hectare coûte 3000 francs. On sait que la toise vaut 1 m. 94904, et que l'arpent de Paris est composé de 100 perches, ayant chacune 3 toises de côté. *(Arts et métiers.)*

36. — Un terrain a été payé à raison de 2500 livres tournois l'arpent de Paris avant l'établissement du système métrique, et sa valeur a quadruplé depuis cette époque.

On demande quel est, à 100 francs près, son prix actuel à l'hectare, sachant :

1° Que 80 francs valent 81 livres tournois ;

2° Que l'arpent de Paris contenait 100 perches carrées, dont chacune était un carré de 3 toises de côté ;

3° Que la longueur de la toise équivalait à 1 m. 94904.

(Arts et métiers.)

37. — On emploie, en Angleterre, comme mesures agraires le yard carré, qui vaut 8361 centimètres carrés, et l'acre qui contient 4840 yards carrés ; comme mesures de capacité, le gallon et le quarter qui contient 64 gallons et vaut 290 lit. 29. Trouver en quarters et gallons, à moins d'un $\frac{1}{2}$ gallon près, la quantité d'huile fournie par la récolte d'un champ de colza de 25 acres. On admet qu'une superficie de 40 ares du système métrique produit 12 hectolitres de graines ; qu'un hectolitre de graines pèse 60 kilogrammes ; que 100 kilogrammes de graines fournissent 45 kilogrammes d'huile, et que 100 litres d'huile pèsent autant que 91 lit. 4 d'eau. *(Arts et métiers.)*

38. — Dans le calendrier républicain, le temps compris entre midi et minuit se divisait en 10 heures, chaque heure se subdivisait en 100 minutes et chaque minute en 100 secondes. En supposant qu'une horloge soit réglée d'après ce système, on demande :

1° Ce qu'elle marquera quand il sera 3 h. 36 m. du soir ;

2° Quelle heure il sera dans le système actuel, lorsque ladite horloge marquera 8 h. 15 m. du soir. *(Arts et métiers.)*

39. — Une femme est âgée de 27 ans et a deux enfants qui ont, le premier les $\frac{2}{7}$, et le second les $\frac{3}{17}$ de l'âge de leur mère. On demande de calculer à un jour près et d'exprimer en années, mois et jours :

1° L'âge de chacun des enfants ;

2° La différence de ces deux âges.   (*Arts et métiers.*)

40. — Convertir en grades, un arc de 175°25'18",4. Inversement, convertir en degrés, minutes et secondes un arc de 78ᵍ,452.

41. — Deux chevaux courent dans le même sens autour d'un hippodrome circulaire de 150 mètres de rayon, le premier avec une vitesse de 5 m. 4, le deuxième avec une vitesse de 6 m. 2 par seconde. Le premier part d'un poteau P à 1 h. 25 m. 48 s., et le deuxième à 1 h. 28 m. 35 s. On demande

1° A quelle heure les deux chevaux ne seront plus séparés que par un arc de 50° ;

2° A quelle heure ils se rencontreront, à quelle distance PR du poteau P, et le nombre de degrés de l'arc PR ;

3° La longueur en degrés, minutes et secondes, et en mètres de l'arc qui les séparera à 1 h. $\frac{1}{2}$.

LIVRE VI

RAPPORT DE DEUX NOMBRES. — PROPRIÉTÉS DES RAPPORTS. — RAPPORT DE DEUX GRANDEURS. — GRANDEURS DIRECTEMENT ET INVERSEMENT PROPORTIONNELLES. — APPLICATIONS.

CHAPITRE PREMIER

RAPPORTS

519. — Définitions. — *On appelle rapport de deux nombres le quotient* **exact** *du premier de ces nombres par le second.*

Ainsi, le rapport de 5 à 7 est le nombre fractionnaire $\frac{5}{7}$.

De même, le rapport de $\frac{3}{5}$ à $\frac{4}{7}$ est le nombre fractionnaire $\frac{3}{5} \times \frac{7}{4}$ ou $\frac{21}{20}$ qui représente le quotient de $\frac{3}{5}$ par $\frac{4}{7}$.

Si, d'une manière générale, on désigne les deux nombres par a et b, leur rapport est représenté par $\frac{a}{b}$.

Comme pour les fractions, le nombre a s'appelle le numérateur du rapport et le nombre b le dénominateur.

Le nombre a est encore appelé l'*antécédent* et le nombre b le *conséquent*.

PROPRIÉTÉS DES RAPPORTS

520. — Il n'est pas évident que les propriétés établies pour les fractions s'appliquent aux rapports, car les deux termes d'un rapport ne sont plus nécessairement des nombres entiers comme pour les fractions.

Nous allons donc reprendre ces propriétés en les généralisant.

Théorème.

521. — *Lorsqu'on multiplie le numérateur d'un rapport par un nombre, ce rapport est multiplié par ce nombre.*

Soit, en effet, le rapport $\frac{a}{b}$. Désignons par q le quotient exact de a par b. Le nombre q est, par définition, le nombre qui multiplié par b reproduit a; on a donc :

$$\frac{a}{b} = q \quad \text{d'où} \quad a = bq;$$

multiplions les deux membres de cette dernière égalité par n, on a :

$$an = b \times qn,$$

égalité qui montre que qn est le quotient exact de an par b; on peut donc écrire :

$$\frac{an}{b} = qn = \frac{a}{b} \times n.$$

Donc, en multipliant par n le numérateur du rapport $\frac{a}{b}$, ce rapport a été multiplié par n.

Théorème.

522. — *Si l'on multiplie le dénominateur d'un rapport par un nombre, le rapport est divisé par ce nombre.*

Soit, en effet, le rapport $\frac{a}{b}$. Posons :

$$\frac{a}{b} = q$$

d'où :

$$a = b \times q,$$

expression que l'on peut écrire :

$$a = bn \times \frac{q}{n},$$

d'où l'on tire :

$$\frac{a}{bn} = \frac{q}{n} = \frac{a}{b} \times \frac{1}{n} = \frac{a}{b} : n.$$

Donc, en multipliant par n le dénominateur du rapport $\frac{a}{b}$, ce rapport a été divisé par n.

Théorème.

523. — *Si l'on multiplie les deux termes d'un rapport par un même nombre, le rapport ne change pas de valeur.*

Posons, en effet :

$$\frac{a}{b} = q,$$

q étant le quotient exact de a par b ; on a :

$$a = b \times q$$

Multiplions les deux membres de cette égalité par n, on a :
$$an = bn \times q,$$
égalité qui montre que q est encore le quotient exact de an par bn ; on a donc :
$$\frac{an}{bn} = q = \frac{a}{b}.$$

324. — On démontrerait de même que : *Le rapport de deux nombres ne change pas si on les divise par un même nombre.*

— On réduira des rapports au même dénominateur en procédant comme pour les fractions.

Il en sera de même pour les autres opérations : addition, soustraction, multiplication, division, etc.

Théorème.

325. — *Étant donnée une suite de rapports égaux, on forme un rapport égal à chacun d'eux en divisant la somme des numérateurs par la somme des dénominateurs.*

Soit, en effet, une suite de rapports égaux, dont nous désignerons par q la valeur commune ; on a :
$$\frac{a}{b} = \frac{c}{d} = \frac{e}{f} = q.$$

On tire de là :
$$a = b.q$$
$$c = d.q$$
$$e = f.q$$

Additionnons membre à membre ces égalités, on a :
$$a + c + e = (b + d + f)q,$$

égalité qui montre que q est encore le quotient exact de $a+c+e$ par $b+d+f$; on a donc :

$$\frac{a+c+e}{b+d+f} = q = \frac{a}{b} = \frac{c}{d} = \frac{e}{f}.$$

Théorème.

326. — *Étant donnée une suite de rapports inégaux, en divisant la somme des numérateurs par la somme des dénominateurs on obtient un rapport compris entre le plus grand et le plus petit des rapports donnés ; autrement dit, on obtient un rapport plus petit que le plus grand des rapports et plus grand que le plus petit des rapports donnés.*

Soit, en effet, la suite :

$$\frac{a}{b} < \frac{c}{d} < \frac{e}{f}.$$

1° Désignons par q la valeur du plus grand rapport $\frac{e}{f}$; on a :

$$\frac{e}{f} = q \quad \text{d'où} \quad e = f.q \qquad (1)$$

$$\frac{c}{d} < q \quad \text{d'où} \quad c < d.q \qquad (2)$$

$$\frac{a}{b} < q \quad \text{d'où} \quad a < b.q \qquad (3)$$

Additionnons membre à membre l'égalité (1) et les inégalités (2) et (3); on obtient évidemment une inégalité de même sens, puisqu'on ajoute ensemble, d'un côté, les nombres les plus petits, et, d'un autre côté, les nombres les plus grands; on a donc :

$$a + c + e < (b + d + f)q;$$

d'où, en divisant les deux membres par $b+d+f$:

$$\frac{a+c+e}{b+d+f} < q$$

ou

$$\frac{a+c+e}{b+d+f} < \frac{e}{f}.$$

2° Désignons par p la valeur du plus petit rapport $\frac{a}{b}$; on a :

$$\frac{a}{b} = p \quad \text{d'où} \quad a = b.p \qquad (4)$$

$$\frac{c}{d} > p \quad \text{d'où} \quad c > d.p \qquad (5)$$

$$\frac{e}{f} > p \quad \text{d'où} \quad e > f.p. \qquad (6)$$

Additionnons membre à membre l'égalité (4) et les inégalités (5) et (6); on obtient évidemment une inégalité de même sens; on a donc :

$$a+c+e > (b+d+f)p,$$

d'où, en divisant les deux membres par $b+d+f$:

$$\frac{a+c+e}{b+d+f} > p$$

ou

$$\frac{a+c+e}{b+d+f} > \frac{a}{b}$$

On a donc bien :

$$\frac{a}{b} < \frac{a+c+e}{b+d+f} < \frac{e}{f}$$

Théorème.

527. — *Étant donnée une suite de rapports égaux, on forme un rapport égal à chacun d'eux en divisant la racine carrée de la somme des carrés des numérateurs par la racine carrée de la somme des carrés des dénominateurs.*

Soit, en effet, la suite des rapports égaux :

$$\frac{a}{b} = \frac{c}{d} = \frac{e}{f};$$

les carrés de ces rapports égaux sont évidemment égaux, et l'on peut écrire :

$$\frac{a^2}{b^2} = \frac{c^2}{d^2} = \frac{e^2}{f^2} = \frac{a^2 + c^2 + e^2}{b^2 + d^2 + f^2}.$$

Ces derniers rapports étant égaux, leurs racines carrés sont évidemment égales, et l'on a :

$$\frac{a}{b} = \frac{c}{d} = \frac{e}{f} = \frac{\sqrt{a^2 + c^2 + e^2}}{\sqrt{b^2 + d^2 + f^2}}.$$

RAPPORT DE DEUX GRANDEURS DE MÊME ESPÈCE

528. — On a vu précédemment (3) comment on peut mesurer une grandeur A à l'aide d'une grandeur B de même espèce, prise pour unité.

Le résultat de cette comparaison est, suivant le cas, un nombre *entier*, un nombre *fractionnaire*, ou un nombre *incommensurable*.

On appelle rapport de deux grandeurs A et B de même espèce le nombre qui indique comment la première de ces grandeurs A se compose avec la deuxième B.

On représente ce rapport par le symbole $\dfrac{A}{B}$, qu'on lit A sur B.

Il importe de bien remarquer que le symbole $\dfrac{A}{B}$ représente un nombre abstrait.

Ainsi, si A contient 3 fois la grandeur B, on écrit :

$$\dfrac{A}{B} = 3,$$

et le nombre 3 est le rapport de A à B.

Cette égalité montre que l'on obtient la grandeur A en multipliant par 3 la grandeur B ; de sorte que l'on a aussi :

$$A = 3\,B.$$

On peut remarquer que si la grandeur B est prise pour unité, le nombre 3 indique combien de fois l'unité B est contenue dans A. Le nombre 3 est donc la mesure de A.

Il en serait de même d'ailleurs si le rapport $\dfrac{A}{B}$ était un nombre fractionnaire. Supposons que A contienne 3 fois la cinquième partie de B ; le rapport de A à B est alors égal au nombre $\dfrac{3}{5}$, nombre qui indique comment A se compose avec B, et l'on peut écrire :

$$\dfrac{A}{B} = \dfrac{3}{5},$$

et si B est l'unité, le nombre $\dfrac{3}{5}$ indique comment A se compose avec l'unité B : c'est encore la mesure de A.

On peut donc encore donner la définition suivante :

On appelle rapport de deux grandeurs de même espèce

RAPPORTS.

le nombre qui mesure la première de ces grandeurs lorsqu'on prend la deuxième pour unité.

Théorème.

329. — *Le rapport de deux grandeurs de même espèce est égal au rapport des deux nombres qui les mesurent, ces grandeurs ayant été mesurées avec la même unité.*

1° Les deux nombres qui mesurent les deux grandeurs sont entiers.

Soient A et B deux grandeurs de même espèce, et soit u une grandeur de même espèce prise pour unité. Supposons l'unité u contenue, par exemple, 3 fois dans A et 5 fois dans B ; on a alors :

$$A = 3u \qquad (1)$$
$$B = 5u \qquad (2)$$

L'égalité (2) montre que si la grandeur B contient 5 fois la grandeur u, inversement u est la cinquième partie de B ; d'où :

$$u = \frac{B}{5},$$

et comme A vaut 3 fois u, on peut dire que A vaut 3 fois la cinquième partie de B ; on a donc :

$$A = 3 \cdot \frac{B}{5} = B \times \frac{3}{5},$$

ce qui montre que le rapport de A à B est $\frac{3}{5}$; on peut donc écrire :

$$\frac{A}{B} = \frac{3}{5}.$$

Or, 3 et 5 sont les nombres qui mesurent A et B; donc le rapport de A à B est bien égal au rapport des deux nombres qui les mesurent, A et B étant mesurées avec la même unité.

2° Les deux nombres qui mesurent les deux grandeurs sont fractionnaires.

Posons
$$A = \frac{2}{3} u$$
$$B = \frac{3}{4} u.$$

Si l'on réduit les deux fractions $\frac{2}{3}$ et $\frac{3}{4}$ au même dénominateur, on a :
$$A = \frac{8}{12} u$$
$$B = \frac{9}{12} u.$$

Ces deux égalités montrent que si l'on prend la douzième partie de u pour mesurer A et B, elle sera contenue 8 fois dans A et 9 fois dans B, et d'après la première partie du théorème, le rapport de A à B sera égal au rapport de 8 à 9; on a donc :
$$\frac{A}{B} = \frac{8}{9};$$

or, la fraction $\frac{8}{9}$ est le quotient des deux fractions $\frac{8}{12}$ et $\frac{9}{12}$: donc, dans ce cas encore, le rapport des deux grandeurs A et B est égal au rapport des deux nombres qui les mesurent, ces grandeurs étant mesurées avec la même unité.

PROPORTIONS.   363

— Nous admettrons le théorème si les nombres qui mesurent les deux grandeurs sont incommensurables.

Conséquence. — Il résulte de ce théorème que l'on peut toujours remplacer le rapport de deux grandeurs de même espèce par le rapport des deux nombres qui les mesurent.

PROPORTIONS

550. — *Définitions.* — *On appelle* **proportion** *l'égalité de deux rapports.*

Ainsi, l'égalité
$$\frac{3}{4} = \frac{6}{8}$$
est une proportion.

— Quatre nombres forment donc une proportion dans l'ordre où ils sont écrits, lorsque le rapport du premier au deuxième est égal au rapport du troisième au quatrième.

— De même, on dit que quatre grandeurs forment une proportion lorsque le rapport de la première à la deuxième est égal au rapport de la troisième à la quatrième.

Remarque. — Dans une proportion entre des grandeurs, on supposera toujours les grandeurs remplacées par les nombres qui les mesurent (329). C'est ainsi que l'on procède toujours en géométrie.

D'ailleurs, dans tous les théorèmes qui suivent, nous supposerons qu'il s'agit toujours de rapports entre des nombres, sans quoi ces théorèmes appliqués aux rapports entre des grandeurs pourraient conduire à des absurdités.

351. — D'une manière générale, nous représenterons une proportion par l'égalité :

$$\frac{a}{b} = \frac{c}{d}$$

qui signifie : a est à b comme c est à d.

D'une manière plus rapide, on lit : a sur b égale c sur d.

— Anciennement, on écrivait :

$$a : b : : c : d.$$

Les deux termes a et d sont appelés les *extrêmes*, et les deux termes b et c les *moyens*.

Théorème fondamental.

352. — *Dans toute proportion, le produit des extrêmes est égal au produit des moyens.*

Soit, en effet, la proportion

$$\frac{a}{b} = \frac{c}{d}.$$

Multiplions les deux termes du premier rapport par d et les deux termes du second par b, de manière à les réduire au même dénominateur ; ces rapports ne changent pas de valeur (323). On obtient ainsi :

$$\frac{ad}{bd} = \frac{bc}{bd}.$$

Ces deux rapports égaux ayant des dénominateurs égaux, on en conclut l'égalité des numérateurs ; donc on a bien :

$$ad = bc.$$

PROPORTIONS.

— Conséquence. — Ce théorème permet de trouver le quatrième terme d'une proportion quand on connaît les trois autres termes.

Soit la proportion
$$\frac{5}{7} = \frac{15}{x}.$$

En appliquant le théorème précédent, on tire :
$$5x = 15 \times 7$$

Donc x est le quotient de 15×7 par 5 :
$$x = \frac{15 \times 7}{5} = 21.$$

Théorème.

353. — *Réciproquement, si quatre nombres* a, b, c, d *sont tels que le produit* ad *des deux extrêmes* a *et* d *soit égal au produit* bc *des deux moyens, ces quatre nombres forment une proportion dans l'ordre où ils sont écrits.*

En effet, considérons l'égalité
$$ad = bc.$$

Divisons les deux membres par bd, on a l'égalité :
$$\frac{ad}{bd} = \frac{bc}{bd},$$

ou, en simplifiant chacun de ces rapports :
$$\frac{a}{b} = \frac{c}{d}.$$

354. — Conséquences. — De ce qui précède, il résulte que :

1° *On peut échanger les moyens entre eux.*

En effet, si l'on a :
$$\frac{a}{b} = \frac{c}{d},$$
on pourra écrire :
$$\frac{a}{c} = \frac{b}{d},$$
car on a toujours :
$$ad = bc.$$

2° *On peut échanger les extrêmes entre eux.*
Ainsi, on pourra écrire :
$$\frac{d}{b} = \frac{c}{a},$$
puisqu'on aura toujours :
$$ad = bc.$$

3° *On peut renverser les deux rapports d'une proportion.*
Ainsi, étant donnée la proportion
$$\frac{a}{b} = \frac{c}{d},$$
on pourra écrire :
$$\frac{b}{a} = \frac{d}{c}$$
puisqu'on aura toujours :
$$ad = bc.$$

— Dans toutes ces transformations, on ne change pas l'égalité entre le produit des extrêmes et le produit des moyens. Elles montrent que l'on peut écrire une proportion $\frac{a}{b} = \frac{c}{d}$ de huit manières différentes. Ainsi, on aura :

$$\frac{a}{b} = \frac{c}{d}; \quad \frac{a}{c} = \frac{b}{d}; \quad \frac{d}{b} = \frac{c}{a}; \quad \frac{b}{a} = \frac{d}{c}$$

et, en transposant les deux rapports :

$$\frac{c}{d} = \frac{a}{b}; \quad \frac{b}{d} = \frac{a}{c}; \quad \frac{c}{a} = \frac{d}{b}; \quad \frac{d}{c} = \frac{b}{a}.$$

Théorème.

535. — *Étant donnée une proportion, la somme des deux premiers termes est au deuxième comme la somme des deux derniers termes est au quatrième.*

Soit, en effet, la proportion

$$\frac{a}{b} = \frac{c}{d}.$$

Ajoutons 1 aux deux membres, on a encore l'égalité :

$$\frac{a}{b} + 1 = \frac{c}{d} + 1;$$

ce que l'on peut écrire :

$$\frac{a+b}{b} = \frac{c+d}{d}.$$

— De même : *étant donnée une proportion, la somme des deux premiers termes est au premier comme la somme des deux derniers termes est au troisième.*

En effet, soit la proportion

$$\frac{a}{b} = \frac{c}{d};$$

en renversant les deux rapports, on a :

$$\frac{b}{a} = \frac{d}{c},$$

et, en appliquant le théorème précédent, on obtient :

$$\frac{a+b}{a} = \frac{c+d}{c}.$$

— Si l'on suppose $a > b$ et $c > d$, de la proportion $\frac{a}{b} = \frac{c}{d}$, on peut encore déduire la proportion suivante :

$$\frac{a-b}{b} = \frac{c-d}{d}.$$

En effet, aux deux membres de la proportion donnée retranchons 1, en obtient :

$$\frac{a}{b} - 1 = \frac{c}{d} - 1,$$

égalité que l'on peut écrire ainsi :

$$\frac{a-b}{b} = \frac{c-d}{d}.$$

— Si l'on divise membre à membre les deux proportions

$$\frac{a+b}{b} = \frac{c+d}{d}$$

et

$$\frac{a-b}{b} = \frac{c-d}{d},$$

déduites de la proportion $\frac{a}{b} = \frac{c}{d}$, on obtient :

$$\frac{a+b}{a-b} = \frac{c+d}{c-d}.$$

PROPORTIONS.

Donc : *étant donnée une proportion* $\dfrac{a}{b} = \dfrac{c}{d}$, *la somme des deux premiers termes est à leur différence comme la somme des deux derniers termes est à leur différence.*

— En changeant les moyens de place dans la proportion

$$\frac{a}{b} = \frac{c}{d}$$

on a :

$$\frac{a}{c} = \frac{b}{d},$$

et si l'on applique la transformation précédente, on obtient :

$$\frac{a+c}{a-c} = \frac{b+d}{b-d}.$$

Donc : *étant donnée une proportion, la somme des numérateurs est à leur différence comme la somme des dénominateurs est à leur différence.*

556. — **Définitions.** — *Un nombre est dit* **moyenne proportionnelle** *entre deux autres lorsqu'il occupe les deux moyens dans une proportion dont les deux nombres donnés sont les extrêmes.*

Ainsi, dans la proportion

$$\frac{3}{6} = \frac{6}{12},$$

6 est la moyenne proportionnelle, ou *moyenne géométrique* entre 3 et 12.

D'une manière générale, si x est moyenne proportionnelle entre a et b, on a :

$$\frac{a}{x} = \frac{x}{b}$$

d'où l'on tire :
$$x^2 = ab$$
$$x = \sqrt{ab}.$$

Donc : *la moyenne proportionnelle de deux nombres est égale à la racine carrée du produit des deux nombres.*

— Comme on peut renverser les deux rapports, il résulte que la moyenne proportionnelle x peut occuper les deux extrêmes dans la proportion.

Remarque. — Il ne faut pas confondre la moyenne géométrique ou moyenne proportionnelle de deux nombres avec leur *moyenne arithmétique*.

La moyenne arithmétique de deux nombres est égale à leur demi-somme.

Ainsi, la moyenne arithmétique des deux nombres 4 et 9 est
$$\frac{4+9}{2} = 6,5$$

et leur moyenne géométrique est :
$$\sqrt{4 \times 9} = 6.$$

— Un nombre x *est dit* **quatrième proportionnelle** *entre trois nombres* a, b, c, *lorsqu'il occupe le quatrième terme d'une proportion, dont les trois autres termes sont* a, b, c, *dans cet ordre.*

Ainsi, on a :
$$\frac{a}{b} = \frac{c}{x}.$$

Exemple. — *Trouver la quatrième proportionnelle aux trois nombres 7, 8 et 14.*

On a :
$$\frac{7}{8} = \frac{14}{x},$$

PROPORTIONS.

d'où l'on tire :
$$7x = 8 \times 14,$$
d'où
$$x = \frac{8 \times 14}{7} = 16.$$

— *Un nombre* x *est dit* **troisième proportionnelle** *entre deux nombres* a *et* b *lorsqu'il occupe le quatrième terme d'une proportion dont les deux moyens sont égaux à* b.
Ainsi, on a :
$$\frac{a}{b} = \frac{b}{x}.$$

EXERCICES PROPOSÉS

1. — La somme de deux nombres est 2100 ; leur rapport est égal à $\frac{3}{4}$: trouver ces deux nombres.

2. — Le rapport des âges de deux personnes est égal à $\frac{3}{4}$ et l'âge de la plus jeune est 36 ans. Dans combien de temps le rapport des deux âges sera-t-il égal à $\frac{7}{8}$?

3. — Trouver deux nombres, connaissant leur rapport $\frac{3}{4}$ et la somme 625 de leurs carrés.

4. — Trouver deux nombres, connaissant leur rapport $\frac{5}{6}$ et la somme 9207 de leurs cubes.

5. — Trouver deux nombres, connaissant leur rapport $\frac{5}{9}$ et leur P. P. C. M. 540.

6. — Trouver deux nombres, connaissant leur rapport $\frac{2}{3}$ et leur P. G. C. D. 36.

7. — Démontrer que si l'on a la proportion
$$\frac{a}{b} = \frac{c}{d},$$

on a aussi :
$$\frac{ma+nc}{mb+nd}=\frac{a}{b};$$
et réciproquement.

8. — Démontrer que si l'on a la proportion
$$\frac{a}{b}=\frac{c}{d},$$
il en résulte la proportion
$$\frac{ab}{cd}=\left(\frac{a+b}{c+d}\right)^2.$$

9. — On dit que trois nombres a, b, c forment une proportion harmonique si l'on a :
$$\frac{a-b}{b-c}=\frac{a}{c}.$$

Exemple. — Les nombres $1, \frac{4}{5}, \frac{2}{3}$ qui mesurent les longueurs des cordes donnant *ut*, *mi*, *sol*, forment une proportion harmonique.

Démontrer que cette proportion entraîne l'égalité suivante :
$$\frac{1}{b}=\frac{1}{2}\left(\frac{1}{a}+\frac{1}{c}\right),$$
et réciproquement, cette égalité entraîne la proportion harmonique.

10. — Si l'on considère une suite de rapports égaux
$$\frac{a}{b}=\frac{a'}{b'}=\frac{a''}{b''}$$
dans lesquels on a :
$$a=a'+a'',$$
démontrer que l'on a aussi :
$$\sqrt{ab}=\sqrt{a'b'}+\sqrt{a''b''}.$$

11. — Si l'on donne la suite de rapports égaux
$$\frac{a}{b}=\frac{a'}{b'}=\frac{a''}{b''},$$

démontrer que l'on a :

$$\sqrt{ab} + \sqrt{a'b'} + \sqrt{a''b''} = \sqrt{(a+a'+a'')(b+b'+b'')}.$$

CHAPITRE II

GRANDEURS DIRECTEMENT ET INVERSEMENT PROPORTIONNELLES

337. — On conçoit que deux grandeurs A et B peuvent dépendre l'une de l'autre sans être pour cela de même espèce. Ainsi, le prix d'une étoffe est une grandeur qui dépend de la longueur de cette étoffe.

Cela étant, à chaque état de la grandeur A correspond un nombre a qui la mesure : il en est de même de l'état correspondant de la grandeur B qui aura pour mesure un nombre b : nous dirons que les nombres a et b se correspondent, étant donnée la dépendance des grandeurs A et B.

Nous pouvons considérer les grandeurs A et B dans plusieurs états successifs ; on aura les nombres :

$a_1\ a_2\ a_3\ldots$ mesurant les différents états de A,
$b_1\ b_2\ b_3\ldots$ mesurant les états correspondants de B.

GRANDEURS DIRECTEMENT PROPORTIONNELLES

338. — **Définition.** — *On dit que deux grandeurs A et B dépendant l'une de l'autre sont directement proportionnelles, ou encore qu'elles varient dans le même rapport, lorsque le rapport de deux valeurs quelconques de la première est égal au rapport des deux valeurs correspondantes de la deuxième.*

Ainsi, soient :

$a_1\ a_2\ a_3\ldots a_n$ les différentes valeurs de A,
$b_1\ b_2\ b_3\ldots b_n$ les valeurs correspondantes de B,

A et B sont directement proportionnelles si l'on a :

$$\frac{a_1}{a_2} = \frac{b_1}{b_2}$$
$$\frac{a_1}{a_3} = \frac{b_1}{b_3}, \text{ etc.}$$

Ces rapports peuvent s'écrire en changeant les moyens de place :

$$\frac{a_1}{b_1} = \frac{a_2}{b_2}$$
$$\frac{a_1}{b_1} = \frac{a_3}{b_3};$$

On aurait de même, en général :

$$\frac{a_1}{b_1} = \frac{a_n}{b_n};$$

comme toutes ces proportions ont un rapport commun, on a donc :

$$\frac{a_1}{b_1} = \frac{a_2}{b_2} = \frac{a_3}{b_3} = \ldots = \frac{a_n}{b_n}.$$

Théorème.

339. — *Lorsque deux grandeurs sont directement proportionnelles, si l'une d'elles devient un certain nombre de fois plus grande ou plus petite, l'autre grandeur devient le même nombre de fois plus grande ou plus petite.*

Soient, en effet, deux grandeurs A et B directement proportionnelles. Désignons par a_p et a_n deux valeurs

GRANDEURS PROPORTIONNELLES.   375

de A et par b_p et b_n les deux valeurs correspondantes de B ; on a :
$$\frac{a_p}{a_n} = \frac{b_p}{b_n} .$$

d'où l'on tire :
$$a_p \times b_n = a_n \times b_p \qquad (1)$$

Posons
$$a_n = k \times a_p$$

et remplaçons a_n par cette valeur dans (1), on a :
$$a_p \times b_n = k \times a_p \times b_p$$

ou, en divisant les deux membres par a_p :
$$b_n = k \times b_p.$$

Donc si a_n est égale à k fois a_p, de même b_n est égale à k fois b_p.

Théorème.

340. — *Réciproquement, si deux grandeurs sont telles que l'une d'elles devenant un certain nombre de fois plus grande ou plus petite, l'autre devient le même nombre de fois plus grande ou plus petite, ces deux grandeurs sont directement proportionnelles.*

Soient, en effet :

a_p et a_n deux valeurs de A
et b_p et b_n les deux valeurs correspondantes de B.

Supposons que l'on ait :
$$a_n = k \times a_p$$
et
$$b_n = k \times b_p.$$

Il en résulte :
$$\frac{a_n}{a_p} = k$$

et
$$\frac{b_n}{b_p} = k.$$

Donc on a :
$$\frac{a_n}{a_p} = \frac{b_n}{b_p},$$

ce qui montre que le rapport de deux valeurs quelconques de A est égal au rapport des deux valeurs correspondantes de B. Donc A et B sont directement proportionnelles.

Conséquence. — Pour voir si deux grandeurs dépendant l'une de l'autre sont directement proportionnelles, il suffira donc de voir si l'une d'elles devenant 2 fois, 3 fois..., plus grande, l'autre devient le même nombre de fois plus grande.

Ainsi, si l'on achète des mètres d'étoffe, il est évident que le prix devient 2 fois, 3 fois..., plus grand quand le nombre de mètres achetés devient 2 fois, 3 fois..., plus grand. Donc, le prix d'une étoffe est directement proportionnel à la longueur de l'étoffe.

GRANDEURS INVERSEMENT PROPORTIONNELLES

341. — *Définition*. — *On dit que deux grandeurs A et B dépendant l'une de l'autre sont inversement proportionnelles, ou encore qu'elles varient en rapport inverse, lorsque le rapport de deux valeurs quelconques de la première est égal à l'inverse du rapport des deux valeurs correspondantes de la deuxième.*

Ainsi, en conservant les notations précédentes, A et B sont inversement proportionnelles si l'on a :
$$\frac{a_1}{a_2} = \frac{b_2}{b_1}$$

ou en général :
$$\frac{a_p}{a_n} = \frac{b_n}{b_p}$$

Théorème.

342. — *Lorsque deux grandeurs sont inversement proportionnelles, si l'une d'elles devient un certain nombre de fois plus grande, l'autre devient le même nombre de fois plus petite ; ou, inversement, si la première devient un certain nombre de fois plus petite, la deuxième devient le même nombre de fois plus grande.*

Soient, en effet, deux grandeurs A et B inversement proportionnelles. Désignons par a_p et a_n deux valeurs de A et par b_p et b_n les deux valeurs correspondantes de B ; on a :
$$\frac{a_p}{a_n} = \frac{b_n}{b_p}$$

d'où l'on tire :
$$a_p \times b_p = a_n \times b_n \qquad (1)$$

Supposons que l'on ait :
$$a_n = k \times a_p,$$

et remplaçons a_n par cette valeur dans (1) ; on a :
$$a_p \times b_p = k \times a_p \times b_n.$$

Divisons les deux membres par a_p, on obtient :
$$b_p = k \times b_n$$

d'où l'on tire :
$$b_n = \frac{b_p}{k}.$$

Donc, si a_n est k fois *plus grand* que a_p, b_n est k fois *plus petit* que b_p.

Théorème.

343. — *Réciproquement, si deux grandeurs sont telles que l'une d'elles devenant un certain nombre de fois plus grande, l'autre devient le même nombre de fois plus petite, ces deux grandeurs sont inversement proportionnelles.*

Soient, en effet :

a_p et a_n deux valeurs de A

et b_p et b_n les deux valeurs correspondantes de B.

Supposons que l'on ait :

$$a_n = k \times a_p$$

et

$$b_n = \frac{b_p}{k}.$$

On tire de là :

$$k = \frac{a_n}{a_p}$$

et

$$k = \frac{b_p}{b_n}.$$

Donc

$$\frac{a_n}{a_p} = \frac{b_p}{b_n},$$

ce qui montre que le rapport de deux valeurs quelconques de A est égal à l'inverse du rapport des deux valeurs correspondantes de B. Donc A et B sont inversement proportionnelles.

Conséquence. — Pour voir si deux grandeurs dépendant l'une de l'autre sont inversement proportionnelles, il suffira de voir si l'une d'elles devenant 2 fois, 3 fois..., *plus grande*, l'autre devient le même nombre de fois *plus petite*.

Ainsi, supposons que pour carreler une salle on emploie des pavés d'une certaine surface. Il est évident que si l'on emploie des pavés d'une surface double, le nombre de pavés nécessaire pour carreler la même salle sera deux fois plus petit. Donc, le nombre de pavés est inversement proportionnel à la surface des pavés.

De même, le nombre de jours nécessaire pour faire un certain ouvrage est inversement proportionnel au nombre d'ouvriers employés.

344. — Le plus souvent, une grandeur A dépend en même temps de plusieurs autres grandeurs B, C, D.

Exemple. — Le poids d'une barre dépend de sa longueur, de son diamètre et de la densité de la matière dont elle est composée.

Alors A peut être directement proportionnelle à certaines grandeurs et inversement proportionnelle aux autres.

On dit que A *est directement proportionnelle à* B, *si, les autres grandeurs* C *et* D *ne changeant pas,* A *varie dans le même rapport que* B.

De même, A *est directement proportionnelle à* C, *si,* B *et* D *ne changeant pas,* A *varie dans le même rapport que* C.

Enfin, A *est inversement proportionnelle à* D, *si,* B *et* C *ne changeant pas,* A *varie en rapport inverse de* D.

Ainsi, le nombre de pavés nécessaires pour carreler une salle est directement proportionnel à la surface de la salle, et inversement proportionnel à la surface d'un pavé.

RÈGLE DE TROIS

345. — *La règle de trois a pour but la résolution des problèmes dans lesquels on donne une grandeur* A *qui est directement ou inversement proportionnelle à d'autres* grandeurs B, C, D. *On connaît une valeur* a_1 *de* A *ainsi que les valeurs correspondantes* b_1, c_1, d_1 *des grandeurs* B, C, D, *et l'on propose de trouver ce que devient* A *quand* B, C, D *prennent d'autres valeurs* b_2, c_2, d_2.

La règle de trois est dite *simple* lorsque l'énoncé de la question ne renferme que *deux* grandeurs seulement.

On connaît alors *trois* nombres et l'on se propose d'en trouver un quatrième.

La règle de trois est dite *simple* et *directe* quand les deux grandeurs sont directement proportionnelles.

Elle est dite *simple* et *inverse* quand les deux grandeurs sont inversement proportionnelles.

— La règle de trois est dite *composée* lorsque le nombre des grandeurs est supérieur à deux.

— Pour résoudre ces questions, on doit d'abord chercher si les grandeurs données sont directement ou inversement proportionnelles et l'on applique ensuite les propriétés des proportions.

La résolution de ces questions peut encore être obtenue par une autre méthode dite de *réduction* à l'unité.

— Nous allons montrer le mécanisme de ces méthodes sur des exemples particuliers. D'ailleurs, pratiquement, il vaut mieux répéter, sur chaque exemple, le raisonnement particulier plutôt que d'appliquer une règle générale.

346. — *Règle de trois simple directe.* — *Problème.* — *On a payé 78 francs pour l'achat de 26 mètres d'étoffe. Combien coûteraient 45 mètres de la même étoffe?*

1° *Méthode des proportions.* — On dispose l'opération comme il suit :

26 mètres coûtent 78 francs;
45 mètres coûtent x

Le prix est évidemment proportionnel au nombre de mètres achetés, on a donc la proportion :

$$\frac{26}{45} = \frac{78}{x},$$

d'où l'on tire :

$$x = \frac{78 \times 45}{26} = 135 \text{ francs.}$$

2° *Méthode de réduction à l'unité.* — Dans cette méthode, après avoir disposé l'opération comme précédemment, on raisonne comme il suit :

Si 26 mètres d'étoffe coûtent 78 francs,

1 mètre coûte 26 fois moins, ou $\frac{78}{26}$,

et 45 mètres coûtent 45 fois plus qu'un mètre, ou

$$\frac{78 \times 45}{26} = 135 \text{ francs.}$$

REMARQUE. — Dans le calcul de la valeur de x, on devra toujours simplifier si c'est possible, en se rappelant bien que, pour diviser un produit, il suffit de diviser un seul des facteurs.

347. — **Règle de trois simple inverse.** — *Problème.* — *18 ouvriers ont mis 30 jours pour faire un certain ouvrage ; combien 12 ouvriers, travaillant dans les mêmes conditions, mettraient-ils de temps pour faire le même ouvrage ?*

1° *Méthode des proportions.* — Disposons l'opération, on a :

18 ouvriers ont mis 30 jours.
12   —   mettront x

Il est évident que si le nombre des ouvriers devient deux fois plus grand, le nombre de jours nécessaire pour faire l'ouvrage devient deux fois plus petit. Donc le nombre des jours et le nombre des ouvriers sont inversement proportionnels ; il en résulte que le rapport de 18 à 12 est égal à l'inverse du rapport de 30 à x, et l'on a :

$$\frac{18}{12} = \frac{x}{30},$$

d'où l'on tire :

$$x = \frac{30 \times 18}{12} = 45 \text{ jours.}$$

2° *Méthode de réduction à l'unité.*
Si 18 ouvriers ont mis 30 jours,

1 ouv. mettra 18 fois *plus* de temps, ou 30×18,

et 12 ouv. mettront 12 fois *moins* de temps qu'un ouvrier, ou :

$$\frac{30 \times 18}{12} = 45 \text{ jours.}$$

348. — Règle de trois composée. — Problème général. — *On considère une grandeur* A *directement proportionnelle aux grandeurs* B *et* C, *et inversement proportionnelle à* D ; *on donne les valeurs correspondantes* a_1, b_1, c_1, d_1, *de ces grandeurs et l'on propose de chercher la valeur* x *de* A *quand* B, C *et* D *prennent de nouvelles valeurs* b_2, c_2 *et* d_2.

Nous supposerons d'abord que C et D ne changent pas. Désignons par y la valeur de A quand B devient b_2, et disposons l'opération ; on a :

Grandeurs	A	B	C	D
Valeurs	a_1	b_1	c_1	d_1
	y	b_2	c_1	d_1

A et B étant directement proportionnelles, on a :

$$\frac{a_1}{y} = \frac{b_1}{b_2}$$

d'où l'on tire
$$y = a_1 \times \frac{b_2}{b_1}.$$

Faisons maintenant varier C, D conservant la valeur d_1 et B la valeur b_2; soit z la valeur de A, on a :

A	B	C	D
y	b_2	c_1	d_1
z	b_2	c_2	d_1

A et C étant directement proportionnelles, on a :
$$\frac{y}{z} = \frac{c_1}{c_2}$$

d'où l'on tire :
$$z = y \times \frac{c_2}{c_1}.$$

Remplaçons y par sa valeur, il vient alors :
$$z = a_1 \times \frac{b_2}{b_1} \times \frac{c_2}{c_1}.$$

Enfin, faisons varier D, B conservant la valeur b_2 et C la valeur c_2; A devient x, et l'on a :

A	B	C	D
z	b_2	c_2	d_1
x	b_2	c_2	d_2

A et D étant inversement proportionnelles, on peut écrire :
$$\frac{z}{x} = \frac{d_2}{d_1}$$

d'où l'on tire :
$$x = z \times \frac{d_1}{d_2}.$$

Remplaçons z par sa valeur, et l'on a finalement :

$$x = a_1 \times \frac{b_2}{b_1} \times \frac{c_2}{c_1} \times \frac{d_1}{d_2},$$

ce qui permet d'énoncer la règle suivante :

349. — Règle. — *Lorsqu'il s'agit d'une règle de trois composée, la valeur inconnue x de la grandeur A s'obtient en multipliant la valeur connue de A par les rapports des nouvelles valeurs aux anciennes, pour les grandeurs qui sont directement proportionnelles à A, et par les rapports inverses des nouvelles valeurs aux anciennes, pour les grandeurs inversement proportionnelles à A.*

EXEMPLE. — *15 ouvriers travaillant 9 heures par jour ont fait 150 mètres d'un certain ouvrage en 24 jours. Combien 25 ouvriers travaillant 8 heures par jour, mettraient-ils de temps pour faire 250 mètres du même ouvrage ?*

Disposons d'abord l'opération : on a :

Pour faire 150 m. 15 ouv. trav. 9 h. par jour ont mis 24 j.
— 250 m. 25 — 8 — mettront x

Le nombre de jours est directement proportionnel au nombre de mètres, car si le nombre de mètres à faire est double, le nombre de jours sera deux fois plus grand ; d'autre part, il est inversement proportionnel au nombre d'ouvriers employés et au nombre d'heures de la journée.

Appliquons la règle précédente (349), et l'on a :

$$x = 24 \times \frac{250}{150} \times \frac{15}{25} \times \frac{9}{8}$$

ou

$$x = \frac{24 \times 250 \times 15 \times 9}{150 \times 25 \times 8} = 27 \text{ jours.}$$

REMARQUE. — Pour calculer x, on simplifie le plus possible en divisant les deux termes par les facteurs communs (Voy. Remarque I, n° 176).

2° — *Méthode de réduction à l'unité.* — En disposant l'opération comme précédemment, on raisonne comme il suit :

Pour faire 150^m, 15^{ouv} trav. 9^h par jour ont mis 24 jours.
— 1^m, 15^{ouv} trav. 9^h — mettront 150 fois moins,
ou $\dfrac{24}{150}$

— 1^m, 1^{ouv} trav. 9^h — mettra 15 fois plus de temps,
ou $\dfrac{24 \times 15}{150}$

— 1^m, 1^{ouv} trav. 1^h — mettra 9 fois plus,
ou $\dfrac{24 \times 15 \times 9}{150}$

— 250^m, 1^{ouv} trav. 1^h — mettra 250 fois plus,
ou $\dfrac{24 \times 15 \times 9 \times 250}{150}$

— 250^m, 25^{ouv} trav. 1^h — mettront 25 fois moins,
ou $\dfrac{24 \times 15 \times 9 \times 250}{150 \times 25}$

— 250^m, 25^{ouv} trav. 8^h — mettront 8 fois moins de temps,
ou $\dfrac{24 \times 15 \times 9 \times 250}{150 \times 25 \times 8} = 27$ jours.

EXERCICES SUR LES GRANDEURS PROPORTIONNELLES ET SUR LA RÈGLE DE TROIS

1. — Si l'on fait osciller dans un même lieu deux pendules différents, les durées des oscillations sont proportionnelles aux racines carrées des longueurs des pendules. Sachant qu'un pendule qui bat la seconde à Paris a pour longueur 0 m. 9939, on demande de calculer le nombre d'oscillations que ferait en une heure un pendule dont la longueur serait 0 m. 5625.

2. — Le nombre des oscillations exécutées par un pendule en un temps donné, étant inversement proportionnel à la racine carrée de l'intensité de l'accélération due à la pesanteur au lieu d'observation, et sachant qu'à Paris la longueur du pendule qui bat la seconde est 0 m. 994 et l'accélération due à

NEVEU. — Cours d'Arithmétique.

la pesanteur 9,809, trouver la longueur du pendule qui, à l'équateur, fait 100 000 oscillations par jour. L'accélération due à la pesanteur à l'équateur est 9,781. (B. S.)

3. — Le nombre des vibrations transversales qu'une corde tendue exécute dans l'unité de temps est proportionnel à la racine carrée du poids qui la tend, et inversement proportionnel à sa longueur, à son diamètre, ainsi qu'à la racine carrée de sa densité.

Cela posé, une corde de cuivre ayant 0 m. 363 de longueur, 0 m. 0015 de diamètre et tendue par un poids de 13 kg. 35 exécute 8 000 vibrations en une seconde ; on demande à 100 vibrations près le nombre de vibrations qu'exécutera en un seizième de minute un fil d'acier de 0 m. 953 de longueur et de 0 m. 0005 de diamètre, tendu par un poids de 3 kg. 54.

On prendra 8,8 pour densité du cuivre et 7,8 pour celle de l'acier. (*Arts et métiers.*)

4. — Les carrés des temps des révolutions sidérales des planètes étant proportionnels aux cubes de leurs distances moyennes au soleil (*loi de Képler*) (1), on propose de calculer la durée de la révolution des planètes Vénus et Jupiter, sachant que la distance moyenne de Vénus au soleil est mesurée par le nombre 0,723, celle de Jupiter par le nombre 5,202, la distance moyenne de la terre au soleil étant prise pour unité ; on sait en outre que la révolution sidérale de la terre s'effectue en 365,256 jours moyens.

5. — Trois ouvriers ont fait, en 4 heures, 30 mètres d'ouvrage. Combien 12 ouvriers, travaillant 6 heures, feront-ils d'un autre ouvrage dont la difficulté est à celle du premier dans le rapport de 9 à 4 ? (B. E.)

6. — 35 ouvriers ont élevé, en 6 jours, un mur qui a 15 mètres de longueur, 0 m. 75 d'épaisseur et 4 m. 50 de hauteur. Combien 42 ouvriers mettraient-ils de temps pour élever un mur ayant 51 mètres de longueur, 3 mètres de hauteur et 1 m. 20 d'épaisseur ? (B. E.)

7. — Sachant que le *zéro* du thermomètre centigrade correspond au *zéro* du thermomètre Réaumur et à la 32ᵉ division du thermomètre Fahrenheit ; sachant d'autre part que la 100ᵉ division du thermomètre centigrade correspond à la

---

(1) Képler, célèbre astronome allemand né en Wurtemberg (1571-1630).

80° division du thermomètre Réaumur et à la 212° division du thermomètre Fahrenheit, on demande ce que marquera un thermomètre Réaumur ou un thermomètre Fahrenheit quand un thermomètre centigrade marquera 40°?

8. — Calculer la température inférieure à 0° pour laquelle le thermomètre Fahrenheit et le thermomètre centigrade marquent le même nombre de degrés. On sait que le thermomètre centigrade marque 0° dans la glace fondante et 100° dans la vapeur d'eau bouillante et que le thermomètre Fahrenheit marque 32° dans la glace fondante et 212° dans la vapeur d'eau bouillante. *(Arts et métiers.)*

9. — Deux pièces de soie de même qualité ont des longueurs proportionnelles aux nombres 12 et 7 ; l'une d'elles a en longueur 60 mètres de plus que l'autre. 1° Quelle est la longueur de chacune de ces pièces? 2° Quel est le prix de chacune, sachant qu'elles ont coûté en tout 448 francs et que la largeur de la soie de la plus longue pièce est à la largeur de la soie de la pièce la plus courte comme 3 est à 4 ? *(B. E.)*

10. — **Problème de Newton** (1). — Sachant que 75 bœufs ont brouté en 12 jours l'herbe d'un pré de 60 ares, et que 81 bœufs ont brouté en 15 jours l'herbe d'un pré de 72 ares, on demande combien il faudra de bœufs pour brouter en 18 jours l'herbe d'un pré de 96 ares. On suppose que, dans les trois prés, l'herbe est à la même hauteur au moment de l'entrée des bœufs, et qu'elle continue de croître uniformément depuis leur entrée.

CHAPITRE III

INTÉRÊTS

350. — Lorsqu'une personne prête une somme d'argent, elle reçoit en dédommagement un bénéfice qu'on appelle l'**intérêt**.

Ainsi, l'intérêt est le bénéfice d'une somme d'argent

---

(1) Newton, célèbre mathématicien et physicien anglais (1642-1727).

prêtée ou *placée* dans une entreprise quelconque. C'est pour ainsi dire le loyer de la somme prêtée.

La somme prêtée s'appelle le **capital**.

L'intérêt est directement proportionnel au capital. Il est en outre directement proportionnel au temps pendant lequel la somme est prêtée ou placée. On l'appelle l'intérêt *simple* du capital.

— Pour évaluer l'intérêt d'un capital, on le compare à l'intérêt annuel de 100 francs ; c'est ce qu'on appelle le **taux** du placement.

Ainsi : *le taux est l'intérêt de 100 francs pour un an.*

Donc, lorsqu'on dit qu'une somme est placée à 3 p. 100, et l'on écrit 3 $^0/_0$, cela veut dire que 100 francs donnent 3 francs d'intérêt annuel.

— Les problèmes d'intérêt se résolvent comme les problèmes conduisant à la règle de trois, soit à l'aide des proportions, ou par la méthode de réduction à l'unité.

EXEMPLE. — *Calculer l'intérêt de 35 000 francs à 4 $^0/_0$ pendant 3 ans et demi.*

SOLUTION. — 3 ans et demi valent $12 \times 3 + 6$ ou 42 mois.

On a donc :

100 francs en 12 mois rapportent 4 francs.
35 000 — 42 — x

L'intérêt étant directement proportionnel au capital et au temps, on a :

$$x = \frac{4 \times 35\,000 \times 42}{100 \times 12} = 4\,900 \text{ francs.}$$

— La solution par la méthode de réduction à l'unité ne présente aucune difficulté.

351. — **Problème général.** — *Calculer l'intérêt* i

d'un capital A placé au taux r % pendant t années.
Disposons l'opération, on a :

100 francs en 1 an rapportent r francs.
A — t — i

L'intérêt i étant directement proportionnel au capital et au temps, on a :
$$i = \frac{Art}{100}.$$

On a ainsi une expression qui permet de résoudre tous les problèmes semblables au problème proposé.

Une telle expression s'appelle une *formule*.

Elle permet de résoudre les quatre problèmes que l'on obtient en prenant pour *inconnue* l'une quelconque des quatre quantités i, A, r, t, les trois autres étant données.

Ainsi, de la formule
$$i = \frac{Art}{100}, \qquad (1)$$

on tire les formules suivantes :
$$A = \frac{100 i}{rt} \qquad (2)$$

$$r = \frac{100 i}{At} \qquad (3)$$

$$t = \frac{100 i}{Ar} \qquad (4)$$

La formule (2) résout le problème suivant :

Quel est le capital A qui placé au taux r % par an pendant t années a produit un intérêt i ?

La formule (3) résout le problème suivant :

A quel taux r était placé un capital A, sachant qu'il a produit un intérêt i pendant t années ?

Enfin, la formule (4) résout le problème suivant : *Pendant combien de temps a été placé un capital* A, *sachant qu'il a produit un intérêt* i *au taux* r % *par an?*

En sachant par cœur la formule (1), elle suffira pour résoudre les quatre problèmes.

— Pour l'appliquer à un exemple numérique, il suffit de remplacer les lettres par les valeurs qui leur sont attribuées dans l'exemple considéré.

On devra bien remarquer que le temps t est évalué en années. Si donc on donne un nombre de mois, par exemple 7, on fera $t = \dfrac{7}{12}$.

Lorsqu'on donne un nombre de jours, pour la commodité du calcul on suppose l'année composée de 12 périodes de 30 jours, soit 360 jours. Si donc on demande l'intérêt d'une certaine somme pour 275 jours, par exemple, on fera $t = \dfrac{275}{360}$.

Lorsqu'on propose de calculer un intérêt d'une date donnée à une autre date déterminée, on compte les mois tels qu'ils sont donnés par le calendrier et l'année toujours de 360 jours.

552. — REMARQUE. — *Lorsque deux capitaux placés à des taux différents produisent le même intérêt annuel, ces deux capitaux sont inversement proportionnels aux taux.*

Soit, en effet, un capital A placé au taux r % et un deuxième capital A_1 placé au taux r_1 %.

L'intérêt annuel de A est $\dfrac{Ar}{100}$; celui de A_1 est $\dfrac{A_1 r_1}{100}$.

Ces deux intérêts étant égaux, on a :

$$\frac{Ar}{100} = \frac{A_1 r_1}{100}$$

INTÉRÊTS.

d'où l'on tire :
$$Ar = A_1 r_1,$$
et par suite :
$$\frac{A}{A_1} = \frac{r_1}{r},$$

égalité qui montre bien que les deux capitaux sont inversement proportionnels aux taux.

MÉTHODES DE LA BANQUE ET DU COMMERCE POUR CALCULER LES INTÉRÊTS

Méthode des diviseurs.

555. — Reprenons la formule générale
$$i = \frac{Art}{100},$$
et supposons que le temps t soit un nombre de jours n. On fait alors $t = \frac{n}{360}$, et la formule devient :
$$i = \frac{Arn}{36000}.$$

Divisons les deux termes du second membre par r, on obtient :
$$i = \frac{An}{\frac{36000}{r}}. \qquad (1)$$

A chaque taux r correspond un nombre particulier tel que $\frac{36000}{r}$; ce nombre s'appelle le **diviseur** correspondant au taux r, et le produit An s'appelle le **nombre**.

Si l'on pose
$$\frac{36000}{r} = d,$$
la formule (1) devient :
$$i = \frac{An}{d},$$
ce qui conduit à la règle suivante :

RÈGLE. — *Pour trouver l'intérêt d'un capital pendant un nombre de jours donné, il suffit de multiplier le capital par le nombre de jours, et de diviser le produit obtenu par le diviseur correspondant au taux.*

— Voici le tableau des diviseurs principaux :

$$\text{Pour } r = 6, \text{ on a } d = \frac{36000}{6} = 6\,000$$
$$r = 5 \qquad d = \frac{36000}{5} = 7\,200$$
$$r = 4{,}5 \qquad d = \frac{36000}{4{,}5} = 8\,000$$
$$r = 4 \qquad d = \frac{36000}{4} = 9\,000$$
$$r = 3 \qquad d = \frac{36000}{3} = 12\,000$$
$$r = 2 \qquad d = \frac{36000}{2} = 18\,000$$

EXEMPLE. — *Calculer l'intérêt de 28 200 francs à 4,50 % pendant 250 jours.*

Le diviseur d est 8000 ; on a donc :
$$i = \frac{28\,200 \times 250}{8\,000} = 881 \text{ fr. } 25.$$

INTÉRÊTS.

Méthode des parties aliquotes.

554. — *Le principe de cette méthode consiste à chercher le nombre de jours nécessaires pour que l'intérêt produit soit égal à la* **centième** *partie du capital. Le taux est alors* 1 % *pour ce nombre de jours.*

Ce nombre s'appelle la **base** du calcul.

L'intérêt étant r % pour 360 jours, il est évident que l'on obtiendra la base en divisant 360 par le taux r. Ainsi, on a :

$$Base = \frac{360}{r}.$$

Il en résulte qu'un capital placé à 5 % par an produit un intérêt égal à 1 % pendant $\frac{360}{5}$ ou 72 jours.

De sorte que, pour 72 jours, l'intérêt du capital est bien égal à la *centième* partie du capital, intérêt que l'on obtiendra immédiatement.

Si le nombre de jours vaut 2 fois, 3 fois... 72 jours, l'intérêt sera 2 fois, 3 fois.. la centième partie du capital.

Si le nombre de jours est $\frac{1}{2}, \frac{1}{3}, \frac{1}{4}$ de 72 jours, l'intérêt sera $\frac{1}{2}, \frac{1}{3}, \frac{1}{4}$ de la centième partie du capital.

Si le nombre de jours est quelconque, on le décompose en parties *aliquotes* de la *base*, et, s'il y a lieu, en parties aliquotes des sous-multiples de la base.

— Supposons, par exemple, que l'on propose de calculer l'intérêt d'un capital à 5 % pendant 204 jours.

La base est 72. Divisons d'abord 204 par 72, on trouve 2 pour quotient et 60 pour reste. On peut ensuite décomposer 60 en 36 (moitié de 72) et 24 (tiers de 72): de sorte que l'on a :

$$204 = 72 \times 2 + 36 + 24.$$

On obtient alors les intérêts partiels à l'aide de divisions très simples.

Exemple 1. — *Calculer l'intérêt de 8 542 fr. 50 à 5 % pour 204 jours.*

La base du calcul est $\frac{360}{5} = 72$.

On a :

$$204 = 72 \times 2 + 60 = 72 \times 2 + 36 + 24,$$

égalité dans laquelle 36 est la moitié de 72 et 24 le tiers de 72.

On peut disposer l'opération comme il suit :

	Jours.	Intérêts.
Base	72	85 fr. 425
Pour	144	170 fr. 85
	36	42 fr. 7125
	24	28 fr. 475
Pour	204 jours	242 fr. 0375

L'intérêt est donc 242 fr. 04 par excès.

— Pour avoir l'intérêt pour 144 jours, ou 72×2, on double 85,425 ; on obtient l'intérêt pour 36 jours en prenant la moitié de 85,425 et l'on trouve 42 fr. 7125 ; enfin on obtient l'intérêt pour 24 jours en prenant le tiers de 85,425, ce qui donne 28 fr. 475 ; en additionnant les trois nombres, on a l'intérêt 242 fr. 04 pour 204 jours.

Exemple 2. — *Calculer l'intérêt de 1 850 francs à 3,50 % pendant 193 jours.*

INTÉRÊTS.

Dans ce cas, nous calculerons d'abord l'intérêt à 3 %; puis, pour avoir l'intérêt à 0,50 % il suffit de remarquer que 0 fr. 50 cst la sixième partie de 3 francs. Connaissant l'intérêt à 3 %, on y ajoutera le $\frac{1}{6}$ de cet intérêt pour obtenir l'intérêt demandé.

Disposition du calcul :

	Jours.	Intérêts.
Base	120	18 fr. 50
Pour	120	18 fr. 50
	60	9 fr. 25
	10	1 fr. 54
	3	0 fr. 46
Pour	193 *jours*	29 fr. 75
	$+\frac{1}{6}$	4 fr. 96
		34 fr. 71

REMARQUE I. — On peut faire le calcul dans tous les cas en adoptant toujours le même taux.

Ainsi, par exemple, on peut adopter le taux unique 6 %, la base 60 ayant en effet un nombre de diviseurs qui se prêtent plus facilement au calcul.

Quand on aura calculé l'intérêt à 6 %, on en déduira celui à 5 % en prenant les $\frac{5}{6}$ du résultat, ou mieux en retranchant de l'intérêt obtenu le $\frac{1}{6}$ du résultat.

Pour le taux 4, on prendra les $\frac{4}{6}$ ou les $\frac{2}{3}$ du résultat; c'est-à-dire qu'on en retranchera le $\frac{1}{3}$; et ainsi des autres taux.

REMARQUE II. — La méthode des parties aliquotes s'applique aussi bien au capital qu'au temps.

Ainsi, cherchons l'intérêt de 6 000 francs pour un jour au taux 6 %. Cet intérêt sera :

$$\frac{6 \times 6000}{100 \times 360} = 1 \text{ franc.}$$

De même, 7 200 fr. donnent 1 fr. d'intérêt par jour à 5 %
— 9 000 fr. — 1 fr. — 4 %
— 12 000 fr. — 1 fr. — 3 %

Cela permet d'obtenir rapidement au taux de 6 p. 100, par exemple, l'intérêt d'un capital qui serait multiple ou sous-multiple de 6 000. Pour un capital quelconque, on le divise en parties aliquotes de 6 000, et l'on calcule l'intérêt de chaque partie.

EXEMPLE. — *Calculer l'intérêt de 11 275 francs à 6 % pendant 63 jours.*

Partant de ce fait que 6 000 francs placés à 6 % produisent 1 franc d'intérêt par jour, l'intérêt de 6 000 francs pour 63 jours est égal à 63 francs.

On a donc :

Parties aliquotes. de 6 000.		Intérêts.
6 000 *francs produisent*	....	63 fr. 00
3 000 —	....	31 fr. 50
2 000 —	....	21 fr. 00
200 —	....	2 fr. 10
60 —	....	0 fr. 63
15 —	....	0 fr. 16
11 275 *francs produisent*	...	118 fr. 39

L'intérêt demandé est donc 118 fr. 39

INTÉRÊTS.

EXEMPLES DE PROBLÈMES SUR LES INTÉRÊTS

Problème 1. — *Quel est le capital qui, placé à intérêts simples pendant 3 ans à 4 %, est devenu 1428 francs, capital et intérêts réunis ?*

Solution. — Cherchons d'abord ce que 100 francs deviendraient au bout de 3 ans.

L'intérêt de 100 francs pendant 3 ans est
$$4 \times 3 = 12 \text{ francs.}$$
Donc 100 francs deviennent 112 francs en 3 ans.
On a donc la règle de trois suivante :

100 francs sont devenus 112 francs en 3 ans.
$$x \quad - \quad 1428 \quad - \quad 3 \text{ ans.}$$

Or, lorsqu'un capital est doublé, triplé, etc., de même les intérêts deviennent doubles, triples, etc. Le rapport de 100 à x est donc égal au rapport de 112 à 1428, et l'on a la proportion :
$$\frac{100}{x} = \frac{112}{1428},$$
d'où l'on tire :
$$x = \frac{100 \times 1428}{112} = 1275 \text{ francs.}$$

— La méthode de réduction à l'unité conduit au même résultat sans difficulté.

Problème 2. — *Une personne place le $\frac{1}{3}$ de son capital à 4 %, le $\frac{1}{4}$ à 3 % et le reste à 5 %. Elle retire annuellement un intérêt égal à 1000 francs. Quel est le capital, et la somme placée à chaque taux ?*

Solution. — On suppose un capital de 1 200 francs que l'on va placer dans les conditions du problème.

On choisit 1 200 pour que le capital supposé soit divisible à la fois par 3 et par 4, ce qui facilite d'autant les calculs.

Le $\frac{1}{3}$ de 1 200 francs vaut 400 francs, et l'intérêt de 400 francs à 4 % est égal à

$$\frac{4 \times 400}{100} = 16 \text{ francs.}$$

Le $\frac{1}{4}$ de 1 200 francs vaut 300 francs, et l'intérêt de 300 francs à 3 % est

$$\frac{3 \times 300}{100} = 9 \text{ francs.}$$

Il reste

$$1\,200 - 700 = 500 \text{ francs,}$$

qui, placés à 5 %, donnent un intérêt égal à

$$\frac{5 \times 500}{100} = 25 \text{ francs.}$$

L'intérêt annuel des 1 200 francs est donc :

$$16 + 9 + 25 = 50 \text{ francs.}$$

Il est évident que si l'on avait supposé un capital double ou triple de 1 200 francs, on aurait eu un intérêt double ou triple de 50 francs ; il en résulte que autant de fois 50 francs sont contenus dans l'intérêt donné 1 000 francs, autant de fois le capital demandé vaut 1 200 francs.

On peut d'ailleurs disposer la règle de trois comme il suit :

1200 francs donnent 50 francs d'intérêt.
x   —   1000   —

INTÉRÊTS.

Comme les intérêts et les capitaux sont directement proportionnels, on a la proportion :

$$\frac{1200}{x} = \frac{50}{1000},$$

d'où l'on tire :

$$x = \frac{1200 \times 1000}{50} = 24\,000 \text{ francs.}$$

La somme placée à 1 % vaut $\frac{24000}{3} = 8\,000$ fr.

— 3 % — $\frac{24000}{4} = 6\,000$ fr.

— 5 % — $24000 - 14000 = 10\,000$ fr.

REMARQUE. — Pour résoudre ce problème, nous avons employé une méthode particulière connue sous le nom de **méthode de fausse position**.

Cette méthode consiste à supposer un nombre sur lequel on effectue les opérations indiquées dans l'énoncé du problème ; on établit alors un rapport entre le résultat trouvé et celui que l'on doit obtenir d'après le problème proposé : ce rapport donne alors celui du nombre supposé au nombre cherché.

En particulier, on pourra employer cette méthode avantageusement lorsque les variations du nombre cherché sont proportionnelles aux variations des nombres donnés dans l'énoncé.

PROBLÈME 3. — *Une personne place une partie de sa fortune à 4 % et l'autre partie à 5 % ; elle retire alors 2050 francs d'intérêt annuel. Elle constate que si elle plaçait la première partie au taux de la deuxième, et inversement, les intérêts seraient égaux. Quelle est la fortune ?*

SOLUTION. — On sait (352) que lorsque deux capitaux placés à des taux différents produisent le même intérêt, ces capitaux sont inversement proportionnels aux taux.

Or, dans le deuxième placement, la première partie de la fortune est placée à 5 %, et la deuxième à 4 % ; comme les intérêts sont alors égaux, il en résulte que la première partie est à la deuxième dans le rapport inverse des taux, c'est-à-dire comme 4 est à 5.

Supposons donc la première partie valant 400 francs ; la deuxième vaudra 500 francs : ce qui donnerait une fortune de 900 francs.

Plaçons maintenant ces 900 francs dans les conditions du problème.

L'intérêt de 400 fr. à 4 % est $\dfrac{4 \times 400}{100} = 16$ fr.

L'intérêt de 500 fr. à 5 % est $\dfrac{5 \times 500}{100} = 25$ fr.

L'intérêt de 900 fr. est donc $16 + 25 = 41$ fr.

Autant de fois 41 francs sont contenus dans l'intérêt 2 050 francs que l'on doit obtenir, autant de fois la fortune vaut 900 francs.

En raisonnant par la règle de trois, on aurait :

$$900 \text{ francs rapportent } \quad 41 \text{ francs.}$$
$$x \quad\quad\quad - \quad\quad\quad 2050 \quad -$$

Les intérêts et les capitaux étant proportionnels, on a la proportion suivante :

$$\dfrac{900}{x} = \dfrac{41}{2050}$$

d'où l'on tire :

$$x = \dfrac{900 \times 2050}{41} = 45\,000 \text{ francs.}$$

INTÉRÊTS.

Problème 4. — *Une personne place à intérêt simple un capital à 4 %; 18 mois après, elle retire les intérêts et le $\frac{1}{3}$ du capital et laisse le reste placé au même taux pendant 9 mois. Après ce temps, elle retire de nouveau $\frac{1}{3}$ du capital restant ainsi que les intérêts et place le reste toujours au même taux pendant 15 mois. La somme totale des intérêts produits étant égale à 3 680 francs, on demande quel était le capital primitif.*

Solution. — Le capital reste d'abord placé pendant 18 mois. Puis, les $\frac{2}{3}$ du capital restent placés pendant 9 mois; il est évident que ces $\frac{2}{3}$ du capital produisent le même intérêt que si l'on plaçait le capital *entier* pendant les $\frac{2}{3}$ de 9 mois, c'est-à-dire pendant 6 mois.

Enfin, la personne retire le $\frac{1}{3}$ du capital restant; donc le nouveau capital placé pendant 15 mois vaut les $\frac{2}{3}$ des $\frac{2}{3}$, soit les $\frac{4}{9}$ du capital primitif. Il est évident que ces $\frac{4}{9}$ du capital produisent en 15 mois le même intérêt que le capital entier placé pendant les $\frac{4}{9}$ de 15 mois, c'est-à-dire pendant $\frac{20}{3}$ de mois.

Il en résulte que 3 680 francs représentent les intérêts du capital primitif pendant .
18 mois + 6 mois + $\frac{20}{3}$ de mois, ou pendant $\frac{92}{3}$ de mois.

Il est dès lors facile de trouver le capital. On a la règle de trois suivante :

100 francs rapportent   4 francs en 12 mois.
$\quad x \qquad\qquad - \qquad 3680 \qquad - \qquad \dfrac{92}{3}$

Soit que l'on raisonne par les proportions, ou par la méthode de réduction à l'unité, on trouve :

$$x = \frac{100 \times 3680 \times 12 \times 3}{4 \times 92} = 36000 \text{ francs}.$$

555. — *Intérêts composés*. — On dit qu'une somme est placée à *intérêts composés* lorsqu'après une période de temps déterminée les intérêts s'ajoutent au capital pour devenir eux-mêmes productifs d'intérêts.

On dit alors que les intérêts se capitalisent.

On a vu que lorsque les intérêts ne s'ajoutent pas au capital pour produire eux-mêmes des intérêts, le placement est dit à *intérêts simples*.

Problème général. — *Trouver ce que devient un capital a placé à intérêts composés pendant n années au taux r par franc et par an.*

Solution. — 1 franc au bout d'un an devient $1 + r$,

$\qquad$ donc a francs $\qquad - \qquad$ deviennent $a(1 + r)$.

De sorte qu'en désignant par a_1 la somme obtenue au bout d'un an, on a :

$$a_1 = a(1 + r).$$

Telle est la somme qui va porter intérêt pendant la deuxième année. En raisonnant sur a_1 comme on l'a fait pour a, on trouve qu'au bout de la deuxième année a_1 deviendra :

$$a_1(1 + r),$$

INTÉRÊTS. 403

et en remplaçant a_1 par sa valeur, on a :

$$a(1+r)^2.$$

On voit ainsi que chaque année la somme est multipliée par $1+r$. De sorte que si l'on désigne par A la somme obtenue à la fin de la $n^{\text{ième}}$ année, on a la formule

$$A = a(1+r)^n.$$

EXEMPLE. — *Que deviennent 10 000 francs placés à intérêts composés à 3 % pendant 5 ans.*

Le taux par franc est 0 fr. 03. En appliquant la formule précédente, on a :

$$A = 10\,000 \times 1,03^5 = 11\,592 \text{ fr. } 74.$$

REMARQUE. — Dans les problèmes où entre la condition d'un bénéfice ou d'une perte de tant p. 100 sur le prix de vente ou sur le prix d'achat, on désigne toujours par 100 le prix sur lequel on gagne ou on perd, et on cherche l'autre prix correspondant. On résout alors facilement le problème à l'aide d'une proportion.

Ainsi, si l'on gagne 10 % sur le prix d'achat, on aura :

Achat.	Vente.
100	110

— Si l'on gagne 10 % sur le prix de vente, on aura :

Achat.	Vente.
90	100

— Si l'on perd 10 % sur le prix d'achat, on aura :

Achat.	Vente.
100	90

— Si l'on perd 10 % sur le prix de vente, on aura :

Achat.	Vente.
110	100

PROBLÈMES PROPOSÉS SUR LES INTÉRÊTS

1. — Calculer par les différentes méthodes l'intérêt :
1° De 3875 francs au taux 3,75 %, pendant 105 jours ;
2° De 4850 francs au taux 4,25 %, pendant 82 jours.

2. — Quel est le capital qui, placé à intérêt simple pendant 3 ans à 4 %, est devenu capital et intérêts réunis 14403 fr. 20 ?

3. — Un capital de 12000 francs placé à intérêt simple pendant 2 ans à un certain taux est devenu capital et intérêts réunis 12840 francs. Trouver le taux du placement.

4. — Une personne prête 5000 francs le 1er juillet à 5 % ; cette somme lui est rendue le 20 octobre suivant avec les intérêts. Quelle somme doit-elle recevoir ?

5. — Pendant combien de temps un capital de 8000 francs est-il resté placé à 4 %, sachant qu'il est devenu capital et intérêts réunis 9120 francs ?

6. — Une personne place les $\frac{2}{3}$ de sa fortune à 3 % ; les $\frac{3}{4}$ du reste à 4 % et le reste à 5 %. Elle retire ainsi un intérêt annuel égal à 1238 fr. 20. Quelle est la fortune et la somme placée à chaque taux ?

7. — Une personne place aujourd'hui une somme de 13852 francs à 5 %. Elle place ensuite, 65 jours après, une somme de 16940 fr. à 5 fr. 25 %. Au bout de combien de temps ces sommes auront-elles produit des intérêts égaux ?

(B. S.)

8. — Une personne place une certaine fortune à 3,50 % pendant 7 mois. Elle retire alors les intérêts plus $\frac{1}{4}$ du capital et place le reste à 3 % pendant 9 mois. Le total des intérêts obtenus dans ces deux placements est alors 1566 fr. 25 : quelle était la fortune primitive ?

9. — Une personne a placé une partie de sa fortune dans une première entreprise et le reste dans une seconde entreprise. Chaque partie lui donne ainsi un revenu annuel de 1200 francs. Au bout d'un an elle ajoute 5000 francs à chaque partie et son revenu annuel devient alors 2850 francs. On demande son capital et le taux de chaque placement, sachant que la première partie est double de la deuxième.

10. — Une personne a placé deux capitaux à intérêt simple,

INTÉRÊTS.

le premier à 4 %, le second à 5 % par an. Elle a retiré au bout de 7 ans 9 mois une somme de 23 800 francs pour le capital et les intérêts. On demande quels sont les deux capitaux placés, sachant que le premier n'est que les $\frac{5}{6}$ du second.

(B. S.)

11. — Une personne qui avait placé les $\frac{5}{6}$ de son capital à 3 % et l'autre sixième à 5 % retire tout son capital, et, après avoir prélevé 3400 francs pour le paiement de quelques dettes, elle replace ce qui lui reste de son capital à 4 %. Elle se trouve ainsi avoir augmenté son revenu de 224 francs. Quel était son capital primitif ?

(B. S.)

12. — Un capital de 67 000 francs est partagé en deux parties dont la première placée à 4,50 % pendant 9 mois donne un intérêt triple de celui que produirait la seconde pendant 5 mois à 4 %. Quelles sont les deux parties de ce capital ?

(B. S.)

13. — Une personne possède deux capitaux qu'elle a placés pendant le même temps, le premier à 5 % et le deuxième à 6 %. Le premier capital a produit 7500 francs d'intérêt ; le deuxième, qui surpassait le premier de 20 000 francs, a produit 10 800 francs d'intérêt. On demande : 1° le temps pendant lequel ces capitaux ont été placés ; 2° le montant de chacun d'eux.

14. — Une personne ayant une certaine somme à sa disposition achète une maison et une propriété dont le prix est les $\frac{3}{4}$ du prix de la maison. Il lui reste alors le $\frac{1}{5}$ de la somme, et elle place ce reste moitié en 4 %, moitié en 4,50 %. Ce placement lui rapporte 1487 fr. 50 par an. On demande quel est le montant du prix de la maison, du prix de la propriété, de la somme placée et de la somme totale.

(B. E.)

15. — Une personne place une partie de sa fortune à 5 % et l'autre partie à 4 %. Elle a ainsi 3330 francs de revenu. Si la somme qui est placée à 5 % l'était à 4 %, et réciproquement, son revenu diminuerait de 180 francs. On demande la somme placée à chaque taux.

(B. S.)

16. — La différence entre deux capitaux est de 7080 francs. Ils sont placés à intérêts simples, le premier à 3,75 % et le deuxième à 4,25 % ; ils produisent ainsi le même revenu

annuel. 1° Calculer ces capitaux et leur revenu. 2° Calculer le temps au bout duquel ces capitaux augmentés respectivement de leurs intérêts simples seront dans le rapport des nombres 391 et 351. (B. S.)

17. — Un capital augmenté des intérêts qu'il produit en 10 mois donne 29 760 francs. Ce même capital diminué des intérêts qu'il a produits en 17 mois égalait 27 168 francs. Trouver le capital et le taux. (B. E.)

18. — Un héritage de 112 365 francs est partagé entre deux personnes de telle sorte qu'en ajoutant à chaque part l'intérêt qu'elle produirait en un an, la première à $3\frac{1}{3}$ %, et la seconde à $4\frac{3}{4}$ %, on obtienne deux parts égales. Quelles sont exactement les deux parts ? (*Arts et métiers.*)

19. — Deux capitaux s'élevant ensemble à 45 840 francs ont été placés de la manière suivante : le premier à 5 % et le second à 4,40 %, 40 jours après le premier. On demande :

1° Quels sont ces capitaux, sachant que le rapport du premier au second est égal à 0,528 ;

2° Dans combien de jours, à partir du premier placement, les deux capitaux auront produit le même intérêt. — Vérification. (B. S.)

20. — On veut faire avec 46 000 francs trois placements tels que le deuxième soit le double du premier et le troisième les $\frac{4}{5}$ du deuxième. Le premier est placé à un certain taux, le deuxième à 1 % de plus et le troisième à 1 % de plus que le deuxième ; ils rapportent en tout 2130 francs. Trouver la valeur et le taux de chaque placement.

CHAPITRE IV

ESCOMPTE

356. — Dans le but de faciliter les opérations commerciales, le plus souvent les achats effectués ne se règlent pas immédiatement, c'est-à-dire *au comptant*. Un certain délai est accordé à l'acheteur pour lui permettre de s'acquitter plus facilement.

ESCOMPTE.   407

La reconnaissance de la dette se fait par un engagement écrit que l'on appelle **effet de commerce**.

L'effet de commerce peut être fait par l'acheteur (*débiteur*) ou par le vendeur (*créancier*). Dans le premier cas on l'appelle **billet à ordre**, et dans le second cas c'est une **traite**, ou **lettre de change**, ou encore un **mandat**.

Ainsi, *un billet à ordre est un effet de commerce dans lequel le débiteur s'engage à payer une certaine somme à telle personne désignée, ou à toute autre personne désignée par elle* (*c'est-à-dire à son ordre*), *à une date déterminée* (*échéance*).

EXEMPLE. — Marcel doit à Petit 1500 francs pour prix de pièces de vin vendues par ce dernier ; il a jusqu'au 31 décembre pour s'acquitter. Il rédigera le billet suivant :

Paris, le 15 octobre 1901.   B. P. F. 1500
                                   (*Bon pour francs*)

-Au *31 décembre prochain*, je paierai à l'ordre de

M. PETIT, *quinze cents* francs, valeur reçue en mar-
(*vendeur*)
chandises.

                                        MARCEL.
                                        (*acheteur*)
                                        12, rue de Lyon.

Ce billet remis au vendeur ou bénéficiaire pourra être cédé, c'est-à-dire *passé à l'ordre* d'une autre personne.

La *cession* d'un billet se fait par *l'endossement*, c'est-à-dire par une formule écrite au *dos* du billet (*Veuillez payer à l'ordre de...*).

— Dans la lettre de change, c'est le créancier, au contraire, qui invite le débiteur à payer une certaine somme à l'ordre d'une troisième personne ou à son ordre propre.

— La somme inscrite sur le billet s'appelle la *valeur nominale* du billet.

557. — Lorsque le porteur d'un effet de commerce a besoin d'argent avant la date d'échéance, il se présente chez un banquier auquel il propose d'échanger le billet contre de l'argent comptant.

C'est cette opération, substitution d'un capital comptant à un capital payable à une date déterminée (*à terme*) qui constitue le fait d'*escompter*.

Le banquier qui, en échange du billet, remet de l'argent comptant, n'en paie pas le montant complètement; il doit, en effet, se rémunérer du service rendu, étant donné qu'il ne touchera le montant du billet que plus tard.

Il fait donc une *retenue*; c'est ce que l'on appelle l'*escompte* du billet.

Ainsi : *on appelle* escompte *la retenue que fait un banquier sur un billet qu'il paie avant sa date d'échéance.*

On appelle alors **valeur actuelle** du billet la somme versée par le banquier.

On voit donc que : *la valeur actuelle est égale à la valeur nominale diminuée de l'escompte.*

Valeur actuelle = Valeur nominale — Escompte.

Souvent le banquier fait encore d'autres retenues à titre de *commission* et de *change de place* quand le billet doit être payé dans une autre ville que celle où réside le banquier.

558. — Il y a deux sortes d'escompte : l'escompte en

dehors ou escompte *commercial*, pratiqué dans le commerce, et l'escompte en *dedans*, ou escompte rationnel.

ESCOMPTE EN DEHORS OU COMMERCIAL

559. — L'escompte en dehors est l'intérêt de la valeur nominale comptée depuis le jour où le banquier paie le billet jusqu'à la date d'échéance.

Le calcul de l'escompte en dehors revient donc à la résolution d'un problème d'intérêt simple.

Désignons par N la valeur nominale du billet, par r le taux, par t le temps (en année ou en fraction d'année) qui s'écoule depuis la date où l'on escompte le billet jusqu'à la date d'échéance, et par E_c l'escompte en dehors, ou commercial ; on a la formule :

$$E_c = \frac{Nrt}{100}$$

ou

$$E_c = \frac{Nrn}{36000} = \frac{Nn}{d} \quad (n \text{ évalué en jours}).$$

Dans l'escompte, le plus souvent, le temps est exprimé en jours ; la formule usuelle est donc de préférence

$$E_c = \frac{Nn}{d} \quad (d \text{ étant le diviseur.})$$

Cette formule permettra de calculer à volonté l'une quelconque des quatre quantités E_c, N, n, r, les trois autres étant données.

Ces problèmes sont analogues à ceux résolus pour les intérêts.

— EXEMPLE. — *Escompter un billet de 1800 francs payable dans 90 jours, le taux de l'escompte étant 4 %.*

Dans la formule

$$E_c = \frac{Nn}{d}$$

faisons $n = 90$, $d = 9\,000$, et $N = 1\,800$; on a :

$$E_c = \frac{1\,800 \times 90}{9\,000} = 18 \text{ francs.}$$

Le banquier versera donc :

$$1\,800 - 18 = 1\,782 \text{ francs.}$$

560. — *Bordereau d'escompte*. — Si la même personne fait escompter le même jour plusieurs billets, il y a avantage à employer la méthode des diviseurs pour calculer la somme des escomptes.

Soient N_1, N_2, N_3 les valeurs nominales de trois billets payables respectivement dans n_1, n_2, n_3 jours, et soit d le diviseur correspondant au taux de l'escompte ; on a pour les escomptes successifs :

$$E_1 = \frac{N_1 \times n_1}{d}$$

$$E_2 = \frac{N_2 \times n_2}{d}$$

$$E_3 = \frac{N_3 \times n_3}{d}.$$

Si l'on désigne par E l'escompte total, on a :

$$E = \frac{N_1 \times n_1 + N_2 \times n_2 + N_3 \times n_3}{d},$$

et la somme versée par le banquier sera :

$$N_1 + N_2 + N_3 - E.$$

On voit que le calcul de E se fera très rapidement, et l'on peut énoncer la règle suivante :

Règle. — *Pour avoir l'escompte total de plusieurs billets escomptés le même jour, on multiplie la valeur nominale de chaque billet par le nombre de jours correspondant ; puis on divise la somme des produits obtenus par le diviseur relatif au taux d'escompte.*

EXEMPLE. — *On escompte le même jour trois billets dont un de 1 200 francs payable dans 50 jours, un autre de 1 500 francs payable dans 85 jours et le troisième de 1 800 francs payable dans 90 jours. Le taux d'escompte étant 4 %, trouver la somme que l'on touchera.*

En appliquant la règle précédente, on a pour l'escompte total E :

$$E = \frac{1200 \times 50 + 1500 \times 85 + 1800 \times 90}{9000} = 38 \text{ fr. } 83.$$

La somme des valeurs nominales est

$$1\,200 + 1\,500 + 1\,800 = 4\,500 \text{ francs};$$

on touchera donc :

$$4\,500 - 38{,}83 = 4\,461 \text{ fr. } 17.$$

ESCOMPTE EN DEDANS OU ESCOMPTE RATIONNEL

361. — Il est évident que l'escompte en dehors n'est que le résultat d'une convention ; il ne peut se justifier mathématiquement.

En effet, une personne qui fait escompter aujourd'hui un billet de 1 800 francs payable dans 90 jours à 4 %, devrait recevoir une somme telle qu'en la plaçant aujourd'hui à 4 %, elle touche 1 800 francs dans 90 jours.

Or, l'escompte en dehors déduit, elle reçoit 1782 francs; donc elle placerait 1782 francs, auxquels s'ajouteraient les intérêts de 1782 francs pour 90 jours, tandis qu'on lui a retenu les intérêts de 1800 francs.

D'ailleurs, avec des billets à longue échéance, l'escompte en dehors conduirait à des absurdités.

Ainsi, pour un billet de 100 francs payable dans 20 ans à 5 %, l'escompte serait précisément 100 francs, de sorte que le billet n'aurait aucune valeur actuellement, ce qui est absurde.

Dans l'escompte en dedans, *on appelle valeur actuelle d'un billet, ou valeur au comptant, la somme qui, placée à intérêts depuis le jour où l'on escompte le billet jusqu'à l'échéance, deviendrait égale à la valeur nominale du billet.*

En désignant par A la valeur actuelle, par N la valeur nominale, on a donc :

$$A + \textit{intérêt de } A = N,$$

d'où l'on déduit :

$$\textit{intérêt de } A = N - A;$$

c'est l'escompte en dedans du billet.

Donc, l'escompte en dedans est encore la différence entre la valeur nominale et la valeur actuelle du billet; *il est égal à l'intérêt de la valeur actuelle* et non de la valeur nominale comme l'escompte en dehors.

Exemple. — *Escompter en dedans un billet de 1800 francs payable dans 90 jours, au taux 4 %.*

Solution. — L'intérêt de 100 francs pour 90 jours est $\dfrac{4 \times 90}{360} = 1$ franc.

Cherchons maintenant la somme qui, placée à

ESCOMPTE. 413

1 % pour 90 jours deviendrait 1 800 francs. On a la règle de trois suivante :

100 francs deviennent 101 francs dans 90 jours.
x — 1800 — 90 —

On tire sans difficulté :

$$x = \frac{100 \times 1800}{101} = 1782 \text{ fr. } 18.$$

L'escompte du billet est donc :

$$1800 - 1782,18 = 17 \text{ fr. } 82.$$

Vérification. — L'intérêt de 1 782 fr. 18 à 1 p. 100 est 17 fr. 82, et l'on a bien :

$$1\,782,18 + 17,82 = 1\,800 \text{ francs.}$$

562. — *Formule.* — D'une manière générale, désignons par A la valeur actuelle du billet dont la valeur nominale est N ; par r le taux et par n le temps évalué en jours ; on a :

Intérêt de $A = \dfrac{Arn}{36000} = \dfrac{An}{d}$ (d étant le diviseur).

Donc :

$$A + \frac{An}{d} = N.$$

Multiplions le tout par d, on obtient :

$$Ad + An = Nd$$

ou
$$A(d + n) = Nd,$$

d'où l'on tire :

$$A = \frac{Nd}{d + n}.$$

— Désignons par e_r l'escompte en dedans ou rationnel, on a :
$$e_r = N - A.$$
Donc :
$$e_r = N - \frac{Nd}{d+n},$$
ou
$$e_r = \frac{Nd + Nn - Nd}{d+n},$$
ou enfin :
$$e_r = \frac{Nn}{d+n}.$$

— Si l'on prenait la formule sous la forme :
$$\text{Intérêt de } A = \frac{Art}{100},$$
on trouverait :
$$A + \frac{Art}{100} = N;$$
d'où l'on tire :
$$A = \frac{100 N}{100 + rt},$$
et l'on aurait :
$$e_r = N - \frac{100 N}{100 + rt} = \frac{Nrt}{100 + rt}.$$

565. — *Différence entre les deux escomptes*. — Désignons comme précédemment par N la valeur nominale d'un billet, par n le nombre de jours depuis le jour de l'escompte jusqu'à l'échéance; par E_c l'escompte commercial ou en dehors, et par e_r l'escompte rationnel ou en dedans. On a :
$$E_c = \frac{Nn}{d} \quad (d \text{ diviseur relatif au taux})$$
$$e_r = \frac{Nn}{d+n}.$$

Formons la différence $E_c - e_r$, on obtient :

$$E_c - e_r = \frac{Nn}{d} - \frac{Nn}{d+n}.$$

En réduisant, dans le second membre, au même dénominateur, on a :

$$E_c - e_r = \frac{Nnd + Nn.n - Nnd}{d(d+n)},$$

ou encore :

$$E_c - e_r = \frac{Nn.n}{d(d+n)} = \frac{Nn}{d+n} \times \frac{n}{d};$$

or, on a :

$$\frac{Nn}{d+n} = e_r,$$

donc

$$E_c - e_r = \frac{e_r \times n}{d}.$$

Or, en multipliant e_r par le nombre de jours n, et en divisant le produit par le diviseur d, on a l'intérêt simple de e_r. Donc :

La différence entre les deux escomptes est égale à l'intérêt simple de l'escompte rationnel.

Remise. — Rabais. — On emploie quelquefois le mot escompte pour indiquer une remise ou rabais accordé sur une facture payée comptant.

Cette remise s'obtient en calculant tant pour cent sur le montant de la facture.

Ainsi, par exemple, on achète une pièce de vin 150 francs payable dans 3 mois ; mais en payant comptant on accorde une remise de 2 %, cette remise vaudra

$$\frac{150 \times 2}{100} = 3 \text{ francs};$$

et l'on paiera immédiatement

$$150 - 3 = 147 \text{ francs.}$$

ÉCHÉANCE COMMUNE

564. — ***Problème général***. — *Une personne* A *doit payer à une autre personne* B *un certain nombre de billets; supposons, par exemple, trois billets : le premier de valeur* N_1 *est payable dans* n_1 *jours; le deuxième de valeur* N_2 *est payable dans* n_2 *jours, et le troisième de valeur* N_3 *est payable dans* n_3 *jours.* A *propose à* B *de remplacer les trois billets par un billet* **unique** *payable à une date déterminée, dans* n *jours (échéance commune). Quelle doit être la valeur nominale du billet unique ?*

Pour que B ne perde rien dans cette opération, on peut convenir que B doit toucher dans *n* jours la même somme que lui procureraient les différents billets touchés à leur date d'échéance respective. On dit alors qu'il y a *équivalence* à la date fixée pour le billet unique.

Il est évident que l'on peut admettre l'équivalence à toute autre date. Par exemple, on peut admettre que la personne B fasse escompter le billet unique le jour où il est souscrit : *elle doit alors toucher la même somme que si, ce même jour, elle faisait escompter les trois billets.*

C'est admettre alors l'équivalence au comptant, et, dans ce cas, cela revient à écrire que : *la valeur actuelle du billet unique est égale à la somme des valeurs actuelles des billets que l'on remplace.*

On doit donc préciser, en résolvant le problème, comment on établit l'équivalence.

ESCOMPTE.

Dans ces genres de questions, l'usage est de pratiquer l'escompte commercial.

Un exemple numérique fera comprendre comment se fait le calcul.

EXEMPLE. — *Remplacer par un billet unique payable dans 10 mois les trois billets suivants : un billet de 1 800 francs payable dans 6 mois; un billet de 1 200 francs payable dans 8 mois et un billet de 1 600 francs payable dans 13 mois. Le taux d'intérêt est 6 %.*

1° En admettant l'équivalence dans 10 mois, date de l'échéance du billet unique, le premier billet payable dans 6 mois doit être *augmenté* de ses intérêts pendant 4 mois ; le deuxième billet payable dans 8 mois doit être *augmenté* de ses intérêts pendant 2 mois, et le troisième billet payable dans 13 mois doit être *diminué* de ses intérêts pendant 3 mois.

On peut disposer ainsi l'opération :

	Valeurs nominales.	Intérêts à ajouter.	Intérêts à retrancher.
	1800 fr.	36 fr.	
	1200 fr.	12 fr.	
	1600 fr.		24 fr.
Totaux....	4600 fr.	48 fr.	24 fr.

Balance des intérêts $+24$ fr.

4624 fr. somme à payer dans 10 mois.

2° Admettons l'équivalence au comptant. Nous allons calculer la somme des valeurs actuelles des billets donnés, et cette somme sera la valeur actuelle du billet unique. Il sera dès lors facile d'en déduire la valeur nominale.

La valeur actuelle de chaque billet s'obtient en retranchant l'escompte de la valeur nominale.

NEVEU. — Cours d'Arithmétique.

En calculant l'escompte commercial, on a donc :

Val. act. du 1ᵉʳ billet : $1800 - \dfrac{6 \times 1800 \times 6}{100 \times 12} = 1746$ fr.

— 2ᵉ billet : $1200 - \dfrac{6 \times 1200 \times 8}{100 \times 12} = 1152$ fr.

—, 3ᵉ billet : $1600 - \dfrac{6 \times 1600 \times 13}{100 \times 12} = 1496$ fr.

Valeur actuelle du billet unique : $\overline{4394}$ fr.

Or, le taux pour dix mois est $\dfrac{6 \times 10}{12} = 5$ francs ; de sorte qu'un billet de valeur nominale de 100 francs payable dans 10 mois aurait comme valeur actuelle 95 francs. On a donc la règle suivante :

Valeur actuelle.	Valeur nominale.
95	100
4394	x

d'où l'on tire :

$$x = \dfrac{100 \times 4394}{95} = 4625 \text{ fr. } 26.$$

La valeur nominale du billet unique sera donc 4625 fr. 26.

— La différence entre les deux résultats tient à la pratique de l'escompte commercial.

En effet, le créancier en recevant dans 10 mois le montant du billet unique pourrait le placer pendant 3 mois pour atteindre le terme final du dernier billet payable dans 13 mois ; et cependant, dans ce cas, il n'aurait pas à cette époque la même somme que s'il avait touché successivement chaque billet à son échéance respective.

Telle serait ainsi la condition d'un compte parfaitement réglé, et cela aurait lieu si l'on appliquait les formules des intérêts composés.

ÉCHÉANCE MOYENNE

565. — *Le problème de l'échéance moyenne consiste à chercher la date d'échéance d'un billet unique dont la valeur nominale serait égale à la* **somme** *des valeurs nominales des billets remplacés.*

C'est cette échéance inconnue que l'on appelle échéance moyenne.

— Dans le problème d'*échéance commune*, on remplace aussi des billets par un seul ; mais l'*échéance du billet est fixée*, et l'inconnue est la valeur nominale du billet unique.

Dans le problème d'échéance moyenne, *la donnée est*, au contraire, *la valeur nominale du billet unique, et l'inconnue est la date d'échéance du billet.*

— Nous prendrons comme date d'équivalence, la date au comptant. Il suffira donc d'écrire que : *la valeur actuelle du billet unique est égale à la somme des valeurs actuelles des billets donnés.*

EXEMPLE. — *Une personne devant payer trois billets, le premier de 1600 francs dans 30 jours, le deuxième de 1800 francs dans 60 jours et le troisième de 800 francs dans 90 jours, propose de les remplacer par un billet unique dont la valeur nominale est égale à la somme des valeurs nominales des billets : trouver la date de l'échéance du billet unique.*

SOLUTION. — Supposons le taux de 6 %.

On peut disposer l'opération ainsi :

Valeurs nominales.	Nombre de jours.	Escompte.	Valeurs actuelles.
1600 fr.	30	8 fr.	1592 fr.
1800 fr.	60	18 fr.	1782 fr.
800 fr.	90	12 fr.	788 fr.
4200 fr.	x	38 fr.	4162 fr.

L'escompte étant l'intérêt de la valeur nominale 4200, on est ramené à chercher le temps nécessaire à 4200 francs pour rapporter 38 francs à 6 %. On trouve ainsi :

$$x = \frac{360 \times 100 \times 38}{4200 \times 6} = 54\text{j}.\frac{2}{7}.$$

L'usage veut que l'on prenne un nombre de jours entiers, en forçant si la fraction trouvée surpasse $\frac{1}{2}$. Ainsi, dans le cas traité, le billet unique sera payable dans 54 jours.

— Reprenons le même problème en général, en remplaçant les nombres par des lettres.

Trouver l'échéance moyenne de trois billets de valeurs N_1 payable dans n_1 jours, N_2 payable dans n_2 jours, N_3 payable dans n_3 jours, le taux étant r %, la valeur nominale du billet unique étant égale à la somme des valeurs nominales des billets donnés.

La valeur nominale du billet unique sera

$$N_1 + N_2 + N_3.$$

L'escompte du premier billet étant $\frac{N_1 r n_1}{36\,000}$, sa valeur actuelle est :

$$N_1 - \frac{N_1 r n_1}{36000}.$$

De même, la valeur actuelle du deuxième billet est

$$N_2 - \frac{N_2 r n_2}{36000}$$

et celle du troisième :

$$N_3 - \frac{N_3 r n_3}{36000}.$$

D'autre part, désignons par n le nombre de jours correspondant au billet unique ; l'escompte de ce billet sera
$$\frac{(N_1 + N_2 + N_3)rn}{36\,000}$$

et sa valeur actuelle sera :
$$N_1 + N_2 + N_3 - \frac{(N_1 + N_2 + N_3)rn}{36\,000}.$$

Écrivons que la somme des valeurs actuelles des billets donnés est égale à la valeur actuelle du billet unique ; on a l'égalité :
$$N_1 + N_2 + N_3 - \frac{N_1 r n_1}{36000} - \frac{N_2 r n_2}{36000} - \frac{N_3 r n_3}{36000}$$
$$= N_1 + N_2 + N_3 - \frac{(N_1 + N_2 + N_3)rn}{36\,000},$$

d'où l'on déduit :
$$\frac{(N_1 + N_2 + N_3)rn}{36\,000} = \frac{N_1 r n_1}{36000} + \frac{N_2 r n_2}{36000} + \frac{N_3 r n_3}{36000},$$

égalité qui montre que, dans l'échéance moyenne, l'escompte du billet unique est égal à la somme des escomptes des billets donnés.

On peut diviser tous les termes par $\dfrac{r}{36\,000}$, et l'on obtient :
$$(N_1 + N_2 + N_3)n = N_1 n_1 + N_2 n_2 + N_3 n_3,$$

d'où l'on tire :
$$n = \frac{N_1 n_1 + N_2 n_2 + N_3 n_3}{N_1 + N_2 + N_3}.$$

On peut remarquer que le résultat ne dépend pas du

taux ; il est donc le même quel que soit le taux considéré.

— Montrons que : *La date finale cherchée est indépendante de la date choisie pour origine du temps.*

En effet, supposons qu'on prenne une date p jours après l'époque choisie. Dans les calculs précédents, les nombres tels que n_1, n_2, n_3 sont diminués de p, et l'on aura par le même raisonnement, en désignant par x le nombre de jours correspondant à l'échéance moyenne :

$$x = \frac{N_1(n_1-p) + N_2(n_2-p) + N_3(n_3-p)}{N_1 + N_2 + N_3}$$

ou

$$x = \frac{N_1 n_1 + N_2 n_2 + N_3 n_3 - (N_1 + N_2 + N_3)p}{N_1 + N_2 + N_3}$$

ou encore :

$$x = \frac{N_1 n_1 + N_2 n_2 + N_3 n_3}{N_1 + N_2 + N_3} - \frac{(N_1 + N_2 + N_3)p}{N_1 + N_2 + N_3}$$

ou enfin :

$$x = n - p.$$

On voit ainsi que le nombre de jours n correspondant à l'échéance moyenne, trouvé dans le problème précédent, est lui-même diminué de p. Donc la *date* de l'échéance moyenne reste la même, puisque, pour l'obtenir, on comptera $n-p$ jours à partir d'une date qui tombe p jours plus tard que la date primitivement choisie.

— Il résulte de là qu'on prendra pour origine la date la plus commode. Par exemple, on pourra choisir la date du billet payable le premier, ce qui supprimera un des produits de la forme $N_1 n_1$. On a ainsi un produit de moins, et la date de l'échéance moyenne se comptera à partir de la date d'échéance du premier billet.

ESCOMPTE.   423

Exemple. — *Trois billets montant à 2 025 francs, 1 575 francs et 1 250 francs sont respectivement payables l'un le 15 juillet, le deuxième le 30 octobre suivant et le troisième le 15 mars suivant. On voudrait les remplacer par un billet unique égal à leur somme. Quelle sera la date d'échéance de ce billet ?*

Solution. — Prenons pour date d'origine le 15 juillet. On sait que l'escompte du billet unique est égal à la somme des escomptes des billets donnés. Calculons donc l'escompte de chaque billet.

Le premier billet payable le 15 juillet ne subit aucun escompte.

Du 15 juillet au 30 octobre, il y a

$$16 + 31 + 30 + 30 = 107 \text{ jours}$$

et du 15 juillet au 15 mars suivant, il y a

$$16 + 31 + 30 + 31 + 30 + 31 + 31 + 28 + 15$$
$$= 243 \text{ jours}.$$

Supposons pour un instant le taux 6 %.
L'escompte du billet de 1 575 francs est :

$$\frac{6 \times 1\,575 \times 107}{100 \times 360}.$$

L'escompte du billet de 1 250 est :

$$\frac{6 \times 1\,250 \times 243}{100 \times 360}.$$

D'autre part, la valeur nominale du billet unique est

$$2\,025 + 1\,575 + 1\,250 = 4\,850 \text{ francs}.$$

Son escompte pour x jours est :

$$\frac{6 \times 4\,850 \times x}{100 \times 360}.$$

Écrivons que l'escompte du billet unique est égal à la somme des escomptes des billets donnés, et l'on a :

$$\frac{6 \times 4850 \times x}{36\,000} = \frac{6 \times 1575 \times 107}{36\,000} + \frac{6 \times 1250 \times 243}{36\,000}.$$

Divisons tous les termes par $\dfrac{6}{36\,000}$, ce qui montre que le calcul est indépendant du taux, et l'on a :

$$4850 \times x = 1575 \times 107 + 1250 \times 243 ;$$

d'où l'on tire :

$$x = \frac{1575 \times 107 + 1250 \times 243}{4850} = 97.$$

L'échéance du billet unique aura donc lieu 97 jours après le 15 juillet, c'est-à-dire le 20 octobre suivant.

REMARQUE I. — Pour l'expression du nombre n de jours correspondant à l'échéance moyenne, on a trouvé :

$$n = \frac{N_1 n_1 + N_2 n_2 + N_3 n_3}{N_1 + N_2 + N_3}.$$

On peut diviser les deux termes de cette fraction par un même nombre k, la valeur de n ne change pas, et l'on a encore :

$$n = \frac{\dfrac{N_1}{k}.n_1 + \dfrac{N_2}{k}.n_2 + \dfrac{N_3}{k}.n_3}{\dfrac{N_1}{k} + \dfrac{N_2}{k} + \dfrac{N_3}{k}}.$$

Donc, on peut encore simplifier les calculs en divisant tous les capitaux par un même nombre.

REMARQUE II. — *On peut montrer que la date de l'échéance moyenne est comprise entre la date la plus rapprochée et la date la plus éloignée.*

Reprenons, en effet, les trois billets N_1, N_2, N_3 et supposons
$$n_1 < n_2 < n_3.$$

On a évidemment :
$$\frac{N_1 n_1}{N_1} < \frac{N_2 n_2}{N_2} < \frac{N_3 n_3}{N_3};$$

étant donnée cette suite de rapports inégaux, on a (326) :
$$\frac{N_1 n_1}{N_1} < \frac{N_1 n_1 + N_2 n_2 + N_3 n_3}{N_1 + N_2 + N_3} < \frac{N_3 n_3}{N_3} \qquad (1)$$

et comme le nombre de jours n correspondant à l'échéance moyenne a pour valeur
$$n = \frac{N_1 n_1 + N_2 n_2 + N_3 n_3}{N_1 + N_2 + N_3},$$

les inégalités (1) donnent :
$$n_1 < n < n_3;$$

ce qui montre bien que la date de l'échéance moyenne sera toujours comprise entre la date la plus rapprochée et la date la plus éloignée ; de là, le nom d'échéance moyenne.

— Le même problème peut se traiter sans difficulté en prenant l'escompte en dedans.

CHAPITRE V

RENTES SUR L'ÉTAT.

566. — L'État dispose de différents moyens pour se procurer l'argent nécessaire pour assurer le fonctionnement des services publics.

La perception des impôts doit suffire pour assurer la régularité de ces services. Mais si les charges publiques viennent à s'accroître, l'État est obligé de faire un *emprunt*, le plus souvent sous forme de souscription publique.

En échange des fonds versés, l'État remet aux souscripteurs des certificats d'inscription, ou *titres de rente*; et ce sont les intérêts des capitaux empruntés qui s'appellent rentes.

L'État peut fixer des époques où les titres sont remboursés : la rente est dite alors *rente amortissable*. Au contraire, il peut s'engager à ne rembourser le capital qu'à une date indéterminée, et qu'il pourra différer autant qu'il le voudra : la rente s'appelle alors *rente perpétuelle*.

— L'intérêt que l'État s'engage à payer pour 100 francs de capital constitue le type de rente créé.

Il a existé en France différents types de rente dont le taux a été successivement abaissé; c'est ce qu'on appelle une *conversion*.

Aujourd'hui, il n'existe plus qu'un seul type de rente, le 3 % qui est ou perpétuel ou amortissable.

— Les titres de rente sont *nominatifs, au porteur*, ou *mixtes*.

Ils sont nominatifs lorsque le nom du possesseur s'y trouve inscrit.

Ils sont au porteur lorsque le nom du possesseur n'est pas désigné. Ils sont alors munis de *coupons* d'intérêt que le porteur du titre peut toucher aux dates indiquées.

Les titres sont mixtes lorsque, contenant le nom du possesseur, ils sont munis de coupons.

— Pour favoriser les *souscripteurs* à l'emprunt qu'il émet, l'État fixe un *prix d'émission* inférieur à 100 francs, qui constitue donc une *prime* pour le souscripteur.

Ainsi, au mois d'août 1872, l'emprunt de 3 milliards,

pour libérer le territoire, fut contracté en rente 5 %, au prix d'émission de 84 fr. 50.

L'État s'engageait donc à payer 5 francs de rente par an pour chaque versement de 84 fr. 50; c'était donc une prime de 15 fr. 50, puisque, en cas de remboursement, l'État rendait 100 francs par 5 francs de rente.

— Les titres de rente perpétuelle expriment toujours des *nombres entiers* de francs, et le minimum d'une première inscription est de 3 francs de rente.

Les titres de rente amortissable sont un multiple de 15 francs.

567. — *Cours de la rente*. — On peut acheter ou vendre des titres de rente qui sont des valeurs *négociables* et *transmissibles* par l'intermédiaire des agents de change.

La rente suit donc la loi commerciale de *l'offre et de la demande*. Quand l'offre surpasse la demande, la rente coûte moins cher; au contraire, quand la demande surpasse l'offre, la rente coûte plus cher. On dit alors que la rente *baisse* ou *monte*, et c'est ce prix variable qui constitue le **cours de la rente**.

Le cours de la rente, donné par le *Bulletin officiel* de la *Bourse*, indique le prix à payer pour avoir 3 francs de rente.

Ainsi, quand on dit que le 3 % est au cours 98, cela signifie qu'il faut payer 98 francs, sans compter les frais accessoires, pour avoir 3 francs de rente.

La rente est dite *au pair*, lorsque son cours est 100.

568. — *Courtage et frais*. — La vente ou l'achat des rentes ne peut se faire que par l'intermédiaire des agents de change. Ceux-ci prélèvent pour leur commission un droit de *courtage* de $\frac{1}{8}$ p. 100 du capital employé à l'achat, ou du capital produit par la vente.

L'agent de change remet à l'acheteur ou au vendeur un bordereau portant un timbre de 0 fr. 10.

En outre, depuis le 1ᵉʳ juin 1893, il y a lieu d'ajouter par 1000 francs un impôt de 0 fr. 10 pour l'État. Cet impôt est payé par moitié par l'acheteur et le vendeur qui ont ainsi un impôt de 0 fr. 05 par 1 000 francs.

— Relativement aux rentes, on peut avoir à résoudre les problèmes suivants :

Problème I. — *Une personne achète du 3 %, au cours de 97 fr. 80. A quel taux place-t-elle son argent?*

On a la règle suivante :

Si 97 fr. 80   rapportent   3 francs.
100 fr.   — x

d'où l'on tire :

$$x = \frac{3 \times 100}{97,80} = 3 \text{ fr. } 06.$$

Problème II. — *Une personne veut acheter 450 francs de rente 3 %, au cours 98. Combien devra-t-elle verser pour cet achat?*

On a d'abord :

3 fr. de rente coûtent 98 fr.,

1   —   coûtera $\dfrac{98}{3}$

et 450   —   coûteront $\dfrac{98 \times 450}{3} = 14\,700$ fr.

A cette somme, nous devons ajouter le courtage et les frais de timbre.

Le courtage est $\dfrac{14\,700}{800} = 18$ fr. 375.

RENTES SUR L'ÉTAT.

Les frais d'impôt sont

$$\frac{14700 \times 0{,}05}{1000} = 0 \text{ fr. } 735;$$

On établira ainsi le bordereau d'achat :

Achat de 150 fr. de rente, au cours 98.	14700 francs.
Courtage $\frac{1}{8}$ p. 100.....	18 fr. 375
Impôt 0,05 p. 1000....	0 fr. 735
Timbre.............	0 fr. 10
Total..........	14719 fr. 21

REMARQUE. — Si au lieu d'acheter 150 francs de rente, on vendait la même somme de rente, les frais de courtage, impôt et timbre devraient être retranchés du produit brut de la vente.

Le bordereau serait établi ainsi :

Vente de 150 francs de rentes.		14700 francs.
Courtage........	18,375	
Impôt..........	0,735	19 fr. 21
Timbre..........	0,10	
Valeur à recevoir.....		14680 fr. 79

Problème III. — *Avec un capital de 14730 francs, combien pourra-t-on acheter de rente 3 % au cours 98 ?*

Cherchons d'abord ce que coûtent 3 francs de rente y compris les frais. On a :

Achat de 3 francs de rente....	98 francs.
Courtage $\frac{1}{8}$ p. 100......	0 fr. 1225
Impôt 0,05 p. 1000.....	0 fr. 0049
Total...........	98 fr. 1274

Autant de fois 98 fr. 1274 seront contenus dans 14 730 francs, autant de fois on aura 3 francs de rente ; et comme le montant de la rente doit être un nombre entier, on ne prend que le quotient entier. On trouve ainsi :

$$\frac{3 \times 14{,}730}{98{,}1274} = 450 \text{ francs.}$$

Pour savoir ce qui revient à l'acheteur, on établit le bordereau d'achat ainsi :

Achat de 450 fr. de rente, au cours 98.   14 700 francs.
           Courtage............   18 fr. 375
           Impôt...............   0 fr. 735
           Timbre..............   0 fr. 10
           Somme due..........   14719 fr. 21

La somme à remettre à l'acheteur est donc :

$$14\,730 - 14\,719{,}21 = 10 \text{ fr. } 79.$$

ACTIONS ET OBLIGATIONS

569. — Lorsqu'une compagnie industrielle ou financière se met à la tête d'une entreprise, elle a besoin d'un capital social parfois considérable.

Ce capital est divisé en un certain nombre de parties égales qu'on appelle des *actions*, et les possesseurs d'actions sont alors les *actionnaires*.

On appelle **dividende** la somme, variable avec les bénéfices réalisés, que les actionnaires ont à se partager.

— Si le capital social devient insuffisant, ou que la société veuille l'augmenter, elle peut créer de nouvelles actions, ou encore émettre un emprunt.

En échange des sommes versées, chaque souscripteur reçoit un titre appelé *obligation* qui diffère de l'*action* en ce qu'elle donne droit à un intérêt fixe.

De plus, l'obligation a droit à un prix de remboursement déterminé.

Les porteurs d'obligations ou *obligataires* ont une garantie particulière en ce que, si l'entreprise ne réussit pas, la perte est subie d'abord par les actionnaires avant d'atteindre les obligataires. En revanche, la réussite de l'entreprise n'augmente pas l'intérêt des obligations, tandis qu'elle augmente la part de bénéfice ou dividende des actionnaires.

Les actions et les obligations des grandes sociétés et des villes sont *cotées* à la Bourse. Elles se négocient par l'intermédiaire des agents de change.

Les actions et les obligations sont soumises à l'impôt.

Ainsi, un titre nominatif est soumis à l'impôt de 0 fr. 50 p. 100 à chaque transfert.

Les titres au porteur sont soumis à un impôt de 0 fr. 20 p. 100 chaque année.

En outre, les revenus des titres sont soumis à un impôt de 4 p. 100 sur leur produit.

— Les actions et les obligations donnent lieu à des problèmes analogues à ceux résolus sur les rentes.

CAISSES D'ÉPARGNE

570. — Les caisses d'épargne sont des établissements destinés à recevoir, pour les faire fructifier, les petites sommes économisées par les particuliers.

Ainsi, un ouvrier qui peut économiser par mois ou par semaine une petite somme peut la déposer à la caisse d'épargne qui lui en paiera l'intérêt à un taux convenu, et lui remboursera le capital quand il le demandera.

La plus importante des caisses d'épargne est la *Caisse nationale d'épargne*, placée sous la garantie de l'État.

Elle reçoit tous les dépôts et effectue les retraits par l'intermédiaire des agents des Postes : de là, son nom de *Caisse d'épargne postale*.

Chaque déposant reçoit gratuitement un livret sur lequel sont inscrites les sommes versées et celles retirées.

Le versement minimum est de 1 franc, et, pour un même déposant, la somme totale déposée ne peut pas excéder 1 500 francs.

Quand le capital déposé par un particulier atteint 1 500 francs, on lui achète de la rente française, à moins qu'il ne retire une partie de ses fonds. Cet achat se fait sans frais, et la Caisse nationale d'épargne se charge de conserver à titre gratuit les inscriptions de rentes achetées lorsque le déposant en fait la demande.

— L'intérêt, qui peut varier, est actuellement 2,50 %. Il est compté par *quinzaine* et part du 1er ou du 16 de chaque mois, après le jour du versement. De même, l'intérêt d'une somme retirée cesse de courir à partir du 1er ou du 16 qui a précédé le jour où le retrait a été opéré.

Au 31 décembre de chaque année l'intérêt s'ajoute au capital et devient lui-même productif d'intérêts.

— Le compte d'un déposant peut donc s'établir facilement : on fait, d'une part, la somme des versements et celle de leurs intérêts qu'on appelle les intérêts *anticipés* ; d'autre part, on fait la somme des remboursements et celle des intérêts qu'ils auraient produits s'ils étaient restés placés jusqu'au jour du règlement ; c'est ce qu'on appelle les intérêts *rétrogrades*. En retranchant le dernier résultat du premier, on a l'avoir du déposant.

CAISSES D'ÉPARGNE.   433

EXEMPLE. — *Une personne a versé :*

150 francs le 17 janvier 1904 ;
200 francs le 3 mars 1904,
170 francs le 12 mai 1904,
250 francs le 25 août 1904,
180 francs le 18 novembre 1904 ;

elle a retiré

300 francs le 10 juin 1904,
350 francs le 22 septembre 1904 ;

établir son compte au 31 décembre 1904.

SOLUTION. — Le total des sommes versées est :

$$150 + 200 + 170 + 250 + 180 = 950 \text{ francs.}$$

Du 1er février au 31 décembre il y a 22 quinzaines.
Du 16 mars   —   19   —
Du 16 mai   —   15   —
Du 1er septembre —   8   —
Du 1er décembre   —   2   —

Calculons les intérêts à l'aide de la formule

$$i = \frac{Art}{100}$$

et comme dans une année il y a 24 quinzaines, on fera :

$$t = \frac{n}{24}$$

n désignant le nombre de quinzaines. La formule devient :

$$i = \frac{Arn}{2400};$$

de sorte que la somme des intérêts des sommes versées est :

$$\frac{(150\times22+200\times19+170\times15+250\times8+180\times2)2,50}{2400}=12\text{ fr. }51.$$

Donc, sans les retraits, l'avoir au 31 décembre serait :

$$950 + 12,51 = 962 \text{ fr. } 51.$$

Calculons maintenant la somme des retraits et de leurs intérêts.

Du 1ᵉʳ juin au 31 décembre il y a 14 quinzaines.
Du 16 septembre au 31 décembre il y a 7 quinzaines.
La somme des retraits est :

$$300 + 350 = 650 ;$$

la somme de leurs intérêts est :

$$\frac{(300\times14+350\times7)2,50}{2400}=6\text{ fr. }93.$$

La somme à retrancher est donc

$$650 + 6,93 = 656 \text{ fr. } 93,$$

et l'avoir au 31 décembre est :

$$962,51 - 656,93 = 305 \text{ fr. } 58.$$

PROBLÈMES SUR L'ESCOMPTE ET LES RENTES. — CAISSES D'ÉPARGNE

1. — Escompter en dehors et en dedans un billet de 2500 francs à 4 °/₀ payable dans 90 jours.

2. — Un banquier escompte deux billets, l'un de 9000 francs payable dans 10 mois, l'autre de 6000 francs payable dans 6 mois. Il retient 180 francs de plus pour le premier que pour le second : on demande le taux, sachant qu'il est le même pour les deux billets (Escompte en dehors).

PROBLÈMES.   433

3. — Deux billets valant ensemble 3300 francs ont été escomptés en dehors le même jour. Le deuxième vaut les $\frac{5}{6}$ du premier; il est payable dans 72 jours et le premier dans 90 jours. Le taux d'escompte du deuxième billet surpasse de 1 % le taux d'escompte du premier; celui-ci donne ainsi un escompte surpassant de 3 francs l'escompte du second. Trouver : 1° la valeur de chaque billet; 2° le taux de chaque escompte.

4. — Deux billets de même valeur nominale payables à 3 mois et 10 jours ont été escomptés à 6 %, le premier en dehors et le deuxième en dedans. La différence des deux escomptes est 0 fr. 70; on demande la valeur nominale de chaque billet.   (*Certif. d'études comm. sup.*)

5. — Un billet payable dans 120 jours est escompté en dehors par un banquier, à 6 % l'an. Si l'escompte avait été fait en dedans, le porteur aurait reçu 10 fr. 94 de plus. On demande : 1° le montant du billet; 2° la somme remise au porteur. (B. S.)

6. — Une personne ayant souscrit trois billets, le premier de 3000 francs payable dans 45 jours, le second de 2000 francs payable dans 96 jours, le troisième de 4000 francs, les remplace par un billet de 9092 fr. 82 payable dans 150 jours. Quelle est l'échéance du troisième billet, le taux de l'escompte étant 6 %.   (B. S.)

7. — On propose de remplacer par un billet unique payable dans 90 jours les trois billets suivants : le premier de 1500 francs payable dans 60 jours, le deuxième de 2000 francs payable dans 80 jours et le troisième de 2500 francs payable dans 120 jours. Quelle doit être la valeur nominale du billet, le taux étant 6 % ?

8. — On propose de remplacer les trois billets suivants : le premier de 1200 francs payable dans 50 jours, le deuxième de 1800 francs payable dans 90 jours et le troisième de 2000 francs payable dans 150 jours, par un billet unique dont la valeur nominale est égale à la somme des valeurs nominales des trois billets. Quelle sera l'échéance du billet unique?

9. — Un commerçant a souscrit à un de ses fournisseurs quatre billets de 525 francs, 1 200 francs, 720 francs et 600 francs payables aux échéances respectives de 8 mois, 6 mois, 5 mois, 3 mois. Il voudrait se libérer par deux paiements, l'un de 1 800 francs dans 2 mois et l'autre de 1 250 francs. A quelle date devra se faire le dernier paiement, si le taux de l'escompte en dehors est de 5 % ?   (B. S.)

10. — Un banquier reçoit deux billets à escompter, l'un de 1800 francs payable dans 45 jours, l'autre de 1500 francs payable dans 24 jours. Les taux d'escompte sont tels que leur somme est les $\frac{5}{2}$ de leur différence et que le plus élevé est appliqué au premier billet. Calculer ces deux taux, sachant que l'escompte commercial total effectué sur les deux billets est de 18 fr. 75. (B. S.)

11. — Un banquier escompte en dehors à 5 % deux billets payables le premier dans 110 jours, le deuxième dans 80 jours. Quelle est la valeur nominale de chaque billet, sachant que les valeurs actuelles sont comme les nombres 7 et 8 et que la somme des deux escomptes est de 34 fr. 79 ? (B. S.)

12. — Un billet à ordre payable le 8 novembre est escompté le 16 juin précédent au taux de 5,50 % l'an. Le banquier prélève, outre l'escompte, une commission de $\frac{1}{4}$ % sur le montant du billet, et une somme fixe de 8 fr. 50 pour frais d'encaissement. Le porteur a reçu 715 fr. 35 ; on demande quel était le montant du billet ? (Escompte en dehors.) (B. E.)

13. — Déterminer la valeur nominale d'un billet, sachant que l'escompte en dehors de ce billet est égal à 20 fr. 40, et l'escompte en dedans égal à 20 francs.

14. — Une personne doit à un même créancier une somme de 1420 francs payable dans 96 jours, une deuxième somme de 855 francs payable dans 168 jours et une troisième de 1215 francs payable dans 216 jours. Elle demande à s'acquitter par un seul paiement effectué dans un an, et le créancier consent à cet arrangement à la condition que ce paiement sera de 3579 fr. 25. On demande à quel taux il calcule les intérêts.

15. — Calculer le prix d'achat de 650 francs de rente 3 % au cours 97 fr. 50, en tenant compte du courtage.

16. — Un terrain ayant la forme d'un triangle de 225 mètres de base a produit par hectare 30000 kilogrammes de betteraves qui ont donné en sucre les $\frac{5}{100}$ de leur poids. La valeur totale de ce sucre, au prix de 110 francs le quintal, représente celle de 120 francs de rente 3 % au cours de 97 fr. 50. Quelle est la hauteur du triangle ? (B. E.)

17. — Calculer la valeur d'une somme dont les $\frac{3}{5}$ sont placés à 5 % et le reste à 4,50 %, sachant que l'intérêt total annuel est inférieur de 160 francs au titre de rente qu'on aurait en achetant du 3 % au cours de 96 francs avec un capital de 30 000 francs. Ne pas tenir compte des frais. (B. E.)

18. — Une personne disposait d'un capital de 98 700 francs. Elle a commencé par acheter un titre de rente 3 % français au cours de 101 fr. 25; avec le reste, six mois après, elle a acheté un titre de rente 4 % russe au cours de 103 fr. 75. Trois ans après le premier achat, le total des intérêts s'élève à 9 240 francs. Calculer le montant de chaque titre. (B. S.)

19. — Le 1er janvier, la somme inscrite sur un livret de caisse d'épargne s'élève à 915 francs. Quel versement faut-il effectuer le 1er septembre pour avoir au 31 décembre de la même année un total de 1 500 francs, intérêts compris? Le taux est de 3 %. (B. S.)

20. — Une personne fait à la caisse d'épargne les versements suivants : le 8 janvier elle verse 200 francs; le 15 mars elle verse 175 francs; le 20 mai elle verse 150 francs; le 18 août elle verse 125 francs, le 5 octobre elle verse 100 francs, et le 10 décembre elle verse 80 francs; d'autre part, le 10 juin elle retire 100 francs; le 20 septembre elle retire 150 francs et le 20 décembre elle retire 300 francs. Calculer son avoir au 31 décembre, le taux étant 2,50 %.

CHAPITRE VI

PARTAGES PROPORTIONNELS. — RÈGLES DE SOCIÉTÉ. MÉLANGES ET ALLIAGES.

PARTAGES PROPORTIONNELS

371. — *Définition.* — *Partager un nombre* N *proportionnellement à des nombres donnés*, a, b, c, *c'est trouver des nombres* x, y, z, *tels que leur somme soit égale à* N *et satisfaisant aux égalités:*

$$\frac{x}{a} = \frac{y}{b} = \frac{z}{c}.$$

D'après une propriété des rapports (325), on peut écrire :

$$\frac{x}{a} = \frac{y}{b} = \frac{z}{c} = \frac{x+y+z}{a+b+c}, \qquad (1)$$

ou encore :

$$\frac{x}{a} = \frac{y}{b} = \frac{z}{c} = \frac{N}{a+b+c}.$$

En égalant chacun de ces rapports au dernier, on tire :

$$x = \frac{Na}{a+b+c}$$
$$y = \frac{Nb}{a+b+c}$$
$$z = \frac{Nc}{a+b+c}.$$

De là, la règle suivante :

372. — **Règle.** — *Pour partager un nombre proportionnellement à des nombres donnés, on divise le nombre à partager par la somme des nombres donnés, et l'on multiplie le quotient obtenu successivement par chacun des nombres donnés.*

REMARQUE. — On peut multiplier ou diviser les nombres a, b, c par un même nombre; les égalités (1) subsistent encore. En effet, on a :

$$\frac{x}{na} = \frac{y}{nb} = \frac{z}{nc} = \frac{x+y+z}{na+nb+nc} = \frac{N}{na+nb+nc}.$$

Cette remarque trouve son application si les nombres donnés sont divisibles par un même nombre, ou s'il s'agit de diviser un nombre proportionnellement à des fractions données.

Ainsi, si l'on doit partager un nombre proportionnellement à 1 200, 1 500, 1 800, on partagera le nombre

PARTAGES PROPORTIONNELS.

proportionnellement à 4, 5, 6, nombres que l'on obtient en divisant les nombres donnés par 300.

De même, si l'on veut partager un nombre proportionnellement à des fractions données, on réduit toutes les fractions au même dénominateur, puis on partage le nombre proportionnellement aux numérateurs des fractions.

EXEMPLE I. — *Partager 1 200 proportionnellement aux nombres 3, 5, 7.*

Désignons par x, y, z, les trois parties, on a :

$$\frac{x}{3} = \frac{y}{5} = \frac{z}{7} = \frac{1200}{3+5+7} = 80.$$

On tire de là :
$$x = 80 \times 3 = 240$$
$$y = 80 \times 5 = 400$$
$$z = 80 \times 7 = 560.$$

EXEMPLE II. — *Partager 1 350 proportionnellement aux nombres $\frac{2}{3}, \frac{3}{4}$ et $\frac{5}{6}$.*

Désignons les trois parties par x, y, z, on a :

$$\frac{x}{\frac{2}{3}} = \frac{y}{\frac{3}{4}} = \frac{z}{\frac{5}{6}}.$$

Réduisons les fractions au même dénominateur, on obtient :

$$\frac{x}{\frac{8}{12}} = \frac{y}{\frac{9}{12}} = \frac{z}{\frac{10}{12}}.$$

Les rapports sont encore égaux, si l'on supprime le dénominateur 12, et l'on a :

$$\frac{x}{8} = \frac{y}{9} = \frac{z}{10} = \frac{1350}{27} = 50.$$

d'où l'on tire :
$$x = 50 \times 8 = 400$$
$$y = 50 \times 9 = 450$$
$$z = 50 \times 10 = 500.$$

573. — Définition. — *Partager un nombre en parties inversement proportionnelles à des nombres donnés a, b, c, c'est le partager en parties proportionnelles aux inverses $\frac{1}{a}, \frac{1}{b}, \frac{1}{c}$ des nombres donnés.*

EXEMPLE. — *Partager 2600 en parties inversement proportionnelles aux nombres 2, 3, 4.*

Désignons les trois parties par x, y, z, on a :
$$\frac{x}{\frac{1}{2}} = \frac{y}{\frac{1}{3}} = \frac{z}{\frac{1}{4}}$$

ou, en réduisant les fractions au même dénominateur :
$$\frac{x}{\frac{6}{12}} = \frac{y}{\frac{4}{12}} = \frac{z}{\frac{3}{12}},$$

ou encore :
$$\frac{x}{6} = \frac{y}{4} = \frac{z}{3} = \frac{2600}{13} = 200,$$

d'où l'on tire :
$$x = 200 \times 6 = 1200$$
$$y = 200 \times 4 = 800$$
$$z = 200 \times 3 = 600.$$

RÈGLES DE SOCIÉTÉ

574. — Les règles de société ont pour but de partager les bénéfices ou les pertes d'une entreprise entre un certain nombre d'associés.

RÈGLES DE SOCIÉTÉ.

1° Si les associés ont placé des fonds différents pendant le même temps, on admet alors que les bénéfices ou les pertes sont proportionnels aux mises.

2° Si les associés ont placé la même somme pendant des temps différents, le partage se fera proportionnellement aux temps pendant lesquels les mises ont été placées.

Dans les deux cas, la règle est dite *règle de société simple*.

3° Si les mises sont différentes et qu'elles soient restées placées pendant des temps inégaux, on admet que les bénéfices ou les pertes sont proportionnels à la fois aux mises et aux temps ; c'est-à-dire proportionnels aux produits des mises par le temps respectif de chacune.

Ces produits ont pour but de ramener les mises au même temps, car on admet qu'une mise de 1 500 francs, par exemple, pendant huit mois, donnerait le même bénéfice qu'une mise 8 fois plus forte, ou 1500×8, placée pendant 1 mois.

La règle est dite alors *règle de société composée*.

EXEMPLE 1. — *Trois associés ont mis dans une entreprise : le premier 1 500 francs, le deuxième 1 200 francs et le troisième 1 800 francs. Ils ont réalisé un bénéfice de 3 000 francs : trouver le bénéfice de chacun d'eux.*

Il suffit de partager 3 000 francs proportionnellement aux nombres 1 500, 1 200 et 1 800, ou, plus simplement, proportionnellement aux nombres 5, 4 et 6, nombres que l'on obtient en divisant les nombres 1 500, 1 200, et 1 800 par 300.

Désignons les trois parts par x, y, z, on a :

$$\frac{x}{5} = \frac{y}{4} = \frac{z}{6} = \frac{3000}{15} = 200 ;$$

d'où l'on tire :

$$x = 200 \times 5 = 1\,000 \text{ fr.}$$
$$y = 200 \times 4 = 800 \text{ fr.}$$
$$z = 200 \times 6 = 1\,200 \text{ fr.}$$

EXEMPLE II. — *Trois associés ont placé une même somme de 10 000 francs dans une entreprise. La mise du premier est restée placée pendant 18 mois, celle du deuxième pendant 12 mois, et celle du troisième pendant 10 mois ; ils ont réalisé un bénéfice de 6 000 francs : trouver le bénéfice de chacun.*

La mise étant la même pour les trois associés, il suffit de partager 6 000 francs proportionnellement aux temps, 18, 12 et 10, ou encore proportionnellement aux nombres 9, 6, 5.

Désignons par x, y, z, les trois parts, on a :

$$\frac{x}{9} = \frac{y}{6} = \frac{z}{5} = \frac{6000}{20} = 300 ;$$

d'où l'on tire :

$$x = 300 \times 9 = 2\,700 \text{ fr.}$$
$$y = 300 \times 6 = 1\,800 \text{ fr.}$$
$$z = 300 \times 5 = 1\,500 \text{ fr.}$$

EXEMPLE III. — *Une personne fonde une industrie dans laquelle elle place 100 000 francs. 6 mois après, elle prend un associé qui apporte 80 000 francs ; enfin 4 mois après le second associé, une troisième personne entre dans l'association avec 150 000 francs. Après 18 mois d'exploitation depuis l'origine, les trois associés ont réalisé un bénéfice de 66 000 francs. Trouver la part de chacun d'eux.*

SOLUTION. — La mise du premier associé étant restée placée pendant 18 mois, celle du deuxième est restée placée pendant 12 mois et celle du troisième pendant

8 mois. Il s'agit donc de partager 66 000 fr. proportionnellement aux produits

$$100\,000 \times 18, \quad 80\,000 \times 12, \quad 150\,000 \times 8$$

ou proportionnellement aux nombres

$$1\,800\,000, \quad 960\,000, \quad 1\,200\,000.$$

Ces nombres étant divisibles par 120 000, effectuons ces divisions, et l'on a à partager 66 000 francs proportionnellement aux quotients obtenus

$$15, 8 \text{ et } 10.$$

Soient x, y, z, les trois parts, on a :

$$\frac{x}{15} = \frac{y}{8} = \frac{z}{10} = \frac{66000}{33} = 2000;$$

d'où l'on tire :

$$x = 2000 \times 15 = 30000 \text{ fr.}$$
$$y = 2000 \times 8 = 16000 \text{ fr.}$$
$$z = 2000 \times 10 = 20000 \text{ fr.}$$

MÉLANGES ET ALLIAGES

575. — Définition. — *On appelle* **moyenne arithmétique** *de plusieurs nombres le quotient obtenu en divisant la somme des nombres par leur nombre.*

Ainsi, la moyenne arithmétique des 3 nombres 5, 7 et 12 est :

$$\frac{5 + 7 + 12}{3} = 8.$$

— C'est ainsi que si l'on achète du vin à 30 francs l'hectolitre, du vin à 35 francs l'hectolitre et du vin à 55 francs l'hectolitre, on dira que le vin a comme prix moyen la moyenne arithmétique entre les trois prix. Le vin revient donc en moyenne à :

$$\frac{30 + 35 + 55}{3} = 40 \text{ fr. l'hectolitre.}$$

376. — *Problèmes sur les mélanges*. — Les questions relatives aux mélanges se ramènent à deux problèmes principaux :

1° *Trouver le prix moyen d'un mélange.*

2° *Dans quel rapport doit-on mélanger deux substances pour que le mélange obtenu revienne à un prix déterminé ?*

Problème 1. — *On a mélangé 200 litres de vin à 0 fr. 50 avec 150 litres de vin à 0 fr. 80 et 120 litres à 0 fr. 75. Quel est le prix moyen du mélange ?*

Solution :

Les 200 lit. à 0 fr. 50 coûtent $0{,}50 \times 200 = 100$ fr.
150 lit. à 0 fr. 80 coûtent $0{,}80 \times 150 = 120$ fr.
120 lit. à 0 fr. 75 coûtent $0{,}75 \times 120 = 90$ fr.

Donc 470 lit. de mélange coûtent .... 310 fr.

1 lit. de mélange coûte donc $\dfrac{310}{470} = 0$ fr. 659.

Problème 2. — *Dans quel rapport doit-on mélanger du vin à 0 fr. 90 le litre avec du vin à 0 fr. 55 pour former un mélange dont le litre revienne à 0 fr. 70 ?*

Solution. — Supposons que l'on prenne a litres à 0 fr. 90 et b litres à 0 fr. 55.

En revendant 0 fr. 70 un litre de vin qui coûtait 0 fr. 90, la perte par litre est $0{,}90 - 0{,}70$; donc la perte totale pour les a litres sera :

$$(0{,}90 - 0{,}70)\, a.$$

D'autre part, en revendant 0 fr. 70 un litre de vin qui

MÉLANGES ET ALLIAGES.

coûtait 0 fr. 55, le gain par litre est $0,70 - 0,55$; donc le gain total pour les b litres est :
$$(0,70 - 0,55)\, b.$$

Pour qu'il n'y ait ni gain ni perte, il faut que l'un compense l'autre, et, par suite, que l'on ait :
$$(0,90 - 0,70)\, a = (0,70 - 0,55)\, b,$$
égalité que l'on peut écrire sous forme de proportion :
$$\frac{a}{b} = \frac{0,70 - 0,55}{0,90 - 0,70} = \frac{15}{20} = \frac{3}{4}.$$

On devra donc prendre 3 litres de vin à 0 fr. 90 contre 4 litres à 0 fr. 55.

Vérification :

3 litres à 0 fr. 90 coûtent $0,90 \times 3 = 2$ fr. 70
4 litres à 0 fr. 55 coûtent $0,55 \times 4 = 2$ fr. 20

7 litres de mélange coûtent .... 4 fr. 90

1 litre de mélange coûte $\dfrac{4,90}{7} = 0$ fr. 70

REMARQUE. — L'égalité
$$\frac{a}{b} = \frac{0,70 - 0,55}{0,90 - 0,70}$$
conduit à la règle pratique suivante :

On écrit l'un sous l'autre le prix supérieur et le prix inférieur, puis, entre les deux et à droite, le prix moyen, comme l'indique le tableau suivant :

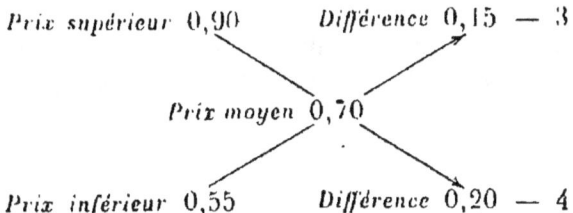

On fait la différence 0,20 entre le prix supérieur et le prix moyen, et l'on écrit cette différence en face du prix inférieur ; on fait de même la différence 0,15 entre le prix moyen et le prix inférieur, et l'on écrit cette différence en face du prix supérieur, comme les flèches l'indiquent : les différences représentent les nombres respectifs de litres que l'on devra prendre pour chaque qualité, chaque différence correspondant à la qualité de vin placée sur la même ligne horizontale.

Ainsi, dans l'exemple considéré, le vin à 0 fr. 90 et celui à 0 fr. 55 devront être mélangés dans le rapport de 0,15 à 0,20, ou plus simplement dans le rapport de 3 à 4 ; ce qui indique que, sur 3 litres à 0 fr. 90, on devra prendre 4 litres à 0 fr. 55.

— Supposons maintenant que l'on veuille former une *quantité déterminée* de mélange.

Puisque le *rapport* dans lequel le mélange doit être fait est connu, le problème revient alors à un partage proportionnel.

Reprenons, par exemple, le problème précédent, et supposons qu'avec les deux qualités de vin à 0 fr. 90 et à 0 fr. 55 le litre, on veuille former une pièce de vin de 224 litres revenant à 0 fr. 70 le litre.

On cherche d'abord, comme on vient de le faire, le rapport dans lequel le mélange doit être fait. Puis ayant trouvé que le vin à 0 fr. 90 doit être mélangé au vin à 0 fr. 55 dans le rapport de 3 à 4, on partage 224 proportionnellement à 3 et à 4.

Désignons par x le nombre de litres à 0 fr. 90 et par y le nombre de litres à 0 fr. 55, on a ainsi :

$$\frac{x}{3} = \frac{y}{4} = \frac{224}{7}$$

d'où l'on tire :

$$x = \frac{224 \times 3}{7} = 96 \text{ litres.}$$

$$y = \frac{224 \times 4}{7} = 128 \text{ litres.}$$

On mettra donc 96 litres à 0 fr. 90 et 128 litres à 0 fr. 55.

AUTRE SOLUTION. — On peut encore résoudre le problème par la méthode de *fausse position*.

Supposons que les 224 litres soient tous à 0 fr. 90 : ils reviendraient alors à :

$$0,90 \times 224 = 201 \text{ fr. } 60.$$

D'après l'énoncé, ils doivent revenir à :

$$0,70 \times 224 = 156 \text{ fr. } 80 \text{ ;}$$

la différence

$$201,60 - 156,80 = 44 \text{ fr. } 80$$

provient de ce que l'on a pris exclusivement du vin à 0 fr. 90. Retirons maintenant 1 litre à 0 fr. 90 pour le remplacer par 1 litre à 0 fr. 55 ; la quantité ne change pas, mais le prix diminue de

$$0,90 - 0,55 = 0 \text{ fr. } 35.$$

Autant de fois 0 fr. 35 sont contenus dans 44 fr. 80, autant de fois on doit enlever 1 litre à 0 fr. 90 pour le remplacer par 1 litre à 0 fr. 55. On a donc :

$$\text{nombre de litres à } 0,55 \ldots\ldots \frac{44,80}{0,35} = 128 \text{ litres.}$$

et, par suite, le nombre de litres à 0 fr. 90 est :

$$224 - 128 = 96 \text{ litres.}$$

REMARQUE. — S'il existe plus de deux espèces dans le mélange, alors le problème devient *indéterminé*, c'est-à-dire que le mélange peut être fait d'une infinité de manières.

Pour déterminer le problème, on donne alors certaines conditions supplémentaires. Par exemple, on imposera de prendre telle quantité de telle espèce, ou encore on prendra la même quantité des espèces supérieures et la même quantité des espèces inférieures.

EXEMPLE 1. — *On veut former une pièce de vin de 224 litres revenant à 0 fr. 75 le litre avec des vins coûtant 1 fr. 10, 0 fr. 90 et 0 fr. 60 le litre. Combien doit-on en prendre de chaque espèce, sachant qu'on met autant de vin à 1 fr. 10 qu'à 0 fr. 90 ?*

SOLUTION. — Si on mélange 1 litre de vin à 1 fr. 10 avec 1 litre de vin à 0 fr. 90, on obtient 2 litres de vin qui reviennent en moyenne à :

$$\frac{1,10 + 0,90}{2} = 1 \text{ fr. le litre.}$$

On peut alors faire le mélange du vin à 0 fr. 60 avec un vin revenant à 1 franc le litre ; en adoptant la disposition précédente, on a :

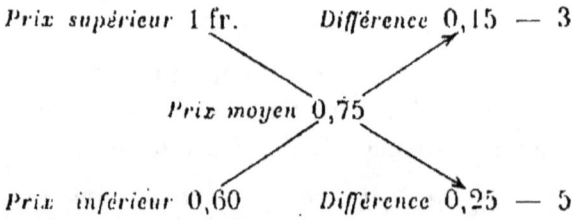

ce qui indique que l'on devra mettre 15 litres des prix supérieurs contre 25 litres du prix inférieur, ou encore 3 litres des prix supérieurs contre 5 du prix inférieur.

Il suffit alors de partager 224 litres proportionnelle-

MÉLANGES ET ALLIAGES. 449

ment à 3 et à 5. En désignant par x et y les quantités respectives, on a :
$$\frac{x}{3} = \frac{y}{5} = \frac{224}{8}$$

d'où l'on tire :
$$x = \frac{224 \times 3}{8} = 84 \text{ litres.}$$
$$y = \frac{224 \times 5}{8} = 140 \text{ litres.}$$

Or, dans les 84 litres, chacune des deux qualités supérieures y entre pour la moitié ; on mettra donc :

42 litres à 1 fr. 10
42 litres à 0 fr. 90
140 litres à 0 fr. 60.

Vérification :
42 litres à 1 fr. 10 coûtent $1,10 \times 42 = 46$ fr. 20
42 litres à 0 fr. 90 coûtent $0,90 \times 42 = 37$ fr. 80
140 litres à 0 fr. 60 coûtent $0,60 \times 140 = 84$ francs.

224 litres de mélange coûtent........ 168 francs.

1 litre de mélange coûte $\frac{168}{224} = 0$ fr. 75.

EXEMPLE II. — *On veut former une pièce de vin de 224 litres revenant à 0 fr. 90 le litre avec des vins coûtant 1 fr. 25, 1 fr. 05, 0 fr. 85 et 0 fr. 65 le litre. Combien devra-t-on prendre de litres de chaque qualité, sachant qu'on veut mettre 3 fois plus de vin à 1 fr. 05 qu'à 1 fr. 25, et des quantités égales de chacune des deux autres qualités ?*

SOLUTION. — Si on mélange 1 litre de vin à 1 fr. 25 avec 3 litres de vin à 1 fr. 05, on obtient 4 litres qui reviennent en moyenne à

$$\frac{1,25 + 1,05 \times 3}{4} = 1 \text{ fr. 10 le litre.}$$

NEVEU. — Cours d'Arithmétique.

De même, si on mélange 1 litre de vin à 0 fr. 85 avec 1 litre de vin à 0 fr. 65, on obtient 2 litres de vin qui reviennent en moyenne à

$$\frac{0,85 + 0,65}{2} = 0 \text{ fr. } 75.$$

On a donc à chercher comment on doit mélanger du vin revenant à 1 fr. 10 le litre avec du vin à 0 fr. 75 pour obtenir du vin revenant à 0 fr. 90. On a :

Prix moyen supérieur 1,10   *Différence* 0,15 — 3

Prix moyen du mélange 0,90

Prix moyen inférieur 0,75   *Différence* 0,20 — 4

On devra donc prendre 3 litres des qualités supérieures contre 4 litres des qualités inférieures. Il s'agit donc de partager 224 proportionnellement à 3 et à 4. En désignant les quantités respectives par x et y, on a :

$$\frac{x}{3} = \frac{y}{4} = \frac{224}{7}$$

d'où l'on tire :

$$x = \frac{224 \times 3}{7} = 96 \text{ litres}$$

$$y = \frac{224 \times 4}{7} = 128 \text{ litres}.$$

Or, dans les 96 litres, il y a 1 litre à 1 fr. 25 contre 3 litres à 1 fr. 05 ; on doit donc partager 96 proportionnellement à 1 et à 3, ce qui donne 24 et 72. De même, dans les 128 litres, chaque qualité inférieure y entre également ; il y a donc 64 litres de chaque qualité. Ainsi on devra prendre

24 litres à 1 fr. 25
72 litres à 1 fr. 05
64 litres à 0 fr. 85
et 64 litres à 0 fr. 65.

— On vérifie facilement.

Remarque. — Le problème du *mouillage* des vins se résout comme un problème ordinaire de mélange, en considérant le prix de l'eau comme *nul*, autrement dit égal à *zéro*.

Problèmes sur les alliages. — Rappelons que le titre d'un alliage est le quotient obtenu en divisant le poids du métal précieux contenu dans l'alliage par le poids total de l'alliage.

Problème 1. — *On fond ensemble trois lingots d'or et de cuivre : le premier pèse 150 grammes, et son titre est 0,920 ; le deuxième, au titre de 0,875, pèse 120 grammes, et le troisième, au titre de 0,850, pèse 200 grammes. Quel sera le titre du lingot résultant ?*

Solution. — L'or pur contenu dans le premier lingot pèse

$$150 \times 0,920 = 138 \text{ grammes}.$$

L'or pur contenu dans le deuxième lingot pèse

$$120 \times 0,875 = 105 \text{ grammes};$$

et l'or pur contenu dans le troisième lingot pèse :

$$200 \times 0,850 = 170 \text{ grammes}.$$

Le poids de l'or pur contenu dans le lingot total est donc :

$$138 + 105 + 170 = 413 \text{ grammes};$$

or, le poids total du lingot est

$$150 + 120 + 200 = 470 \text{ grammes};$$

donc, le titre du lingot résultant sera

$$\frac{413}{470} = 0{,}8787.$$

Problème 2. — *On a deux lingots d'argent, l'un au titre de 0,950 et l'autre au titre de 0,875. Combien doit-on prendre de chacun de ces lingots pour en former un troisième du poids de 120 grammes au titre de 0,900 ?*

Solution. — Désignons par a le nombre de grammes que l'on doit mettre du lingot au titre de 0,950 et par b le nombre de grammes du lingot au titre de 0,875.

Lorsqu'on met 1 gramme au titre 0,950 pour l'amener au titre 0,900, il y a une différence d'argent pur *en trop* de $0{,}950 - 0{,}900$; de sorte que pour les a grammes, l'excès d'argent pur est

$$(0{,}950 - 0{,}900)\, a.$$

Lorsqu'on met 1 gramme au titre 0,875, il manque, au contraire, $0{,}900 - 0{,}875$; donc pour les b grammes il manque

$$(0{,}900 - 0{,}875)\, b.$$

Pour que l'alliage soit fait dans les conditions du problème, il faut que l'excès d'argent pur d'un côté soit égal à ce qui manque de l'autre; il faut donc que l'on ait :

$$(0{,}950 - 0{,}900)\, a = (0{,}900 - 0{,}875)\, b,$$

d'où l'on tire :

$$\frac{a}{b} = \frac{0{,}900 - 0{,}875}{0{,}950 - 0{,}900} = \frac{0{,}025}{0{,}050} = \frac{1}{2}.$$

MÉLANGES ET ALLIAGES.

On devra donc prendre 1 gramme du premier lingot contre 2 grammes du second. Il suffit alors de partager 120 grammes proportionnellement à 1 et à 2. On aura :

$$\frac{x}{1} = \frac{y}{2} = \frac{120}{3}$$

d'où l'on tire :

$$x = \frac{120}{3} = 40 \text{ grammes}$$

$$y = \frac{120 \times 2}{3} = 80 \text{ grammes.}$$

On prendra donc 40 grammes du lingot au titre 0,950 et 80 grammes du lingot au titre 0,875.

REMARQUE I. — L'égalité

$$\frac{a}{b} = \frac{0,900 - 0,875}{0,950 - 0,900}$$

conduit à la règle pratique suivante, analogue à celle des mélanges :

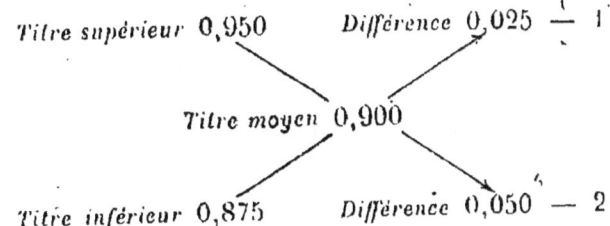

On écrit les titres des lingots et le titre de l'alliage, ou titre moyen, conformément à ce tableau, et l'on fait la différence des titres donnés avec le titre de l'alliage, en croisant ces différences comme les flèches l'indiquent : les différences représentent les quantités respectives que l'on devra prendre de chaque lingot, chaque différence correspondant au lingot dont le titre est placé sur la même ligne horizontale.

Ainsi, dans l'exemple considéré, le lingot au titre 0,950 et celui au titre 0,875 entreront dans l'alliage dans le rapport de 0,025 à 0,050, ou, plus simplement, dans le rapport de 1 à 2.

On achève le problème comme précédemment.

— On peut encore résoudre ce problème par la méthode de *fausse position*.

REMARQUE II. — Si l'alliage comprenait plus de deux lingots, on raisonnerait comme on l'a fait pour les mélanges, en tenant compte des conditions particulières imposées par l'énoncé.

Problème 3. — *Trouver le poids de métal à ajouter à un alliage pour qu'il prenne un titre donné.*

Dans ce genre de questions, on doit remarquer que le poids d'un des deux métaux reste le même dans le nouveau lingot comme dans l'ancien. C'est donc sur ce métal, dont le poids est invariable, que l'on raisonnera. Comme on connaît la proportion dans laquelle il doit entrer dans le nouveau lingot, il sera facile de déduire le poids total de ce nouveau lingot, et l'augmentation de poids du lingot donnera le poids du métal ajouté.

EXEMPLE. — *Un lingot d'or et de cuivre du poids de 500 grammes est au titre de 0,875. Combien doit-on y ajouter d'or pur pour en faire un alliage propre à fabriquer de la monnaie française ?*

SOLUTION. — La monnaie d'or française étant au titre 0,900, il s'agit d'amener à ce titre le lingot donné.

Cherchons le poids du cuivre qui sera le même dans le nouveau lingot. Dans le premier lingot, le cuivre pèse

$$500 \times 0,125 = 62^{gr},5 ;$$

or, dans le nouveau lingot, ce poids doit être le $\frac{1}{10}$ du poids total : donc le nouveau lingot pèsera :

$$62,5 \times 10 = 625 \text{ grammes.}$$

L'augmentation de poids du lingot représente le poids de l'or ajouté; on devra donc ajouter :

625 — 500 = 125 grammes d'or.

Remarque. — On pourrait résoudre ce problème en cherchant combien à 500 grammes d'un lingot au titre 0,875 on doit ajouter d'un lingot au titre $\frac{1\,000}{1\,000}$ (or pur) pour former un lingot au titre $\frac{900}{1\,000}$.

Problème de l'affinage. — Quand un lingot est à un titre inférieur, on enlève une partie du lingot dont on extrait le métal fin et on l'ajoute au reste; c'est en cela que consiste l'affinage.

Exemple. — *Un lingot d'or au titre 0,850 pèse 2 700 grammes. On veut amener ce lingot au titre 0,900 par l'affinage : pour cela, on enlève une quantité x du lingot dont on extrait l'or pur, et cet or est ajouté au reste du lingot. Calculer le poids x nécessaire pour l'opération.*

Solution. — Cherchons d'abord dans quel rapport on doit allier le lingot au titre 0,850 avec un lingot au titre $\frac{1\,000}{1\,000}$ ou 1 (or pur) pour l'amener au titre 0,900. On a la disposition suivante :

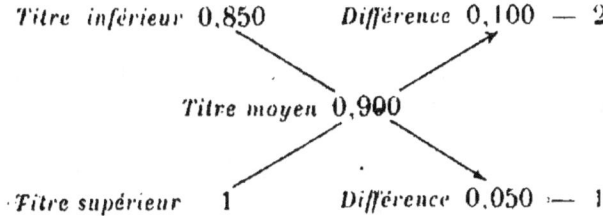

ce qui montre que : à 2 grammes du lingot au titre 0,850 on doit ajouter 1 gramme d'or pur. Par suite, l'or pur ajouté représente la moitié de ce qui restait du lingot lorsqu'on en a enlevé x. Représentons par a la quantité d'or pur ajouté; comme, d'autre part, l'or pur ajouté représente les $\dfrac{850}{1000}$ de x puisque c'est l'or qu'on extrait de x, on a donc :

$$a = \dfrac{850\,x}{1000}$$

d'où

$$x = \dfrac{1000\,a}{850}.$$

Mais puisque l'or pur est la moitié de ce qui restait du lingot, il restait donc $2a$; de sorte que le poids total du lingot était

$$2a + \dfrac{1000\,a}{850} \quad \text{ou} \quad \dfrac{2700\,a}{850}$$

et l'on a l'égalité :

$$\dfrac{2700\,a}{850} = 2700 \text{ grammes}$$

d'où l'on tire :

$$a = 850 \text{ grammes,}$$

et, par suite

$$x = \dfrac{1000 \times 850}{850} = 1000 \text{ grammes.}$$

PROBLÈMES SUR LES PARTAGES PROPORTIONNELS. — RÈGLES DE SOCIÉTÉ. — MÉLANGES ET ALLIAGES.

1. — Partager 1 200 mètres en parties proportionnelles aux nombres 2, 3, $\dfrac{1}{4}$, $\dfrac{2}{3}$ et $\dfrac{1}{9}$. *(Arts et métiers.)*

2. — Une personne laisse en mourant sa fortune à six parents, dont trois au quatrième degré, deux au cinquième et

PROBLÈMES SUR LES PARTAGES PROPORTIONNELS. 457

un au sixième, à la condition que le partage se fera en raison inverse des degrés de parenté. La somme à partager est de 395000 francs ; on demande la part de chacun.
(Arts et métiers.)

3. — Quatre neveux se sont partagé l'héritage de leur oncle proportionnellement à l'âge de chacun d'eux. La somme des âges est 60 ans; les parts sont de 8000 francs, 12000 francs, 15000 francs et 25000 francs. On demande l'âge de chacun des co-partageants. (B. E.)

4. — Une somme de 4468 fr. 50 se compose de poids égaux de monnaies de bronze, d'argent et d'or. On demande pour quelle valeur chacune de ces monnaies entre dans la somme proposée. (B. E.)

5. — Une personne a fait quatre parts de son capital. La première a été placée à $3\frac{1}{2}$ %; la deuxième à $4\frac{1}{3}$ %; la troisième à $4\frac{1}{2}$ %, et la quatrième à $4\frac{3}{4}$ %; ces parts sont entre elles comme les fractions $\frac{2}{3}$, $\frac{3}{5}$, $\frac{4}{7}$ et $\frac{5}{11}$. Elle a retiré 33115 fr. 41 au bout de l'année, capital et intérêts réunis : trouver chaque part et le capital entier. (B. E.)

6. — Une succession qui s'élève à 944505 francs doit être partagée entre trois héritiers actuellement âgés de 10 ans, 14 ans et 17 ans, de telle façon que si l'on place à intérêts simples les parts à 3,50 % ils aient des sommes égales à l'âge de 21 ans. Quelles sont les parts ? (B. E.)

7. — Un groupe de travailleurs composé de 18 hommes, 15 femmes et 20 enfants, a gagné en commun 3420 francs. Répartir cette somme entre les ouvriers de manière que la part d'une femme soit les $\frac{2}{3}$ de celle d'un homme et la part d'un enfant les $\frac{3}{4}$ de celle d'une femme. (B. E.)

8. — Deux associés ont fondé une maison de commerce. Le premier a apporté 56000 francs et le deuxième 75000 francs. 6 mois après, ils s'adjoignent un troisième associé qui apporte 125000 francs. Au bout de l'année les trois associés ont à se partager un bénéfice net de 15750 francs sur lequel le premier des associés qui a géré l'entreprise doit prélever 15 %. Combien revient-il à chacun ? (B. E.)

9. — Trois négociants, associés dans une entreprise, ont fait un bénéfice de 124 615 fr. 33. Trouver la part qui revient à chacun, sachant que leurs mises sont proportionnelles aux nombres 1, 2, 3 et que les temps pendant lesquels elles sont restées engagées sont entre eux comme les fractions $\frac{1}{2}, \frac{2}{3}, \frac{3}{4}$.

(B. E.)

10. — Un litre d'un mélange formé de 75 % d'alcool et de 25 % d'eau pèse 960 grammes. Sachant que le litre d'eau pure pèse 1 kilogramme, on demande le poids d'un litre d'un mélange contenant 48 % d'alcool et 52 % d'eau.

(*Arts et métiers.*)

11. — Un marchand remplit une pièce de 228 litres avec deux sortes de vin ordinaire qui lui coûtent l'un 0 fr. 50 et l'autre 0 fr. 65 le litre, et avec du vin de Bordeaux qui lui revient à 0 fr. 80 le litre. Il emploie cinq fois plus de vin de Bordeaux que de vin à 0 fr. 50, et six fois moins de vin à 0 fr. 50 que de vin à 0 fr. 65. On demande : 1° combien il entre de litres de chaque espèce de vin dans le liquide ainsi obtenu ; 2° à quel prix le marchand devra vendre le litre de mélange pour réaliser un bénéfice de 20 %.

(*Arts et métiers.*)

12. — On veut former une pièce de vin de 228 litres avec du vin revenant à 0 fr. 80 le litre et une certaine quantité d'eau. Combien d'eau devra-t-on mettre dans la pièce, pour que le litre du mélange revienne à 0 fr. 70 le litre ?

13. — On ajoute 390 grammes d'argent pur à une certaine somme d'argent au titre 0,835 pour l'amener au titre 0,900. Quelle était cette somme ? (B. E.)

14. — On fond ensemble trois lingots d'argent. Le premier, qui pèse 2 kilogrammes, a pour titre 0,900 ; les deux autres, dont les poids sont proportionnels aux nombres 3 et 5, ont respectivement pour titres 0,800 et 0,600. Le titre du lingot définitif ainsi obtenu est 0,700. Trouver le poids du deuxième lingot et celui du troisième. (B. S.)

15. — On a deux lingots d'argent, le premier au titre 0,800 et le second au titre 0,900. Combien devra-t-on prendre de grammes de chacun pour former un lingot de 1250 grammes au titre de 0,840 ?

(*Arts et métiers.*)

16. — Un lingot d'argent et de cuivre est au titre de 0,800 et pèse 17 kilogrammes. Un autre lingot formé des mêmes

métaux est au titre de 0,920 et pèse 13 kilogrammes. On demande de retirer un même poids de chaque lingot de manière que les deux lingots restants, fondus ensemble, donnent un alliage au titre de 0,8408. Quel est ce poids ? — Faire la preuve.
(B. S.)

17. — On a quatre lingots d'argent aux titres 0,950, 0,775, 0,930 et 0,925. 1° Combien faut-il prendre du premier, du second et du quatrième pour obtenir avec les quatre lingots un alliage pesant 20 kilogrammes au titre de 0,900, en s'imposant les conditions que l'on mettra 5 kilogrammes du troisième lingot et que les poids des deux premiers seront proportionnels aux nombres 3 et 4 ?

2° Quel poids de cuivre faudrait-il ajouter à cet alliage pour le rendre propre à faire de la monnaie divisionnaire d'argent ?

3° Quel bénéfice résulterait de cette dernière opération ?
(B. S.)

18. — La somme des poids de trois alliages d'argent est de 2461 grammes ; leurs titres respectifs sont 0,750, 0,900 et 0,820. Le premier et le second alliages fondus ensemble donnent un alliage au titre de 0,855 ; le second et le troisième alliages fondus ensemble donnent un alliage au titre 0,848. On demande le poids de chaque alliage.
(B. S.)

19. — Deux lingots d'or, l'un au titre de 0,850, l'autre au titre de 0,920, ont des poids tels que si on les fond ensemble, on obtient un lingot au titre de 0,900 et pesant autant que 1085 pièces de 20 francs. Calculer :

1° Le poids des lingots primitifs ;

2° Leur valeur au change des monnaies.
(B. S.)

20. — Un alliage est formé d'or et de cuivre fondus dans des proportions telles que pour 13 centimètres cubes d'or il y a 7 centimètres cubes de cuivre.

1° En supposant que la densité de l'or soit 19 et celle du cuivre 8,8, on demande de calculer la densité de l'alliage et son titre.

2° Cet alliage pèse 1805 gr. 31 et il a la forme d'une plaque rectangulaire dont l'épaisseur est de 2 millimètres, la longueur étant double de la largeur. Calculer ces deux dernières dimensions à 1 millimètre près.
(B. S.)

EXERCICES DE RÉCAPITULATION. — PROBLÈMES DIVERS.

1. — Trouver le quotient d'une division, sachant que si on augmente le dividende de 84 et le diviseur de 7, le quotient et le reste ne changent pas.

2. — Trouver deux nombres qui soient entre eux comme 30 est à 48, sachant en outre que leur P. G. C. D. est 21.
(Oral, Arts et métiers.)

3. — Démontrer que n étant un entier quelconque, le produit
$$n(n+2)(5n-1)(5n+1)$$
est toujours divisible par 24.
(Cert. d'apt. au prof. des Éc. N.)

4. — Démontrer que l'expression $\dfrac{1}{n-1}+\dfrac{1}{n}+\dfrac{1}{n+1}$ réduite en fraction décimale donne toujours une fraction périodique mixte.

5. — Trouver le plus petit nombre tel que les restes de ses divisions par 6, 8 et 9 soient respectivement 5, 7 et 8.

6. — Trouver deux nombres entiers, sachant que la différence de leurs carrés égale 75.

7. — Trouver une fraction équivalente à $\dfrac{9}{12}$ et ayant pour dénominateur 28.
(Ecole normale primaire.)

8. — Trouver le quotient de $\dfrac{28}{45}$ par $\dfrac{7}{15}$ par le procédé le plus simple. Faire la démonstration. — Le quotient est-il inférieur ou supérieur au dividende? Expliquer pourquoi. — Si on voulait évaluer le quotient en décimales, quelle sorte de nombres décimaux obtiendrait-on ?
(Ecole norm. prim.)

9. — Par quel nombre faut-il multiplier 39 pour l'augmenter de ses $\dfrac{3}{13}$?
(Ecole norm. prim.)

10. — Soit le produit des deux facteurs 35 et 26. Montrer de combien il serait augmenté ou diminué si l'on ajoutait 3 unités au premier facteur en même temps que le second diminuerait de 2.
(B. E.)

11. — Étant données les fractions $\dfrac{35}{40}$, $\dfrac{52}{72}$ et $\dfrac{88}{96}$, trouver la plus grande fraction $\frac{a}{b}$ telle que les quotients des fractions données par $\frac{a}{b}$ soient des nombres entiers.

12. — Un bicycliste et un piéton parcourent dans le même sens une route rectiligne Ax. Ils partent en même temps de deux points A et B distants de 36 kilomètres. On sait d'ailleurs que la vitesse du bicycliste vaut quatre fois celle du piéton.

```
A      B         P        x
```

1° Où sera le piéton lorsqu'il n'aura plus sur le bicycliste qu'une avance de 8 kilomètres ?
2° Déterminer la position du point P où le bicycliste atteindra le piéton.
3° Où sera le piéton lorsque son retard par rapport au bicycliste vaudra 8 kilomètres ? (*Ecole norm. prim.*)

13. — Un négociant prélève au commencement de chaque année, sur les fonds qu'il a dans le commerce, 2700 francs pour ses dépenses personnelles. Chaque année son fonds augmente du tiers de ce qui reste après ce prélèvement. Au bout de trois ans, les fonds qu'il avait au commencement de la première année sont doublés. Combien le négociant avait-il au début ? (*Ecole norm. prim.*)

14. — Démontrer que lorsqu'on divise deux nombres par leur différence, les restes sont égaux. Raisonner sur les nombres 42 et 37. (*Ecole norm. prim.*)

15. — On sait que les traitements des instituteurs subissent chaque mois une retenue de $\frac{1}{20}$ de leur valeur. On sait de plus qu'en cas d'augmentation le premier douzième de l'accroissement du traitement reste en entier dans la caisse du receveur des finances. Le traitement d'un instituteur a été augmenté à partir du 1er janvier. Il a subi, à la fin de ce mois, une retenue totale de 28 fr. 75, tandis que le mois précédent la retenue n'avait été que de 3 fr. 75. On demande : 1° Quel était son ancien traitement ? 2° Quel est son traitement nouveau ? 3° Quelle retenue il subira fin février ? (B. E.)

16. — Une personne qui distribue chaque année des livrets de caisse d'épargne aux meilleurs élèves des écoles primaires, emploie à l'acquisition de ces livrets le revenu d'une somme qu'elle a placée en rente 3 % au cours de 101 francs. Quand elle a prélevé sur cette somme un nombre de parts de 20 francs

462   PROBLÈMES DIVERS.

égal au nombre des récompenses, il lui reste 120 francs qui sont destinés à augmenter les parts des quatre premiers élèves. Si elle voulait prendre le même nombre de livrets à 35 francs, il lui manquerait au contraire 60 francs. Sachant que les 120 francs ajoutés aux parts des quatre premiers élèves sont répartis entre eux proportionnellement aux nombres 4, 3, 2, 1, on demande : 1° le nombre des récompenses; 2° la valeur des quatre premières parts; 3° la somme totale distribuée chaque année; 4° le capital qui a produit la rente.

(*École norm. prim.*)

17. — Le conseil municipal d'une commune vote à l'occasion de la distribution des prix une certaine somme. Cette somme est divisée en deux parties égales. La première partie est exactement employée à acquérir un certain nombre de volumes dont le prix net est de 1 fr. 95 le volume. La seconde partie est exactement employée à récompenser un certain nombre d'élèves particulièrement méritants : on remet à chacun d'eux un livret de la mutualité scolaire de 5 fr. 20. On sait de plus que la somme votée est comprise entre 80 francs et 100 francs. On demande combien la municipalité a distribué de livrets et combien de volumes ont été achetés.   (B. S.)

18. — Un voyageur monte à 9 heures du matin dans un train qui doit le conduire à une ville voisine. La vitesse normale du train est de 40 kilomètres à l'heure; mais ce jour-là le train subit un retard de 25 minutes entre la station où est monté le voyageur et celle où il descend. Après avoir passé 4 heures dans la ville, le voyageur revient chez lui par une route qui a la même longueur que le chemin de fer. Il parcourt d'abord à pied 7 kilomètres en 65 minutes, s'arrête 20 minutes et prend une voiture qui parcourt 12 kilomètres à l'heure et qui le conduit à destination. Il est de retour à 5 h. 43 minutes. Quelle distance a-t-il parcouru en chemin de fer?   (B. S.)

19. — Quelqu'un revend une pièce de drap de la manière suivante : d'abord les $\frac{4}{5}$ avec une perte de 6 fr. 25 ; puis les $\frac{3}{5}$ du reste avec un bénéfice de 12 %; et enfin le reste avec une perte de 5 %. Sachant que le résultat de ces trois ventes est un bénéfice de 8 fr. 05, calculer le prix de la pièce de drap.

(B. S.)

20. — Une somme de 10 000 francs en argent est formée de pièces de 5 francs et de pièces de 2 francs. Trouver le nombre de pièces de chaque espèce, sachant que la valeur intrinsèque de l'argent pur renfermé dans cette somme est de 5 214 francs, le prix du kilogramme d'argent pur étant de 120 francs.

(B. S.)

21. — Deux capitaux sont tels que le deuxième surpasse de 2 300 francs les $\frac{3}{4}$ du premier et qu'en les plaçant au même taux, le premier pendant 7 mois, le deuxième pendant 5 mois, l'intérêt du premier surpasse l'intérêt du deuxième de 207 fr. 30 et que la somme de ces deux intérêts est égale à 834 fr. 30. Calculer les deux capitaux et le taux. (B. S.)

22. — Un restaurateur mêle les contenus de 6 barriques de vin achetées à Bordeaux à raison de 120 francs l'hectolitre et de 5 feuillettes de vin achetées à Nîmes à raison de 40 francs l'hectolitre. Après avoir laissé reposer le mélange, il met en bouteilles. Il trouve, par hectolitre du mélange, 4 litres de lie invendables. Il obtient 2 400 bouteilles de 80 centilitres qu'il vend 1 franc la pièce. Il réalise ainsi un bénéfice de 20 %. Calculer les contenances de chaque barrique et de chaque feuillette : on admettra que les barriques ont entre elles, et les feuillettes entre elles, la même capacité. (B. S.)

23. — On a placé à des taux différents deux sommes dont la première est les $\frac{9}{10}$ de la seconde. Les taux sont tels que la première, placée pendant 3 mois 10 jours, a produit un intérêt égal à son $\frac{1}{50}$, et la seconde, en 2 mois 10 jours, un intérêt égal à ses $\frac{7}{600}$. Sachant que les deux sommes, placées pendant 36 jours, la première au taux de la seconde et réciproquement, ont produit 2 060 francs, on demande : 1° les taux auxquels les deux sommes étaient primitivement placées ; 2° les intérêts produits dans le premier placement. (B. S.)

24. — Trois personnes possèdent des capitaux dont les valeurs numériques remplissent les conditions suivantes :

1° Si la première et la deuxième personne plaçaient ensemble leurs capitaux à 6 % pendant 4 mois, les capitaux augmentés de leurs intérêts formeraient la somme de 62 138 fr. 40 ;

2° Si la première et la troisième personne plaçaient ensemble leurs capitaux à 3 % pendant 6 mois, les capitaux augmentés de leurs intérêts formeraient la somme de 43 502 fr. 90 ;

3° Si la deuxième et la troisième personne plaçaient ensemble leurs capitaux à 4 °/₀ pendant 5 mois, les capitaux augmentés de leurs intérêts formeraient la somme de 55693 francs.

On demande quels sont les capitaux respectifs des trois personnes. (B. S.)

25. — Un premier capital est placé à un certain taux pendant 9 mois. Un second capital, qui surpasse de 2000 francs le précédent, est placé au même taux pendant 7 mois. L'intérêt du premier capital surpasse l'intérêt du deuxième de 88 francs, et la somme de ces deux intérêts est égale à 1208 francs.

1° Trouver le taux commun de placement;

2° Calculer les deux capitaux. (B. S.)

26. — Un bassin cylindrique profond de 3 mètres est alimenté à sa partie supérieure par une fontaine qui, coulant seule, le remplirait en 2 heures. Ce bassin est muni de trois robinets situés à 0 m. 50, 1 mètre et 1 m. 75 au-dessus de la base. Chacun de ces robinets coulant isolément viderait la partie du bassin située au-dessus de lui en 5 heures. En admettant que la vitesse d'écoulement pour chaque robinet soit indépendante du niveau de l'eau dans le bassin, on demande au bout de combien de temps le bassin, supposé d'abord vide, sera rempli, la fontaine et les trois robinets étant ouverts à la fois. (B. S.)

27. — Une personne place une somme de 15280 francs à 3 °/₀; 4 mois après elle place 14560 francs à $3\frac{1}{2}$ °/₀. Calculer après combien de temps les intérêts simples produits par les deux capitaux auront la même valeur.

(Cert. d'études prim. sup.)

28. — Trouver à 1 millimètre près les dimensions du litre qui sert pour mesurer les liquides.

29. — Trouver à 1 millimètre près les dimensions de l'hectolitre qui sert pour mesurer les matières sèches, cette mesure ayant la forme d'un cylindre dont le diamètre est égal à la hauteur. (Arts et métiers.)

30. — Une personne possède une certaine somme qu'elle partage inégalement entre deux de ses neveux âgés de 25 et 18 ans. Les $\frac{3}{8}$ de la part du premier et les $\frac{2}{5}$ de la part du second forment deux sommes qui sont inversement proportionnelles à leur âge. On sait en outre que le second pourrait acheter

avec les $\frac{3}{5}$ de sa part un terrain rectangulaire de 120 ares de superficie à 150 francs l'are. On demande la somme que possède cette personne, et les dimensions du rectangle, sachant que sa base et sa hauteur sont entre elles comme 120 est à 4.
(B. S.)

31. — Quatre robinets A, B, C, D, coulant ensemble dans un bassin, le rempliraient en 12 h. 36 m. Le robinet A, coulant seul, le remplirait en 84 heures; le robinet B mettrait 21 heures de moins et le robinet C 33 h. 36 m. de moins que A. Le robinet D fournit, par heure, 90 litres de plus que le robinet A. Calculer d'après cela :
1° La capacité du bassin ; 2° le débit de chacun des robinets par heure ; 3° le temps que mettrait le robinet D pour remplir le bassin s'il coulait seul. — Vérification.
(Cert. d'études prim. sup.)

32. — Un mélange de coke et de charbon de terre occupe un volume de $6^{m^3},5$ et pèse $3^T,150^{kg}$. On demande quelle est, dans ce mélange, la proportion en volume du coke au charbon, sachant que l'hectolitre de charbon pèse 78 kilogrammes et que l'hectolitre de coke pèse 29 kilogrammes. On demande la proportion en poids. — Vérifier les nombres trouvés.
(Apprentis élèves-mécaniciens de la marine.)

33. — On emploie pour graisser une pièce de machine une mèche qui laisse tomber à chaque seconde une goutte sphérique d'huile de 1 millimètre de diamètre. Quelle sera la dépense d'huile par journée de 24 heures, et combien de temps fera-t-on avec un litre d'huile ?
(Apprentis élèves-mécaniciens de la marine.)

34. — Une voiture automobile a parcouru en 1 h. 50 m. une route qui comprend 45 kilomètres en terrain plat, 18 kilomètres en montées et 6 kilomètres de chemin pavé. On sait que cette voiture perd les $\frac{3}{7}$ de sa vitesse dans les montées et les $\frac{5}{7}$ sur le pavé. En marchant à la même allure et dans les mêmes conditions, combien de temps cette voiture mettra-t-elle pour aller de A en B, si la route qui relie ces deux points comprend 103 kilomètres de terrain plat, 24 kilomètres de montées et 5 kilomètres de chemin pavé ?
(Apprentis élèves-mécaniciens de la marine.)

35. — Un navire de 100 mètres de longueur à la cale a dérivé

en une demi-heure de 250 mètres. Il a filé de l'huile pendant tout ce temps et a fait une dépense totale de 28 lit. 5. En supposant que cette huile ait formé une couche uniforme sur un rectangle dont les dimensions seraient la longueur du navire et la quantité dont il a dérivé, quelle serait l'épaisseur de cette couche ? (*Apprentis élèves-mécaniciens de la marine.*)

36. — On exploite une ligne de chemin de fer d'une longueur totale de 125 kilomètres sur laquelle les voyageurs payent par kilomètre parcouru 0 fr. 05 en troisième classe, 0 fr. 11 en deuxième classe et 0 fr. 17 en première. On compte sur une moyenne par jour de 411 voyageurs, dont 9 en première classe, chaque voyageur effectuant un parcours de 15 kilomètres. Dans quelle proportion faudra-t-il que les voyageurs de troisième classe soient aux voyageurs de deuxième classe pour que la recette par jour et par kilomètre exploité soit de 3 fr. 33 ?
(*Apprentis élèves-mécaniciens de la marine.*)

37. — Un renard poursuivi par un lévrier a 60 sauts d'avance ; il en fait 9 quand le lévrier en fait 6 ; mais 3 sauts du lévrier en valent 7 du renard. On demande combien le lévrier doit faire de sauts pour atteindre le renard.

38. — Une personne a engagé sa fortune dans deux entreprises dont l'une rapporte 6 % et l'autre 12 %. Elle retire de la première un bénéfice annuel inférieur de 5 400 francs à celui que lui donne la seconde, et calcule que si elle eût mis dans l'une des deux entreprises ce qu'elle a mis dans l'autre, et inversement, les deux lui eussent donné un même bénéfice. Combien a-t-elle placé dans chacune ? (*Arts et métiers.*)

39. — Deux canons lancent des obus sur une ville assiégée ; le premier en a lancé 36 avant que le second ait commencé son feu et il en envoie 8 dans le même temps que le second en envoie 7 ; mais le second canon dépense en 3 coups la même quantité de poudre que le premier en 4. On demande combien d'obus doit lancer le deuxième canon pour dépenser la même quantité de poudre que le premier. (B. S.)

40. — Deux personnes distantes de 8 200 mètres partent en même temps à la rencontre l'une de l'autre. Elles se rencontrent à une distance de 4 400 mètres de l'un des points de départ. Si la personne qui marche le moins vite partait 5 minutes avant l'autre, la rencontre aurait lieu à 4 200 mètres de la même station que précédemment. Trouver la vitesse par minute de chaque personne. (B. S.)

41. — Une personne laisse à ses trois neveux, âgés respectivement de 3, 9 et 12 ans, un capital de 81 150 francs qui doit être partagé entre eux de telle manière que, chaque part étant placée à intérêts simples à 5 %, jusqu'à la majorité des légataires, c'est-à-dire lorsqu'ils auront atteint l'âge de 21 ans, les trois neveux touchent à leur majorité une somme égale. On demande comment doit être divisé le capital de 81 150 francs.
(B. S.)

42. — 1° Trouver en francs la valeur du plus petit diamant ont le prix est exprimé par un nombre entier de roubles, de vres sterling, de marks et de francs.

Le rouble vaut 4 francs ;
La livre sterling vaut 25 fr. 20 ;
Le mark vaut 1 fr. 25.

2° Quel est le poids en carats de ce diamant, sachant qu'un diamant de 3 carats vaut 270 francs et qu'on admet que le prix du diamant est proportionnel au carré du poids.

3° Ce diamant venant à se briser en deux morceaux inégaux dont le poids de l'un est double du poids de l'autre, on demande, en gardant les conditions précédentes, la perte subie sur le prix de ce diamant.
(B. S.)

43. — Un puits alimenté par des sources est vidé par 4 ouvriers en 3 heures. 5 ouvriers le videraient en 2 heures. Sachant qu'un ouvrier retire 2 mètres d'eau par heure, on demande : 1° quelle est la capacité du puits ; 2° le débit des sources par heure ; 3° combien de temps mettraient 7 ouvriers pour vider le puits.
(B. S.)

44. — Un bassin peut être rempli par deux robinets A et B et vidé par un siphon à écoulement constant G. A remplit le bassin en 1 heure ; B le remplit en 2 h. 10 m. ; G le vide en 2 h. 20 m. Si l'on réduit le débit de A aux $\frac{4}{11}$, G fonctionnant en plein, on demande à 0,01 près dans quel rapport il faut réduire le débit de B pour que le bassin soit rempli en 7 h. 30 m.
(*Apprentis mécaniciens de la marine.*)

45. — Un bassin est alimenté par deux fontaines. Lorsqu'il est vide et étanché, les deux fontaines mettent 14 h. 24 m. pour le remplir ; et la première coulant seule emploierait les $\frac{2}{3}$ du temps nécessaire à la seconde pour le remplir. Mais le bassin a une fuite, et il faut 20 heures pour qu'il se remplisse quand les deux fontaines coulent ensemble. On demande le temps nécessaire à la première fontaine coulant seule pour remplir le bassin supposé vide et non étanché. (B. E.)

46. — Deux billets sont payables, le premier dans 10 jours, le second dans 90 jours. Ils sont escomptés (escompte commercial), le premier au taux de 6 %, le second au taux de 4 %. Leurs valeurs actuelles sont égales ; la somme de leurs valeurs nominales est 7158 francs. Trouver ces valeurs nominales.
(B. S.)

47. — Un marchand achète une certaine quantité de grain ; il en revend d'abord $\frac{1}{5}$ en gagnant 10 % sur le prix d'achat, puis il en vend $\frac{1}{4}$ en perdant 20 % sur le prix de vente. Ces deux ventes lui produisent une somme inférieure de 5140 francs à ce que lui coûte le grain restant. A quelle somme se montait son achat ? (B. E.)

48. — Une personne a placé à intérêts simples deux sommes, l'une en argent et l'autre en or, la première à 5 % et la deuxième à 4,50 %. Trouver ces deux sommes, sachant qu'elles ont le même poids et que la somme de leurs intérêts au bout d'un an est de 2392 francs.

49. — Un oncle laisse à ses trois neveux sa fortune qu'ils doivent se partager en parties inversement proportionnelles à leurs âges. L'aîné a 20 ans, le second 15 ans et le plus jeune 12 ans. Trouver la part de chaque neveu, sachant que l'héritage comprend : 1° une maison valant les $\frac{2}{3}$ de la fortune de l'oncle ; 2° d'autres propriétés estimées les $\frac{2}{5}$ du reste ; et comme reste définitif un titre de 2500 francs de rente 4,50 % réalisé au cours de 106 fr. 40. (B. S.)

50. — Une personne achète à raison de 2 fr. 25 le mètre carré une propriété qui lui a coûté 37440 francs et qui est composée de trois parties dont les surfaces sont inversement proportionnelles aux fractions $\frac{2}{5}$, $\frac{1}{2}$ et $\frac{7}{10}$. Le paiement doit se faire en quatre parties égales, qui seront versées de 4 mois en 4 mois et augmentées chacune des intérêts à 4 fr. 20 % l'an, le premier versement ayant lieu 4 mois après la conclusion du marché. Calculer :

EXERCICES DE RÉCAPITULATION.

1° La surface de chaque parcelle ;
2° La valeur de chacune d'elles ;
3° Le montant de chacune des sommes payées par l'acheteur ;
4° Les dimensions de la propriété tout entière supposée rectangulaire, sachant que la largeur vaut les $\frac{5}{9}$ de la longueur.

(Section normale de l'École pratique du Havre.)

31. — Deux industriels sont associés pour une entreprise et l'un d'eux apporte 12000 francs de plus que l'autre. Ils font un bénéfice de 20000 francs sur lesquels le premier touche 5000 francs de plus que le second : combien chacun d'eux avait-il engagé dans cette entreprise ? (B. S.)

32. — Deux lingots sont aux titres 0,8 et 0,85. En les fondant ensemble, on obtiendrait un lingot au titre 0,83. Un troisième lingot, du poids de 500 grammes, fondu avec 250 grammes du premier lingot produirait un alliage de même titre que le second. Enfin, en fondant ensemble les trois lingots, on aurait un alliage au titre 0,8325. On demande : 1° les poids des deux premiers lingots ; 2° le titre du troisième lingot. (B. S.)

33. — Un capital augmenté de ses intérêts simples à 3 % est devenu 11 293 fr. 10. S'il avait été placé à 3,50 % au lieu de 3 % et pendant un an de plus, les intérêts produits se seraient élevés à 1609 fr. 65. Quel est ce capital, et combien de temps a-t-il été placé ?

(Écoles supérieures de commerce.)

34. — Une personne avait placé les $\frac{5}{6}$ de son capital à 3 % et l'autre sixième à 5 %. Après avoir prélevé 2800 francs pour le paiement de quelques dettes, elle place ce qui lui reste à 4 % ; elle se trouve ainsi avoir augmenté son revenu de 208 francs. Quel était son capital primitif ?

(Arts et métiers.)

35. — Deux personnes ont une dette commune et des avoirs différents. On sait d'abord que la seconde possède 548 francs de plus que la première ; on sait, en outre, que si l'on ajoute aux $\frac{3}{4}$ de l'avoir de la première soit $\frac{1}{3}$, soit les $\frac{3}{4}$ de l'avoir de la seconde, on obtient soit $\frac{1}{2}$, soit les $\frac{5}{6}$ de la dette commune. On demande : 1° la dette commune ; 2° les avoirs respectifs.

(Arts et métiers.)

56. — Un négociant dispose d'une somme de 24 000 francs qu'il pourrait placer au taux de 5 % par an. Il préfère acheter deux sortes de vin qu'il paie respectivement 110 et 130 francs l'hectolitre et dont il fait un mélange qu'il revend ensuite à raison de 124 fr. 70 l'hectolitre. Il met 18 mois à écouler sa marchandise. Combien a-t-il acheté d'hectolitres de chaque sorte, sachant qu'il a réalisé le même bénéfice total que s'il avait placé son capital pendant le même temps. On calculera les quantités de vin achetées à 1 décilitre près.

(*Arts et métiers.*)

57. — La locomotive d'un train de chemin de fer est agencée de manière à pouvoir alimenter automatiquement son foyer. Celui-ci reçoit la dose de combustible nécessaire chaque fois que, pendant la marche, deux des paires de roues de la locomotive reprennent la même position relative qu'au départ. Calculer : 1° la dose de houille périodiquement fournie au foyer en supposant qu'il reçoive une première charge au départ ; 2° l'arête du récipient cubique pouvant contenir exactement l'eau vaporisée dans la chaudière pendant le voyage.

On indiquera avec quelle approximation ces deux nombres ont été calculés.

Diamètres des roues : 2 mètres et $1^m,40$.

Distance parcourue, 163 331 tours de la grande roue.

Vitesse du train, 30 mètres par seconde.

Consommation par heure et par mètre carré de grille du foyer, 500 kilogrammes.

Surface du foyer de la locomotive, $2^{m^2},74$.

Vaporisation de l'eau par kilogramme de charbon brûlé, 8 kilogrammes.

(*Arts et métiers*, 1904.)

TABLE DES MATIÈRES

Préface.. 5

LIVRE I. — NOMBRES ENTIERS.

Préliminaires... 11
Chapitre I. Numération parlée............................ 14
         Numération écrite............................ 17
         Chiffres romains............................. 20
  — II. Addition.. 23
  — III. Soustraction..................................... 29
         Compléments arithmétiques..................... 35
  — IV. Multiplication.................................... 38
         Produit de facteurs........................... 48
         Théorèmes sur les puissances.................. 58
  — V. Division.. 65
         Théorèmes sur la division..................... 77
         Problèmes sur les différents systèmes de numération..... 85
Exercices résolus sur le livre I........................ 90
Exercices proposés...................................... 96

LIVRE II. — PROPRIÉTÉS ÉLÉMENTAIRES DES NOMBRES ENTIERS.

Chapitre I. Divisibilité................................ 103
         Preuves par 9 ou par 11 des quatre opérations.. 116
  — II. P. G. C. D. de deux nombres..................... 121
         Théorèmes sur les nombres premiers entre eux.. 130
         P. G. C. D. de plusieurs nombres.............. 133
  — III. P. P. C. M. de deux nombres.................... 137
         P. P. C. M. de plusieurs nombres.............. 140
  — IV. Propriétés des nombres premiers................. 144
  — V. Décomposition d'un nombre en facteurs premiers.. 151

Diviseurs d'un nombre........................... 155
Formation du P. G. C. D. de plusieurs nombres
 décomposés en facteurs premiers............ 160
Formation du P. P. C. M...................... 161

Exercices sur le livre II...................... 162

LIVRE III. — **NOMBRES FRACTIONNAIRES.**

Chapitre I. Fractions ordinaires........................ 166
 Simplification d'une fraction................ 176
 Réduction d'une fraction à sa plus simple expression... 177
 Réduction au même dénominateur............. 181
— II. Opérations sur les fractions................... 186

Exercices sur les fractions...................... 200

Chapitre III. Fractions décimales, nombres décimaux...... 204
 Opérations sur les nombres décimaux........ 209
 Quotient de deux nombres avec une approximation décimale donnée........................ 213
 Quotient à $\frac{1}{n}$ près...................... 214
— IV. Conversion des fractions ordinaires en fractions décimales.. 219
 Fraction génératrice d'une fraction décimale périodique....................................... 224
 Fraction génératrice d'une fraction décimale périodique simple............................. 225
 Fraction génératrice d'une fraction décimale périodique mixte.............................. 228

Exercices sur les nombres décimaux.................. 234

LIVRE IV. — **RACINES.**

Chapitre I. Racine carrée d'un nombre entier............. 237
 Racine carrée des nombres fractionnaires..... 249
 Racine carrée à une approximation donnée.... 252
 Définition de la racine carrée d'un nombre qui n'est pas carré parfait........................ 257
— II. Racine cubique d'un nombre entier............ 260
 Racine cubique des nombres fractionnaires... 273
 Racine cubique à une approximation donnée... 274
 Note sur les nombres incommensurables....... 277
 Notions sur le calcul des radicaux............ 281

Exercices sur le livre IV...................... 285

TABLE DES MATIÈRES.

LIVRE V. — SYSTÈME MÉTRIQUE. — DIVISION DE LA CIRCONFÉRENCE. — MESURE DU TEMPS. — NOMBRES COMPLEXES.

Chapitre I. Système métrique. Historique..................	288
Mesures de longueur........................	292
Mesures de surface.........................	297
Mesures agraires	300
Mesures de volume.........................	300
Mesures de bois............................	303
Mesures de capacité........................	305
Mesures de poids....	307
Densité....................................	311
Monnaies..................................	313
Note sur la loi du 11 juillet 1903 relative au système métrique........................	321
Surfaces et volumes usuels...................	322
— II. Anciennes mesures de France..................	329
Mesures étrangères.........................	333
— III. Mesure du temps...........................	334
Mesure de la circonférence..................	336
Calcul des nombres complexes................	337
Système C.G.S.............................	343
Exercices sur le livre V...........................	345

LIVRE VI. — RAPPORT DE DEUX NOMBRES ET PROPRIÉTÉS DES RAPPORTS. — RAPPORTS DE DEUX GRANDEURS. — GRANDEURS DIRECTEMENT ET INVERSEMENT PROPORTIONNELLES. — APPLICATIONS.

Chapitre I. Rapports...............................	353
Proportions.........................	363
Exercices..	371
Chapitre II. Grandeurs directement proportionnelles.......	373
Grandeurs inversement proportionnelles.......	376
Règle de trois..........................	379
Exercices..	385
Chapitre III. Intérêts.............................	387
Problèmes.......................................	404
Chapitre IV. Escompte.............................	406
Echéance commune......................	416
Echéance moyenne......................	419

TABLE DES MATIÈRES.

CHAPITRE V. Rentes sur l'État.....................	425
Actions et obligations................	430
Caisses d'épargne...................	431
Problèmes sur l'escompte et les rentes...............	434
CHAPITRE VI. Partages proportionnels...............	437
Règles de société...................	440
Mélanges.........................	443
Alliages..........................	451
Exercices sur les partages proportionnels, règles de société, mélanges et alliages..........................	456
Exercices de récapitulation. — Problèmes divers........	460

CORBEIL. — IMPRIMERIE ÉD. CRÉTÉ.

MASSON & Cie, Éditeurs
120, boulevard Saint-Germain, Paris (6e)

P. n° 395. (Juin 1904.)

EXTRAIT DU CATALOGUE CLASSIQUE[1]

(Année Scolaire 1904-1905)

ENSEIGNEMENT SECONDAIRE

Cours de Grammaire

Par H. BRELET
Ancien élève de l'École normale supérieure, Agrégé de Grammaire,
Professeur de Quatrième au lycée Janson-de-Sailly.

Nous avons achevé le *Nouveau Cours de Grammaire française* de M. H. BRELET, dont les premiers volumes ont trouvé un accueil si favorable auprès des maîtres et des élèves. Ainsi se trouve rempli le programme de M. Brelet : il a publié également des cours parallèles de Grammaire latine et de Grammaire grecque. Est-il nécessaire de faire ressortir l'avantage de ces trois cours formant un tout dont les différentes parties ont entre elles des liens de parenté grâce auxquels les débutants dans l'étude d'une nouvelle langue, loin de se trouver dépaysés, retrouvent la méthode avec laquelle ils sont déjà familiarisés ?

Voir au verso le détail des Cours de Grammaire française, de Grammaire latine et de Grammaire grecque, ainsi que les modifications apportées à ces deux derniers cours pour les mettre en conformité avec les nouveaux programmes de 1902.

---

[1] En raison des remaniements considérables que viennent de subir les programmes de l'Enseignement secondaire, nous avons apporté d'importantes modifications à la plupart de nos ouvrages classiques. Bien que nous donnions ici l'indication de ces changements, nous tenons à attirer l'attention du public sur le caractère provisoire du présent catalogue en même temps que sur l'importance des réformes déjà faites pour répondre aux nécessités des nouveaux programmes.

Tous nos ouvrages classiques seront en tous cas transformés conformément à ces programmes au fur et à mesure que l'application en sera faite à chaque classe.

ENSEIGNEMENT SECONDAIRE

Nouveau Cours
de
Grammaire Française
Par H. BRELET

I
CLASSES PRÉPARATOIRES

Premières leçons de Grammaire française, à l'usage des Classes Préparatoires, par H. Brelet et Mathey, professeur de Huitième au lycée Janson-de-Sailly. *Nouvelle édition*, corrigée. 1 vol. in-16, cartonné toile souple. . . . . 2 fr.
Ce volume comprend à la fois les leçons et les exercices qui y correspondent.

II
CLASSES ÉLÉMENTAIRES

Éléments de Grammaire française, à l'usage des classes de Huitième et de Septième, par H. Brelet. *Nouvelle édition*, revue et corrigée. 1 vol. in-16, cartonné toile souple. . . . . 2 fr.

Exercices sur les Éléments de Grammaire française, à l'usage des classes de Huitième et de Septième, par V. Charpy, agrégé de Grammaire, professeur de Quatrième au lycée Janson-de-Sailly. *Nouvelle édition.* 1 vol. in-16, cartonné toile souple. . . . . 2 fr.

III
PREMIER CYCLE
Divisions A et B.

Abrégé de Grammaire française, à l'usage des classes de Sixième et de Cinquième, par H. Brelet. *Nouvelle édition*, revue et corrigée. 1 vol. in-16, cartonné toile souple. . . . . 2 fr. 50

Exercices sur l'Abrégé de Grammaire française, à l'usage des classes de Sixième et de Cinquième, par H. Brelet et V. Charpy. 1 vol. in-16, cartonné toile souple. . . . . 2 fr. 50

IV

Grammaire française, à l'usage de la classe de Quatrième et des Classes supérieures, par H. Brelet. 1 vol. in-16, cartonné toile. 3 fr.

Exercices sur la Grammaire française, à l'usage de la classe de Quatrième et des Classes supérieures, par H. Brelet et V. Charpy. 1 vol. in-16 (*sous presse*).

Extrait du Catalogue classique

ENSEIGNEMENT SECONDAIRE
NOUVEAU COURS
DE
Grammaire Latine
et de
Grammaire Grecque
Par H. BRELET

Volumes in-16, cartonnés toile anglaise.

Abrégé de Grammaire latine. (*Premier cycle* : Sixième, Cinquième, Quatrième et Troisième A. — *Deuxième cycle* : Secondes-Premières A. B. C.) . . . . 2 fr.
Abrégé de Grammaire grecque. (*Premier cycle* : Quatrième et Troisième A. — *Deuxième cycle* : Deuxième et Première A) . 2 fr.

Nous publions ces deux *Abrégés* pour répondre au mouvement d'opinion qui s'est prononcé contre certaines tendances des grammairiens modernes à donner à leurs livres un caractère trop savant. Pour ceux qui voudraient pousser plus loin leurs études, nous continuons à vendre nos Cours supérieurs de Grammaire latine et grecque.

EXERCICES CORRESPONDANTS

Exercices latins (*Versions et thèmes*), (classe de **Sixième**), par M. V. CHARPY, agrégé de grammaire, professeur de Quatrième au lycée Janson-de-Sailly. Nouvelle édition, revue et augmentée. . . . . 2 fr.
Exercices latins (*Versions et thèmes*), (classe de **Cinquième**), par MM. BRELET et V. CHARPY. Nouvelle édition, revue . . . . 2 fr. 50
Exercices latins (*Versions et thèmes*), (classe de **Quatrième**), par MM. H. BRELET et P. FAURE, professeur de Rhétorique au lycée Janson-de-Sailly. Nouvelle édition, revue et corrigée. . . . . 2 fr. 50
Exercices latins (*Versions et thèmes*), (classes supérieures), par MM. H. BRELET et P. FAURE. . . . . 3 fr.

Exercices grecs (*Versions et thèmes*), (classe de **Cinquième**), (*ancien programme*), par MM. H. BRELET et V. CHARPY, Nouvelle édition . . . 1 fr. 50
Exercices grecs (*Versions et thèmes*), sur les déclinaisons et les conjugaisons, (classe de **Quatrième**) (*nouveau programme*), par MM. H. BRELET et V. CHARPY 2 fr.
Exercices grecs (*Versions et thèmes*), sur la syntaxe (classes supérieures), par MM. H. BRELET et P. FAURE. . . . . 3 fr.

COURS SUPÉRIEUR

Grammaire latine (Classes supérieures). Nouvelle édition. 2 fr. 50
Grammaire grecque (Classes supérieures). Nouvelle édition. 5 fr.

Tableau des exemples des grammaires grecque et latine (classe de Quatrième et classes supérieures). 1 vol. petit in-8°, cartonné. . 80 c.
Chrestomathie grecque, ou Recueil de textes gradués (classes de **Quatrième** et de **Troisième**). Nouvelle édition entièrement refondue . . . 2 fr. 50
Epitome historiæ græcæ (classe de **Quatrième**), avec deux cartes en couleurs et figures dans le texte . . . . 2 fr.

Librairie MASSON et C¹⁰, 120, boulevard Saint-Germain, Paris

ENSEIGNEMENT SECONDAIRE
Langues vivantes

Ouvrages de MM.
CLARAC et **WINTZWEILLER**
Agrégé de l'Université — Agrégé de l'Université
Professeur au lycée Montaigne. — Professeur au Collège Rollin.

Rédigés conformément aux programmes du 31 mai 1902

Erstes Sprach- und Lesebuch
Classes de Sixième et de Cinquième
TROISIÈME ÉDITION REVUE ET AUGMENTÉE
1 vol. in-16, illustré de très nombreuses fig., cartonné toile. . . 3 fr.

Zweites Sprach- und Lesebuch
Classe de Quatrième
DEUXIÈME ÉDITION REVUE
1 vol. in-16, illustré de nombreuses figures . . . . 2 fr.

Drittes Sprach- und Lesebuch
Classe de Troisième
DEUXIÈME ÉDITION REVUE
1 volume in-16, illustré de nombreuses figures . . . . 2 fr.

Viertes Sprach- und Lesebuch
Classe de Seconde
1 vol. in-16, illustré de nombreuses figures . . . . 2 fr. 50

Funftes Sprach- und Lesebuch
Classe de Première
avec la collaboration de M. Maresquelle, professeur au lycée de Nancy.
1 vol. in-16, illustré de nombreuses figures. . . . . 3 fr.

Extraits des Auteurs allemands
Classes de Quatrième et de Troisième
1 vol. in-16, cartonné toile . . . . 2 fr. 50

Deutsche Grammatik
1 vol. in-16, cartonné toile . . . . 1 fr. 50

Lectures Historiques Allemandes
TIRÉES DES MEILLEURS ÉCRIVAINS
Par Paul DURANDIN
Agrégé de l'Université, Examinateur au Collège Stanislas.
1 volume in-16, cartonné toile . . . . 4 fr. 50

Extrait du Catalogue classique

ENSEIGNEMENT SECONDAIRE
Langues vivantes (suite)

ENGLISH GRAMMAR
MANUEL CLASSIQUE DE GRAMMAIRE ANGLAISE
Rédigé conformément aux programmes du 31 mai 1902
par M. VESLOT
Agrégé de l'Université, professeur au lycée de Poitiers
1 vol. in-16, cartonné toile . . . . 1 fr. 50

Grammaire Espagnole
Deuxième édition, revue et augmentée

Par I. GUADALUPE,
professeur au Collège Rollin
et aux Cours de la Ville.

1 volume in-16, cartonné toile anglaise . . . . 3 fr.

Ouvrages de
MM. E. BAUER et DE SAINT-ÉTIENNE
Professeurs à l'École alsacienne

Premières Lectures Littéraires
Dixième édition revue et augmentée
1 vol. in-16, cartonné toile . . . . 1 fr. 50

Nouvelles Lectures Littéraires
Avec notes et notices, et Préface par M. PETIT DE JULLEVILLE
Cinquième édition
1 vol. in-16, cartonné toile . . . . 2 fr. 50

Récitations Enfantines
à l'usage des classes élémentaires des lycées et collèges
1 vol. in-16 avec figures, cartonné toile . . . . 1 fr. 25

Cours élémentaire de droit usuel
Par T. VAQUETTE
Docteur en droit
1 vol. in-16, cartonné toile . . . . 2 fr.

BRUNOT, professeur à la Faculté des lettres de Paris.

Précis de Grammaire historique de la langue française, avec une introduction sur les origines et le développement de cette langue. *Ouvrage couronné par l'Académie française*, 4e édition augmentée d'indications bibliographiques et d'un index. 1 vol. in-18, cart. toile verte . . . . 6 fr.

CAUSSADE (De), Conservateur à la Bibliothèque Mazarine, membre des commissions d'examens de l'Hôtel de Ville.

Notions de Rhétorique et étude des genres littéraires. 10e édit. 1 vol. in-18, toile anglaise . . . . . 2 fr. 50

Littérature grecque. 6e édit. 1 vol. in-18, toile anglaise. 3 fr.

Littérature latine. 4e édit. 1 vol. in-18, toile anglaise. 6 fr.

GRÉARD, de l'Institut, vice-recteur de l'Académie de Paris.

Précis de littérature. *Analyses des auteurs du baccalauréat.* 5e édit. 1 vol. in-18, cartonné. . . . . 1 fr. 60

LE GOFFIC (Charles) et **THIEULIN** (Édouard), professeurs agrégés de l'Université.

Nouveau traité de versification française, à l'usage des lycées et des collèges, des écoles normales, du brevet supérieur et des classes de l'enseignement secondaire des jeunes filles. 4e édition revue et augmentée. 1 vol. in-16, cart. toile. 1 fr. 50

LIARD, vice-recteur de l'Académie de Paris.

Logique (cours de Philosophie), 4e édition. 1 volume in-18, cartonné toile. . . . . 2 fr.

MORILLOT (Paul), professeur à la Faculté de Grenoble.

Le Roman en France depuis 1610 jusqu'à nos jours. *Lectures et Esquisses.* 1 vol. in-16. . . . . 5 fr.

CLÉDAT, professeur à la Faculté des lettres de Lyon, lauréat de l'Académie française.

Précis d'orthographe et de grammaire phonétiques pour l'enseignement du français à l'étranger. 1 vol. in-18. . 1 fr.

HANNEQUIN, professeur à la Faculté des lettres de Lyon.

Introduction à l'étude de la psychologie. 1 volume in-18. . . . . 1 fr. 50

Extrait du Catalogue classique   7

Ouvrages de M. PETIT DE JULLEVILLE
Professeur à la Faculté des lettres de Paris.

HISTOIRE DE LA Littérature Française

Depuis les origines jusqu'à nos jours
Nouvelle édition, augmentée pour la période contemporaine. 1 vol. in-16. Broché. . 3 fr. 50, cart. toile. . 4 fr.

On peut se procurer séparément :

DES ORIGINES A CORNEILLE. Seizième édition. 1 vol. in-16, cart. toile. . . . . 2 fr.

DE CORNEILLE A NOS JOURS. Seizième édition revue et mise à jour, par M. Auguste AUDOLLENT, maître de conférences à l'Université de Clermont. 1 vol. in-16, cart. toile. . . . . 2 fr.

MORCEAUX CHOISIS des Auteurs français

poètes et prosateurs
AVEC NOTES ET NOTICES

1 vol. in-16, cart. toile . . . : . 5 fr.

Nouvelle édition. — Ce recueil renferme environ 400 extraits des principaux écrivains depuis le onzième siècle jusqu'à nos jours, avec de courtes notices d'histoire littéraire. Cette nouvelle édition a été augmentée d'un choix d'extraits des écrivains contemporains depuis Leconte de Lisle et Flaubert jusqu'à A. Daudet et Pierre Loti.

On vend séparément :

I. MOYEN AGE ET XVIe SIÈCLE. — II. XVIIe SIÈCLE. — III. XVIIIe ET XIXe SIÈCLES.
Chaque volume, cart. toile verte, est vendu séparément . . . . 2 fr.

LEÇONS de Littérature Grecque

Par M. CROISET, membre de l'Institut, professeur à la Faculté des lettres.
8e édition. 1 vol. in-16, cart. toile. . . . . 2 fr.

LEÇONS de Littérature Latine

Par MM. LALLIER, maître de conférences, et LANTOINE, secrétaire de la Faculté des lettres de Paris.
7e édition. 1 vol. in-16, cartonné. . . . . . 2 fr.

PREMIÈRES LEÇONS D'HISTOIRE LITTÉRAIRE

Littérature grecque, littérature latine, littérature française, par MM. CROISET, LALLIER et PETIT DE JULLEVILLE.
7e édition. 1 vol. in-16, cartonné toile . . . 2 fr.

Librairie MASSON et Cⁱᵉ, 120, boulevard Saint-Germain, Paris

ENSEIGNEMENT SECONDAIRE

COURS COMPLET
DE GÉOGRAPHIE

PUBLIÉ SOUS LA DIRECTION DE

M. MARCEL DUBOIS

Professeur de Géographie coloniale à la Faculté des lettres de Paris,
Maître de conférences à l'École normale de jeunes filles de Sèvres.

Avis important

Le plan d'études du 31 mai 1902 a apporté d'importantes modifications à l'enseignement de la géographie dans les lycées et collèges, ce qui nécessitait par contre-coup la refonte complète des livres jusqu'ici entre les mains des élèves. C'était là une entreprise difficile, car il ne s'agissait pas de publier des manuels d'une rédaction hâtive et négligée. Grâce à l'édiction de mesures transitoires, nous avons pu faire paraître les nouveaux volumes au fur et à mesure de l'application des programmes de 1902 dans les différentes classes. Après la géographie générale, l'Amérique et l'Australasie (classe de sixième) et la géographie générale (classe de seconde), nous venons de publier la France et ses Colonies (classe de première). Dans quelques mois, ce sera le tour de l'Afrique, Asie, Insulinde (classe de cinquième), puis de l'Europe (troisième) et notre cours se trouvera ainsi pour la rentrée prochaine correspondre aux nouveaux programmes.

CLASSES ÉLÉMENTAIRES

Géographie élémentaire des cinq parties du monde, avec cartes et croquis, avec la collaboration de M. Thalamas, professeur au lycée Condorcet (*Huitième*). . . . . 2 fr.

Géographie élémentaire de la France et de ses colonies. — *Cours élémentaire*, avec cartes et croquis, avec la collaboration de M. Thalamas, professeur au lycée Condorcet (*Septième*) . . 2 fr.

Extrait du Catalogue classique

PREMIER CYCLE
Divisions A et B.

Géographie générale. — **Amérique, Australasie**, avec cartes et croquis, avec la collaboration de M. Aug. Bernard, Docteur ès lettres, professeur de Faculté *(Nouveau programme, classe de Sixième)*. 2 fr. 50

Afrique — **Asie** — **Insulinde**, avec cartes et croquis, avec la collaboration de H. Schirmer, maître de conférences à l'Université de Paris et de M. Camille Guy, gouverneur du Sénégal. *(Nouveau programme, classe de Cinquième)*. . . . . *(Sous presse.)*

Géographie de la France et de ses Colonies. — *Cours moyen*, avec cartes et croquis *(Ancien programme, classe de Cinquième).* 2ᵉ édition, revue et corrigée, avec la collaboration de F. Benoit, chargé de cours à l'Université de Lille. . . . . 3 fr.

Classe de Quatrième *(Ancien programme).* Les élèves de cette classe pourront, pendant la période transitoire, faire usage du volume de la classe de Sixième dont le nouveau programme correspond à leurs études.

Europe, avec la collaboration de MM. Durandin et Malet, professeurs agrégés d'histoire et de géographie. *(Nouveau programme, classe de Troisième).* 4ᵉ édition entièrement refondue. . . . *Sous presse*

DEUXIÈME CYCLE
Sections A. B. C. D.

Géographie générale. Avec cartes et croquis. *(Nouveau programme, classe de Seconde.).* . . . . 4 fr.
Un atlas de cartes d'études, par MM. M. Dubois et Sieurin, correspond à ce volume (v. page 40).

Géographie de la France et de ses Colonies. — *Cours supérieur*, avec figures et cartes, 5ᵉ édition *(Nouveau programme, classe de Première).* . . . . 4 fr.

CLASSES ÉLÉMENTAIRES

Cours d'Histoire et de Géographie

PAR

E. SIEURIN
Professeur au collège de Melun.

Classe de Huitième.
1 volume in-16 cartonné toile, avec nombreuses figures. 2 fr. 50

Classe de Septième.
1 volume in-16 cartonné toile, avec nombreuses figures. 2 fr. 50

10 Librairie MASSON et C¹ᵉ, 120, boulevard Saint-Germain, Paris

ENSEIGNEMENT SECONDAIRE

Cartes d'Étude

pour servir à l'Enseignement de la Géographie

Par MM.

MARCEL DUBOIS
Professeur de Géographie coloniale à la Faculté des Lettres de Paris
Maître de conférences
à l'École normale supérieure de jeunes filles de Sèvres,

et E. SIEURIN
Professeur au collège de Melun.

I. **La France et ses colonies**, *huitième édition*, 1 vol. in-4° (40 cartes et 200 cartons), cartonné . . 1 fr. 80

II. **L'Europe**, *sixième édition*. 1 vol. in-4° (33 cartes et 137 cartons), cartonné . . . . 1 fr. 80

III. **Géographie générale. Asie, Océanie, Afrique, Amérique**, *huitième édition* complètement mise à jour. 1 volume in-4° (55 cartes et 200 cartons), cartonné . . . . 2 fr. 50

Géographie générale, *classe de seconde*, nouveau programme, 1 volume in-4°, contenant 32 cartes et nombreux cartons, cartonné . . . . 2 fr. 25

Dans aucun atlas, même le plus complet, on ne peut trouver même les éléments indispensables pour suivre le programme de géographie générale de la classe de Seconde. L'histoire de la géographie et de la cartographie, l'étude du relief terrestre, des mers, des fleuves et des lacs, du climat, etc., sont présentées sous une forme très vivante dans cet ouvrage qui a été dressé spécialement pour accompagner le nouveau volume de Géographie générale, de M. Marcel Dubois. (*Voir page 9*).

CLASSES ÉLÉMENTAIRES

Nouvelles Cartes d'Étude

LES CINQ PARTIES DU MONDE. — LA FRANCE

Par MM. Marcel DUBOIS et E. SIEURIN

36 cartes avec texte explicatif en regard

Reliés en un volume in-4° . . . . 2 fr. 80

Extrait du Catalogue classique

ENSEIGNEMENT SECONDAIRE

Nouveau Cours d'Histoire

Rédigé conformément aux programmes du 31 mai 1902

PAR L. G. GOURRAIGNE

Professeur au lycée Janson-de-Sailly,
à l'École normale supérieure d'enseignement primaire de St-Cloud
et à l'École coloniale

Le moyen âge et le commencement des temps modernes (classe de Cinquième). 1 volume in-16 avec nombreuses figures, cartonné toile. . . . . 3 fr.

L'Époque contemporaine (Classes de Troisième A et B). 1 vol. in-16. . . . . (Sous presse)

Histoire contemporaine de 1815 à 1889 (classes de philosophie A et de mathématiques A). 1 vol. in-16. (Sous presse).

L'enseignement de l'histoire a été complètement transformé par les nouveaux programmes. M. Gourraigne a entrepris de publier un cours complet conforme à ces programmes, moins l'Histoire de la Civilisation ancienne indiquée ci-dessous.

Histoire de la Civilisation ancienne

jusqu'au dixième siècle

ORIENT, GRÈCE, ROME, LES BARBARES

Rédigée conformément aux programmes du 31 mai 1902 pour les *classes de Seconde et de Première*

Par Charles SEIGNOBOS

Docteur ès lettres, maître de conférences à la Faculté des lettres de Paris
1 vol. in-16 de 450 pages, cartonné toile . . . . 4 fr.

Cartes d'Étude

pour servir à l'Enseignement de l'Histoire

Par MM.

F. Corréard & E. Sieurin

Fin du Moyen Age, Temps modernes et contemporains (1270-1901)
Deuxième édition. Un atlas in-4° (110 cartes et cartons), relié. 2 fr. 50

12 Librairie MASSON et Cⁱᵉ, 120, boulevard Saint-Germain, Paris

ENSEIGNEMENT SECONDAIRE
Cours d'Histoire
PAR F. CORRÉARD
Professeur d'Histoire au lycée Charlemagne.

Histoire de l'Europe et de la France depuis 395 jusqu'en 1270. 4ᵉ édition. 1 vol. cart. toile.......... (Épuisé.)

Histoire de l'Europe et de la France depuis 1270 jusqu'en 1610. 4ᵉ édition. 1 vol. cart. toile........... 3 fr. 50

Histoire de l'Europe et de la France depuis 1610 jusqu'en 1789. 3ᵉ édition. 1 vol. cart. toile........... 3 fr. 50

Histoire de l'Europe et de la France depuis 1789 jusqu'en 1889. 4ᵉ édition. 1 vol. cart. toile........... 6 fr.

Histoire de la Civilisation
PAR CH. SEIGNOBOS
Docteur ès lettres, Maître de conférences à la Faculté des lettres de Paris.

VOLUMES IN-16, CARTONNÉS TOILE MARRON, AVEC FIGURES

Histoire de la civilisation ancienne (Orient, Grèce, Rome). 3ᵉ édition................. 3 fr.

Histoire de la civilisation au moyen âge et dans les temps modernes. 3ᵉ édition............... 3 fr.

Histoire de la civilisation contemporaine. 3ᵉ édition. 3 fr.

PRÉPARATION A L'ÉCOLE SPÉCIALE MILITAIRE DE SAINT-CYR
Précis de Géographie
PAR MM.

Marcel DUBOIS
Professeur de Géographie coloniale à la faculté des lettres de Paris.

Camille GUY
Ancien élève de la Sorbonne, Professeur agrégé de Géographie et d'Histoire.

Un très fort volume in-8. Avec nombreuses cartes, croquis et figures dans le texte.......... Broché. **12 fr. 50**. Relié. **14 fr.**

Précis d'Histoire
MODERNE ET CONTEMPORAINE
Par F. CORRÉARD
Professeur au lycée Charlemagne

Un volume in-8 de 800 pages.... Broché, **10 fr. 50**. Relié, **12 fr.**

ENSEIGNEMENT COMMERCIAL

Précis de Géographie Économique

PAR MM.

MARCEL DUBOIS
Professeur de Géographie coloniale
à la Faculté des lettres de Paris.

J.-G. KERGOMARD
Professeur agrégé d'Histoire
et Géographie au lycée de Rouen.

Deuxième édition entièrement refondue et mise au courant

Avec la collaboration de

M. Louis LAFFITTE
Professeur à l'École de Commerce de Nantes

1 vol. in-8 de 833 pages, broché **8 fr.**; Cartonné toile **9 50**

On vend séparément : La France, l'Europe. 1 vol. **6 fr.**;
L'Asie, l'Océanie, l'Afrique et les Amériques. 1 vol. **4 fr.**

Éléments de Commerce et de Comptabilité

Par **Gabriel FAURE**
Professeur à l'École des Hautes Études commerciales et à l'École commerciale,

CINQUIÈME ÉDITION, revue et modifiée

1 volume petit in-8, cartonné toile anglaise . . . **4 fr.**

ENSEIGNEMENT AGRICOLE

Géographie agricole de la France et du Monde

PAR

J. DU PLESSIS DE GRENÉDAN
Professeur à l'École supérieure d'Agriculture d'Angers

AVEC UNE LETTRE-PRÉFACE
de **M. le Marquis DE VOGÜÉ**
Membre de l'Académie française, Président de la Société des Agriculteurs de France
Ouvrage couronné par l'Académie Française.

1 vol. in-8° avec 118 figures et cartes dans le texte . . . . . . **7 fr.**

14 Librairie MASSON et C¹ᵉ, 120, boulevard Saint-Germain, PARIS

ENSEIGNEMENT PRIMAIRE SUPÉRIEUR

COURS D'HISTOIRE

PAR

E. SIEURIN et C. CHABERT

Professeurs à l'École primaire supérieure de Melun.

3 VOLUMES IN-16, CARTONNÉS TOILE

1ʳᵉ année. — Histoire de France de **1453 à 1789**, 2ᵉ édition,
1 vol. . . . . 1 fr. 75
2ᵉ année. — Histoire de France de **1789 à nos jours**, 2ᵉ édition.
1 vol. . . . . 1 fr. 75
3ᵉ année. — Le Monde contemporain, 2ᵉ édition, 1 vol. 1 fr. 75

COURS de PHYSIQUE & de CHIMIE

PAR

P. MÉTRAL

Agrégé de l'Université, professeur à l'École primaire supérieure Colbert, Paris.

1ʳᵉ année. — **Physique et Chimie**, 1 vol. . . . . 2 fr. 50
2ᵉ année. — **Physique et Chimie**, 1 vol. . . . . 3 fr. 50
3ᵉ année. — **Physique et Chimie**, 1 vol. . . . . 2 fr. 50

Ce Cours se vend également ainsi divisé :
Cours de Physique (1ʳᵉ, 2ᵉ et 3ᵉ années) . . . . 4 fr. »
Cours de Chimie (1ʳᵉ, 2ᵉ et 3ᵉ années). . . . . 3 fr. 50

COURS d'INSTRUCTION CIVIQUE

PAR

Albert MÉTIN

Professeur aux Écoles primaires supérieures de Paris

1 volume in-18 avec figures, cartonné toile. . . . . 1 fr. 50

COURS d'ÉCONOMIE POLITIQUE
et de DROIT USUEL

PAR

A. MÉTIN

Professeur aux Écoles primaires supérieures de Paris

1 volume in-16, cartonné toile. . . . . 2 fr.

Extrait du Catalogue classique

ENSEIGNEMENT PRIMAIRE SUPÉRIEUR

Cours Normal de Géographie

PAR

MARCEL DUBOIS

Professeur de Géographie coloniale à la Faculté des lettres de Paris,
Maître de Conférences à l'École normale supérieure de jeunes filles de Sèvres

1ʳᵉ année. — NOTIONS GÉNÉRALES DE GÉOGRAPHIE PHYSIQUE. — L'OCÉANIE, L'AFRIQUE, L'AMÉRIQUE, avec la collaboration de A. Bernard et A. Parmentier. 4ᵉ édition. 2 fr.
2ᵉ année. — EUROPE, ASIE, avec la collaboration de P. Durandin (Europe) et de A. Parmentier (Asie). 4ᵉ édit. 2 fr.
3ᵉ année. — FRANCE ET COLONIES, avec la collaboration de F. Benoit. 3ᵉ édition. 2 fr.
Chaque volume in-16, avec cartes et croquis, cartonné 2 fr.

Cartes d'Étude

pour servir à l'Enseignement de la Géographie

Par MM.

MARCEL DUBOIS & E. SIEURIN

Professeur au collège de Melun

1ʳᵉ année. — Océanie, Afrique, Amérique, précédées de 15 cartes consacrées à la Géographie générale, septième édition. 1 vol. in-4, cartonné. 2 fr.
2ᵉ année. — Europe, Asie, sixième édition, revue et corrigée. 1 vol. in-4, cartonné. 2 fr.
3ᵉ année. — La France et ses colonies, huitième édition revue. 1 vol. in-4, cartonné. 1 fr. 60

Cartes d'Étude

pour servir à l'Enseignement de l'Histoire

Par MM.

F. Corréard & E. Sieurin

Fin du Moyen Age, Temps modernes et contemporains (1270-1891).
Deuxième édition, revue et augmentée de 9 cartes.
Un Atlas in-4. 2 fr.

16 Librairie MASSON et C¹ᵉ, 120, boulevard Saint-Germain, Paris

BREVET ÉLÉMENTAIRE ET COURS SPÉCIAUX

Histoire de France des origines à nos jours

PAR

E. SIEURIN et C. CHABERT

Professeurs d'Histoire à l'École primaire supérieure de Melun

1 volume in-16. . . . . 2 fr. 50

Géographie de la France et de ses Colonies

PAR

E. SIEURIN

Professeur de Géographie au Collège de Melun

1 volume in-16 avec 119 cartes dans le texte . . . . 2 fr. 50

COURS PRÉPARATOIRE AU CERTIFICAT D'ÉTUDES PHYSIQUES CHIMIQUES ET NATURELLES (P. C. N.)

Vient de paraître :

Zoologie pratique

BASÉE SUR LA DISSECTION DES ANIMAUX LES PLUS RÉPANDUS

Par L. JAMMES

Maître des Conférences à la Faculté des Sciences de Toulouse

1 vol. in-8° de 560 pages avec 317 figures dans le texte. 18 fr.

Cours élémentaire de Zoologie, par Rémy Perrier, chargé de cours à la Faculté des sciences de Paris. 2ᵉ *édition*, revue. 1 vol. avec 693 figures, relié toile. . **10 fr.**

Traité des Manipulations de Physique, par B.-C. Damien, professeur et R. Paillot, chef des travaux pratiques à la Faculté de Lille. 1 vol. in-8° avec 246 figures. **7 fr.**

Éléments de Botanique, par Ph. Van Tieghem, de l'Institut, professeur au Muséum. 3ᵉ *édition*, revue et augmentée. 2 vol. in-16 de 1170 p. avec 580 fig., cartonnés. **12 fr.**

Éléments de Chimie organique et de Chimie biologique, par W. Œchsner de Coninck, professeur à la Faculté des sciences de Montpellier. 1 vol. in-16 . . **2 fr.**

Éléments de Chimie des métaux, par W. Œchsner de Coninck. 1 vol. in-16. . . . . **2 fr.**

COLLECTION LANTOINE

Extraits des Classiques Grecs et Latins

TRADUITS EN FRANÇAIS

Cette collection, qui s'adapte de tout point au nouveau plan d'études de l'Enseignement secondaire, est destinée aux élèves des classes de Troisième, de Seconde et de Première; elle sera particulièrement utile, dans les sections : **Latin-Grec, Latin-Langues vivantes, Latin-Sciences**, aux candidats à la première partie du Baccalauréat, qui n'ont pas le temps de lire en entier, dans le texte même, tous les auteurs du programme.

Quant à l'inconvénient qu'il pourrait y avoir à mettre entre les mains des jeunes gens la traduction, même partielle, de tel ou tel écrivain, la circulaire ministérielle du 15 janvier 1890 nous paraît devoir lever tous les scrupules à cet égard : « Un emploi judicieux des traductions, « dit-elle, peut rendre de très grands services, non pas bien entendu « que les traductions puissent en toutes circonstances dispenser des « originaux...... ; mais, si l'étude directe des originaux doit rester sans « conteste au premier rang, **les traductions n'en ont pas moins** « **aussi leur rôle à jouer**, et un rôle plus considérable sans aucun « doute que celui qui leur est souvent attribué dans la tradition de nos « lycées. » Chacun des volumes comprend une notice biographique et littéraire, des notes et un index quand il a paru nécessaire.

Homère. *Odyssée* (Analyse et Extraits), par M. ALLÈGRE, professeur à la Faculté des lettres de Lyon.

Plutarque. *Vies des Grecs illustres* (Choix), par M. LEMERCIER, maître de conférences à la Faculté des lettres de Caen.

Hérodote (Extraits), par M. CORRÉARD, professeur au lycée Charlemagne.

Homère. *Iliade* (Analyse et Extraits), par M. ALLÈGRE.

Plutarque. *Vies des Romains illustres* (Choix), par M. LEMERCIER.

Virgile (Analyse et Extraits), par M. H. LANTOINE.

Xénophon (Analyse et Extraits), par M. VICTOR GLACHANT, professeur au lycée Buffon.

Eschyle, Sophocle, Euripide (Extraits), par M. PUECH, maître de conférences à la Faculté des lettres de Paris.

Plaute, Térence (Extraits choisis), par M. AUDOLLENT, maître de conférences à la Faculté des lettres de Clermont.

Eschyle, Sophocle, Euripide (Pièces choisies), par M. PUECH, maître de conférences à la Faculté des lettres de Paris.

Aristophane. Pièces choisies par M. FERTÉ, professeur au lycée Charlemagne.

Sénèque. Extraits par M. LEGRAND, professeur au lycée Buffon.

Cicéron. Traités. Discours. Lettres, par M. H. LANTOINE.

César, Salluste, Tite-Live, Tacite (Extraits), par M. H. LANTOINE, secrétaire de la Faculté des lettres de Paris.

Chaque volume est vendu cartonné toile anglaise. **2 fr.**

18 Librairie MASSON et Cⁱᵉ, 120, boulevard Saint-Germain, Paris

ENSEIGNEMENT SECONDAIRE DES JEUNES FILLES

Morceaux Choisis
à l'usage des
Classes Préparatoires

DEUXIÈME ÉDITION, REVUE ET AUGMENTÉE

Publiés par Mesdames CHAPELOT, BOUCHEZ *et* HOCDÉ, *Professeurs au lycée Fénelon.*

Le premier degré et le deuxième degré s'adressent aux fillettes de 6 à 9 ans ; les auteurs n'y ont pas ajouté de notes, sachant, par expérience, que pour de si jeunes enfants aucune explication écrite ne peut remplacer la parole du professeur. Le *troisième degré*, qui est destiné aux élèves de 9 à 11 ans, contient quelques notes explicatives. Le *quatrième degré*, plus complet sous ce rapport, sera pour les enfants de 11 à 13 ans une préparation aux études littéraires.

Les morceaux choisis comprennent 3 volumes in-18 cartonnés toile. Chacun des 2 premiers volumes est vendu 1 fr. 50 ; le troisième est vendu 2 fr. 50.

Histoire de la Civilisation
PAR CH. SEIGNOBOS
Docteur ès lettres, Maître de conférences à la Faculté des lettres de Paris.

2 VOLUMES IN-16, CARTONNÉS TOILE VERTE, AVEC FIGURES

Histoire de la civilisation. — *Histoire ancienne de l'Orient. — Histoire des Grecs. — Histoire des Romains. — Le Moyen âge jusqu'à Charlemagne.* 7ᵉ édition avec 105 figures . . . . . 3 fr. 50

Histoire de la civilisation. — *Moyen âge depuis Charlemagne. — Renaissance et temps modernes. — Période contemporaine.* 5ᵉ édition avec 72 figures . . . . . 5 fr. »

Cours normal de Géographie
Par MARCEL DUBOIS

(Voir la division de ce cours, page 15)

Cartes d'Étude
pour servir à l'Enseignement de la Géographie
PAR MM.
MARCEL DUBOIS & E. SIEURIN

(Voir la division de ces cartes, page 15)

PHYSIQUE

Nouveau cours

DE

Physique élémentaire

Rédigé conformément aux programmes du 31 mai 1902

SOUS LA DIRECTION DE MM.

FERNET
Inspecteur général de l'Instruction publique.

FAIVRE-DUPAIGRE | **CARIMEY**
Inspecteur de l'Académie de Paris. | Professeur au lycée Saint-Louis.

3 volumes in-16.

I. **Classe de seconde**, 1 vol. in-16, avec 271 figures, cart. toile . . . . 5 fr.
II. **Classe de première**, 1 vol. in-16 (*sous presse*).

Ce cours, entièrement nouveau, comprend trois volumes correspondant aux programmes des classes de Seconde, Première, Philosophie et Mathématiques. Les deux derniers volumes paraîtront dans le courant de 1904.

Traité de Physique élémentaire, de Ch. Drion et E. Fernet. *Treizième édition, entièrement refondue*, par E. Fernet, inspecteur général de l'Instruction publique, ancien professeur de Physique au lycée Saint-Louis, avec la collaboration de J. Faivre-Dupaigre, professeur au lycée Saint-Louis. 1 vol. in-8, avec 665 figures dans le texte . . . . 8 fr.
Cartonné toile . . . . 9 fr.

Précis de Physique, par E. Fernet. 27e édition, en collaboration avec J. Faivre-Dupaigre. 1 vol. in-18, avec 525 fig. cart. 5 fr.

Cours élémentaire de Physique, par E. Fernet. 4e édition. 1 vol. in-16, avec 475 figures, cartonné toile anglaise. 5 fr.

Cours de Physique pour la classe de Mathématiques spéciales. *Quatrième édition (rédaction entièrement nouvelle)*, par E. Fernet et J. Faivre-Dupaigre. 1 volume grand in-8, avec 758 figures . . . . 18 fr.

GÉOMÉTRIE

Ouvrages de MM.

Ch. VACQUANT	A. MACÉ DE LÉPINAY
Ancien Inspecteur général de l'Instruction publique.	Professeur de mathématiques spéciales au lycée Henri IV.

NOUVEAUX PROGRAMMES

Géométrie élémentaire, à l'usage des élèves de la division A du premier cycle, des sections A et B du second cycle. 1 v. in-16 c. . 3 fr. 25

On vend séparément :

PREMIÈRE PARTIE (*Quatrième* et *Troisième A*), 1 vol. in-16 cart. 1 fr. 75
DEUXIÈME PARTIE (*Seconde* et *Première A* et *B*). 1 vol. in-16 cart. 1 fr. 75

Éléments de Géométrie, à l'usage des élèves de la division B du premier cycle, des sections C et D du second cycle. 1 vol. in-16 cartonné toile . . . . 5 fr. 25

On vend séparément :

PREMIÈRE PARTIE (*Cinquième*, *Quatrième* et *Troisième B*). 1 vol. in-16 cartonné toile. . . 2 fr. 75

Ce volume contient la Géométrie plane suivie d'un aperçu de la Géométrie dans l'espace.

DEUXIÈME PARTIE (*Seconde* et *Première C* et *D*), avec des compléments relatifs au programme de la classe de Mathématiques. 1 vol. in-16 cart. toile. . . . . 2 fr. 75

— **Géométrie dans l'espace, courbes usuelles**, compléments relatifs à l'homographie.

Cours de Géométrie élémentaire, à l'usage des élèves de mathématiques élémentaires, avec des compléments destinés aux candidats à l'École Normale et à l'École Polytechnique. 7e édition. 1 vol. avec 1000 figures. 9 fr. Cart. 10 fr.

ANCIENS PROGRAMMES

Éléments de Géométrie, à l'usage des élèves de l'enseignement secondaire moderne. Nouvelle édition, revue et corrigée. 1 vol. in-16 cartonné toile bleue . . . (*Épuisé*)

On vend séparément :

PREMIÈRE PARTIE (*Quatrième* et *Troisième*). 1 vol. in-16 cartonné toile bleue. 10e édition . . 2 fr. 50
DEUXIÈME PARTIE (*Seconde* et *Première*). 1 vol. in-16, cartonné toile bleue. 8e édition . . . . . 2 fr. 50

Géométrie élémentaire, à l'usage des classes de lettres. Nouvelle édition. 1 vol. in-16 avec 591 figures, cartonné toile grise . . . 3 fr.

PREMIÈRE PARTIE (*Quatrième* et *Troisième*). 11e édition, revue et corrigée. Géométrie plane . (*Épuisé*)

DEUXIÈME PARTIE (*Seconde* et *Rhétorique*). 11e édition, revue et corrigée. Géométrie dans l'espace. 1 fr. 50

ÉLECTRICITÉ

Traité élémentaire d'Électricité,

par M. JOUBERT, inspecteur général de l'Instruction publique. 4e édition revue et augmentée. 1 vol. avec 382 figures . . . 8 fr.

Cours élémentaire d'Électricité,

par M. JOUBERT, à l'usage des classes de l'Enseignement secondaire. 4e édit. 1 vol. in-16, avec 144 figures . . . 2 fr.

TRIGONOMÉTRIE

Ouvrages de MM.

Ch. VACQUANT	**A. MACÉ DE LÉPINAY**
Ancien Inspecteur général de l'Instruction publique.	Professeur de mathématiques spéciales au lycée Henri IV.

Cours de Trigonométrie. Nouvelle édition.

1re partie (Seconde et Première C et D et candidats aux écoles du gouvernement). 1 vol. in-8°, broché . . . . . . 3 fr.
2e partie (Mathématiques). 1 vol. in-8°, broché . . . 2 fr. 50

Éléments de Trigonométrie. 2e édit. 1 vol. in-16, cart. toile anglaise . . . . 2 fr. 80

SCIENCES NATURELLES

Cours élémentaire d'Histoire Naturelle

(Zoologie, Botanique, Géologie et Paléontologie)

Rédigé conformément aux programmes du 31 mai 1902

PAR MM.

M. BOULE	**E.-L. BOUVIER**
Professeur au Muséum d'histoire naturelle.	Professeur au Muséum d'histoire naturelle, Membre de l'Institut.

H. LECOMTE
Professeur au lycée Saint-Louis.

7 volumes in-16, cartonnés toile anglaise et illustrés de très nombreuses figures

PREMIER CYCLE

Notions de Zoologie (Classes de sixième A et B), par E.-L. Bouvier. 2 fr. 50
Notions de Botanique (Classe de cinquième A et B), par H. Lecomte. 2 fr. 75
Notions de Géologie (Classes de cinquième B et quatrième A), par M. Boule . . . . 1 fr. 75
Notions de Biologie, d'Anatomie et de Physiologie appliquées à l'homme (Classe de troisième B), par E.-L. Bouvier. . . . 2 fr. 50

SECOND CYCLE

(CES VOLUMES PARAITRONT POUR LA RENTRÉE D'OCTOBRE 1904)

Géologie (Classe de seconde A, B, C, D), par M. Boule.
Anatomie et Physiologie animales et végétales (Classes de philosophie A et B et de mathématiques A et B), par E.-L. Bouvier et H. Lecomte.
Notions sommaires de Paléontologie (Classe de philosophie A et B et de mathématiques A et B), par M. Boule.

22 Librairie MASSON et C⁰, 120, boulevard Saint-Germain, Paris

CHIMIE

Précis de Chimie, par M. TROOST, membre de l'Institut, professeur honoraire à la Faculté des sciences de Paris.
35ᵉ édition, entièrement refondue conformément aux nouveaux programmes. 1 vol. in-18, avec 506 figures, cartonné . . . . 3 fr. 50

Cette 35ᵉ édition du *Précis de Chimie* est un ouvrage absolument nouveau. Pour répondre à la division des études en deux cycles, deux sortes de caractères ont été adoptés dans ce volume. Les parties imprimées en gros caractères correspondent au premier cycle, et les élèves qui aborderont le second cycle trouveront, imprimées en petits caractères, les parties de la chimie spécialement enseignées dans ce second cycle.

Traité élémentaire de Chimie, par M. TROOST.
Treizième édition entièrement refondue et corrigée. 1 vol. in-8, avec 551 figures. . . . . 8 fr.
Cartonné toile . . . . 9 fr.

MÉMENTOS

À l'usage des Candidats aux Baccalauréats de l'Enseignement classique et moderne et aux Écoles du Gouvernement.

Mémento de chimie, par M. A. DYBOWSKI, professeur au lycée Louis-le-Grand. 7ᵉ édition. 1 vol. in-12 . . . 2 fr.

Guide pour les manipulations chimiques, par M. KNOLL, préparateur au lycée Louis-le-Grand. 2ᵉ édition. 1 vol. in-12, avec figures dans le texte . . . . 1 fr.

Questions de Physique. Énoncés et Solutions, par R. GAZO, docteur ès sciences. 3ᵉ édition. 1 vol. in-12. 2 fr.

Mémento d'Histoire naturelle, par M. MARAGE, docteur ès sciences. 1 vol. in-12, avec 102 fig. . . . . 2 fr.

Conseils pour la Composition française, la version, le thème et les épreuves orales, par A. KELLER. 1 vol. in-12. . . . . 1 fr.

Résumé du Cours de Philosophie sous forme de plans, par A. KELLER. 1 vol. in-12 . . . . 2 fr.

Histoire de la Philosophie, par A. KELLER. 1 vol. 4 fr.

BURAT, professeur au lycée Louis-le-Grand.
  Précis de Mécanique. 8ᵉ édition. 1 volume in-18, avec 259 figures, cartonné toile . . . . 3 fr.

DUCATEL, professeur agrégé de Mathématiques.
  Leçons d'Arithmétique à l'usage des classes élémentaires des lycées et collèges de garçons et de jeunes filles et de l'Enseignement primaire. 3ᵉ édition, revue et corrigée. 1 volume in-18, avec questionnaires, exercices et réponses aux exercices, cartonné toile. . . 2 fr. 50

LAPPARENT (A. de), membre de l'Institut.
  Traité de Géologie. 4ᵉ édition entièrement refondue et considérablement augmentée. 3 vol. gr. in-8° avec nombreuses figures, cartes et croquis dans le texte. 35 fr.
  Abrégé de Géologie, 5ᵉ édition entièrement refondue. 1 vol. in-18, de 424 pages, avec 157 grav. et 1 carte géologique de la France chromolithographiée, cart. toile. 4 fr.
  Précis de Minéralogie. 3ᵉ édition, revue et augmentée. 1 vol. in-18, avec 335 figures dans le texte et 1 planche chromolithographiée, cartonné toile. . . . . 5 fr.
  Leçons de Géographie physique. 2ᵉ édition, entièrement refondue. 1 vol. grand in-8, avec 163 figures dans le texte et 1 planche en couleurs. . . . . . 12 fr.
  Notions générales sur l'écorce terrestre. 1 volume petit in-8 avec 33 figures dans le texte. . . . . 1 fr. 20

MAUDUIT, ancien professeur au lycée Saint-Louis.
  Précis d'Algèbre. 10ᵉ édition. 1 vol. in-18, cart. 1 fr. 60
  Précis d'Arithmétique. 8ᵉ éd. 1 vol. in-18, cart. 1 fr. 40

NEVEU (Henri), agrégé de l'Université.
  Cours d'Algèbre, à l'usage des classes de Mathématiques. 2ᵉ édit. 1 vol. in-8 . . . . 8 fr.

PROUST, professeur à la Faculté de médecine de Paris.
  Douze conférences d'Hygiène, Nouvelle édition. 1 vol. in-18, cartonné toile. . . . . 2 fr. 50

ROUBAUDI, professeur de mathématiques au lycée Buffon.
  Cours de Géométrie descriptive. *Deuxième édition, mise au courant des programmes de 1902.*
  Fascicule I. *Classe de Première C et D.* 1 vol. in-8, avec 156 figures . . . . 2 fr.
  Fascicule II. *Classe de Mathématiques*, 1 vol. in-8, avec figures . . . . (Sous presse.)

24 Librairie MASSON et Cⁱᵉ, 120, boulevard Saint-Germain, Paris

LE PLUS RÉPANDU DES JOURNAUX SCIENTIFIQUES
Fondé en 1873
par Gaston TISSANDIER
32ᵉ ANNÉE

LA NATURE
Revue des Sciences
et de leurs applications aux Arts et à l'Industrie
JOURNAL HEBDOMADAIRE ILLUSTRÉ
Directeur : Henri de PARVILLE

La Nature, dont le texte est rédigé d'une façon concise et sûre, et dont les illustrations, toujours inédites, sont exécutées par nos meilleurs artistes et nos plus habiles graveurs, est une véritable encyclopédie de la science contemporaine; elle offre un tableau complet de tous les événements qui s'accomplissent dans son domaine.
Envoi de numéros spécimens à toute personne qui en fera la demande.

PRIX DE L'ABONNEMENT ANNUEL :
Paris, Seine et Seine-et-Oise : 20 fr. — Départements : 25 fr. — Union postale : 26 fr.

La Géographie

BULLETIN DE LA
Société de Géographie

PUBLIÉ TOUS LES MOIS PAR

le Baron HULOT   et   **M. Charles RABOT**
Secrétaire général de la Société   Secrétaire de la Rédaction

Chaque numéro, composé de 80 pages in-8 et accompagné de cartes et de gravures, comprend des mémoires, une chronique, une bibliographie et le compte rendu des séances de la Société de Géographie.
La chronique rédigée par des spécialistes pour chaque partie du monde fait connaître, dans le plus bref délai, toutes les nouvelles reçues des voyageurs en mission par la Société de géographie, et présente un résumé des renseignements fournis par les publications étrangères; elle constitue, en un mot, un résumé du *mouvement géographique* pour chaque mois.

PRIX DE L'ABONNEMENT ANNUEL :
Paris : 24 francs. — Départements : 26 francs. — Étranger : 28 francs.

52981. — Imprimerie Levé, rue de Fleurus, 9, à Paris.

www.ingramcontent.com/pod-product-compliance
Lightning Source LLC
Chambersburg PA
CBHW050609230426
43670CB00009B/1327